U0519025

知识产权维权获赔技能提升

案例指引集

国家知识产权局保护协调司　组织编写

知识产权出版社

全国百佳图书出版单位

图书在版编目（CIP）数据

知识产权维权获赔技能提升案例指引集/国家知识产权局保护协调司组织编写. —北京：知识产权出版社，2016.4（2017.9 重印）

ISBN 978 - 7 - 5130 - 4027 - 3

Ⅰ.①知… Ⅱ.①国… Ⅲ.①知识产权保护—案例—中国 Ⅳ.①D923.405

中国版本图书馆 CIP 数据核字（2016）第 017990 号

内容提要

本书精选典型知识产权侵权赔偿案例，重点从证据收集、赔偿数额确定等方面进行深入评析，为提高权利人维权诉讼获赔能力提供指导。

责任编辑：王祝兰　　　　　　　　　　责任校对：董志英

装帧设计：麒麟轩设计　　　　　　　　责任出版：刘译文

知识产权维权获赔技能提升案例指引集

国家知识产权局保护协调司　　组织编写

出版发行：知识产权出版社有限责任公司	网　　址：http：//www.ipph.cn
社　　址：北京市海淀区西外太平庄 55 号	邮　　编：100081
责编电话：010 - 82000860 转 8555	责编邮箱：wzl@ cnipr.com
发行电话：010 - 82000860 转 8101/8102	发行传真：010 - 82000893/82005070/82000270
印　　刷：三河市国英印务有限公司	经　　销：各大网上书店、新华书店及相关专业书店
开　　本：720mm×960mm　1/16	印　　张：25.25
版　　次：2016 年 4 月第 1 版	印　　次：2017 年 9 月第 2 次印刷
字　　数：380 千字	定　　价：78.00 元

ISBN 978-7-5130-4027-3

出版权专有　侵权必究

如有印装质量问题，本社负责调换。

编 委 会

主　编：贺　化

副主编：黄　庆　　陈锦川　　武晓明

　　　　肖鲁青　　焦　彦　　周　翔

编　委：朱　瑾　　刘　芳　　罗　霞

　　　　袁真富　　黄　健　　刘晓飞

　　　　夏淑萍　　董新蕊　　李　婉

序

    自 2008 年《国家知识产权战略纲要》颁布实施以来，我国知识产权保护工作取得更大进展，相关法律制度更加健全，司法保护主导作用不断增强，行政执法力度和效率明显提升，知识产权保护对经济发展、文化繁荣和社会建设的促进作用日益显现。同时，随着知识产权保护意识的增强，社会各界特别是企业界知识产权保护诉求明显提高。国家知识产权局委托社会第三方机构连续开展的知识产权保护社会满意度年度调查（2012 年至今）结果显示，知识产权维权难、侵权损害赔偿数额低一直是大家关注的核心问题。

    为进一步剖析问题成因，国家知识产权局近年来持续加强实证研究，开展了我国知识产权侵权损害司法赔偿现状研究等专项研究工作。研究表明，97%以上的专利、商标侵权案件和 79%以上的著作权侵权案件难以证明实际损失和违法所得，采用法定赔偿方式；专利诉讼平均判赔额 8 万元，商标诉讼平均判赔额 7 万元，著作权诉讼平均判赔额只有 1.5 万元。进一步分析知识产权维权诉讼判赔额较低的原因，我们发现除了法律制度本身的问题以及司法实践中举证责任分配和负担不够均衡的问题外，还明显存在知识产权权利人维权能力较低、提交证据不足但苦于不知如何应对的问题。

    为积极回应企业知识产权保护诉求，指导提升企业的知识产权维权水平和应诉能力，国家知识产权局保护协调司组织编写了《知识产权维权获赔技能提升案例指引集》。本书从中国裁判文书网等多个检索渠道，共筛选出 63 件证据充足、说理到位、法官采信度高、支持诉求相对充分的知识产权维权诉讼获赔的典型案例，并由来自法院、行政管理部门、律师界、企业界的多位专业人士，从知识产权维权诉讼获赔的实务技能角度，进行案例评析。通过已经判决案例的梳理和分析，归纳和提炼诉讼过程中有助于提高判赔额的诉讼技能，引导权利人从已有判决中学习体会从哪些方面来获得维权赔偿，以期更好地保护创新成果并引导提升知识产权的市场价值。

本书注重案例的典型性和多样性相结合，紧扣维权获赔关键点，深入挖掘分析各个案例的实操亮点，充分体现出指导性和实务性。案例标题具体生动，创新性地使用导引律诗，通过五言或七言的对仗诗句，对各个案例进行画龙点睛、以点带面的概述，增强了本书的可读性；案情分析在把握专业性、严谨性的基础上兼顾通俗易懂性；判赔小贴士言简意赅、凸显关键，为维权人提供判赔引导。相较于众多知识产权案例汇编书籍，本书重在关注实操，胜在通俗易读，希望能为广大权利人提升知识产权维权能力提供切实的启发和帮助。

是为序。

国家知识产权局副局长

贺化

目　录

第一部分　胜战篇

第二部分　并战篇

第三部分　混战篇

第一部分

胜 战 篇

　　知识产权权利人在具备先期诉讼优势的情况下，如何取证、举证、维权和索赔，进而取得理想的赔偿额呢？本篇收集了16篇判赔率为100%的知识产权维权案例，为权利人维权提供了一定的理论支持和丰富的实例支撑。

川东完胜侵权者，法官笃定赔偿额

——重庆川东化工（集团）有限公司诉绵阳启明星磷化工有限公司与重庆市兆辉化工有限公司侵犯发明专利权纠纷案❶

启明❷兆辉齐侵权，川东化工来立案。

一审判赔三百万，二审仍维持原判。

利益判定是难题，数量利润均考虑。

法官巧定赔偿额，计算依据最关键。

一、基本情况

2009 年 9 月 22 日，上诉人绵阳启明星磷化工有限公司（以下简称"启明星公司"）、重庆市兆辉化工有限公司（以下简称"兆辉化工公司"）因与被上诉人重庆川东化工（集团）有限公司（以下简称"川东化工集团"）侵犯发明专利权纠纷案，不服重庆市第五中级人民法院作出的（2008）渝五中民初字第 471 号民事判决，上诉至重庆市高级人民法院，二审法院经开庭审理后作出终审判决，驳回上诉，维持原判。

一审判决由重庆市第五中级人民法院于 2009 年 7 月 23 日作出，判定被告启明星公司立即停止使用 ZL97103209.2 号发明专利生产甲酸联产磷酸盐（含三聚磷酸钠），立即停止销售使用 ZL97103209.2 号发明专利生产的甲酸和联产的磷酸盐（含三聚磷酸钠）；判定兆辉化工公司立即停止销售启明星公司使用

---

❶ 一审：重庆市第五中级人民法院（2008）渝五中民初字第 471 号民事判决书；二审：重庆市高级人民法院（2009）渝高法民终字第 203 号民事判决书。

❷ 此处"启明"指绵阳启明星磷化工有限公司。

ZL97103209.2 号发明专利生产的甲酸；并支持了原告川东化工集团对被告启明星公司主张的 300 万元赔偿，判赔率 100%。

二、案例要点

本案主要关注点在于：本案权利人的索赔数额为 300 万元，判赔数额 300万元。

在计算赔偿额时，法院结合了侵权人的侵权产品数量与权利人的专利产品合理利润，综合确定了最终的赔偿数额，值得权利人提起侵权诉讼时借鉴。

三、案例评析

（一）双方举证情况

1. 原告川东化工集团提交的证据

（1）权利证据，用以明确专利权有效性及权利人的合法性

● 专利证书：贵州磷酸盐厂于 1997 年 3 月 18 日向原中国专利局提交了"用过磷酸酸化甲酸钠生产甲酸联产各种磷酸钠盐的方法"发明专利申请，并获授权，专利号为 ZL97103209.2，授权公告日为 2001 年 5 月 23 日。

● 专利权转移的相关手续文件，包括川东化工集团受让涉案专利的权利转让合同、贵州磷酸盐厂放弃优先回购权的"申明"、支付转让费的单据及国家知识产权局针对权利人变更发出的手续合格通知书、专利公报等。

● 专利登记簿副本、专利年费缴纳收据。

（2）涉及启明星公司侵权行为

● 2007 年启明星公司购买设备、安装生产线生产甲酸和联产产品三聚磷酸钠的证明材料。

● 公证购买启明星公司生产并销售的甲酸：川东化工集团认为启明星公司生产甲酸和三聚磷酸钠使用了其 ZL97103209.2 号发明专利，而兆辉化工公司销售了启明星公司生产的侵权产品甲酸，于是向重庆市南岸公证处申请对前述两单位的侵权行为进行公证保全。2008 年 1 月 18 日，该公证处公证员与川东化工集团的员工及其委托代理人向兆辉化工公司购买启明星公司销售给昆明

敏杰化工机械有限公司，又由昆明敏杰化工机械有限公司再销售给兆辉化工公司的三桶甲酸。甲酸包装铅封完好，包装桶标明的产品为甲酸，含量为85%，净重为25公斤，毛重为26.5公斤，启明星公司生产。

• 2008－2SH0043号测试报告：上述人员将甲酸运至重庆市计量质量检测研究院，川东化工集团的员工随机提取一桶甲酸委托该研究院检测。重庆市计量质量检测研究院测试后作出2008－2SH0043号测试报告：川东化工集团送检的启明星公司生产的甲酸其甲酸含量为85.4%，硫酸盐（以SO_4计）为0.001%，磷酸盐（以NaH_2PO_4计）为0.024%，蒸发残渣为0.032%。

• (2008) 渝科鉴字第05－1号鉴定报告：重庆市化工学会受川东化工集团委托，组织专家根据上述公证购买的甲酸和重庆市计量质量检测研究院2008－2SH0043号测试报告对启明星公司的工艺路线进行分析，于2008年1月27日作出"甲酸生产相关技术问题专家论证意见"。该论证意见认为，目前国内生产甲酸共有三种工艺路线，主产品都是甲酸。按照磷酸酸化甲酸钠工艺得到的副产品为磷酸钠盐，按照硫酸酸化甲酸钠工艺得到的副产品为硫酸钠，按照甲酸甲酯水解法得到的副产品为甲醇。川东化工集团公证购买的启明星公司的甲酸经重庆市计量质量检测研究院检验磷酸盐含量很高，应该是采用磷酸酸化甲酸钠的工艺生产。作出该意见的9名专家中有4名为川东化工集团职员。

（3）人事变动证据

• 左建国原任川东化工集团副总经理，2006年2月辞职，同年5月到启明星公司工作，任副总经理。

（4）启明星公司的侵权行为对川东化工集团造成的实际损失

• 川兴司鉴（2009）鉴字第03号司法鉴定书，其中记载：川东化工集团用磷酸酸化甲酸钠的方法生产甲酸联产各种磷酸钠盐，每产出1吨甲酸的同时相应产出2.67吨三聚磷酸钠（五钠），2008年度川东化工集团每吨甲酸的平均利润为929.31元，每吨三聚磷酸钠的平均利润为1130.55元。

• 启明星公司2008年度销售甲酸2300余吨。

2. 启明星公司提交的证据材料

• 重庆市南岸区人民检察院的渝南检刑诉（2009）397号起诉书。

● 川兴司鉴（2009）鉴字第 11 号司法鉴定书。委托单位是启明星公司，委托日期是 2009 年 8 月 3 日，鉴定结论是启明星公司 2008 年度生产 1 吨甲酸的平均利润为 −298.95 元，生产 1 吨三聚磷酸钠的平均利润为 −112.06 元。

（二）法院对证据的认定情况

法院查明，川东化工集团提交的 ZL97103209.2 号发明专利权利要求书及说明书、贵州磷酸盐厂向贵州省惠水渝阳磷化工有限公司转让涉案专利的合同、贵州省惠水渝阳磷化工有限公司向川东化工集团转让涉案专利的合同、贵州磷酸盐厂放弃优先回购权的"申明"、支付转让费的单据，以及国家知识产权局两次批准专利转让后发出的手续合格通知、专利公报等证据能够相互衔接，印证 ZL97103209.2 号发明专利通过连续转让而由川东化工集团受让的事实，应认定川东化工集团为涉案专利的专利权人。2009 年 3 月 9 日，川东化工集团缴纳了专利年费，本案审理时国家知识产权局专利复审委员会对启明星公司就 ZL97103209.2 号发明专利提出的无效宣告请求尚未作出结论，涉案专利有效。启明星公司认为川东化工集团不能证明自己是专利权人的主张缺乏证据支持，应不予采信。

本案中 ZL97103209.2 号发明专利的独立权利要求 1 为："用过磷酸酸化甲酸钠生产甲酸联产各种磷酸盐的方法，其特征包括：（1）用过磷酸酸化甲酸钠；（2）酸化过程是在搅拌下，陆续将甲酸钠投放于过磷酸之中，在常温至甲酸沸点温度下完成的；（3）酸化后的物料在蒸馏釜中蒸馏出甲酸，通过冷凝为产品；（4）蒸出甲酸后的副产物配制成溶液，沉淀出杂质后放入调料罐，再经调整 pH 值，并按常规方法生产各种磷酸盐。"

启明星公司的《甲酸车间工艺规程》《甲酸车间操作规程》的流程描述和图解，以及该公司副总经理左建国绘制的工艺流程图，（2008）渝科鉴字第 05 − 1 号鉴定报告和川东化工集团公证购买的启明星公司的产品公证书均证明启明星公司的产品为甲酸。且（2008）渝科鉴字第 05 − 1 号鉴定报告根据对川东化工集团和启明星公司主要原料、主要工序、主要设备、主要产品进行的对比，得出川东化工集团和启明星公司生产甲酸的工艺相同的结论，该结论能够为其他相关证据印证。结合这些证据和对比，法院认为启明星公司提出的现有技术抗辩不成立，其生产甲酸联产三聚磷酸钠的方法落入了川东化工集团ZL97103209.2号发明专利的独立权利要求1和从属权利要求2和4的保护范围，该公司用专利方法生产和销售甲酸及其联产产品三聚磷酸钠的行为侵犯了川东化工集团的专利权。

根据川兴司鉴（2009）鉴字第03号司法鉴定书的鉴定结论，川东化工集团用磷酸酸化甲酸钠生产甲酸联产各种磷酸盐的方法，每产出1吨甲酸的同时相应产出2.67吨三聚磷酸钠，2008年度川东化工集团每吨甲酸的平均利润为929.31元，每吨三聚磷酸钠的平均利润为1130.55元。该鉴定确认的甲酸及其联产产品三聚磷酸钠的平均利润可以作为计算川东化工集团损失的依据。启明星公司2008年度销售甲酸2300余吨，根据川兴司鉴（2009）鉴字第03号司法鉴定书确定的每产出1吨甲酸的同时相应产出2.67吨三聚磷酸钠来计算，启明星公司甲酸及其联产产品三聚磷酸钠分别乘以每件专利产品的合理利润所得之积的和，已经远高于川东化工集团主张的损失300万元。因此一审法院对川东化工集团主张赔偿300万元损失的诉讼请求予以支持。

二审程序中启明星公司提交了渝南检刑诉（2009）397号起诉书，法院认定，重庆市南岸区人民检察院起诉左建国侵犯商业秘密给川东化工集团造成的经济损失确系根据四川兴瑞司法鉴定所川兴司鉴（2009）第03号司法鉴定书计算的9 627 282元，但是左建国与启明星公司属于不同的民事主体，追究左建国侵犯商业秘密的刑事责任并不能等同于追究启明星公司侵犯专利权的民事责任，侵犯商业秘密刑事案件的判决结果对于本案确定侵犯专利权的赔偿数额并无直接影响，一审判决并未主张根据鉴定报告计算的全部损失，而且川东化工集团的诉讼请求是300万元，只是全部损失的一部分且在合理的幅度内，一审判决支持川东化工集团的诉讼请求并无不当，而刑事案件如何计算侵犯商业秘密的损失与本案无关。因此，上述起诉书不能证明一审判决的赔偿金额没有依据。

启明星公司二审提交的司法鉴定书系启明星公司单方委托，川东化工集团未对鉴定书本身的真实性提出异议，但是对鉴定内容的真实性不予认可，在鉴定内容的真实性无法确认的情况下，该鉴定书应当不予采信。

（三）评析

《最高人民法院关于审理专利纠纷案件适用法律问题的若干规定》第 20 条第 1 款❶规定："人民法院依照专利法第 57 条第 1 款的规定追究侵权人的赔偿责任时，可以根据权利人的请求，按照权利人因被侵权所受到的损失或者侵权人因侵权所获得的利益确定赔偿数额。"因此，在权利人提供了计算依据，主张以其损失确定赔偿数额的情况下，应当计算权利人的损失作为确定赔偿数额的依据。本案中，虽然总损失中包含侵犯专利权和侵犯商业秘密两种行为造成的损失，但是这两种行为造成的损失难以精确区分，法院可以以合理的部分损失作为侵犯专利权造成的损失。川东化工集团的诉讼请求只有 300 万元，只是其部分损失且在合理幅度内，因此二审法院认定，一审法院并未主张全部损失，只是支持了川东化工集团的诉讼请求部分并无不当。

涉案专利涉及方法专利，举证责任在被告，但鉴于方法侵权的举证难度，为使法院支持对启明星公司侵犯川东化工集团拥有的 ZL97103209.2 号发明专利权的认定，权利人在证据的使用上，首先通过公证购买侵权产品证明启明星公司生产了涉案专利的目标产品，进一步利用（2008）渝科鉴字第 05－1 号鉴定报告证明启明星公司与自己采用的是相同的甲酸生产工艺，同时将启明星公司的《甲酸车间操作规程》作为其关键生产工艺的证据，在此基础上，引入对所属领域的技术常识的分析陈述，为法院认定提供了有效的依据，因此得到了法院的支持。

四、有关建议

在司法实践中，如何计算权利人所受的损失或者侵权人的利益，一直是一个难题。本案中法院以被告启明星公司甲酸及其联产产品三聚磷酸钠的产量，分别乘以根据权利人每件专利产品的合理利润所得之积的和，并参照权利人诉求的赔偿主张，来综合确定最终的赔偿额。本案在赔偿额的确定上，结合了侵

---

❶　此处指本案审理时适用的、最高人民法院于 2001 年 6 月 22 日公布、2001 年 7 月 1 日起施行的该司法解释版本，该款相关内容经修改后纳入 2008 年《专利法》第 65 条规范。

权人的侵权产品数量与权利人的专利产品合理利润，值得权利人提起侵权诉讼时借鉴作为其赔偿额的计算依据。

本案最大的启示是，在侵权诉讼中，权利人应利用其在相关技术领域的知识水平，提供科学合理的计算依据，从而使法院能支持其确定赔偿数额的依据，争取尽可能高的赔偿额。

五、小贴士

论证判赔额的关键是侵权人的销售量证据和权利人的单位合理利润获得法院支持。

好孩子许可证据握，经销商理亏无可驳

——好孩子儿童用品有限公司与广州市上威贸易有限公司、广州市中威日
用品企业有限公司、南京中央商场股份有限公司侵犯发明专利权纠纷案❶

中威上威搞贸易，好孩子专利权被侵。

侵权赔偿如何断，小小恐龙有先例。

许可证据握手里，经销商人没脾气。

留存相关票与据，各方都要谨牢记。

一、基本情况

原告好孩子儿童用品有限公司（被上诉人，以下简称"好孩子公司"）因
与被告广州市上威贸易有限公司（上诉人，以下简称"上威公司"）、广州市
中威日用品企业有限公司（上诉人，以下简称"中威公司"）等侵犯发明专利
权纠纷一案，向江苏省南京市中级人民法院提起诉讼，索赔150万元，一审法
院判赔150万元。上威公司、中威公司不服一审判决，向江苏省高级人民法院
提起上诉。2010年4月22日，二审法院判决驳回上诉，维持原判。

二、案例要点

本案诉求的赔偿额为150万元，相对较高，而且超过了法定赔偿额的上限，
但权利人通过提供许可使用费等证据，让法院确定本案的赔偿数额为权利人涉案
发明专利的年度许可使用费的3倍，最终其请求的赔偿额获得了法院全部支持。

---

❶　一审：南京市中级人民法院（2008）宁民三初字第241号民事判决书；二审：江苏省高级人
民法院（2010）苏知民终字第0032号民事判决书。

三、案例评析

（一）双方举证情况

好孩子公司提交的证据有：

（1）权利证据，用以明确权利类型及权利有效

- 发明专利说明书：证明涉案专利保护范围；

- 专利登记簿副本、专利年费缴费收据：证明涉案专利有效。

（2）专利许可合同，用以证明其经济损失

2002 年 3 月 2 日，好孩子公司以普通实施许可的方式许可昆山小小恐龙儿童用品有限公司（以下简称"小小恐龙公司"）实施专利 ZL97106399.0，许可期限为 2002 年 3 月 1 日至 2004 年 2 月 28 日，使用费为每年 50 万元。双方签订的普通实施许可合同于 2002 年 6 月 18 日在国家知识产权局备案，备案号为 200220050。

（3）公证保全和宣传资料，用以证明上威公司、中威公司的侵权行为

2007 年 3 月 13 日，在公证员的监督下，好孩子公司的代理人胡居亚在南京中央商场股份有限公司（以下简称"中央商场"）购买了 1 辆"Fisher_ Price"（费雪）牌三合一脚踏车，型号为 73528，单价为 799 元，并取得中央商场开具的编号为 00287672 的发票。其包装箱上注明经销商为上威公司、中威公司。购回之后，对该脚踏车进行了安装、拍照（含包装箱），再将该安装的脚踏车原样进行拆解、装箱、封存。江苏省昆山市正信公证处对上述过程进行了公证，出具了（2007）昆正信证字第 29 号公证书。

费雪牌产品宣传手册描述，其 2007/2008 年度的宣传资料中，有涉案产品的图片，该宣传资料表明，"Fisher_ Price"（费雪）牌儿童玩具产品的销售商铺从 2006/2007 年度的 46 个城市 270 多家发展到 70 个城市 370 多家。

2009 年 10 月 23 日，国家知识产权局专利复审委员会作出第 14045 号无效宣告请求审查决定，宣告专利 ZL97106399.0 的权利要求 1、4、8～11 无效，在权利要求 2、3、5～7、12、13 的基础上维持有效。

（二）法院对证据的认定情况

本案中，法院根据查明的事实认定：

（1）涉案产品系由上威公司、中威公司进口并销售。本案已查清的事实表明涉案产品在中国境内的进口、经销商是上威公司和中威公司。在正常的商业经营活动中，进口、销售的产品上标注的进口者、经销者应当对产品承担相应的责任和义务。

（2）上威公司、中威公司的行为构成侵权，应当承担相应民事责任。被控侵权产品具备涉案发明专利权利要求7的全部技术特征，落入了该发明专利权的保护范围。未经权利人许可，中央商场销售，上威公司和中威公司进口、销售涉案专利产品的行为，侵犯了好孩子公司的专利权，应当承担停止侵权行为、赔偿损失等法律责任。

对于损失赔偿，好孩子公司与小小恐龙公司之间的《专利实施许可合同》签订于诉讼发生前，且在国家知识产权局办理了备案并已实际履行，其许可费用可以作为确定赔偿数额的依据。根据本案的实际情况，参考涉案发明专利的性质，专利许可的性质、时间，上威公司、中威公司的经营方式、规模、现状，侵权性质、情节、范围、时间以及涉案产品销售价格为799元等，综合确定赔偿数额为该专利每年度许可使用费50万元的3倍。中央商场销售不知道是未经专利权人许可而进口并销售的侵权产品，已经证明其有合法来源，不承担赔偿责任。被控侵权产品包装上明确标示涉案产品系上威公司、中威公司共同进口、经销，故上威公司、中威公司应共同承担相应法律责任。

（三）评析

对于将许可费作为确定赔偿数额的法律依据，《最高人民法院关于审理专利纠纷案件适用法律问题的若干规定》第21条❶中规定："被侵权人的损失或者侵权人获得的利益难以确定，有专利许可使用费可以参照的，人民法院可以根据专利权的类别、侵权人侵权的性质和情节、专利许可使用费的数额、该专

---

❶ 此处指本案审理时适用的、最高人民法院于2001年6月22日公布、2001年7月1日起施行的该司法解释版本。该条规定相关内容经修改后已纳入2008年《专利法》第65条规范。

利许可的性质、范围、时间等因素，参照该专利许可使用费的 1 至 3 倍合理确定赔偿数额。"

有观点认为，专利许可使用费既可以看作原告所受损失，也可以看作被告的获利。但涉及专利侵权时，当事人之间并无实际的专利许可使用合同存在，作为计算赔偿额标准的许可使用费并非原、被告的实际损失或得利。然而，由于这种许可方式反映了权利人实际通过许可方式能够获利的情况，因此，将其作为确定侵权损害结果替代性结果的测量标准具有一定的合理性。实务中，法院在认定许可使用费的真实性、合法性时，重点审查合同是否已经实际履行、许可使用费是否已经实际支付，通常会针对专利实施许可合同及其备案证明、使用费发票、纳税凭证等证据进行审查。对于权利人将专利许可给其亲属设立的公司而收取高额使用费的情况，审查较为严格。在确定具体的赔偿数额时会参照许可合同的类型，考虑被告的侵权有可能降低权利人通过许可获利的机会，通常在普通许可使用费的基础上作适当增加，同时还会综合衡量许可使用的时间长短、被告与案外被许可人之间在使用规模或范围上的差异等因素。

四、有关建议

本案的审理对企业有以下两点启示。

首先，从专利权人的角度来看，要注意保存许可使用的证据，包括合同、使用费发票以及许可备案证明等。这样可以请求法院参照该专利许可使用费的合理倍数确定赔偿数额。由于证明被告的获利或者证明权利人的损失，在客观上都存在较大的举证困难，因此，如果权利人已经存在许可使用的情形，更要从一开始就完备许可使用的证据链条，为将来主张第三人侵权提供赔偿依据。

其次，销售者、使用者也要做好产品合法来源的证据留存，这样有利于免除侵权赔偿责任。法院在本案中认为，提出合法来源抗辩仅是"不知道是侵权产品而销售或使用的被控侵权方，不包括侵权产品的进口方"。合法来源抗辩意在保护专利权的同时，维护交易安全，保护善意使用或销售专利侵权产品的使用者或销售者的合法权益。被控侵权者在司法实践中大量地提出合法来源抗辩，这已成为我国专利法的一项重要制度。其法律依据分别在 1985 年《专利法》第 62 条、2000 年《专利法》第 63 条第 2 款规定以及 2008 年《专利法》第 70 条规定（2008 年《专利法》将抗辩主体从销售者和使用者进一步扩张为销售者、使用者和许诺销售者）。对于销售者、许诺销售者或者使用者而言，如果履行注意义务的负担过重，不利于促进商品流通，特别是对于大型的零售商业而言，其经营的商品数以万计，要求经营者事先就对所经营的商品逐一核实，是不可能做到的。况且，受专利保护的产品，有可能是产品的部分结构、个别零件或者内部的电子线路等，其并不能简单地进行辨别，有些甚至需要专业机构进行技术鉴定。如果要求销售者、许诺销售者或者使用者承担如此沉重的注意义务，无疑就像强求他们成为专利法专家一样不可能实现。正因如此，专利法采取务实的态度设计了合法来源抗辩制度，对未经专利权人许可的销售行为、许诺销售行为或者使用行为，仍认为是专利法意义上的侵权行为，但在满足一定的条件下，可以免于赔偿。这使得专利制度更为公平合理，从而更能体现专利法的尊严与人性化的光芒。但值得注意的是，合法来源抗辩仅仅针对销售流通环节中侵犯专利权的行为作出宽大处理，合法来源抗辩的主体不包括《专利法》第 11 条规定的制造、进口产品的制造商、进口商，也不包括使用产品制造方法的行为，只是针对以生产经营为目的的使用者、销售者、许诺销售者。该法律规定隐含着举证责任的分配。对于被控侵权产品的使用者、销售者、许诺销售者，在被认定构成侵害专利权的前提下，只有在举证证明其使用或销售的专利侵权产品有合法来源，即其"直接的上手"来源，且满足主观上为善意的条件时，才能免除民事赔偿，而只需承担停止侵权的责任。

五、小贴士

论证赔偿额的关键有二：专利实施许可合同完整证据链（合同及其备案证明、使用费发票、纳税凭证）证明合同的真实实施；通过侵权产品宣传手册证明销售范围广获得许可费 3 倍赔偿。

康贝外观重复侵权，好孩子举证获高赔

——康贝（上海）有限公司与好孩子儿童用品有限公司侵害外观设计专利权纠纷上诉案❶

> 好孩子公司去申诉，康贝侵害其外观权。
> 一审判赔了一百万，二审仍然维持原判。
> 被告重复侵权无知，原告广泛举证不软。
> 积极主动地去查证，主观范围都考虑全。

一、基本情况

原告好孩子儿童用品有限公司（被上诉人，以下简称"好孩子公司"）因与康贝（上海）有限公司（上诉人，以下简称"康贝公司"）等侵害外观设计专利权纠纷一案，向江苏省南京市中级人民法院起诉，索赔 100 万元。一审法院判赔 100 万元，判赔率 100%。康贝公司不服一审判决向江苏省高级人民法院提起上诉，2012 年 12 月 18 日，二审法院判决驳回上诉，维持原判。

二、案例要点

本案主要关注点在于：权利人好孩子公司在多地购买被控侵权产品，指控被告重复侵权的同时，还提供了专利许可使用费的完整证据链，为其获得较高赔偿额提供了有利支撑。

---

❶ 一审：南京市中级人民法院（2011）宁知民初字第 124 号民事判决书；二审：江苏省高级人民法院（2012）苏知民终字第 0299 号民事判决书。

三、案例评析

（一）双方举证情况

1. 好孩子公司提交的证据

（1）权利证据，用以明确权利类型及权利有效

2003 年 8 月 18 日，好孩子公司向国家知识产权局申请了名称为"儿童推车（1）"的外观设计专利，2004 年 4 月 28 日获得授权并公告，专利号为 ZL03346638.6。专利缴费凭据可以证明该专利至本案审理时仍处于有效的法律状态。

（2）专利许可合同，用以证明其经济损失

2008 年 7 月 14 日，好孩子公司与昆山小小恐龙儿童用品有限公司（以下简称"小小恐龙公司"）签订《专利实施许可合同》，约定好孩子公司以普通实施许可的方式许可小小恐龙公司实施 ZL03346638.6 号"儿童推车（1）"外观设计专利，有效期限为 2008 年 7 月 14 日至 2009 年 7 月 13 日，许可使用费为 50 万元。

（3）公证保全，用以证明康贝公司的侵权行为

2010 年 4 月 28 日，好孩子公司的委托代理人胡居亚在江苏省昆山市正信公证处公证员徐国强和公证人员曹春华的监督下，在南京市玄武区中山路 18 号德基广场五楼玩具反斗城德基分店购买包装箱上注明"康贝（上海）有限公司"监制的"Combi"儿童推车一辆（型号为 SB-3R，单价为人民币 1380 元），并取得玩具反斗城德基分店开具的编号为 №2106199 的江苏省增值税普通发票。购回后，对该儿童推车进行了安装、拍照（含包装箱），并将安装的儿童推车按原样进行拆解，然后进行装箱、封存。2010 年 5 月 10 日，江苏省昆山市正信公证处制作了（2010）苏昆正信证民内字第 963 号公证书。

2010 年 8 月 6 日，好孩子公司的委托代理人胡居亚在江苏省昆山市正信公证处公证员徐国强和公证人员曹春华的监督下，在南京的中央商场购买包装箱上注明"康贝（上海）有限公司"监制的"Combi"儿童推车一辆（型号为 SB-3R，单价为人民币 1513 元），并取得中央商场开具的编号为 №2117379 的购物缴款凭证的复印件、编号为 №01442005 的南京中央商场（集团）股份

有限公司工商业统一发票。购回后，对该儿童推车进行了安装、拍照（含包装箱），并将安装的儿童推车按原样进行拆解，然后进行装箱、封存。2010 年 8 月 16 日，江苏省昆山市正信公证处制作了（2010）苏昆正信证民内字第 2640 号公证书。

2010 年 8 月 12 日，好孩子公司的委托代理人胡居亚来到江苏省昆山市正信公证处，在公证员徐国强和公证人员曹春华的监督下，进行了网页内容的证据保全公证。网页首页突出使用了"combi"的字样；"SB – 3R 尊驾双向婴儿推车"的介绍包括插图以及"主体重量：9.9kg""花色：紫色、红色、绿色"等内容；网站的公司名称为"康贝（上海）有限公司"，地址为"上海市卢湾区淮海中路 200 号淮海金融大楼 23 层"。

2. 康贝公司提交的证据

《气球》杂志 1998 年 1 月刊上公开的儿童推车图片，以此作为其现有设计抗辩的对比文献。

（二）法院对证据的认定情况

（1）好孩子公司享有外观设计专利权

2003 年 8 月 18 日，好孩子公司向国家知识产权局申请了名称为"儿童推车（1）"的外观设计专利，2004 年 4 月 28 日获得授权并公告，专利号为 ZL03346638.6。该专利至本案审理时仍处于有效的法律状态。其公告图片由主视图、俯视图、左视图、右视图、后视图和立体图组成。其中主视图和后视图显示该推车的遮阳罩打开时呈梯形，位于座兜的上方、后方；前轮支架呈圆弧形，把手支架和后轮支架呈直线形，三者分别交叉，交叉处呈扇形；置物篮呈梯形且为半透明状，两侧和后部使用了透明设计。左视图和右视图显示两个前轮为双轮设计，两个后轮为单轮设计，座兜呈阶梯形并向下倾斜延伸与下部的脚踏板连为一体；立体图和俯视图显示座兜前部有一个两头为圆角、中间为弧形并带凹槽的置物托盘。

（2）好孩子公司与小小恐龙公司签订有《专利实施许可合同》并在国家知识产权局备案

2008 年 7 月 14 日，好孩子公司与小小恐龙公司签订《专利实施许可合同》，约定好孩子公司以普通实施许可的方式许可小小恐龙公司实施ZL03346638.6号"儿童推车（1）"外观设计专利，有效期限为2008年7月14日至2009年7月13日，许可使用费为50万元。2008年8月12日，小小恐龙公司向好孩子公司支付50万元。2008年8月25日，好孩子公司向昆山市地方税务局缴纳"专利实施许可费（专利号ZL03346638.6）"营业税等税费25 500元。2008年9月1日，该许可合同在国家知识产权局备案。

（3）康贝公司的被控侵权产品落入涉案专利权的保护范围

本案中，被控侵权产品的外观设计具备涉案外观设计专利的全部构件和主要的形状要素：①两者都是由座兜、车架、车轮、托盘、遮阳罩、置物篮、脚踏板等构件组成；②座兜均向下延伸；③车架均由把手支架、前轮支架、后轮支架构成，且把手支架呈直线形，后轮支架主要呈直线形，前轮支架呈弧线形，三者相交形成一个扇形，车架整体呈跨步状；④遮阳罩均倾斜位于座兜上方、两侧把手支架之间；⑤托盘均与前轮支架相连接且为平板状，外延两个角为弧形；⑥脚踏板均位于两侧前轮支架之间且为平板台阶状；⑦置物篮均位于座兜下方且呈梯形，小部分位于后轮支架的后侧、大部分位于后轮支架的前侧，置物篮的大部分材质均为纱质布料故而呈现部分透明状；⑧车轮均为前轮双轮、后轮单轮设计。据此可以认定，两者构成近似设计。

（4）康贝公司的现有设计抗辩不能成立

康贝公司明确以《气球》杂志1998年1月刊上公开的儿童推车图片作为其现有设计抗辩的对比文献。但该图片中的车架前轮支架并非整体呈圆弧形设计，其支腿部为直杆状，故车架整体接近于人体分腿站立状，而并非被控侵权产品车架具有的跨步状。故康贝公司的现有设计抗辩不能成立。

（三）评析

本案中，好孩子公司主张100万元的赔偿数额，获赔100万元，诉求额与获赔额均较高。

针对经济损害赔偿数额的问题，《专利法》第65条中规定，侵犯专利权的赔偿数额按照权利人因被侵权所受到的实际损失确定；实际损失难以确定的，可以按照侵权人因侵权所获得的利益确定。权利人的损失或者侵权人获得的利益难以确定的，参照该专利许可使用费的倍数合理确定。

在专利诉讼案件中，权利人因被侵权所受到的实际损失和侵权人因侵权所获得的利益通常存在举证难的问题。

而本案中，原告好孩子公司与小小恐龙公司之间签订有许可使用费为50万元的《专利实施许可合同》，而且，有明确证据证明该许可合同签订于诉讼发生前、已在国家知识产权局办理了备案并已实际履行。这成为确定赔偿数额的重要参考依据。

另外，好孩子公司分别在南京、上海两地购买被控侵权产品，以此来证明被控侵权产品的销售范围较广。

此外，好孩子公司还指称，康贝公司曾于2009年8月被认定侵害涉案外观设计专利权，且在该案中被控侵权产品与本案被控侵权产品外观基本相同，只是换了个型号，因此，康贝公司属于重复侵权，主观过错明显。

好孩子公司针对被控侵权产品于多地购买的方式以及重复侵权的指控，均为其获得较高赔偿额提供了有利支撑。

四、有关建议

本案权利人索赔100万元，法院判赔100万元，判赔率100%。在以下方面，权利人的做法与经验值得借鉴。

首先，要保存好知识产权许可的证据。原告好孩子公司因与小小恐龙公司之间签订有年度许可使用费为50万元的《专利实施许可合同》，在国家知识产权局办理了备案，并就该合同向法院提交了支付专利许可费的凭证，证据链比较完整，从而获得法院认可，为获赔提供了重要依据。

其次，要积极发现和主张侵权人的过错。对于被告有主观过错之处，要积极提出，例如本案原告提出康贝公司的侵权行为为重复侵权，经法院认可后也成为获得高额赔偿的原因之一。

最后，在购买侵权产品时，可以考虑在多地、多处购买侵权产品，以此主张被控侵权产品销售范围广，从而为支持较高的赔偿额提供支持。

五、小贴士

本案获得较高判赔额的亮点除了知识产权许可合同的完整证据链外，积极主张重复侵权和多地侵权也是重要支撑。

原告提供材料好，法院判赔全都到

——湘北威尔曼制药有限公司诉苏州二叶制药有限公司等侵犯发明专利权纠纷案❶

> 威尔曼状告侵权者，二叶唯楚皆中招。
> 原告索赔五百万，法院判赔全都到。
> 原告提供材料多，法院采信证据好。
> 权利证据是基础，实施损失思虑牢。

一、基本情况

2009 年 7 月，原告湘北威尔曼制药有限公司（以下简称"威尔曼公司"）诉被告苏州二叶制药有限公司（以下简称"二叶公司"）、被告湖南唯楚医药有限公司（以下简称"唯楚公司"）侵犯发明专利权纠纷案，向长沙市中级人民法院提起诉讼。原告索赔 500 万元，法院经审理判赔 500 万元。

二、案例要点

本案主要关注点在于，专利权人提交了能够证明许可他人使用涉案专利的费用的充分证据，法院认为专利权人提交的证据足以证明专利权人的损失，因此对专利权人的证据予以采信，并以此作为确定赔偿数字的依据。专利权人关于赔偿数额的主张得到了法院的全额支持，赔偿率为 100%。

---

❶ 一审：长沙市中级人民法院（2009）长中民三初字第 0259 号民事判决书。

三、案例评析

（一）双方举证情况

1. 威尔曼公司提交的证据

（1）权利证据，用以明确权利类型及权利有效

• ZL97108942.6 号发明专利证书、权利要求书、说明书以及国家知识产权局手续合格通知书。用以证明涉案专利权属原告所有，专利的保护期至 2017 年 6 月 10 日止，专利保护的是新药品种。

• 专利年费收据。用以证明其已经依法缴纳涉案专利的 2009 年年费，专利在本案审理时处在合法有效状态。

• 关于注射用哌拉西林钠舒巴坦钠（2∶1）药品的新药证书、说明书、湖南省物价局文件、国家发改委文件。用以证明哌舒（2∶1）系受原告专利保护的专利药品。

• 二叶公司提出的专利无效请求书。用以证明被告二叶公司承认原告在本案审理时的专利是合法有效的，且专利权人是原告。国家知识产权局专利复审委员会受理了该无效请求书，该证据也证明了专利目前是有效的状态的。之前专利复审委员会作出的第 8113 号决定书与原告无关，如果专利复委员会认为与原告有关，就不会受理该无效请求，被告二叶公司也明知这一点。

• 北京市第二中级人民法院（2009）二中民特字 9206、9640 号民事裁定书。用以证明其专利在本案审理时处在合法、有效状态以及经司法认定国内其他厂家生产、销售、许诺销售注射用哌拉西林钠舒巴坦钠药品已经对原告专利构成侵权。

• 广州市中级人民法院（2007）穗中法民三初字第 538 号民事判决书。用以证明原告专利在本案审理时处在合法、有效状态以及经司法认定国内其他厂家生产、销售、许诺销售注射用哌拉西林钠舒巴坦钠药品已经对原告专利构成侵权。

（2）证明二叶公司实施侵权行为的证据

• 增值税发票、药品外包装盒、药品说明书。用以证明被告唯楚公司销

售了被告二叶公司生产的与原告专利药品完全相同的药品，两被告构成侵权。

● 国家食品药品监督管理局网站网页和长沙县公证处（2009）长证民字第2036号公证书。用以证明被告二叶公司的侵权事实及身份信息。

● 律师沟通函及邮寄回单。用以证明早在2004年被告二叶公司即收到过侵权警告函。

● 专利权人的实施许可证明。用以证明被告二叶公司明知其生产的注射用哌拉西林钠舒巴坦钠（2:1）的药品系原告专利保护品种却在未得到原告授权的情况下经继续实施侵权行为。

● 二叶公司出具的不侵犯他人专利权的说明。用以证明在2005年11月8日，被告二叶公司就要求广州威尔曼公司对其授权，说明二叶公司也认为其药品落入了涉案专利的保护范围。但是在一个月之后二叶公司又称不构成侵权。被告生产被控侵权产品的批准文号是欺骗取得的。

（3）证明侵权行为对威尔曼公司造成实际损失的证据

● 专利实施许可备案证明以及中国国际经济贸易仲裁委员会（2009）中国贸仲京裁字第0116号裁决书。原告用以证明其专利至本案审理时处在合法、有效状态以及经司法认定国内其他厂家生产、销售、许诺销售注射用哌拉西林钠舒巴坦钠药品已经对原告专利构成侵权，并且证明了原告专利许可费的数额。

● 药品认证管理中心出具的药品GMP认证跟踪审核件。用以证明药品认证管理中心对二叶公司的审核意见，认为其生产的药品不符合标准。二叶公司在本次侵权中获得的利益为非法利益。青霉素类生产线包括了诉争药品，是由同一条生产线生产，只要GMP认证被收回，诉争的药品就不能生产。

2. 二叶公司提交如下证据以证明其不构成对涉案专利的侵权行为

● 国家知识产权局专利复审委员会第8113号无效宣告请求审查决定书。用以证明该决定否定了诉争专利的创造性，宣告诉争专利无效。否定诉争专利的事实和法律依据完全充足且显而易见。

● 北京市第一中级人民法院（2006）一中行初字第786号行政判决书。用以证明北京市第一中级人民法院维持了国家知识产权局专利复审委员会的决定。

● 中国知识产权研究会"注射用哌拉西林钠舒巴坦钠"专利无效案之法律研究报告。用以证明中国知识产权研究会作为权威单位对本案及原被告之间由于药品市场竞争引发的案件的背景情况的详细说明，原告只是拖延时间，企图以法律程序来获利。

● 《舒巴坦钠分别与美洛西林、哌拉西林和头孢氨噻肟联合使用：在治疗严重细菌感染过程中临床和细菌学方面的研究发现》（K. Manncke，M. Springsklee，W. R. Herzmann，H. G. Sonntag 著）。用以证明该文献的公开发表是在原告的专利申请前，这份文献公开了诉争专利要保护的全部技术内容，诉争专利是公知技术。

（二）法院对证据的认定情况

关于原告威尔曼公司的证据，法院认为：ZL97108942.6 号发明专利证书、权利需求书、说明书、国家知识产权局手续合格通知书及专利年费收据系原告的权利证据，证明涉案专利的权利人及专利的有效状态，法院作为定案证据。关于注射用哌拉西林钠舒巴坦钠（2∶1）药品的新药证书、说明书、湖南省物价局文件、国家发改委文件，法院认为发明专利权的保护范围以其权利要求的内容为准，该专利是否是新药及关于药品价格的文件与本案之诉争无关联性，因此对该证据不予认定。增值税发票、药品外包袋盒、药品说明书以及国家食品药品监督管理局网站网页和长沙县公证处（2009）长证民字第 2036 号公证书系证明二被告实施被控侵权行为的证据，二叶公司对其生产被控侵权药品无异议，该两份证据可作为定案证据。律师沟通函及邮寄回单、专利权人的实施许可证明、二叶公司提出的专利无效请求书系就涉案专利的实施许可和无效宣告等情况的证据，与本案有关联性，法院作为定案证据。广州市中级人民法院（2007）穗中法民三初字第 538 号民事判决书系其他案件的判决，与本案当事人不同，不具关联性。专利实施许可备案证明以及中国国际经济贸易仲裁委员会（2009）中国贸仲京裁字第 0116 号裁决书、北京市第二中级人民法院（2009）二中民特字 9206 与 9640 号民事裁定书系原告与案外人就涉案专利的仲裁裁决及法院对上述仲裁裁决所作的裁定书，原告用以证明涉案专利的许可费，与本案有关联性，可作为定案证据。二叶公司出具的不侵犯他人专利权的说明和药品认证管理中心出具的药品 GMP 认证跟踪审核件系法院向国家食品药品监督管理局调取的证据，二叶公司对其真实性无异议，法院作为定案证据。

关于被告二叶公司的证据，法院认为：国家知识产权局专利复审委员会第8113 号无效宣告请求审查决定书和北京市第一中级人民法院（2006）一中行初字第 786 号行政判决书系国家知识产权局专利复审委员会和北京市第一中级人民法院对涉案专利的有效性作出的判断，该两证据可作为定案证据。中国知识产权研究会"注射用哌拉西林钠舒巴坦钠"专利无效案之法律研究报告系中国知识产权研究会就涉案专利无效案的法律研究报告，法院认为一项发明专利是否有效应当由国家知识产权局专利复审委员会经专利无效宣告程序作出判断，该证据不具证据效力，法院不予认定。《舒巴坦钠分别与美洛西林、哌拉西林和头孢氨噻肟联合使用：在治疗严重细菌感染过程中临床和细菌学方面的研究发现》（K. Manncke，M. Springsklee，W. R. Herzmann，H. G. Sonntag 著）系被告二叶公司作为公知技术抗辩的证据，可作为本案定案证据。上述定案证据能否实现当事人的证明目的，由法院结合各方其他证据判断。

法院另外查明：国家知识产权局专利复审委员会于 2006 年 3 月 10 日作出第 8113 号无效宣告请求审查决定，宣告第 97108942.6 号专利权全部无效。当时的专利权人广州威尔曼药业有限公司不服该决定，向北京市第一中级人民法院提起行政诉讼。北京市第一中级人民法院于 2006 年 12 月 6 日作出（2006）一中行初字第 786 号行政判决，维持专利复审委员会作出的第 8113 号无效宣告请求审查决定。威尔曼不服该判决，向北京市高级人民法院提起上诉。北京市高级人民法院于 2010 年 4 月 9 日作出（2007）高行终字第 146 号行政判决，内容是："一、撤销北京市第一中级人民法院（2006）一中行初字第 786 号行政判决；二、撤销国家知识产权局专利复审委员会第 8113 号无效宣告请求审查决定书；三、专利复审委员会就北京双鹤药业股份有限公司所提第97108942.6 号'抗 β-内酰胺酶抗菌素复合物'发明专利无效宣告请求重新作出决定。"

（三）评析

在司法实践中，知识产权侵权损害赔偿数额的确定存在诸多难题。关于侵犯专利权的赔偿数额，《专利法》第 65 条以及《最高人民法院关于审理专利纠纷案件适用法律问题的若干规定》（法释〔2001〕21 号）第 20 条第 2 款都有相关规定。《专利法》第 65 条中规定，侵犯专利权的赔偿数额按照权利人因被侵权所受到的实际损失确定；实际损失难以确定的，可以按照侵权人因侵权所获得的利益确定。权利人的损失或者侵权人获得的利益难以确定的，参照该专利许可使用费的倍数合理确定。针对侵权人因侵权所获得的利益，该解释第 20 条第 3 款规定："侵权人因侵权所获得的利益可以根据该侵权产品在市场上销售的总数乘以每件侵权产品的合理利润所得之积计算。侵权人因侵权所获得的利益一般按照侵权人的营业利润计算，对于完全以侵权为业的侵权人，可以按照销售利润计算。"此外，该解释第 21 条增加了法定赔偿的规定，并就专利许可使用费的倍数的适用问题作了限定。另据该解释第 22 条的规定，人民法院根据权利人的请求以及具体案情，可以将权利人因调查、制止侵权所支付的合理费用计算在赔偿数额范围之内。

在本案中，专利权人许可他人使用涉案专利的费用为每年度最低 470 万元，最高 680 万元人民币，该许可费被中国国际经济贸易仲裁委员会（2009）中国贸仲京裁字第 0116 号裁决书确认。在本案权利人的损失或者侵权人获得的利益难以确定的情况下，法院认为涉案专利许可使用费是其确定赔偿数额的重要参考依据。

另外，在确定赔偿数额时，法院还考虑到：①从 2008 年 1 月 12 日至 2010 年 1 月 11 日被告二叶公司就侵权药品分别在山东、青海、海南等 10 个地区中标，中标价共计 1500 余万元；②按照被告二叶公司提供的其"注射用哌拉西林舒巴坦（2:1）"产品的销售计划和利润额，该公司 2009 年下半年预计销售该产品 200 万支，利润 1400 万元。

在上述证据基础上，法院认为原告提出 500 万元的赔偿请求有事实和法律依据，应予支持。

四、有关建议

在司法实践中，很多专利侵权纠纷案件没有按照权利人的损失确定赔偿数额，主要是因为权利人的证据不足以证明损失的具体数额。由于权利人不能证明损失的数额，就可能适用法定赔偿确定赔偿数额。在司法实践中，权利人应当重视提交能够证明损失数额的证据，比如专利许可费用的证据。

在本案中，专利权人许可他人使用涉案专利的费用为每年度最低 470 万元，最高 680 万元，该证据被法院所采信，成为其能够得到全额赔偿的主要因素。

五、小贴士

本案获得全额判赔的亮点在于专利权人提供的涉案专利许可费获得法院采信且法院判定赔偿额时能综合考虑侵权药品中标价以及被告相关销售计划和利润额等因素。

最高赔偿额，功高在网页

——宁波富达电器有限公司诉上海湘典数码科技有限公司等侵犯发明专利权纠纷案❶

富达湘典起纷争，法院判决江湖平。

最高法定赔偿额，为何出自此案中。

被告销售范围广，情节已然很严重。

网页证据是铁证，事实清楚难翻供。

一、基本情况

原告宁波富达电器有限公司（以下简称"富达公司"）因与被告上海湘典数码科技有限公司（以下简称"湘典公司"）等侵犯发明专利权纠纷一案，向浙江省宁波市中级人民法院提起诉讼，索赔 50 万元。2008 年，一审法院判赔50 万元。

二、案例要点

本案的主要关注点在于：本案判赔数额全部支持了原告诉求的赔偿金额，并且达到了当时专利审判实践中的最高法定赔偿数额。其中，原告提交的网页证据在最后的侵权赔偿确定上发挥了重要作用，法官据此认定被告销售范围广、影响大，情节较为严重。

---

❶ 宁波市中级人民法院（2006）甬民四初字第 298 号民事判决书。

三、案例评析

（一）双方举证情况

1. 原告富达公司提交的证据

（1）权利证据

· 专利号为 ZL200410101240.7 的扫地机发明专利证书、专利登记簿副本、权利要求书、说明书及附图，以证明原告富达公司拥有涉案发明专利权及该专利权的保护范围。

· 专利年费缴纳证据，以证明涉案专利权至本案诉讼时有效。

（2）被告侵权证据

· 公证保全 1：（2006）浙余证民字第 824 号公证书，保全封存了原告代理人购买的"旋风清扫夫"无线清洁器实物，以证明被控侵权产品落入了原告发明专利权保护范围的事实。

· 公证保全 2：（2007）浙余证民字第 97 号公证书，证明被告湘典公司在其公司网页上进行许诺销售。

2. 被告湘典公司提交的证据

· 无效宣告请求受理通知书 2 份，证明湘典公司 2 次对涉案专利权向国家知识产权局专利复审委员会提出无效宣告请求，并且当时正在审理中。

3. 被告太平洋公司提供的证据

· 发票 1 份，以证明太平洋公司销售的"旋风清扫夫"无线清洁器是从湘典公司购买来的。

（二）法院对证据的认定情况

法院对于原告富达公司提交的专利权证据予以认定：富达公司在 2004 年 12 月 17 日向国家知识产权局申请了一款名称为"扫地机"的发明专利，该专利的公开日为 2005 年 6 月 1 日，并于 2006 年 8 月 30 日获得授权并公告，专利号为 ZL200410101240.7，该专利至本案审理时有效。

对于被告的侵权行为，法院根据原告提供的证据认定：富达公司于 2006

年 10 月 25 日委托代理人在浙江省余姚市南滨江路 158 号即被告太平洋公司处购买了两台"旋风清扫夫"无线清洁器,单价为每台 400 元。太平洋公司销售的"旋风清扫夫"无线清洁器确为湘典公司所制造,太平洋公司曾于 2006 年 10 月 16 日从湘典公司购买了 10 台清洁器,其销售的两台"旋风清扫夫"无线清洁器即为其中两台。

法院于 2007 年 1 月 17 日应原告富达公司申请,到湘典公司位于上海市松江区九亭镇九亭大街 473 弄 5 号楼 302 室的客户服务部进行证据保全,当场扣押了湘典公司正准备通过邮寄方式发往秦皇岛市的一箱品名为"旋风清扫夫"的产品,包装箱上标明生产商为湘典公司。该箱产品在庭审时当庭打开,共有 9 台清洁器,其中 4 台为湘典公司制造的"旋风清扫夫"无线清洁器,另 5 台为产品包装上标明生产商为深圳森翔科技有限公司的"森新"清洁器。经庭审比对,"旋风清扫夫"无线清洁器和"森新"清洁器均全面覆盖了原告专利的全部必要技术特征。

对于网页公证的认定,被告湘典公司虽称无法证明是其网页,但法院认为从网页内容看,其中明确标注该网页系湘典公司版权所有,且其中网页中许诺销售的产品"旋风清扫夫"与"森新"清洁器与该院从湘典公司保全到的产品名称也均一致,从网页中反映的购物方式也与湘典公司实际经营方式一致,网页中载明的收款银行账户又是湘典公司法定代表人王金芝在各大银行的账户,且该网页的网址"www.itvs.cn"与该院从湘典公司保全到的"旋风清扫夫"无线清洁器产品包装上标注的网址也一致。综上,可以认定该证据反映的网页是湘典公司的网页。

因此,法院认定湘典公司在网址为"www.itvs.cn"的适美中国购物网上许诺销售"旋风清扫夫"和"森新"清洁器,且在该网页上记载有湘典公司是一家从事电视直销的新兴企业,公司汇聚国内许多资深的电视购物专业人士,拥有全国及香港多家卫星电视合作媒体,在国内成功热销"旋风清扫夫"等多款产品。并称"旋风清扫夫"无线清洁器在深圳卫视、东南卫视、云南卫视、浙江卫视、辽宁卫视、广西卫视、陕西卫视、河北卫视 、四川卫视、黑龙江卫视、旅游卫视、中央教育等超过 12 家全国多家电视媒体进行电视直销，全国电视直销商纷纷加盟。

法院根据以上证据认定被告湘典公司未经专利权人富达公司许可，为生产经营目的制造、销售、许诺销售其专利产品，其行为构成专利侵权，支持原告要求被告停止侵权、赔偿损失的诉讼请求。

（三）评析

在本案中，原告虽未提供具体的赔偿证据和实际受损的情况，但是通过一系列的侵权证据结合被告的宣传资料，形成了完整的证据链，从而说服法官支持了原告请求的赔偿数额。

（1）原告权利基础清晰，指控侵权事实清楚

原告通过提交专利证书及被告提出第一次无效宣告请求后，国家知识产权局专利复审委员会作出的维持涉案专利权有效的审查决定书，证明了自己是涉案专利的专利权人且权利稳定有效。其次，原告提交了确实充分的被告侵权证据，通过申请法院证据保全和委托代理人购买公证等途径，确凿地证明了被告的侵权行为。同时，被告对于证据基本无异议使得侵权事实更为清楚。

（2）原告证明了被告产品单价高，销售范围广

原告提交了被告在网上销售被控侵权产品的证据，同时结合网页上的相关宣传证据，证明了侵权产品不仅在网络上销售，而且在全国超过 12 家卫视电视台进行电视直销。从这个层面上，法官认定被告销售范围广、影响大，并且通过制造、销售、许诺销售等多种方式侵害权利人的利益，情节较为严重。

此外，法官考虑涉案专利为发明专利，被告侵权事实明确，销售范围遍及全国，结合原告为调查、制止侵权而支出的合理费用等因素，认为原告要求的 50 万元赔偿额度尚在合理范围内，最终予以支持。

四、有关建议

由于知识产权本身无形性的特性，受到侵害的损失往往难以证明，因此如何以证据来说服法官支持自己的赔偿请求显得十分重要。在本案当中，原告提交的网页证据在最后的侵权赔偿确定上发挥了重要作用。这份证据不仅证明了被告在网络上许诺销售的侵权行为，还为法官提供了认定被告侵权情节轻重的

依据。事实上，被告在网页中的宣传内容也许并非真实，但是被告要对网页内容的非真实性进行举证，则是非常困难的。由于网页宣传内容为被告自己提供，结合本案案情，法官认定被告销售范围广、影响大，并且通过制造、销售、许诺销售等多种方式侵害权利人的利益，情节较为严重。

这也给我们提供了很好的参考，在诉讼中要善于从对方的公司网页、宣传资料、财务报告等中，发掘对自己索赔主张有利的证据。因此，在赔偿证据的收集过程中，不仅要收集与自己损失、对方获利等直接相关的证据，也要注意从对方的官方资料中获取对索赔主张有利的间接相关的证据。

五、小贴士

本案的亮点是侵权证据收集全面，包括了网页、宣传资料、财务报告、电视营销等多种资料，有力地支撑了索赔主张。

申请证据保全好，财务资料取证牢

——范文钦等诉湖北东湖国际工程技术有限公司等侵犯发明专利权纠纷案❶

> 新冠告东湖，证据是关键。
>
> 盯上显示屏，现场去勘验。
>
> 证据保全好，财务取证牢。
>
> 纵使瞒天过，亦能关门捉。

一、基本情况

原告范文钦、武汉新冠光电显示技术有限公司（以下简称"新冠公司"）因与被告湖北东湖国际工程技术有限公司（以下简称"东湖公司"）、湖北公路客运（集团）有限公司［以下简称"客运（集团）公司"］侵犯发明专利权纠纷一案，向湖北省武汉市中级人民法院提起诉讼，索赔 50 万元。2008 年 11 月 13 日，法院判决被告东湖公司赔偿 50 万元，判赔率为 100%。

二、案例要点

本案的主要关注点在于：原告提供了较为充分的证据，尤其是多次提出证据保全申请，并获得法院准许，从而使该案获得了有利于原告的较高赔偿。

---

❶ 一审：武汉市中级人民法院（2008）武知初字第 157 号民事判决书。

三、案例评析

（一）双方举证情况

范文钦提交的证据有：

（1）权利证据，用以明确权利类型及权利有效

● 2002 年 7 月 22 日，范文钦申请了名称为"积木式光纤显像屏"的专利，专利号为 ZL02134420.5，目前仍是有效的发明专利。

● 独占许可合同。2007 年 7 月 25 日，新冠公司通过与范文钦签署《专利实施许可合同》，取得该专利在中国大陆地区独占实施许可权。

● 专利年费缴纳证据。

（2）有关东湖公司侵权行为的证据

● 证据保全。2008 年 6 月 13 日依裁定查封了存放于付家坡车站候车室内的"显像屏"。

● 公证保全 2 份。

（二）法院对证据的认定情况

范文钦是名称为"积木式光纤显像屏"发明专利的专利权人，该专利的专利号为 ZL02134420.5，专利申请日为 2002 年 7 月 22 日，授权公告日为 2007 年 3 月 21 日，至本案审理时仍是有效的发明专利。

该专利独立权利要求书载明：一种积木式光纤显像屏，其特征在于：所述的显像屏由数个水平排列的薄片状的夹片相互叠合组成，夹片的较小面积的前后两个端面之间设有数个可供光纤置入的贯穿光孔，夹片上还分别设有相对扣合的凸柱及凹部，以供相邻两夹片的连接，组合为一显像屏。

2007 年 7 月 25 日，新冠公司通过签署《专利实施许可合同》，取得该专利在中国大陆地区独占实施许可权。合同第 11 条第（2）项还约定，合同双方任何一方发现第三方侵犯许可方的专利权时，应及时通知对方，由许可方与侵权方进行交涉，或负责向专利管理机关提出请求或向人民法院提起诉讼，被许可方协助。

2007 年，由东湖公司生产的 3 台"显像屏"，分别置放于客运（集团）公司付家坡车站候车室、武汉市江岸区沿江大道及桥口区汉正街等处。其中，置放于客运（集团）公司付家坡车站候车室的"显像屏"为东湖公司使用、所有。2008 年 4 月，置放于武汉市江岸区沿江大道及桥口区汉正街等处的"显像屏"已被拆除。东湖公司在该公司的网站对上述产品进行了推介。

2008 年 7 月 24 日，合议庭组织范文钦、新冠公司的技术员肖春、东湖公司的委托代理人王国富等到客运（集团）公司付家坡车站候车室内对被控侵权"显像屏"的技术特征进行了现场勘验。原、被告双方确认的勘验结果是：被控侵权"显像屏"是由数十个水平排列的薄片状的夹片相互叠合组成，夹片的较小面积的前后两个端面之间设有数个可供光纤置入的贯穿光孔，夹片上下及左右端面分别设有相对扣合的凸柱及凹部，上下及左右相邻两夹片之间依靠这些凸柱及凹部定位、连接，相互叠合夹片的前端设有"遮阳板"，内部设有纵横加固金属杆。法院据此认定，被控侵权的显像屏技术特征全面覆盖涉案专利技术特征，构成侵权。

（三）评析

原告诉称，2007 年，由东湖公司生产的 3 台显像屏，分别置放于客运（集团）公司付家坡车站候车室内、武汉市江岸区沿江大道及桥口区汉正街等处，并提交"侵权照片"来反映被控侵权产品存放的位置。另外，东湖公司在该公司的网站对上述产品进行了推介。依此证明，东湖公司实施了生产、销售、许诺销售等侵权行为，且侵权持续了一定时间。

原告范文钦和新冠公司充分利用程序规则，针对存放于付家坡车站候车室内的显像屏提出了证据保全申请，以供认定案件事实时使用。

在本案中，两原告不仅将存放于付家坡车站候车室内的显像屏申请证据保全，还申请调取东湖公司生产、销售被控侵权产品的相关财务账册来进行证据保全。虽然针对调取东湖公司生产、销售被控侵权产品的相关财务账册因东湖公司不予配合而未能执行，但也由此使得法院认定东湖公司的行为具有明显隐匿侵权获利证据的主观故意，而作出了有利于两原告诉请的判决。显然，本案中两原告的证据保全申请对其获得较高赔偿额起到了积极作用。

　　基于原告充分的证据提供和多处证据保全申请，该案获得了利于原告的较高赔偿。

四、有关建议

　　权利人在发现存在侵犯自己专利权的侵权产品时，应尽量广泛搜集侵权产品，以此主张被控侵权产品的销售或使用范围；也应积极搜集被控侵权公司网站的侵权产品信息，网站上的产品信息可能构成许诺销售，而且可能反映出侵权产品的销售范围。

　　此外，权利人还要充分利用诉讼程序，像本案权利人一样积极申请证据保全，以防止证据灭失，并为索偿主张提供证据支持。在司法实践中，有些证据，特别是被告人的财务资料，绝大多数权利人都无法直接获取，这时需要依赖于法院的证据保全，但大多数权利人可能基于种种原因或考虑，都不会积极地申请证据保全，从而失去了获得相关财务资料的机会，或者失去了促使被告对法院采取不合作态度（拒绝提供财务账册）的机会。本案权利人两次申请证据保全均获得了法院的积极响应，值得权利人提起侵权诉讼时借鉴，总之就是要敢用程序，善用程序。

五、小贴士

　　本案的主要亮点是充分利用证据保全的法律手段，固定了侵权产品的侵权证据，同时向法院展示了被告拒不提供财务账册的不合作态度，为法院判赔较高的赔偿额提供了支撑。

东风不与法院便，赔偿诉求差点悬

——东风汽车有限公司诉宝应明宇汽车配件厂等侵犯外观设计专利权纠纷案❶

吉远成被告，东风来维权。

虽然原告胜，但是有风险。

报告源单方，法院支持难。

只因依据故，赔偿差点悬。

一、基本情况

2010 年 10 月 28 日，原告东风汽车有限公司（以下简称"东风公司"）诉被告宝应明宇汽车配件厂（以下简称"明宇汽配厂"）和武汉吉远汽车有限责任公司（以下简称"吉远公司"）侵犯外观设计专利权纠纷案，向武汉市中级人民法院提起诉讼。经审理，武汉市中级人民法院于 2010 年 11 月 15 日作出（2010）武知初字第 390 号判决，判令被告明宇汽配厂停止制造、销售侵犯原告东风公司专利权的产品，销毁所有制造侵权产品的专用模具、夹具及冲压设备，赔偿原告东风公司经济损失 50 万元；判令被告吉远公司停止销售侵犯原告东风公司专利权的产品。

本案中，原告索赔 50 万元，判赔 50 万元，判赔率 100%。

二、案例要点

专利权评价报告不是法院审理外观设计专利侵权纠纷的前提；本案诉求额

---

❶ 一审：武汉市中级人民法院（2010）武知初字第 390 号民事判决书。

较高，获赔数额较高。

三、案例评析

（一）双方举证情况

原告东风公司提交的证据如下：

（1）权利证据，用以明确权利类型及权利有效

• 外观设计专利证书。其中记载，专利号为 ZL200530101698.8，名称为"驾驶室（高顶 D310）"，专利申请日为 2005 年 9 月 22 日，授权公告号为 CN3556565，授权公告日是 2006 年 8 月 30 日，专利权人为东风公司。

• 国家知识产权局专利收费收据。用以证明涉案专利的有效性。

（2）东风公司关于涉案专利对应产品的销量情况的证明

• 《天龙系列载重车销量说明》。内容为东风公司对天龙载重车的销售，从年销量不足 2 万台发展到年销量超过 10 万台，截至 2010 年 6 月，已累计销售 15 万台，国内市场占有率超 75%，是国内三大重型车产销品牌之一。用于证明天龙载重车是东风公司的知名商品。

• 天龙商标注册证（核定使用商品第 12 类）。证明东风公司在汽车、卡车等商品领域拥有合法的"天龙"商标专用权。

（3）证明被告明宇汽配厂、吉远公司生产和销售涉诉侵权产品的侵权行为的证据

• 武汉市琴台公证处出具的（2010）鄂琴台证字第 101655 号公证书。东风公司于 2010 年 6 月 1 日上午 9 时许来到位于武汉市汉阳区黄金口都市工业园彭家岭 365 号的吉远公司东风汽车汉阳服务站，委托代理人贾云杰与自称为该服务站配件经理晏元毕的一位男子签订了《工矿产品买卖合同》，购买了一套粘有明宇汽配厂生产标签的天龙驾驶室（被控侵权产品），并取得"湖北省增值税专用发票抵扣联"和"湖北省增值税专用发票发票联"，全过程请武汉市琴台公证处的公证人员进行了现场公证。公证书附件照片显示，被控侵权产品内所贴的标识标注的产品名称为"天龙驾驶室"，外包装显示被控侵权产品为明宇汽配厂生产，并附有"湖北省增值税专用发票抵扣联"和"湖北省增

值税专用发票发票联"，价格为 24 800 元人民币。

- 明宇汽配厂的产品宣传册，其中声称"主要生产和销售二汽东风康明斯、东风天龙系列驾驶室及驾驶室零部件"。

- 《关于产品序列号 6101 200 - C0 100 F155 的说明》。证明东风公司天龙系列驾驶室铰链采用的编码规则，而侵权产品高度模仿东风公司知名产品，足以使消费者产生混淆。

- 《关于侵权产品与专利产品的外观对比说明》。证明明宇汽配厂所生产的涉诉侵权产品在外观造型、尺寸、工业应用上均与东风公司的专利产品相同，一般消费者根本无从辨识真伪。

两被告均无证据提交。

（二）法院对证据的认定情况

本案中，原告东风公司提交的证据较多，法院对这些证据的认证意见是：外观设计专利证书、国家知识产权局专利收费收据、"天龙"商标注册证（核定使用商品第 12 类）、明宇汽配厂的产品宣传册、《关于产品序列号 6101 200 - C0 100 F155 的说明》和《关于侵权产品与专利产品的外观对比说明》，与原告主张的权利基础有关，予以采信。对于原告提交的武汉市琴台公证处出具的公证文书，被告明宇汽配厂仅简单否认，未提供相反证据证明，法院对该公证书予以采信。

根据所述证据，法院查明如下事实：

外观设计专利证书和国家知识产权局专利收费收据证明东风公司拥有的 ZL200530101698.8 号外观设计专利［名称为"驾驶室（高顶 D310）"］，经国家知识产权局依法授权，至本案审理时仍处于有效状态，受我国法律保护，其保护内容由该专利外观设计附图图片显示。根据东风公司的申请，法院采取证据保全措施，到明宇汽配厂的生产场地对明宇汽配厂生产车间用于生产被控侵权产品的专用模具、夹具、冲压设备进行证据保全，对正在生产的（D310）高顶驾驶室白车身半成品进行清点、拍照，并提取了明宇汽配厂的销售宣传册。明宇汽配厂宣传资料上声称其"主要生产和销售二汽东风天龙系列驾驶室及驾驶室零部件"。从查明的事实看，武汉市琴台公证处公证取证的被控侵权产品的外包装及产品合格证均载明是明宇汽配厂生产并销售的，结合法院证据保全时查明的事实，且明宇汽配厂当庭陈述也未否认，故法院确认该被控侵权产品是被告明宇汽配厂生产的。涉案专利权最具新颖性的显著特征是产品外形采取高顶设计。明宇汽配厂生产、销售的被控侵权产品与东风公司的外观设计专利对比，二者左、右视图对称，车顶盖采用了高顶设计；高顶靠近左右两侧有凹槽，车的前脸相同均为长方形格栅；车的侧围和车门把手的位置均相同，车窗的形状也相同；保险杠的设计相同，整体位置和尺寸相同。依据一般公众的普通注意力评判，被控侵权产品落入涉案外观设计专利的保护范围，构成相同侵权。

对于东风公司提交的《天龙系列载重车销量说明》，法院认为其仅为单方出具的说明，在缺少其他证据佐证的情况下，证据链不成立，所以不予采信。

关于经济损失的计算，东风公司主张明宇汽配厂、吉远公司赔偿经济损失50万元，但未能提供具体相关的计算依据：既没有对于东风公司作为权利人因专利侵权所蒙受的损失或侵权人的侵权获利提供证据，也没能提供其专利许可费用供法院参考。法院最终结合东风公司请求保护的专利权为汽车外观设计专利，产品的研发周期长、费用较高，且明宇汽配厂侵权行为性质为制造、销售侵权，且其侵权的主观故意明显，加之被控侵权产品属于载重汽车的驾驶室，对消费者特别是驾驶员的人身安全造成潜在的危害，该行为的社会危害性极大等因素，酌定明宇汽配厂赔偿东风公司经济损失50万元。

（三）评析

本案中，原告东风公司提交了专利证书及缴费凭据，证明东风公司拥有的ZL200530101698.8号外观设计专利［名称为"驾驶室（高顶D310）"］经国家知识产权局依法授权，至本案审理时仍处于有效状态。东风公司提交公证书以及申请法院的证据保全，庭审中使法院认定被控侵权产品落入涉案外观设计专利保护范围。被告明宇汽配厂虽然认同被控侵权产品的外观与专利权外观相近似，但辩称东风公司未提供评估检索的报告，无权起诉。所以，本案的争议焦点为专利评价报告是否为提起外观设计专利侵权纠纷的前提。法院认为，专利权评价报告的主要作用在于供受案法院判断相关专利权的稳定性，以决定是否由于被控侵权人提起专利权无效宣告请求而中止相关审理。专利权评价报告不是法院审理外观设计专利侵权纠纷的前提，被告的抗辩主张法院不予支持。

根据《专利法》第 65 条第 2 款规定，在权利人的损失、侵权人的获利和专利许可费用均难以确定的情况下，人民法院可以根据专利权的类型、侵权行为的性质和情节等因素，确定给予 1 万元以上 100 万元以下的赔偿。关于经济损失的计算，东风公司主张明宇汽配厂、吉远公司赔偿经济损失 50 万元，其没有对于东风公司作为权利人因专利侵权所蒙受的损失或侵权人的侵权获利提供证据，也没能提供其专利许可费用供法院参考，最终法院根据案件的具体情况酌定判赔 50 万元。

四、有关建议

本案审理期间，东风公司通过提交的公证书和申请法院对被告的生产设备、模具等进行公证保全，使法院支持了其提出的被告侵犯其专利权的主张。不过，作为权利人，东风公司虽然主张明宇汽配厂、吉远公司赔偿经济损失 50 万元，但并未提供具体相关的计算依据，法院最终是结合涉案专利产品的研发周期、研发费用，以及被告的侵权主观故意等因素酌定的赔偿数额。对权利人的赔偿主张而言，这在诉讼中存在较大的风险。在司法实践中，即使在主张适用法定赔偿的情形下，权利人也最好能够尽力提出相应的赔偿计算依据或参考，比如，以自己的销量和利润作为计算参考，或者请求法院依法调取被告或其销售商的财务资料，以及通过其他渠道去获得更多的与赔偿相关的事实或数据。

个人新型被侵权，朗正赔偿五十万

——哈尔滨朗正电子科技有限公司与于庆文等申请侵犯实用新型专利权纠纷再审案❶

> 个人新型被侵权，移动朗正有关联。
>
> 结合总价和利润，法院判赔五十万。
>
> 存在主观故意情，一审判定共承担。
>
> 二审免除移动责，高院驳回再审案。

一、基本情况

于庆文向哈尔滨市中级人民法院诉称中国移动通信集团黑龙江有限公司（以下简称"移动公司"）、哈尔滨朗正电子科技有限公司（以下简称"朗正公司"）侵犯其实用新型专利权，索赔 50 万元。哈尔滨市中级人民法院判决朗正公司、移动公司立即停止侵犯于庆文实用新型专利权的行为，朗正公司和移动公司赔偿于庆文经济损失 50 万元，判赔率为 100%

两被告不服，向黑龙江省高级人民法院提起上诉。黑龙江省高级人民法院判决认为，移动公司不构成共同侵权，不应承担侵权责任；朗正公司立即停止侵犯于庆文实用新型专利权的行为；朗正公司赔偿于庆文经济损失 50 万元。

朗正公司不服，向最高人民法院提起再审请求，最高人民法院驳回再审请求。

---

❶ 一审：哈尔滨市中级人民法院（2007）哈知初字第 120 号民事判决书；二审：黑龙江省高级人民法院（2008）黑知终字第 16 号民事判决书。

二、案例要点

在专利侵权事实已经确定的情况下，除了能够证明侵权损失或对方获利的证据之外，如果能够证明对方存在故意侵权行为，这对于后续的侵权赔偿也会有较大的帮助。本案中，权利人提供以前的生效民事判决，用以证明被诉侵权人已知其行为侵权，但在后续施工中仍出现侵权行为，存在主观故意，为后续的赔偿诉求提供了依据，使得一审法院认为二被告构成共同侵权，判赔50万元。虽然二审法院认为移动公司不构成间接侵权，但仍维持了50万元的判赔数额。

三、案例评析

（一）双方举证情况

1. 于庆文提交的用于明确其权利类型及权利有效的证据

- ZL03203519.5号"免挖沟地下光电缆铺设器"实用新型专利说明书。

- 国家知识产权局出具的实用新型专利检索报告。其中认为ZL03203519.5号"免挖沟地下光电缆铺设器"实用新型专利具备新颖性和创造性。

- 国家知识产权局专利收费收据。

2. 移动公司用于证明其不是侵权行为人的证据

- 移动公司与朗正公司于2007年9月20日订立的《建设工程施工合同》。用以证明移动公司既没有单独实施专利侵权行为，也没有与光缆施工单位共同实施专利侵权行为，不构成专利侵权行为。该合同约定：移动公司将齐齐哈尔地区（齐齐哈尔市区、昂昂溪、梅里斯、富拉尔基、碾子山、富裕、依安）发包给朗正公司施工；工程内容：敷设直埋光缆642.871公里，敷设管道光缆41.593公里，敷设架空光缆4.437公里，敷设排流线377.65公里；合同总价款9 783 891元。

3. 朗正公司用于证明其不构成侵权行为的证据

- 朗正公司于2007年12月12日出具的《证明材料》。主要内容为：①朗正公司于2007年5月经投标获得移动公司铺设齐齐哈尔地区（含依安县地下光缆工程；②依安县地段的光缆铺设工程，由朗正公司雇佣的施工人员孙配华、刘新国自带工具负责施工；③孙配华、刘新国在施工该地段中使用的是光缆地埋开沟铺设器，该专利权利人是邱有军，并已取得其许可使用。

● 邱有军于 2005 年 9 月 22 日申请，2006 年 9 月 27 日获得 ZL200520021659.1 "光缆地埋开沟铺设器"实用新型专利权。

● 邱有军与孙配华于 2007 年 1 月 1 日签订的《协议书》。其中约定：邱有军同意孙配华自 2007 年 1 月 1 日至 2012 年 12 月 31 日无偿使用 ZL200520021659.1 "光缆地埋开沟铺设器"实用新型专利。

（二）法院对证据的认定情况

邱有军 ZL200520021659.1 "光缆地埋开沟铺设器"实用新型专利的申请日和授权公告日均在于庆文 ZL03203519.5 "免挖沟地下光电缆铺设器"实用新型专利申请日和授权公告日之后，邱有军的专利不能对抗于庆文的涉案专利。朗正公司关于施工人孙配华使用光缆地埋开沟铺设器已经取得邱有军同意、专利侵权物与邱有军专利一致的抗辩主张，不能成为不构成专利侵权的理由。

一审法院之前就于庆文起诉移动公司、子豫公司、工程局、谷胜利侵犯专利权纠纷一案，已作出（2005）哈民五初字第 74 号民事判决，认定专利侵权行为人使用的专利侵权物与于庆文的专利等同，构成专利侵权，判决专利侵权行为人立即停止侵犯于庆文 ZL03203519.5 "免挖沟地下光电缆铺设器"实用新型专利权的行为，并赔偿于庆文的经济损失。一审法院认为，在该判决作出后，当事人移动公司已经知道其发包的铺设地下光缆工程中所使用的铺设器存在侵犯于庆文专利权的情况，其负有避免在此后的工程施工中再出现专利侵权行为的注意义务。然而，在该判决生效后，在移动公司发包施工的铺设地下光缆工程中，又再次使用了侵犯于庆文专利权的专利侵权物，移动公司未尽到避免再出现专利侵权行为的合理注意义务，无论其是否工程的施工者，均应对其工程施工中发生的专利侵权行为负责。移动公司关于其作为发包单位不应成为被告、不构成侵权的抗辩主张不成立。移动公司已构成专利侵权，应立即停止专利侵权行为，并赔偿于庆文的经济损失。因于庆文所受损失情况和移动公司、朗正公司侵权获利情况均难以确定，根据专利权的类别、侵权人的主观过错程度、使用专利侵权物施工的工程量和铺设地下光缆工程施工的一般利润额等因素，酌情确定移动公司和朗正公司应当承担赔偿数额50万元。

二审法院认为，移动公司虽为涉案工程的建设单位，但其将涉案工程发包给朗正公司并与其签订了《建设工程施工合同》，故双方应按合同约定依法独立承担各自的权利和义务。本案中，移动公司不是本案侵权的直接行为人，现有证据表明移动公司与朗正公司在《建设工程施工合同》中并未约定使用何种施工方法及施工工具完成涉案工程；且没有证据足以证明移动公司与朗正公司之间存在共同的侵权故意，或者朗正公司系按照移动公司的要求直接实施的侵犯专利权行为，或者移动公司主观上有诱导、唆使朗正公司实施侵权行为的故意，客观上为朗正公司的直接侵权行为提供了必要条件，因此，即使移动公司作为建设单位对施工现场进行了管理，亦不符合侵权行为的构成要件，不能认定其实施了间接侵权行为。一审判决以该院（2005）哈民五初字第74号民事判决作出后，移动公司未尽到避免再次出现专利侵权行为的合理注意义务为由，认定移动公司构成专利侵权，并判决移动公司与朗正公司共同承担侵权责任，没有法律依据，应予纠正。

对于侵权赔偿数额，二审法院认为，本案因专利权人于庆文所受损失和朗正公司因侵权获利情况均难以确定，一审法院根据涉案工程的施工量大、总价高和施工的一般利润额等具体情况，酌情确定朗正公司赔偿于庆文的数额并无不当。

最高人民法院维持了二审判决。

（三）评析

权利人提供专利权信息和专利年费缴纳证据，用以证明其权利有效；提供实用新型检索报告，用以证明其专利的新颖性和创造性；提供被诉侵权人的建设工程实施合同，用以证明被诉侵权人非法实施其专利权；提供民事判决，用以证明被诉侵权人已知其行为侵权，但在后续施工中仍出现侵权行为，为主观故意。

虽然权利人所受损失情况以及被诉侵权人的侵权获利情况难以确定，但是一审法院考虑利权的类别、侵权人的主观过错程度、使用专利侵权物施工的工程量和铺设地下光缆工程施工的一般利润额等因素，全额支持了权利人的赔偿诉求，判赔 50 万元，赔偿率 100%。二审法院虽然排除了移动公司的侵权主观故意，但仍维持了 50 万元的赔偿额。

四、有关建议

本案中，原告在主张赔偿额时，并未提供其因被侵权所受到的实际损失的相关证据，也没有提供被告因侵权所获得利益的证据，更未涉及专利许可使用费等证据，然而一审法院在确定赔偿数额时，考虑了专利权的类别、侵权人的主观过错程度、使用专利侵权物施工的工程量和铺设地下光缆工程施工的一般利润额等因素，全额支持了原告的赔偿请求。二审法院虽然排除了移动公司的侵权主观故意，但并未因此而降低赔偿数额。由本案可见努力证明被告侵权故意对判赔数额的影响。

专利共同侵权需要各被告之间有共同的侵权故意。本案中，移动公司虽然未尽到避免再次出现专利侵权行为的合理注意义务，但这尚不足以达到故意侵权的程度，移动公司主观上没有诱导、唆使朗正公司实施侵权行为的故意，客观上没有为朗正公司的直接侵权行为提供必要条件，因此，即使作为建设单位对施工现场进行了管理，亦不符合侵权行为的构成要件，不能认定其实施了间接侵权行为。尽管如此，移动公司仍应对施工情况给予一定的关注，以免诉累。

扫地需交专利费，制售加盟都判赔

——上海富培贸易有限公司与宁波富达电器有限公司侵犯发明专利权纠纷案❶

> "二富"兵锋见，关于扫地机。
>
> 购买兼网页，共同来举证。
>
> 损失证据无，法院帮其计。
>
> 制售和加盟，共赔三十万。

一、基本情况

宁波富达电器有限公司（以下简称"富达公司"）诉上海富培贸易有限公司（以下简称"富培公司"）侵犯其发明专利权纠纷案，经过宁波市中级人民法院的一审和浙江省高级人民法院的二审，获得 30 万元的侵权赔偿额，判赔率为 100%。

二、案例要点

在考虑涉案专利为发明专利，被告制造、销售、许诺销售专利产品，且销售范围遍及全国，原告为调查、制止侵权而支出的合理费用等因素的基础上，法院在法定赔偿的范围内判赔合理数额为 30 万元。

---

❶ 一审：宁波市中级人民法院（2007）甬民四初字第 154 号民事判决书；二审：浙江省高级人民法院（2008）浙民三终字第 164 号民事判决书。

三、案例评析

（一）双方举证情况

1. 富达公司提交的证据

（1）权利证据，用以明确权利类型及权利有效

• 专利证书。2004 年 12 月 17 日向国家知识产权局申请了一款名称为"扫地机"的发明专利，于 2006 年 8 月 30 日获得授权并公告，专利号为 ZL200410101240.7。

• 国家知识产权局专利收费收据。

（2）侵权行为证据

• 公证保全：2007 年 5 月 9 日在宁波市鄞州区四明中路 999 号即特力屋宁波分公司处购买了一台扫地机，并由特力屋宁波分公司出具了盖有该公司发票专用章的发票（发票号码为 00040077）1 份，上面载明所售商品代码为 6932002901198，品名为富培美多功能扫地机（三角型），金额为 238 元。

• 公证保全：购买了同样的扫地机一台，特力屋宁波分公司又出具了盖有该公司发票专用章的发票（发票号码为 00042416）1 份，上面载明所售商品代码为 6932002901198，品名为富培美多功能扫地机（三角型），金额为 238 元。

2. 富培公司提交的证据

• 经过公证的《合作开发契约书》、《委托加工契约书》及附图，用以证明其享有先用权。

（二）法院对证据的认定情况

一审法院、二审法院均认为：富培公司在原审中所递交的《合作开发契约书》、《委托加工契约书》及附图的落款签约时间均在 2004 年，而台中地方法院公证处对该两份契约书的公证是在 2007 年，因此该公证只能证明两份契约书在公证时存在，不能证明在契约书载明的签订日期已真实存在。退一步讲，即使该两份契约书的签约时间确在富达公司专利申请日前，富培公司也未

能进一步举证证明其仅在原有范围内继续制造、使用。故富培公司认为其享有先用权的抗辩理由不能成立。

富培公司未经富达公司许可，为生产经营目的制造、销售、许诺销售其专利产品，已构成专利侵权。富达公司要求富培公司停止侵权、赔偿损失的诉讼请求，理由正当，法院予以支持。关于赔偿数额，法院结合本案的具体情况，考虑到涉案专利为发明专利，富培公司制造、销售、许诺销售专利产品，且销售范围遍及全国，富达公司为调查、制止侵权而支出的合理费用等因素，认为富达公司要求的 30 万元赔偿额度尚在合理范围内。

（三）评析

原告要求的 30 万元赔偿额得到了法院的支持。

原告采用公证保全的方式，提供了被告涉嫌侵权的证据。该证据上能明确显示被告侵权产品的售价，并且，其网页中将被控侵权产品富培美多功能电动扫地机（三角型）作为推广产品之一进行宣传，同时载明其产品全国营销网点包括特力屋等多家销售商。因此，从原告角度来说，其对侵权事实的举证是比较充分的。

被告既主张了不侵权抗辩，又主张了先用权抗辩。其中，就不侵权抗辩来说，被告的主张不能成立；就先用权抗辩来说，其所提交的《合作开发契约书》、《委托加工契约书》及附图的落款签约时间均在 2004 年，其对应的公证是在 2007 年，该公证只能证明两份契约书在公证时存在，而并不能证明在契约书载明的签订日期已真实存在，故先用权抗辩也不成立。

就具体的赔偿来说，在考虑涉案专利为发明专利，富培公司制造、销售、许诺销售专利产品，且销售范围遍及全国，富达公司为调查、制止侵权而支出的合理费用等因素的基础上，法院判赔 30 万元尚在合理范围内。

四、有关建议

本案中，原告在主张赔偿额时，并未提供其因被侵权所受到的实际损失的相关证据，而被告也没有提供因侵权所获得的利益，更未涉及专利许可使用费等证据，因此，本案在确定赔偿数额时，是在考虑到专利权的类型为发明专利，侵权行为的性质包括制造、销售、许诺销售，且销售范围遍及全国，并且考虑到富达公司为调查、制止侵权而支出的合理费用这些因素的基础上所给出的合理赔偿额。

就原告来说，如果想要获取与其损失相配的赔偿额，应当提供相应的证据给法院，以便法官在判赔时充分参考。就被告来说，其可以审时度势，在可控范围内，提供相关的销售证据，以便法官在判赔时充分参考。就销售商而言，其应当提供合法来源证据，以便在侵权诉讼过程中免责。

五、小贴士

本案的亮点在于原告采取了针对被告销售侵权产品的售价等网页内容的公证保全措施，使得法院采信其赔偿诉求额合理并全部支持。

只因证据很关联，二审举证犹可辩

——3M 创新有限公司与建德市朝美日化有限公司侵犯发明专利权纠纷案❶

> 3M 创新权被侵，怒告中国二公司。
> 一审判赔二十万，朝美不服再上诉。
> 公知技术来抗辩，无奈法院不支持。
> 欣安公司来源清，权利用尽可规避。

一、基本情况

原告 3M 创新有限公司（以下简称"3M 公司"）因与被告建德市朝美日化有限公司（以下简称"朝美公司"）及上海市欣安劳防用品有限公司（以下简称"欣安公司"）侵犯发明专利权纠纷案，向上海市第一中级人民法院提起诉讼。原告索赔 20 万元，法院最终判赔 20 万元，判赔率为 100%。

朝美公司不服一审判决，向上海市高级人民法院提起上诉。上海市高级人民法院审理后驳回上诉，维持原判。

二、案例要点

被诉侵权人在二审中提出主张公知技术的证据，但法院不予支持。权利人提供被诉侵权人制造、销售被控侵权产品的证据充分，虽然权利人未提供侵权所造成的损失或侵权行为所获得利润证据，但法院结合权利人提供证据，考虑

---

❶ 一审：上海市第一中级人民法院（2008）沪一中民五（知）初字第 177 号民事判决书；二审：上海市高级人民法院（2009）沪高民三（知）终字第 10 号民事判决书。

专利权的类别，侵权人侵权行为的性质、情节以及合理费用等因素，判赔20 万元，赔偿率 100%。

三、案例评析

（一）双方举证情况

1. 3M 公司提交的证据

（1）权利证据，用以明确权利类型及权利有效

• 1999 年 5 月 26 日，3M 公司向国家知识产权局申请名称为"平面折叠的个人呼吸保护装置"的发明专利，并于 2004 年 8 月 11 日被授予专利权，专利号为 ZL99801601.2。

（2）有关朝美公司侵权行为的证据

• 2008 年 2 月 20 日，网页公证保全：朝美公司网址 http://www. cmmask. com 上产品展示页面中"6002A 型职业防尘口罩"的照片。

• 2008 年 4 月 25 日，公证保全：从被告欣安公司处购买朝美公司生产并销售的 6002A 型口罩，该产品包装袋上标明了被告朝美公司的企业名称、地址、电话、网址等信息以及"CM"商标。

• 被告朝美公司与欣安公司于 2005 年 8 月 1 日签订《协议书》，约定由欣安公司作为朝美公司 CM 系列劳动防护用品在上海的总代理。

（3）朝美公司的侵权行为对 3M 公司造成的实际损失证据

• 2008 年 4 月 25 日，公证保全：从被告欣安公司处购买朝美公司生产并销售的 6002A 型口罩 10 只，售价合计 18 元，以证明被诉侵权人的侵权产品销售价格。

2. 朝美公司提交的用以证明被控侵权产品不构成对涉案专利的侵权行为的证据

• 申请号为 9027244.4、公开日为 1991 年 9 月 18 日、名称为"一种口鼻腔面罩"的英国专利文献以及中文译文，以证明被控侵权产品使用的是上述英国专利文献中的技术，为公知技术，不构成对涉案专利的侵权行为。

（二）法院对证据的认定情况

原告 3M 公司于 1999 年 5 月 26 日向国家知识产权局申请了"平面折叠的个人呼吸保护装置"发明专利，并于 2004 年 8 月 11 日被授予专利权，专利号为 ZL99801601.2。该专利权利要求 1 记载："一种个人呼吸保护装置，包括：不打褶的主体，该主体包括：第一部分，通过第一分界线区别于第一部分的第二部分，通过第二分界线区别于第二部分的第三部分，以及延伸通过第一部分、第二部分和第三部分的对开折痕；其中，当呼吸保护装置处于使用状态下而从其正面观察时，该对开折痕基本垂直，或者这些分界线从该对开折痕横向延伸开来，或者这些分界线在不打褶的主体的范围内互不相交；其中，该装置可沿着对开折痕折叠成一基本呈平面折叠的形状，并可打开形成一凸起打开形状。"权利要求 9 记载："权利要求 1～8 的任一项所述的装置，其特征在于，该对开折痕是该基本呈平面折叠形状中存在的仅有折叠线。"

专利说明书中记载："'褶'意味着一个折叠，其中，装置的材料本身被对折，且至少有一次像手风琴那样的折叠"，"除了对开折痕，实现装置的平面折叠不再需要其他的折叠线"。

2008 年 2 月 20 日，原告的委托代理人杨钟裕在公证员的监督下，使用公证处的电脑登录互联网，进入被告朝美公司的网站（网址：http：//www.cmmask.com），对该网站上的公司简介、产品展示等内容作了保全，产品展示中有"6002A 型职业防尘口罩"的照片。广州市白云区公证处为此出具了公证书。2008 年 4 月 25 日，原告委托广东智洋律师事务所的王淼在公证员的监督下，从被告欣安公司处购得 6002A 型口罩 10 只，售价合计 18 元。该产品包装袋上标明了被告朝美公司的企业名称、地址、电话、网址等信息以及"CM"商标。上海市黄浦区公证处为此出具了公证书。经比对，被告朝美公司网站上所示的"6002A 型职业防尘口罩"与原告从被告欣安公司处购得的6002A 型口罩相符。该口罩的技术特征全面覆盖了原告专利权利要求 1 所记载的必要技术特征。

另查明，被告朝美公司与欣安公司于 2005 年 8 月 1 日签订《协议书》，约定由欣安公司作为朝美公司 CM 系列劳动防护用品在上海的总代理。此后，双方即有业务往来。2008 年，欣安公司自朝美公司处收到的 CM 产品即包括系争 6002 型口罩。

法院还查明，原告为诉讼支出了律师费 77 210 元、公证费 3500 元。

二审法院认为，从形式要件来看，由于申请号为 9027244.4、名称为 "一种口鼻腔面罩" 的英国专利文献及其中文翻译资料在一审庭审结束前已经存在，上诉人迟至二审阶段提供，不符合《最高人民法院关于民事诉讼证据的若干规定》中二审的 "新证据" 的范围。但考虑到上述证据材料与本案的关联性问题，仍从实体上对上诉人主张的公知技术抗辩能否成立进行了分析，并认定上诉人提出的关于公知技术抗辩的主张不能成立。

一审和二审法院对涉案专利权利要求中记载的 "不打褶的主体" 进行解释后，均得出被控侵权产品的技术特征覆盖了涉案专利权利要求记载的全部技术特征和因此落入涉案专利保护范围的结论。

（三）评析

在司法实践中，存在一些案件，被诉侵权人在一审时没有提出现有技术抗辩，但在二审时提出该抗辩并提交了相应的证据。这就引出了一个问题：在一审程序中未主张的情况下，二审法院是否应该对该上诉理由进行审理？

被告在案件没有终审的情形下提起现有技术抗辩的事实表明其积极行使了权利，作为被告，不存在诉讼突袭的效果，而且这样的 "突袭" 对被告也没有任何好处。虽然会造成审级损失，但如果在二审期间不给被告提出现有技术抗辩的机会，《专利法》第 62 条的初衷就会落空，被告如果真的蒙冤就没有救济机会了，故此时法院更应考虑公平、公正，应审理现有技术抗辩是否成立，但可以在抗辩成立的情况下判定由被告承担诉讼费。本案专利侵权认定的关键在于，被控侵权产品的技术特征是否与涉案专利的相应技术特征相同，进而取决于如何理解涉案专利权利要求中 "不打褶的主体" 的含义。专利权利要求书中的技术术语，应当首先以专利说明书及附图为依据进行解释。由于涉案专利说明书中明确记载了 "褶" 意味着一个折叠，其中，装置的材料本身被对折，且至少有一次像手风琴那样的折叠。因此，通过上述说明书中对 "褶" 的定义及相关说明，"不打褶的主体" 应理解为主体上不具有像手风琴那样的折叠，事实上被控侵权产品也不具有这样的折叠。因此，权利要求书中"褶"的含义不同于上诉人对其产品中央"打褶"的描述。由于涉案专利存在打开和折叠两种状态，对开折叠就是口罩主体上的中央折叠线，而被控侵权产品主体中央打了褶，采用了可折叠的主体结构，被控侵权产品的技术特征覆盖了涉案专利权利要求记载的全部技术特征，落入了涉案专利的保护范围。

四、有关建议

本案另一被告欣安公司虽然销售 6002A 型口罩产品，亦属侵权行为，但该被告销售的产品来源于被告朝美公司，代理合同、发票、对账单等一应俱全，其来源应认定合法，故法院认为，原告无证据证明其明知被告朝美公司制造的是侵权产品而予以销售，故要求欣安公司赔偿经济损失的诉讼请求缺乏事实和法律依据，法院不予支持。这再次说明，销售商应当妥善保存销售合同、发票、对账单等证据，以便在面对侵权指控时可以免除赔偿责任。

千山医药专利权，新华双鹤同侵犯

——湖南千山制药机械股份有限公司诉山东新华医疗器械股份有限公司及华润双鹤药业股份有限公司侵害专利权纠纷案❶

> 千山医药专利权，新华双鹤同侵犯。
>
> 被告认为属公知，手段功能均易见。
>
> 原告证据已公证，法院均为全采信。
>
> 二审驳回一审判，全额判赔贰佰万。

一、基本情况

2013 年 3 月 1 日，原告湖南千山制药机械股份有限公司（以下简称"千山公司"）因被告山东新华医疗器械股份有限公司（以下简称"新华公司"）、被告华润双鹤药业股份有限公司（以下简称"华润双鹤公司"）涉嫌侵害其发明专利权，向北京市第二中级人民法院提起诉讼，索赔经济损失 200 万元及为制止侵权支付的合理费用 54 020 元，一审法院判决驳回诉讼请求。2013 年 12 月 18 日，千山公司因不服一审判决，向北京市高级人民法院提起上诉。二审法院判决：①撤销一审判决；②新华公司停止侵权；③新华公司赔偿千山公司经济损失 200 万元及合理费用 54 020 元；④驳回千山公司的其他诉讼请求。

二、案例要点

本案涉及专利中含功能性限定特征的权利要求保护范围的确定以及功能性

---

❶ 一审：北京市第二中级人民法院（2013）一中民初字第 05388 号民事判决书；二审：北京市高级人民法院（2014）高民终字第 723 号民事判决书。

限定特征与被控侵权物中对应特征的比对规则。一审和二审法院均认定争议特征"平移转动机构"为功能性限定特征，应解释为说明书中的翻转气缸、铰接件及翻转梁的组合，而被诉侵权产品中对应的翻转机构为旋转气缸和翻转梁的组合。一审法院认为，旋转气缸通过自身的驱动就能够实现翻转功能，而翻转气缸需要通过铰接连接的方式使气缸由直线运动变为翻转运动，故二者不等同。二审法院认为，根据千山公司在二审中提交的《机械设计手册》可知，将涉案专利中的翻转气缸及铰接部件的组合替换为被诉侵权产品中的旋转气缸，是一种仅仅利用了气缸的特性而进行的替换；对于本领域的普通技术人员来说，两者的手段基本相同，实现的功能相同，达到的效果相同或基本相同，故被诉侵权产品落入涉案专利权利要求保护范围。

三、案例评析

（一）双方举证情况

1. 千山公司提交的证据

（1）权利证据：用以明确权利范围及权利有效性

● 专利说明书：证明涉案专利保护范围。

● 专利登记簿副本、专利年费缴费收据：证明涉案专利有效。

（2）指控新华公司、华润双鹤公司侵权的证据：用以证明新华公司制造、销售了侵权产品，华润双鹤公司使用了侵权产品。

● 公证书：2012 年 10 月 22 日，千山公司的委托代理人隋国臣与北京市东方公证处的公证人员一同来到位于北京市朝阳区双桥东路附近的标示为"北京双鹤药业股份有限公司"（以下简称"北京双鹤公司"）的场所，进入上述场所后，在自称为该公司工作人员的带领下，来到一幢内部标示为"注射剂分厂一车间"的建筑物二层，由隋国臣使用公证处清空内存后的数码相机对上述建筑物二层标示为"物料外清间二"、房间内部标示为"C 线制袋灌封间"房间内的相关设备进行了拍照、摄像。随后对上述场所的楼体及该单位门口进行了拍照。北京市东方公证处对上述过程进行了全程监督，出具（2012）京东方内民证字第 7167 号公证书。该公证书证明北京双鹤公司未经许可使用了专利产品。

● 产品定制合同：证明新华公司制造、销售了侵权产品，华润双鹤公司使用了侵权产品。

（3）千山公司损失情况的证据

● 招股意向书、机械产品买卖合同：华泰联合证券有限责任公司为保荐千山公司上市，出具《首次公开发行股票并在创业板上市招股意向书》，其中记载非 PVC 膜软袋大输液生产自动线的毛利率分别为：2008 年度 63.28%、2009 年度 65.95%、2010 年度 62.92%。2010 年 6 月 13 日，千山公司与广东南国药业有限公司签订《机械产品买卖合同》，约定千山公司向广东南国药业有限公司销售型号为 SRD7500 的非 PVC 膜软袋大输液生产自动线 1 套，总价格为 560 万元。上述证据证明千山公司因专利侵权所遭受的损失情况。

● 律师费发票、公证费发票：证明千山公司为本案维权所产生的费用。

2. 新华公司提交的证据

（1）ZL200620040100.8 号实用新型专利说明书，用于证明新华公司实施的是现有技术。ZL200620040100.8 号专利名称为"医疗输液袋的侧面或底部灌装密封装置"，申请日为 2006 年 3 月 10 日，授权公告日为 2007 年 3 月 28 日，专利权人为上海武杉包装制品有限公司。

（2）新华公司还提交了 2 份证据材料，用以证明千山公司主张构成等同的被诉侵权产品上的旋转气缸技术早于涉案专利申请日，故不应构成等同侵权。包括：

● 优先权日为 2006 年 2 月 2 日、申请日为 2007 年 2 月 2 日、授权公告日为 2008 年 5 月 7 日、专利号 ZL200720001676.8、名称为"具有位置检测机构的旋转驱动装置"的实用新型专利说明书。

● 优先权日为 2006 年 3 月 31 日、申请日为 2007 年 2 月 15 日、公开日为 2009 年 4 月 22 日、申请号为 200780012287.8 的发明专利申请公布说明书。

3. 华润双鹤公司提交的证据

● 合同、发票，用于证明华润双鹤公司依法购买被控侵权产品。2012 年 1 月 30 日，北京双鹤公司与新华公司签订《定制合同》，约定北京双鹤公司从新华公司购买 RSYX4 – 1 – 5000 型非 PVC 膜全自动制袋灌封机一台，价格为 350 万元。新华公司于 2013 年 2 月 21 日向华润双鹤公司开具总金额为 350 万元的增值税发票。

二审诉讼中，根据二审法院的要求，千山公司于 2014 年 4 月 2 日向二审法院补充提交了 2008 年 4 月出版的《机械设计手册》部分章节复印件，该复印件有国家图书馆科技查新中心盖章确认，用于作为公知常识性证据证明旋转气缸和翻转气缸是本领域技术人员公知的技术，二者的替换属于等同替换。新华公司于 2014 年 4 月 21 日亦向二审法院补充提交了 2008 年 4 月出版的《机械设计手册》部分章节复印件，用于证明：①被诉侵权产品与涉案专利权利要求 6 相比，缺乏下述必要技术特征：翻转气缸（直线运动气缸）、翻转梁、铰接件以及翻转梁与活塞杆通过铰接件连接；②被诉侵权产品中的叶片式摆动气缸与涉案专利权利要求 6 中的翻转气缸（直线运动气缸）不构成等同；③被诉侵权产品中的平移转动机构是公知常识；④被诉侵权产品参照公知常识设计，缺乏涉案权利要求 9 中的必要技术特征即导向装置。

（二）法院对证据的认定情况

法院对于千山公司提交的权属证据予以采信，认定原告千山公司是"一种软袋输液生产线"发明专利（专利号为 ZL200810183159.6）的专利权人，该专利权合法有效，受我国专利法的保护，未经专利权人许可，任何单位和个人都不得实施其专利，即不得为生产经营目的制造、使用、许诺销售、销售、进口其专利产品。千山公司明确以涉案专利权利要求 3、4、6、7、9 作为本案主张权利的依据。涉案专利说明书共披露了 6 个实施例。其中，在第一、第二、第四、第五实施例中，夹持装置为被动型夹持装置；在第三、第六实施例中，夹持装置为主动型夹持装置。在第一、第二、第三实施例中，平移转动机构为四杆机构；在第四、第五、第六实施例中，平移转动机构为平移翻转机构，其特征即权利要求 6 记载的附加技术特征。在第一、第四实施例中，取袋机构包括袋推出机构和袋推入机构，其特征即为权利要求 9 记载的附加技术特征；在第二、第五实施例中，取袋机构在第一、第四实施例的基础上，通过优化翻转梁的结构，省去了袋推入机构的上下运动气缸；在第三、第六实施例中，取袋机构包括带导向装置的取袋气缸和气爪，其中，取袋气缸固定在平移转动机构上，气爪固定在取袋气缸的活塞杆上。

法院采信了指控侵权的证据，认定新华公司制造、销售了涉案被控侵权产品，华润双鹤药业公司未经许可使用了侵权产品。法院还采信了千山公司所受损失的证据，但对于新华公司现有技术抗辩的证据未予采信。

二审法院认为：本案的主要焦点在于，一是涉案专利权利要求3中的袋转移机构、平移转动机构是否是功能限定性特征；二是如果袋转移机构、平移转动机构是功能限定性特征，被诉侵权产品中旋转气缸对涉案专利中翻转气缸及有关部件的替换是否是等同替换。

本案中，涉案专利权利要求3的附加技术特征对袋转移机构进行了进一步限定，记载了袋转移机构所包括的部件名称及夹持装置、平移转动机构和取袋机构各自的功能，虽然描述了平移转动机构的安装位置，但并未描述夹持装置、平移转动机构和取袋机构的结构、材料等特征。故就袋转移机构和平移转动机构而言，仍属于以功能进行表述的技术特征，应当结合说明书和附图描述的该功能或者效果的具体实施方式及其等同的实施方式，确定该技术特征的内容。因此，权利要求3附加技术特征的内容应为涉案专利说明书和附图描述的6个实施例中实现袋转移机构功能的方式及其等同的方式。鉴于涉案专利权利要求3中的袋转移机构和平移转动机构是功能性限定特征，故应当结合说明书披露的具体实施方式及其等同方式确定权利要求3的保护范围。对于平移转动机构，说明书记载了两种实施方式，一种为四杆机构，另一种为平移翻转机构，故四杆机构和平移翻转机构及其等同实施方式均是权利要求3的保护范围。将被诉侵权产品与涉案专利权利要求3中含平移翻转机构的技术方案相比，两者的区别仅仅在于平移转动机构中的翻转机构存在区别，被诉侵权产品中的翻转机构为旋转气缸和翻转梁的组合，而涉案专利权利要求3的翻转机构为翻转气缸、铰接件及翻转梁的组合，新华公司在一审时对此亦予以认可。千山公司认为被诉侵权产品中的旋转气缸等同于涉案专利权利要求3中的翻转气缸及其铰接件的组合，但是新华公司不予认可。判断被诉侵权产品是否落入涉案专利权利要求3的保护范围的关键是，被诉侵权产品中旋转气缸对涉案专利权利要求 3 中翻转气缸及铰接件的组合的替换是否构成等同替换。涉案专利中的翻转气缸是直线运动气缸，被诉侵权产品中的旋转气缸是摆动气缸，即自身就可以实现摆动的功能，对此千山公司和新华公司均予以认可。根据千山公司在二审中提交的《机械设计手册》，本领域的技术人员所公知，翻转气缸和旋转气缸本身均是涉案专利申请日前已有的气缸型式，其自身特性也已经为本领域的技术人员所熟知，即翻转气缸为通过活塞杆进行往复直线运动，旋转气缸为通过叶片输出驱动轴实现角度摆动转动，利用旋转气缸的角度摆动特性实现工件的翻转也早已经是专利申请日前本领域的技术人员所熟知的应用。在此情况下，对于本领域的普通技术人员来说，将涉案专利中的翻转气缸及铰接部件的组合替换为被诉侵权产品中的旋转气缸，可以说是一种仅仅利用了气缸的特性而进行的替换，两者的手段基本相同，实现的功能相同，达到的效果相同或基本相同，即都是通过气缸运动来实现翻转功能，而且这一技术手段的替换在涉案专利申请日前对于本领域的技术人员来说是无需经过创造性劳动就能够想到的。因此，以涉案专利申请日为准，二者构成等同实施方式。综上，被诉侵权产品落入了涉案专利权利要求 3 的保护范围。千山公司指控新华公司和华润双鹤公司的涉案行为侵害其专利权的上诉理由成立，应当予以支持。

新华公司未经许可制造、销售被诉侵权产品以及华润双鹤公司未经许可使用被诉侵权产品的行为均侵害了千山公司对涉案专利享有的专利权。根据千山公司的诉讼请求，新华公司应当承担停止侵权和赔偿损失的责任。关于损害赔偿的数额，千山公司主张依据被诉侵权产品的售价 350 万及涉案专利产品的利润率进行计算，请求赔偿 200 万，考虑到千山公司仅主张一台产品的赔偿，该项请求基本合理，应予支持。千山公司还主张新华公司应承担千山公司为本案支付的合理费用 54 020 元，该项主张亦属合理，应当支持。鉴于新华公司停止制造、销售被诉侵权产品的行为就达到了保护涉案专利权的目的，千山公司要求新华公司销毁库存侵权产品及专用模具的请求，缺乏依据，不予支持。

保护专利权的根本目标是确保专利权人因发明创造得到足够的经济回报。千山公司因本案被诉侵权产品而产生的经济损失已得到了充分补偿，涉案专利权受到侵害的状态已经得到恢复，千山公司要求保护涉案专利权的目的已经实现。华润双鹤公司购买、使用被诉侵权产品主观上是善意的，不存在过错，也支付了合理对价。被诉侵权产品价格高昂，且早已投入生产运营，若责令华润双鹤公司停止使用该产品，将给其生产经营造成重大冲击和经济损失，亦会不当地增加后续处理所带来的成本，损害经济效率和社会整体利益。从利益平衡的角度考虑，对千山公司要求华润双鹤公司停止使用被诉侵权产品的诉讼请求不予支持。

（三）评析

关于功能性特征，根据最高人民法院相关司法解释的规定：对于权利要求中以功能或者效果表述的技术特征，人民法院应当结合说明书和附图描述的该功能或者效果的具体实施方式及其等同的实施方式，确定该技术特征的内容。本案中，虽然涉案专利权利要求3的附加技术特征对袋转移机构作了进一步限定，但只是记载了袋转移机构所包括的部件名称及其各自的功能，而没有描述各部件的结构特征，虽然描述了平移转动机构的安装位置，但并未对其自身结构进行描述，因此二者仍属于功能性技术特征。虽然应将功能性特征解释为说明书中实现所述功能的实施方式及其等同的方式，但说明书记载的实施方式中的所有技术特征不一定都是实现功能不可缺少的，所以在确定功能性特征的内容时，应当排除与实现功能无直接、必然联系的特征。基于此，一审和二审法院均正确认定争议特征"平移转动机构"对应于说明书中的翻转气缸、铰接件及翻转梁的组合。

在对功能性技术特征和被控侵权物对应特征进行比对时，应将说明书中所对应的具体实施方式作为一个整体看待，而不宜将该具体实施方式再进行内容分解。涉案专利权利要求3中的平移转动机构被认定为功能性特征，解释为对应于说明书中的平移翻转机构（翻转气缸、铰接件及翻转梁的组合），被诉侵权产品中的翻转机构为旋转气缸和翻转梁的组合。如果机械地进行比对，则被诉侵权产品中的翻转机构具有两个部件，而涉案专利的平移翻转机构具有三个部件，会认为二者不满足全面覆盖原则、无法逐一比对。此时，应当将平移翻转机构作为一个整体看待，只要被控侵权产品中的翻转机构也是实现"平移翻转"，且手段等同，即构成等同，而不管其组成部件的数量是几个。

四、有关建议

一审中，由于证据有限，一审法院得出了旋转气缸与翻转气缸根本不同、不是等同替换的认定。二审中，千山公司补充提交了《机械设计手册》，根据该证据，本领域的技术人员公知翻转气缸和旋转气缸本身均是涉案专利申请日前已有的气缸型式，其自身特性也已经为本领域的技术人员所熟知，即翻转气缸为通过活塞杆进行往复直线运动，旋转气缸为通过叶片输出驱动轴实现角度摆动转动，利用旋转气缸的角度摆动特性实现工件的翻转也早已经是专利申请日前本领域的技术人员所熟知的应用。因此，旋转气缸对翻转气缸及铰接件的组合的替换构成等同替换。正是基于二审中补充的证据，二审法院作出了构成侵权的认定。当然，如果涉案专利的发明点即在于功能性特征，则原告在侵权诉讼程序中提供的上述公知常识性证据可能会被被告在专利无效程序中利用，以打击涉案专利的创造性。但在侵权诉讼程序中，法官不得对创造性作出评价，应推定专利有效。所以，上述证据是否伤害涉案专利的创造性，取决于被告是否以此作为证据提出无效宣告请求以及专利复审委员会的认定。本案特殊之处在于，被控侵权产品是属于价值较高的定制机械产品，因此，侵权产品的生产根据客户的需要定制。这就决定了此类侵权案件的赔偿一般只能根据涉案机器的价值来计算。法院根据被控侵权产品数千万元的售价，从而确定了原告损失或被告获利超过了索赔的 200 万元，从而全额支持了原告的赔偿请求。

五、小贴士

本案的启示是按需定制的专利产品往往金额非常大，提交侵权产品现实使用情况的证据比较有利于维权获赔。

普利司通侵权案，重新解释外观权

——株式会社普利司通诉浙江杭廷顿公牛橡胶有限公司、北京邦立信轮胎有限公司侵犯外观设计专利权纠纷案❶

> 普利司通轮胎貌，状告公牛邦立信。
> 原告购买产品证，证明被告制售侵。
> 被告坚持现有技，一审二审均支持。
> 最高院给新解释，判赔损失三十万。

一、基本情况

2006 年 11 月 30 日，原告株式会社普利司通以浙江杭廷顿公牛橡胶有限公司、北京邦立信轮胎有限公司为被告，向北京市第二中级人民法院提起侵犯外观设计专利权之诉，索赔 30 万元。北京市第二中级人民法院审理后认为不构成侵权，判决驳回原告诉讼请求。株式会社普利司通不服一审判决，向北京市高级人民法院提起上诉。2007 年 12 月 18 日，北京市高级人民法院判决：驳回上诉，维持原判。株式会社普利司通不服二审判决，向最高人民法院申请再审。2011 年 3 月 1 日，最高人民法院判决撤销了一审、二审判决，判令浙江杭廷顿公牛橡胶有限公司、北京邦立信轮胎有限公司停止侵权，浙江杭廷顿公牛橡胶有限公司赔偿原告 30 万元。

---

❶　一审：北京市第二中级人民法院（2007）二中民初字第 391 号民事判决书；二审：北京市高级人民法院（2007）高民终字第 1552 号民事判决书；再审：最高人民法院（2010）民提字第 189 号民事判决书。

二、案例要点

权利人提供购买侵权产品证据，以证明被诉侵权人制造、销售侵权产品。被诉侵权人提出被控侵权产品使用涉案专利申请日之前现有技术的证据，虽然一审、二审法院的判决中均支持了被诉侵权人的现有设计抗辩，认定被控侵权产品未落入涉案专利的保护范围，但最高人民法院的再审判决中推翻了一审、二审判决，对外观设计专利侵权判定中现有设计抗辩的审查判断方法给出了解释，权利人得到了最高人民法院的支持，获赔 30 万元，赔偿率为 100%。

三、案例评析

（一）双方举证情况

1. 株式会社普利司通提交的证据

（1）权利证据，用以明确权利类型及权利有效

● 2000 年 12 月 27 日，株式会社普利司通向国家知识产权局申请名称为"机动车轮胎"的外观设计专利，并于 2001 年 8 月 11 日被授予专利权，专利号为 ZL00348649.4，分类号为 12 – 15，至本案审理时该项专利权处于有效状态。

● 国家知识产权局专利收费收据，以证明权利有效。

（2）有关浙江杭廷顿公牛橡胶有限公司侵权行为的证据

● 2006 年 7 月 4 日，株式会社普利司通自北京邦立信轮胎有限公司处公证购买 BT98 型轮胎 1 只，以明确被控侵权产品。

（3）浙江杭廷顿公牛橡胶有限公司的侵权行为对株式会社普利司通造成的实际损失证据

● 2006 年 7 月 4 日，株式会社普利司通自北京邦立信轮胎有限公司处公证购买 BT98 型轮胎 1 只，系由浙江杭廷顿公牛橡胶有限公司生产，价格为 1726 元，以明确被控侵权产品的销售价格。

2. 浙江杭廷顿公牛橡胶有限公司提交的用以证明被控侵权产品不构成对涉案专利的侵权行为的证据

● 1990 年出版的《轮胎胎面设计指南》一书中发表的名称为"DeltaZ38

（P）"的外观设计，以证明被控侵权产品使用的是上述 Delta Z38（P）外观设计，为涉案专利申请日之前的现有技术，未落入涉案专利的保护范围。

（二）法院对证据的认定情况

法院对于各方当事人提交的证据均予采信，这些证据包括"机动车轮胎"外观设计专利证书及专利文件、国家知识产权局专利收费收据、BT98 型轮胎实物、公证书、1990 年出版的《轮胎胎面设计指南》一书中发表的名称为"Delta Z38（P）"的外观设计等。其中，"机动车轮胎"外观设计专利证书及专利文件能够证明株式会社普利司通对涉案专利享有专利权；国家知识产权局专利收费收据证明涉案专利尚处于有效期内，是合法有效的专利，受到法律保护。BT98 型轮胎实物及公证书能证明浙江杭廷顿公牛橡胶有限公司生产了被控侵权产品，是侵权指控证据。1990 年出版的《轮胎胎面设计指南》一书中发表的名称为"DeltaZ38（P）"的外观设计用于证明涉案侵权产品利用了现有设计，是现有设计抗辩证据。以上证据分为权属证据、侵权事实指控证据、现有技术抗辩（不侵权抗辩）证据。

法院经举证、质证程序后，采纳了上述证据。根据上述权属证据，法院认定株式会社普利司通是涉案专利权人，其合法专利应受法律保护。紧接着，法院对于涉案专利与侵权设计以及侵权设计与现有设计进行了对比。法院认为，涉案专利与现有设计 Delta Z38（P）外观设计在主胎面上花纹块的形状、外侧环状接触面外缘的横沟槽的深度、环状沟槽的弯折度以及中央环状沟槽底部的凸起颗粒设计等方面均有较大区别，这些区别使得涉案专利与现有设计相比产生了显著不同的整体视觉效果。被控侵权产品 BT98 型轮胎在主胎面上花纹块的形状、外侧环状接触面外缘的横沟槽的深度、环状沟槽的弯折度以及中央环状沟槽底部的凸起颗粒设计等方面，均利用了上述区别点，因而上述区别点同样构成被控侵权产品与现有设计的区别点。与被控侵权产品设计同现有设计的近似点相比，这些区别点对二者的整体视觉效果更具有显著影响。从一般消费者的眼光来看，被控侵权产品设计具有与现有设计既不相同也非实质性相似的整体视觉效果。将被控侵权产品 BT98 型轮胎与涉案专利相对比，两者在主胎面上菱形花纹块的设计、外侧环状接触面外缘的横沟槽的深度、环状沟槽的弯折度以及中央环状沟槽底部的连续点状凸起颗粒设计等方面均相同，其主要区别仅在于环状沟槽和横向细沟槽所形成的两个左右相邻的花纹块的位置稍有不同。相对而言，这一区别显然属于细微差异，一般消费者难以注意到，不足以使二者产生不同的整体视觉效果。根据上述分析，法院认定了侵权事实。

（三）评析

现有设计抗辩是专利侵权纠纷中被控侵权人有证据证明其实施的设计属于现有设计，因而不落入涉案外观设计专利权保护范围的一种抗辩事由。如果被控侵权人能够证明其实施的设计属于涉案专利申请日前的现有设计，就意味着其实施行为未落入涉案外观设计专利权的保护范围。判断被控侵权人的现有设计抗辩是否成立，当然首先应将被控侵权产品的设计与一项现有设计相对比，确定两者是否相同或者无实质性差异。如果被控侵权产品的设计与一个现有设计相同，则可以直接确定被控侵权人所实施的设计属于现有设计，不落入涉案外观设计专利保护范围。如果被控侵权产品的设计与现有设计并非相同，则应进一步判断两者是否无实质性差异，或者说两者是否相近似。本案中，涉案专利与现有设计 Delta Z38（P）外观设计在主胎面上花纹块的形状、外侧环状接触面外缘的横沟槽的深度、环状沟槽的弯折度以及中央环状沟槽底部的凸起颗粒设计等方面均有较大区别，这些区别使得涉案专利与现有设计相比产生了显著不同的整体视觉效果。被控侵权产品 BT98 型轮胎利用了涉案专利与现有设计的区别点，且与涉案专利外观设计近似，故现有设计抗辩不成立。在赔偿的认定中，虽然原告仅购买了一个被控侵权的轮胎作为证据，并未提交其他证据原告损失或被告获利的证据，但是，最高人民法院基于被控侵权产品的销售规模，全额支持了原告的诉讼请求。

四、有关建议

本案至少可以给我们两点启示。一是外观设计的侵权判定，首先需要以确定其相对于现有设计的区别设计特征为基础。双方当事人均需要提供现有设计以确定外观设计专利的区别设计特征。如果被诉侵权人同时提出现有技术抗

普利司通侵权案　重新解释外观权

辩，则对其主张的现有设计负证明责任。二是在确定赔偿数额时，虽然没有有力的证据支持，但是，通过当事人陈述的方式，详细说明被告侵权时间、情节以及原告专利产品的市场占有率等酌定考虑因素，在一定的情况下，也能够得到法院的支持。

宝马宝弛商标案，马赢驰败二百万

——宝马股份公司诉广州世纪宝弛服饰实业有限公司与北京方拓商业管理有限公司、李淑芝侵害商标权及不正当竞争纠纷案❶

宝马商标系驰名，宝弛公司侵且知。
一审判赔五十万，原告证据有缺失。
二审全额二百万，认定宝弛为恶意。
明显超出最高额，杀一儆百树标记。

一、案由

2012 年 2 月 21 日，宝马股份公司（以下简称"宝马公司"）诉广州世纪宝弛服饰实业有限公司（以下简称"广州世纪宝弛公司"）与北京方拓商业管理有限公司、李淑芝侵害商标权及不正当竞争纠纷案，索赔数额 200 万元，经北京市高级人民法院公开审理，判赔数额 200 万元。

二、案例要点

本案主要关注点，诉求额较高，获赔数额也较高；权利人提供的证据充足，说理充分，被法官采信度高。

三、案例评析

（一）双方举证情况

（1）权利证据

宝马公司在中国拥有注册在第 12 类机动车辆、摩托车及其零件商品上的

❶ 一审：北京市第二中级人民法院（2011）二中民初字第 4789 号民事判决书；二审：北京市高级人民法院（2012）高民终字第 918 号民事判决书。

第282195号"BMW"商标、第282196号"BMW及图"商标、第784348号"寳馬"商标、第G921605号"宝马"文字商标以及注册在第12类机动车辆、摩托车及其零件以及第25类服装、鞋、帽子商品上的第G955419号"图形"商标、第G673219号"BMW及图"商标。

湖南省高级人民法院判决认定宝马公司在第12类机动车辆、摩托车及其零件上注册的第282195号"BMW"商标、第282196号"BMW及图"商标、第784348号"寳馬"商标为驰名商标。国家工商行政管理总局商标局(以下简称"商标局")出具的商标驰字(2010)第180号《关于认定"BMW"商标为驰名商标的批复》认定宝马公司在第12类商品上注册使用的第282195号"BMW"商标为驰名商标。

国家工商行政管理总局商标评审委员会(以下简称"商标评审委员会")作出的商评字(2011)第14331号《关于第3254441号"宝马"商标异议复审裁定书》认定宝马公司在第12类商品上注册使用的第784348号"寳馬"商标为驰名商标。

(2)被告侵权行为证据

北京市方正公证处出具关于"世纪宝马专卖店"店铺出售侵权产品的公证书1份:购买了男士T恤2件、男士休闲裤1条及袜子1双。

2010年11月16日,北京市工商行政管理局朝阳分局(以下简称"朝阳工商分局")对北京市朝阳区望京街道李淑芝服装店进行工商查处,并出具《北京市工商行政管理局朝阳分局行政处罚决定书》。

《北京市工商行政管理局朝阳分局财务清单》NO3014353、NO3014354、NO3014356、NO3014399显示共封存"丰宝马丰"产品322件,货值295 242元人民币。

2009年9月12日,深圳世纪宝马公司与李淑芝签订《世纪宝马集团有限公司深圳世纪宝马公司加盟经销合同》,自2009年9月12日至2009年12月31日,李淑芝在北京市望京方恒国际经营"MBWL及图"品牌的特许加盟店。该经销合同每页的页眉上标注"单店代理加盟合同"。

（3）被告侵权获利证据

5份《产品定作合同》复印件显示，广州世纪宝驰公司（甲方）与温州源鑫服饰有限公司（乙方）于2010年4月8日签订的B－YX－20100408号《产品定作合同》约定甲方向乙方定作产品1067件，金额为291 397元人民币。（2012）京中信内经证字5288号公证书为公证人员与宝马公司代理人到位于山西省太原市云路街20号怡华苑小区进门靠左边靠马路的楼房三层1号太原市万兆贸易有限公司的库房进行货品清点的记录，载明：对库房中部分货品进行清点，其中带有"FENGBAOMAFENG及图"商标的服装有3416件，标牌价格总计4 157 402元人民币；带有"FENGBAOMAFENG及图"商标的鞋有12双，标牌价格总计9120元人民币；带有"丰宝马丰FENGBAOMAFENG及图"商标的服装有376件，标牌价格总计327 560元人民币；带有"丰宝马丰FENGBAOMAFENG及图"商标的鞋有54双，标牌价格总计42 189元人民币；仅带有"图形"商标的服装有22件，标牌价格总计14 520元人民币。广州世纪宝驰公司（甲方）与福鼎市庄瑞帝伦服饰有限公司（乙方）于2010年4月8日签订的B－ZL－20100408号《产品定作合同》约定甲方向乙方定作产品383件，金额为86 175元人民币。广州世纪宝驰公司（甲方）与浙江卡奈利服饰有限公司（乙方）于2010年4月18日签订的B－KNL－20100418号《产品定作合同》约定甲方向乙方定作产品435件，金额为76 125元人民币。广州世纪宝驰公司（甲方）与温州罗迪服饰有限公司（乙方）于2010年4月8日签订的B－LD－20100408号《产品定作合同》约定甲方向乙方定作产品926件，金额为232 758元人民币。广州世纪宝驰公司（甲方）与温州市杰玛服饰有限公司（乙方）于2010年4月5日签订的B－JM－20100401号《产品定作合同》约定甲方向乙方定作产品497件，金额为134 190元人民币。《产品定作合同》复印件显示均盖有甲方、乙方公章。广州世纪宝驰公司对上述证据的真实性不予认可。

2011年1月1日，太原市万兆贸易有限公司与广州世纪宝驰公司签订的省级代理加盟合同约定的品牌为"丰宝马丰FENGBAOMAFENG及图"，期限自2011年1月1日至2011年12月31日止，指定进货总额（以折扣后的价格计算）限定指标为 3500 万元人民币，各季订货金额不得少于 900 万元人民币等。

（4）其他证据

宝马公司为本案一审诉讼支出公证费 18 748 元人民币，律师费 232 808 元人民币，复印费 4481.55 元人民币。

宝马公司为本案二审支付的合理费用包括二审律师费 8 万元人民币，公证费 22 220 元人民币。

服装行业 A 股上市企业 2009 年、2010 年利润率情况，其中利润最低为 3.74%，最高为 56.71%，平均利润率为 30%。

（二）法院对证据的认定情况

二审法院经审理认定，宝马公司在第 25 类服装、鞋、帽子等商品上经核准注册了第 G955419 号"图形"商标，其享有的注册商标专用权应当受到中华人民共和国法律的保护。

宝马公司于 2010 年 6 月 29 日购买的被控侵权商品上有"FENGBAO-MAFENG 及图"或其中单独的图形标识，其服装吊牌显示"德国世纪宝马集团股份有限公司中国总代理：广州世纪宝驰服饰实业有限公司"，并载明网址"WWW. SHIJIBAOMA. COM"；朝阳工商分局在 2010 年 11 月 16 日查处行动中封存的涉嫌侵权产品包括涉案"丰宝马丰"服装，部分服装吊牌上标注有"FENGBAOMAFENG 及图""丰宝马丰 FENGBAOMAFENG 及图"等标识，并记载了"德国世纪宝马集团股份有限公司中国总代理：广州世纪宝驰服饰实业有限公司"的地址、电话、营销中心电话、邮箱或网址等企业信息；在 WWW. SHIJIBAOMA. COM 网站中，均有"FENGBAOMAFENG 及图"标识，且记载了"广州世纪宝驰服饰实业有限公司是德国世纪宝马集团股份有限公司的全资子公司，全权负责'丰宝马丰'品牌国内营运事务，是一家集研发设计、加工生产、营销贸易为一体，专业出品全系列高档休闲男装服饰产品，具有深层品牌魅力的综合性现代服装企业"的内容，而 WWW. SHIJIBAOMA. COM 网站的注册人及运营获利主体均为广州世纪宝驰公司，上述证据足以证明广州世纪宝驰公司是被控侵权产品的生产者和销售者。

宝马公司的第 G955419 号"图形"商标核定使用的商品范围为第 25 类服

装、鞋、帽，广州世纪宝驰公司在经营中生产、销售的服装亦属于第 25 类服装，两者属于相同商品。广州世纪宝驰公司在其生产、销售的服装、服装吊牌、服装包装袋、宣传图册、网站等处，使用"FENGBAOMAFENG 及图""丰宝马丰 FENGBAOMAFENG 及图"标识，并突出使用其中的图形部分，上述标识中的图形部分与宝马公司的第 G955419 号图形商标相比较极为相似，普通消费者在购买服装时，难以注意蓝白颜色"右上左下""左上右下"排列的区别，极易对两图形产生误认，从而易对商品的来源产生误认或者认为其来源与宝马公司有特定的联系，已经构成近似商标。据此可以认定广州世纪宝驰公司未经宝马公司许可，在相同类别商品上使用与宝马公司第 G955419 号"图形"商标近似的"FENGBAOMAFENG 及图""丰宝马丰 FENGBAOMAFENG 及图"商标的行为侵犯了宝马公司涉案第 G955419 号"图形"商标的专用权，应当承担相应的法律责任。

德国世纪宝马公司注册成立于香港特别行政区，而宝马公司为世界上知名的汽车制造商，注册成立于德国。广州世纪宝驰公司在服装吊牌、网站、宣传图册等处使用"德国世纪宝马集团股份有限公司"企业名称，意在利用宝马公司的商誉从事经营活动牟取非法利益，容易使相关公众对二者的产品及相互关联性产生混淆或误认，其行为违背诚实信用原则和公认的商业道德，一审法院认定广州世纪宝驰公司的行为构成对宝马公司的不正当竞争正确。

（三）评析

本案中，宝马公司在一审中未能提供证据证明其因侵权行为所遭受的实际损失，也没有提交证据证明广州世纪宝驰公司因为侵权行为获得的利益，一审法院在一审证据基础上，适用法定赔偿酌情确定侵权损害赔偿数额为 50 万元。二审法院没有采取法定赔偿方式确定损害赔偿数额，而是根据案件具体情况运用裁量权酌定赔偿数额，全额支持了权利人的诉请。其理由是宝马公司在二审诉讼中提交的证据证明了广州世纪宝驰公司侵权的主观恶意明显，侵权时间长，侵权范围广，而且侵权获利超过了本案诉请的 200 万元。二审法院在现有证据证明侵权人的侵权获利远超出《商标法》规定的 50 万元法定赔偿最高限额和权利人索赔请求的情况下，判令广州世纪宝驰公司停止侵权、消除影响、赔偿经济损失 200 万元。二审法院对赔偿数额的确定并非适用法定定额赔偿，而是根据具体案情酌定实际损失或者侵权所得的赔偿数额。对于实际损失确实难以查清，但有证据证明实际损失超过法定赔偿的定额数额，法官根据事实和证据可以在法定额赔偿的最高额以上确定赔偿数额。《最高人民法院关于当前经济形势下知识产权审判服务大局若干问题的意见》第 16 条明确："对于难以证明侵权受损或侵权获利的具体数额，但有证据证明前述数额明显超过法定赔偿最高限额的，应当综合全案的证据情况，在法定最高限额以上合理确定赔偿额。"高于法定赔偿最高限额以上的酌定赔偿，不能再归于法定赔偿之中。不受法定赔偿额限制的酌定赔偿，对于充分保护权利人的利益、抑制侵权行为的发生具有一定的积极意义。

四、有关建议

法定赔偿对于损害赔偿数额的确定虽然较为便利，只需要法院根据侵权行为的具体情节加以确定，当事人可以省去举证环节的很多工作，但是，法定赔偿的数额是有上限的。在当事人损失数额较大或者明显超过法定赔偿上限的情况下，这种损害赔偿的计算方法不利于当事人损失的填补。因此，在损害赔偿数额难以确定时，不能单纯依赖法定赔偿方式，权利人仍然应当积极举证，尽可能地从不同方面证明其损失的实际情况，尤其是要证明侵权人的主观状况、权利人遭受损失的程度，使法院能够确信权利人因侵权行为所遭受的损失明显超过了法定赔偿的上限，只是由于损害赔偿数额计算过程中的个别因素难以确定具体的损失数额，从而使法院通过酌定的方式确定更为合理的赔偿数额。

五、小贴士

本案商标权人综合运用了申请工商部门对代理商行政执法、收集侵权产品定作合同、代理商销售侵权商品公证保全、行业利润率书面资料等多种证据收集措施，虽未能证明其侵权损失或侵权人获利额，但使得法院能够确定其侵权损失明显超出法定赔偿上限，从而获得了合理的赔偿数额。

东风亮剑证据链，被告恶意在侵权

——东风汽车有限公司诉宝应明宇汽车配件厂等侵犯商标专用权纠纷案❶

东风有天龙，合法商标权。

明宇汽配厂，侵权产品仿。

原告亮出剑，完整证据链。

证明那被告，恶意在侵权。

一、基本情况

2010 年 10 月 28 日，东风汽车有限公司（以下简称"东风公司"）以宝应明宇汽车配件厂（以下简称"明宇汽配厂"）等为被告，向湖北省武汉市中级人民法院提起民事侵权之诉，案由为侵犯商标专用权纠纷，索赔 30 万元。湖北省武汉市中级人民法院经公开审理，判赔 30 万元，判赔率为 100%。

二、案例要点

权利人通过暗访被诉侵权人、提供购买公证证据、被诉侵权人与他人的配件购销合同，形成完整的证据链条，证明被告的侵权行为、主观恶意、侵权规模和范围，有助于获得较高的赔偿数额。

三、案例评析

（一）双方举证情况

（1）原告权利证据，用以明确权利类型及权利有效

• 国家工商行政管理总局商标局（以下简称"国家商标局"）授予的

---

❶ 一审：湖北省武汉市中级人民法院（2010）武知初字第 348 号民事判决书。

"天龙"商标注册证（注册证号第 5557593 号，核定使用商品第 12 类），拟证明原告东风公司在汽车、卡车等商品领域拥有合法的"天龙"商标专用权。

（2）被告侵权行为

明宇汽配厂仿制原告"东风天龙驾驶室"，大量生产侵权产品的专用模具、夹具、冲压设备以及生产好的（D310）高顶驾驶室白车身，并且侵权产品的标识产品由明宇汽配厂生产。

（3）其他证据

• 武汉市琴台公证处出具的公证书，拟证明：①东风公司从武汉古远汽车有限责任公司（以下简称"古远公司"）处合法购得由明宇汽配厂生产的侵权驾驶室，产品名称为"天龙驾驶室"，价格为人民币 24 800 元。②明宇汽配厂与吉远公司分别存在生产和销售侵权产品的事实；明宇汽配厂在同一种商品上，将与东风公司注册商标相同的标志作为商品名称使用，足以误导公众，造成与东风公司知名商品相混淆，侵犯了东风公司的注册商标专用权。

• 吉远公司与明宇汽配厂于 2010 年 5 月 7 日签订一份《配件购销合同》，约定明宇汽配厂以 14 980 元价格销售一台"东风天龙驾驶室（空壳）"给吉远公司。吉远公司付款后，明宇汽配厂于 2010 年 5 月 23 日出具江苏省增值税专用发票发票联 1 张，并将驾驶室（空壳）产品交付给吉远公司。

（二）法院对证据的认定情况

武汉市中级人民法院对相关证据认定如下。

（1）对于原告东风公司所提交的证据 1，即国家商标局授予的"天龙"商标注册证（注册证号第 5557593 号，核定使用商品第 12 类），该证据证明东风公司在汽车、卡车等商品领域拥有合法的"天龙"商标专用权。

对于该证据，被告明宇汽配厂认可该证据的真实性，但认为商标只是针对整车，而不是针对驾驶室。被告吉远公司认可该证据的真实性、合法性、关联性。

法院认为：该证据是国家商标局授予的商标注册证，对其真实性、合法性予以认可。对于被告所称的该商标是针对整车，但不是针对驾驶室的意见，在类似商品和服务区分表第 12 类已经明确，第 1202 类商品包含汽车、电车及其零部件（不包括轮胎），说明汽车的商标保护范围延及除轮胎以外的零部件。事实上，依据一般消费者的观点，汽车类商标在实际使用中，已经逐渐衍变成品牌本身，即简称为天龙重卡，如果整车商标不延及零部件，则可能造成任何经营主体都可以随意生产天龙的汽车配件，从而使消费者无从区分哪个配件是原厂生产的，哪个配件是其他厂生产的，进而造成汽车市场的混乱无序。因此对于被告明宇汽配厂的辩称意见，不予支持。由此认可该证据1的真实性、合法性和关联性。

（2）对于原告提交的武汉市琴台公证处的公证书，该公证书证明了：由明宇汽配厂生产、销售的驾驶室（空壳）上的产品检验合格证明确表明"产品名称：天龙驾驶室"，明宇汽配厂与吉远公司于2010年5月7日签订的《配件购销合同》中，明宇汽配厂明确所销售的产品为"东风天龙驾驶室（空壳）"，且明宇汽配厂宣传资料上声称其"主要生产和销售二汽东风天龙系列驾驶室及驾驶室零部件"。

以上事实由公证书予以证明，并且两被告对公证书所述事项均没有异议。由此，法院认为以上证据已经形成证据链，足以证明明宇汽配厂是将其生产的驾驶室白车身以"天龙"商品名称方式对外销售，明宇汽配厂的制造、销售行为及吉远公司的销售行为均构成对东风公司注册商标专用权的侵害，依法应承担停止侵权、消除影响、赔偿损失的民事责任。

（3）对于赔偿金额，根据《商标法》第56条第2款❶的规定，侵权人因侵权所得利益或者被侵权人因被侵权所受损失难以确定的，由人民法院根据侵权行为的情节判决给予50万元以下的赔偿。武汉市中级人民法院结合东风公司"天龙"商标的知名度，明宇汽配厂侵权的主观恶意、侵权规模，以及明宇汽配厂行为的社会危害性，酌定给予30万元的赔偿。吉远公司作为销售商，已经证明该商品是自己合法取得并说明了提供者，不承担赔偿责任。

（三）评析

本案原告证据链组织相当成功，首先通过提供商标注册证证明其在相应商

---

❶ 此处指2001年修订的《商标法》第56条第2款。

标分类领域具有合法权利；其次对被诉侵权行为的取证通过公证形式证明，由此提高了其证明力；再次通过暗访被诉侵权人对其侵权行为、侵权规模和范围进行取证，并明确销售价格，提供被诉侵权人与他人的配件购销合同，从而将被诉侵权人的侵权行为的事实进行固定。由以上三方面共同组成证据链证明被诉侵权人的侵犯其商标权的侵权行为，并得到法院的支持。

此外，在提起侵权诉讼后，原告及时申请法院采取财产及证据保全措施，对被告生产场地中用于生产被控侵权产品的专用模具、夹具、冲压设备进行证据保全，对正在生产的涉嫌侵权产品进行清点、拍照，并提取被告的销售宣传册。

本案由于原告举证得当，对侵权行为的证据链组织完整，法院通盘考虑其商标的知名度，以及侵权人的侵权行为、侵权规模和范围，以及侵权行为的社会危害性，在《商标法》的酌定赔偿范围内，满足原告的赔偿要求，赔偿率100%。

四、有关建议

对商标侵权案的诉讼，应当首先提供商标注册证明，以证明权利人的合法权利，明确其权利范围。对侵权行为的取证，要考虑侵权行为的行为、侵权产品的销售价格，相关的销售合同、以此确定侵权规模和范围，有利于得到法院支持，并获得合理的赔偿额。为提供上述方面的有效证据，可以采用不同的举证方式。比如，可以考虑通过公证购买的方式取得被控侵权产品；通过商业洽谈的方式取得被告有关广告宣传方面的证据材料；对于当事人一方难以自行取得的证据，可以考虑在提起诉讼时，申请法院进行证据保全或者财产保全。总之，举证是一项系统而复杂的系统工程，必须综合运用多种方法，形成全方面、立体化的证据链条，才能最大限度地支撑诉讼请求。

五、小贴士

本案专利权人通过第三方购买侵权产品并经过公证证明其真实性，还采取暗访等措施获得侵权方制造侵权产品的证据，不失为一种取得侵权产品证据并证明侵权人制造、销售侵权产品的好方法，但应注意在合法范围内采取自救措施。

乐视网信告联通，侵权地点在广东

——乐视网信息技术（北京）股份有限公司诉中国联合网络通信有限公司广东省分公司侵害作品信息网络传播权纠纷案❶

> 乐视网信告联通，传播权益纠纷案。
>
> 传播发行是焦点，《风语》电视著作权。
>
> 授权证书加公证，广东公司理由短。
>
> 未能提供违法得，赔偿数额依法办。

一、基本情况

2013 年 6 月 13 日，原告乐视网信息技术（北京）股份有限公司因与被告中国联合网络通信有限公司广东省分公司侵害作品信息网络传播权纠纷，向广东省广州市天河区人民法院提起诉讼，索赔 2.8 万元，最终法院判赔 2.8 万元。

二、案例要点

在原告提供了较为充分的权属证据的情况下，虽然原告未提供权利人所受损失或者侵权人获利的具体数额的证据，但在被告未提供任何证据且缺席审理的情况下，法院对原告相对合理的索赔数额予以全额支持。

三、案例评析

（一）双方举证情况

乐视网信息技术（北京）股份有限公司提交的证据有：

---

❶　一审：广东省广州市天河区人民法院（2012）穗天法知民初字第 822 号民事判决书。

（1）权利证据，用以明确权利、权属关系及权利范围

• 《国家电视剧发行许可证》〔（浙）剧审字（2010）第 035 号〕复印件。该许可证载明：2010 年 12 月 28 日，电视剧《风语》每集 45 分钟，共 36 集，出品单位为浙江影视（集团）有限公司、东阳艺博影视传媒有限公司（以下简称"东阳艺博公司"）、美迅影视传媒（北京）有限公司。

• 《风语》DVD 出版物。出版物封套载有"本节目视频网站独占播映：乐视网 ISRC CN－A03－11－305－00/V. J9"，播放出版物光盘片尾显示"本节目视频网站独占播映 乐视网 本剧所有版权归属单位 东方星空文化基金 美迅影视传媒（北京）有限公司 浙江皓瀚国际文化传播有限公司"。

• 2010 年 2 月 5 日，浙江皓瀚国际文化传播有限公司（以下简称"皓瀚公司"）、东方星空创业投资有限公司（以下简称"东方星空公司"）共同出具的《授权书》。该《授权书》载明：涉案电视剧网络传播等权利、转授权的权利以及对侵犯其权利的行为单独以自身名义提起诉讼的权利授权北京艺博影视制作有限公司（以下简称"北京艺博公司"）行使，期限为永久。

• 2010 年 8 月 1 日，北京艺博公司出具的《授权书》。该《授权书》声明东方星空文化基金（全称为"东方星空创业有限公司"）、皓瀚公司与美迅影视传媒（北京）有限公司（以下简称"美迅公司"）共同享有电视剧《风语》的完整著作权，包括但不限于信息网络传播权、发行权及与此有关的完整的财产权利，经东方星空文化基金、皓瀚公司授权，北京艺博公司独家行使上述权利，并有权将上述权利转让给第三方，有权以自己名义对非法使用该作品的行为追究法律责任，现北京艺博公司将上述权利授权给东阳艺博公司。

• 2010 年 11 月 2 日，美迅公司出具的《授权书》。该《授权书》声明美迅公司与东方星空文化基金（全称为"东方星空创业投资有限公司"）、皓瀚公司共同享有电视剧《风语》的完整著作权，包括但不限于信息网络传播权、发行权及与此有关的完整的财产权利，美迅公司授权东阳艺博公司独家行使上述权利，并有权将上述权利转让给第三方，有权以自己名义对非法使用该作品的行为追究法律责任。

• 2011 年 1 月 18 日，东阳艺博公司出具《授权书》，将中国大陆（不包

括香港、澳门、台湾地区）的独占专有的信息网络传播权、制止侵权的权利以及转授权的权利授予乐视网信息技术（北京）股份有限公司，授权使用期限为自 2011 年 2 月 10 日起 8 年，以明确乐视网信息技术（北京）股份有限公司拥有涉案电视剧的独家信息网络传播权。

（2）有关中国联合网络通信有限公司广东省分公司的侵权行为的证据

● 中国联合网络通信有限公司广东省分公司的企业注册基本资料。

● 2011 年 12 月 13 日，浙江省杭州市钱塘公证处出具的（2011）浙杭钱证民字第 9151 号公证书。内容为网页公证保全：2011 年 12 月 7 日，在地址栏中输入"zcainfo. miitbeian. gov. cn"，进入"浙江省通信管理局 ICP/IP 地址/域名信息备案管理系统"页面，查询到中国联合网络通信有限公司广东省分公司的网站首页网址为 www. unikaixin. com，网站备案/许可证号为粤 ICP 备 10029056 号 - 1；在地址栏中输入 www. unikaixin. com，进入网站首页，点击"影视"，在页面上方搜索栏中输入"风语"可以搜索到该电视剧并有该剧的导演、主演等信息，点击播放，进入第 1 集播放页面，页面下方有共 36 集的播放列表，拖动播放第 1、第 18、第 36 集，对上述操作截屏拷贝至 word 文档；打印该文档并附于公证书后。

（3）有关中国联合网络通信有限公司广东省分公司的侵权行为对乐视网信息技术（北京）股份有限公司造成的实际损失证据

● 2011 年 1 月 20 日，东方星空公司出具《情况说明》，称东方星空文化基金系东方星空公司的简称，《风语》系其参投首部电视剧，以证明涉案电视剧为花费巨大人力、物力和财力制作的影视作品。

（二）法院对证据的认定情况

法院经审查认定以下事实：

原告提交的《国家电视剧发行许可证》[（浙）剧审字（2010）第 035 号] 复印件载明，2010 年 12 月 28 日，电视剧《风语》每集 45 分钟，共 36 集，出品单位为浙江影视（集团）有限公司、东阳艺博公司、美迅公司。

当庭播放原告提交的《风语》DVD 出版物，出版物封套载有"本节目视频网站独占播映：乐视网 ISRC CN - A03 - 11 - 305 - 00/V. J9"，播放出版物光盘片尾显示"本节目视频网站独占播映 乐视网 本剧所有版权归属单位 东方星空文化基金 美迅影视传媒（北京）有限公司 浙江皓瀚国际文化传播有限公司"。

2010 年 2 月 5 日，皓瀚公司、东方星空公司共同出具《授权书》，将涉案电视剧网络传播等权利、转授权的权利以及对侵犯其权利的行为单独以自身名义提起诉讼的权利授权北京艺博公司行使，期限为永久。

2010 年 8 月 1 日，北京艺博公司出具《授权书》，声明东方星空文化基金（全称为"东方星空创业有限公司"）、皓瀚公司与美迅公司共同享有电视剧《风语》的完整著作权，包括但不限于信息网络传播权、发行权及与此有关的完整的财产权利，经东方星空文化基金、皓瀚公司授权，北京艺博公司独家行使上述权利，并有权将上述权利转让给第三方，有权以自己名义对非法使用该作品的行为追究法律责任，现北京艺博公司将上述权利授权给东阳艺博公司。

2010 年 11 月 2 日，美迅公司出具《授权书》声明美迅公司与东方星空文化基金（全称为"东方星空创业投资有限公司"）、皓瀚公司共同享有电视剧《风语》的完整著作权，包括但不限于信息网络传播权、发行权及与此有关的完整的财产权利，美迅公司授权东阳艺博公司独家行使上述权利，并有权将上述权利转让给第三方，有权以自己名义对非法使用该作品的行为追究法律责任。

2011 年 1 月 18 日，东阳艺博公司出具《授权书》，将中国大陆（不包括港澳台地区）的独占专有的信息网络传播权、制止侵权的权利以及转授权的权利授予原告，授权使用期限为自 2011 年 2 月 10 日起 8 年。

2011 年 1 月 20 日，东方星空公司出具《情况说明》，称东方星空文化基金系东方星空公司的简称，《风语》系其参投首部电视剧。

2011 年 12 月 13 日，浙江省杭州市钱塘公证处出具（2011）浙杭钱证民字第 9151 号公证书证明：2011 年 12 月 7 日，原告代理人宋璐在浙江省杭州市钱塘公证处公证员及工作人员的监督下，使用该处电脑进行操作。打开 Internet 浏览器，删除临时文件后，在地址栏中输入"zcainfo. miitbeian. gov. cn"，进入"浙江省通信管理局 ICP/IP 地址/域名信息备案管理系统"页面，查询到中国联合网络通信有限公司广东省分公司的网站首页网址为 www. unikaixin. com，网站备案/许可证号为粤 ICP 备 10029056 号 – 1；在地址栏中输入 www. unikaixin. com，进入网站首页，点击"影视"，在页面上方搜索栏中输入"风语"可以搜索到该电视剧并有该剧的导演、主演等信息，点击播放，进入第 1 集播放页面，页面下方有共 36 集的播放列表，拖动播放第 1、第 18、第 36 集，对上述操作截屏拷贝至 word 文档；打印该文档并附于公证书后，公证员证实与公证书相附的附件均系原告代理人现场操作后打印所得，与实际情况相符。经比对，上述公证保全的电视剧《风语》与原告主张权利的电视剧《风语》内容一致。

原告主张经济损失 28 000 元，合理支出包括公证费 1500 元、律师费 1500 元、交通费 1000 元，但未能提供相关票据。

另查明，被告于 2000 年登记成立，经营范围包括互联网业务等。

（三）评析

本案原告乐视网信息技术（北京）股份有限公司提供《国家电视剧发行许可证》、《授权书》、《风语》DVD 出版物等证据证明其具有独占专有的信息网络传播权和诉权，并提供经公证保全的网站电子公证证据证明被诉侵权人的侵权行为。可以看出，原告所提出的关于其权属和被告侵权行为的证据均比较有力，但并未提供因被告的侵权行为所受损失和被告因侵权行为所获利润方面的证据，甚至未给出为获得独占信息网络传播权而支付的费用证据。通常情况下，对索赔数额证据的缺失会影响到法院对原告赔偿请求的全面支持。但本案的特殊之处在于，被告中国联合网络通信有限公司广东省分公司无正当理由未到庭应诉，亦未在举证期限内提交证据，从而形成了证据上原告完全占据优势的情形。因此，被告应承担消极应诉答辩与举证的法律责任。同时，原告虽然没有充分举证，但其提出的索赔数额也未超出司法实践有关影视作品信息网络传播权受到侵害时赔偿数额的一般范围，因此，法院最终支持了原告针对赔偿数额的全部诉求。

四、有关建议

著作权权利人在提起知识产权侵权诉讼时，最好能提供关于其实际损失或者侵权人的违法所得情况，以利于法院依此判定赔偿数额。虽然在权利人的实际损失或者侵权人的违法所得不能确定的情况下，人民法院可根据侵权行为的情节，判决给予50万元以下的法定赔偿，但这种法定赔偿额的确定具有一定的主观性，更多取决于法官对于案件的总体印象，而不是客观的事实和证据。因此，原告还应尽量多搜集能够用以计算损失赔偿额的证据，以使损失赔偿额的判定更为客观及具有更高的确定性。本案中，如果关于实际损失或者侵权人的违法所得情况确难确定，也可提供为获得独占信息网络传播权而支付的费用证据，以供法院作为判定赔偿数额的参考。

五、小贴士

本案诉求额和判赔额都不高，其亮点在于是对信息网络传播权的侵犯，原告提出的诉求额比较谨慎，获得法官全额支持。信息网络传播权如何判赔值得在维权实务中进一步细化。

原告损失要定案，销售数据是关键

——桂林南药股份有限公司与三门峡赛诺维制药有限公司擅自使用知名商品特有包装、装潢纠纷提审案❶

> 桂林南药拳头擂，外观侵权赛诺维。
> 包装装潢被侵犯，一审二审未判赔。
> 原告上诉至高院，高院判定全额赔。
> 虽然权利已失效，知名商品可溯追。

一、基本情况

桂林南药股份有限公司（以下简称"桂林南药公司"）于 2011 年 6 月 17 日向河南省洛阳市中级人民法院（以下简称一审法院）诉称三门峡赛诺维制药有限公司（以下简称"赛诺维制药公司"）侵害其外观设计专利权和擅自使用其知名商品特有包装、装潢，请求法院判令赛诺维制药公司：①立即停止销售侵权产品，销毁尚未使用的侵权包装；②赔偿其经济损失 20 万元；③承担其因调查取证的公证费、差旅费、资料制作费等共计 5500 元；④承担本案诉讼费用。一审法院认为桂林南药公司请求塞诺维制药公司承担停止侵犯外观设计专利权及擅自使用知名商品特有包装、装潢不正当竞争行为并承担相应民事责任的主张不能成立，不予支持，驳回桂林南药公司的诉讼请求。桂林南药公司不服一审判决，上诉至河南省高级人民法院（以下简称"二审法院"）。二

❶ 一审：河南省洛阳中级人民法院（2011）洛知民初字第 90 号民事判决书；二审：河南省高级人民法院（2012）豫法民三终字第 88 号民事判决书；再审：最高人民法院（2013）民申字号 617 号民事裁定书；提审：最高人民法院（2013）民提字第 163 号民事判决书。

审法院经审理后判决驳回上诉，维持原判。

桂林南药公司向最高人民法院提起申诉。最高人民法院撤销了一审判决和二审判决，认为：涉案外观设计专利所保护的包装袋设计在申请日已经被公开使用，因此，赛诺维制药公司使用涉案包装、装潢的行为不构成对桂林南药公司外观设计专利权的侵犯；赛诺维制药公司生产销售的0.15克袋装乳酶生片的包装、装潢侵犯了桂林南药公司知名商品特有的包装、装潢权益，构成不正当竞争，赛诺维制药公司立即停止在其生产销售的0.15克袋装乳酶生片上使用被诉侵权的包装、装潢；赛诺维制药公司赔偿桂林南药公司经济损失21.32万元（包括为制止侵权行为所支付的合理费用1.32万元）。

本案中，原告索赔20万元，法院最终判赔20万元。

二、案例要点

知名商品特有的包装、装潢属于反不正当竞争法保护的财产权益，可以转让和承继。有证据证明专利保护内容在申请日前已经被公开使用，则侵犯专利权的诉讼主张不能被法院支持。

三、案例评析

（一）双方举证情况

1. 桂林南药公司提交的证据

（1）关于涉诉包装、装潢的独占权

2002年2月2日，桂林南药公司向广西壮族自治区药品监督管理局申请涉案包装、装潢版本一，2002年9月18日获得批准。

2006年11月8日，桂林南药公司向广西壮族自治区食品药品监督管理局申请涉案包装、装潢版本二，该包装、装潢与版本一整体相同，细节上略有区别，2007年6月4日获得批准。

桂林南药公司就涉诉包装、装潢版本二向国家知识产权局申请了外观设计专利，名称为"药品包装袋（乳酶生片）"，申请日为2008年11月27日，授权公告日为2009年11月25日。

（2）关于企业的历史变革证据

（3）关于知名商品

- 广西壮族自治区经济委员会授予桂林制药厂乳酶生片为 1979 年广西名牌产品的荣誉证书。
- 广西壮族自治区经济委员会授予桂林制药厂乳酶生片为 1984 年广西名牌产品的荣誉证书。
- 广西壮族自治区经济委员会授予桂林制药厂乳酶生片为 1988 年自治区优质产品的荣誉证书。
- 国家医药管理局授予桂林制药厂乳酶生片为 1991 年度国家医药管理局优质产品的荣誉证书。
- 广西壮族自治区经济委员会授予桂林制药厂乳酶生片为 1994 年自治区名牌产品的荣誉证书。
- 广西壮族自治区经济贸易委员会授予桂林制药厂乳酶生片为 1997 年广西优质产品的荣誉证书。
- 广西壮族自治区人民政府授予桂林制药厂乳酶生片 1999 年广西优质产品的荣誉证书。
- 广西壮族自治区人民政府授予桂林制药厂乳酶生片 2000 年广西优质产品的荣誉证书。
- 广西壮族自治区医药管理局授予桂林制药厂乳酶生质量管理小组为 1992 年度广西壮族自治区医药管理局优秀质量管理小组的荣誉证书。
- 1986 年 3 月 31 日《中国医药报》刊载的桂林制药厂乳酶生系列品种广告。
- 1987 年 6 月 11 日《中国医药报》刊载的桂林制药厂乳酶生系列品种广告。
- 1988 年 1 月 15 日《桂林日报》刊载的桂林制药厂建厂 30 周年广告。
- 1994 年 9 月 13 日《中国医药报》新闻报道关于桂林制药厂乳酶生产品的报道。
- 1995 年桂林市人民政府授予桂林制药厂 1994 年度亿元企业的奖状。
- 2009 年度桂林南药公司的销售合同 11 份。
- 桂林南药公司生产 100 片规格的乳酶生片的部分购销合同、增值税发票、发货通知单原件，其中购销合同记载的交易时间分别为 2002 年、2003 年、2004 年、2005 年、2006 年、2007 年、2008 年、2009 年。

（4）有关赛诺维制药公司的侵权行为的证据

• 2007 年 5 月 25 日，河南省食品药品监督管理局豫 SBH20070046 - OTC 号《同意药品说明书和标签备案通知书》同意三门峡华一制药有限公司乳酶生片药品说明书和标签备案，该标签内容同桂林南药公司的涉案包装、装潢版本二基本相同，而三门峡华一制药有限公司是赛诺维制药公司的前身。

• 2008 年 1 月 11 日，三门峡华一制药有限公司与新乡四五商标印刷有限公司签订乳酶生片复合膜印刷合同，印制该经备案的乳酶生片包装。2008 年 2 月 26 日，三门峡华一制药有限公司使用该包装袋的乳酶生片在市场上销售。

• 2008 年 3 月 19 日，河南省食品药品监督管理局批准同意赛诺维制药公司同三门峡华一制药有限公司合并。2008 年 5 月 19 日，河南省食品药品监督管理局批准同意原三门峡华一制药有限公司的复方氢氧化铝等 26 个品种的生产单位变更为赛诺维制药公司，原药品批准文号不变，并要求对说明书、包装、标签作相应修改，原包装、标签、说明书可以继续使用 3 个月；2008 年 5 月 20 日赛诺维制药公司与新乡四五商标印刷有限公司签订乳酶生片复合膜印刷合同，印制同三门峡华一制药有限公司乳酶生片包装、装潢相同的包装。

（5）桂林南药公司因赛诺维制药公司的不正当竞争行为所遭受的经济损失证据

• 桂林南药公司因被侵权遭受的利润损失约 60 万元；根据生产的乳酶生片每包的利润率以及 2010 年以后销售量的下降情况估算出赛诺维制药公司销售被诉侵权产品获利不少于 50 万元。

• 为制止赛诺维制药公司的不正当竞争行为，桂林南药公司共支出合理费用 1.32 万元，有相关发票为证。

2. 赛诺维制药公司提交的证据

• 赛诺维制药公司所生产乳酶生片的包装、装潢系于 2007 年 5 月 25 日经河南省食品监督管理局批准并依法予以备案后，2008 年 1 月开始使用，该包装、装潢使用日期在桂林南药公司外观设计专利申请日之前。

● 2011 年 4 月，赛诺维制药公司统一其生产的所有产品包装、装潢，统一更换为以蓝天、白云、飞机尾气为主要内容，并按国家食品药品监督管理局国食药监办（2010）194 号文的规定在包装上统一加印电子监管码。

（二）法院对证据的认定情况

本案的审理围绕三个事实：赛诺维制药公司是否侵犯桂林南药公司外观设计专利权；桂林南药公司生产的乳酶生片是否属于知名商品；赛诺维制药公司的行为是否构成不正当竞争。

关于赛诺维制药公司是否侵犯桂林南药公司外观设计专利权，法院根据双方提交的证据材料查明事实为：桂林南药公司所拥有的外观设计专利的申请日为 2008 年 11 月 27 日，授权公告日为 2009 年 11 月 25 日，而桂林南药公司早在 2002 年已开始使用同该外观设计专利相似的涉案包装、装潢（版本一、版本二的使用都早于申请日），赛诺维制药公司的前身三门峡华一制药公司 2008 年 2 月 26 日在市场上公开销售的乳酶生片也使用了与外观设计相同的包装、装潢，2008 年 5 月 20 日赛诺维制药公司与新乡四五商标印刷有限公司签订乳酶生片复合膜印刷合同，印制相同的包装。涉案外观设计专利所保护的包装袋设计在申请日已经被公开使用，因此，赛诺维制药公司使用涉案包装、装潢的行为不构成对桂林南药公司外观设计专利权的侵犯。

关于桂林南药公司生产的乳酶生片是否属于知名商品，法院查明事实是：桂林南药公司是由桂林制药厂划出部分厂房、车间、产品等生产经营性资产与其所属的桂林市第二制药厂，联合其他企业经资产重组而成，且划出的产品仍在原有厂房、车间生产；原属桂林制药厂生产的包括乳酶生片产品在内的 72 个品种的生产单位自 2001 年 12 月 1 日起变更为桂林南药公司，后桂林制药厂又被桂林南药公司吸收合并；桂林南药公司和桂林制药厂生产的乳酶生片的名称和规格均相同；此外，桂林南药公司提交的 2002 ~ 2009 年销售乳酶生片的购销合同原件，证明其一直在生产销售乳酶生片。法院认为，桂林南药公司提供的相关证据真实有效，足以证明桂林南药公司一直在生产销售乳酶生片，而且其所生产的乳酶生片与桂林制药厂生产的乳酶生片为同一种商品，认定桂林制药厂生产的乳酶生片为知名商品。

根据《反不正当竞争法》第 5 条第 2 项的规定，法院认为，知名商品特有的包装、装潢属于反不正当竞争法保护的财产权益，可以转让和承继。桂林制药厂生产的乳酶生片为知名商品的情形下，其生产的 0.15 克袋装乳酶生片的包装、装潢应当属于知名商品特有的包装、装潢。基于桂林南药公司和桂林制药厂本身具有较为特殊的承继关系且两者生产的乳酶生片为同一种商品，加之桂林南药公司和桂林制药厂在 0.15 克袋装乳酶生片上使用的包装、装潢并无实质性差别，桂林南药公司有权承继桂林制药厂所拥有的上述知名商品特有的包装、装潢权益，桂林南药公司生产销售的 0.15 克袋装乳酶生片的包装、装潢属于知名商品特有的包装、装潢。

关于赛诺维制药公司的行为是否构成不正当竞争，法院查明，由于赛诺维制药公司（包括其前身公司）生产并销售的乳酶生片使用了与桂林南药公司被认定为知名商品的乳酶生片特有包装、装潢基本相同的包装、装潢，法院根据双方提供的证据，认定了赛诺维制药公司生产销售的 0.15 克袋装乳酶生片的包装、装潢侵犯了桂林南药公司知名商品特有的包装、装潢权益，构成不正当竞争。

关于索赔额，桂林南药公司估算其因被侵权遭受的利润损失约 60 万元，并根据其生产的乳酶生片每包的利润率以及 2010 年以后其销售量的下降情况估算出赛诺维制药公司销售被诉侵权产品获利不少于 50 万元，据此请求赛诺维制药公司赔偿损失 20 万元，得到了法院的支持。另外，桂林南药公司提供的费用支出的有效票据显示，其为制止侵权行为所支付的合理费用共计约 13 200 元，也得到了法院的支持。

（三）评析

本案中，桂林南药公司虽然证明了其拥有涉诉产品的外观设计专利权，但双方的证据都证明涉案专利方案在申请日前已经公开使用，应属于专利法规定的现有设计，被告方提出不侵权抗辩，导致原告被迫放弃了对赛诺维制药公司侵犯专利权的主张。赛诺维制药公司生产和销售乳酶生片所使用的包装袋与桂林南药公司已经向主管机构申请备案的包装设计基本相同，对此双方也无异议，所以，桂林南药公司在诉讼中获胜的关键在于，其生产的乳酶生片属于知名商品的主张是否被法院支持。

桂林南药公司为能争取法院的支持，从三个方面进行了举证：桂林制药厂继承了生产和销售涉诉包装、装潢作为包装的乳酶生片的历史过程的相关文件；涉诉包装、装潢作为包装的乳酶生片历年来所获得的奖项及报道；桂林南药公司作为涉诉产品的生产单位以来，该乳酶生片的销售状况。通过这些证据的关联佐证了其生产的乳酶生片在国内市场销售时间长、销售额大，具有较高的市场知名度，最终在再审中被法院认定属于知名商品。

四、有关建议

包括不正当竞争纠纷在内的知识产权侵权纠纷案件的损害赔偿额确定标准通常都有共性，即首先按照原告损失或被告的获利，当没有上述证据或证据不能得到认定的，才可以在一定数额范围内酌定。本案中，桂林南药公司提交了一定的证据证明其因侵权行为所受到的损失，由于其提交的其他证据足以证明该产品具有较高的市场知名度及占有率，并由于侵权行为造成了损失，所以最终法院支持了原告的全部诉讼请求。本案是法院适用原告损失确定赔偿数额少见的案例，值得借鉴。

五、小贴士

本案原告提交了长达 8 年的销售情况数据，对论证其所遭受的侵害损失起到关键作用。

第二部分

并　战　篇

　　知识产权权利人在法院对先期证据认定有疑问、直接证据不好取证、一审对自身不利等情况下，如何举证、间接取证、公证保全、维权和索赔，并取得合适的赔偿额呢？本篇收集了23篇判赔率高于50%的知识产权维权案例，为权利人维权提供了一定的理论支持和丰富的实例支撑。

制造使用区别开，拒不举证反受害

——武汉晶源环境工程有限公司、日本富士化水工业株式会社、华阳电业有限公司侵犯发明专利权纠纷案❶

武汉晶源权被侵，十大案件之其一。

制造使用区别待，法院判决有新意。

日本富士制造方，赔偿并且侵权止。

华阳公司纯使用，赔偿许可才合理。

一、基本情况

武汉晶源环境工程有限公司（以下简称"晶源公司"）以日本富士化水工业株式会社（以下简称"富士化水"）和华阳电业有限公司（以下简称"华阳公司"）仿造烟气脱硫装置并安装于发电机组投入商业运行，侵犯其方法及产品专利为由，向福建省高级人民法院起诉请求判令两被告停止侵权行为，索赔7500万元。

一审法院认为：富士化水提供给华阳公司的脱硫方法及装置的技术特征全面覆盖涉案专利权利要求的技术特征；因被告据以主张现有技术抗辩的技术方案并非一项完整的技术方案，亦与被诉侵权技术方案不相同和不等同，故该抗辩不成立；二被告构成对涉案专利权的侵犯。遂判令富士化水停止侵权行为并赔偿晶源公司经济损失人民币5061.24万元，华阳公司按实际使用年限向晶源公司支付使用费至本案专利权终止为止。

❶ 一审：福建省高级人民法院（2001）闽知初字第4号民事判决书；二审：最高人民法院（2008）民三终字第8号民事判决书。

一审判决后，三方当事人均提出上诉。

最高人民法院二审认可一审法院有关侵权定性的认定，同时认为富士化水与华阳公司共同实施了侵权行为，依法应承担连带赔偿责任。遂在维持一审法院其他判项同时改判富士化水与华阳公司共同赔偿晶源公司损失 5061.24 万元。

二、案例要点

法院认为，本案侵权产品已被安装在华阳公司的发电厂并已实际投入运行，若责令被告华阳公司停止侵权行为，则会直接对当地的社会公众利益产生重大影响，故根据本案具体案情，在充分考虑权利人利益与社会公众利益的前提下，一审和二审法院未判令其停止侵权行为，而是判令其按实际使用年限向专利权人支付使用费至专利权终止为止。

在本案中，被告拒不提供相关证据，导致法院无法准确查明侵权获利事实，法院直接将全部合同价款视为富士化水因侵权所获的利润。

三、案例评析

（一）双方举证情况

晶源公司提交的证据有：

（1）权利证据，用以明确权利类型、保护范围及权利有效。

（2）有关富士化水、华阳公司侵权行为的证据：

• 1997 年 4 月 3 日，华阳公司向晶源公司委托其承担电厂脱硫工程可行性研究工作，编制《福建漳州后石电厂烟气脱硫工程可行性研究报告》。

• 1997 年 4 月，华阳公司（买方）与富士化水（卖方）签订了用于 CP-1 项目"烟气脱硫系统"的合同（合同编号：No.05LW033）。合同第一条"定义"中约定："FGD"是指合同第二部分规定烟气脱硫系统范围内的烟气脱硫设备、辅助设备及所有设计工作；第三条"合同价格"约定：提供合同指定的装备的 FOB（离岸价格）总金额为 1836 万美元。单件设备的价格为 306 万美元。在施工现场对 FGD 安装及试运转进行监督管理的费用不包括在本合同条款的合同价格内。

- 1998 年 12 月 23 日，华阳公司与中国化学工程第三建设公司签订《后石电厂 1#—6#排烟脱硫区设备制装工程合同》。

- 华阳公司的 1 号、2 号机组分别于 2000 年 2 月和 2000 年 9 月投产。根据华阳公司提供的海水脱硫工程造价明细表，海水脱硫工程每套总造价为 4330.1307 万元人民币，其中每套装置与富士化水的合约价为 2530.62 万元人民币。

（二）法院对证据的认定情况

一审法院认定：晶源公司所提的 7600 万元人民币赔偿数额的事实依据和计算依据不足，不予采纳。因本案无法查明权利人晶源公司因被侵权所受到的损失，故本案按被告富士化水的获利确定赔偿数额。根据本案现有证据，富士化水提供给华阳公司漳州后石电厂的海水烟气脱硫系统价格为每套 2530.62 万元人民币，涉案为 1 号、2 号机组，两套海水烟气脱硫系统合计为 5061.24 万元人民币。富士化水除提供少量零部件外，其主要是转让技术，在计算赔偿额时本应扣除该少量零部件的价值，剩余部分为富士化水的获利，但由于富士化水拒不提供其供给华阳公司相关零部件的价格清单，为此，原审法院将全部合同价款视为富士化水因侵权所获的利润。根据 1997 年华阳公司与富士化水签订的"烟气脱硫系统"合同中有关知识产权权利担保的约定，本案的侵权赔偿民事责任应由富士化水承担。

火力发电厂配备烟气脱硫设施，符合环境保护的基本国策和国家产业政策，有利于建设环境友好型社会，具有很好的社会效益，且电厂供电情况将直接影响地方的经济和民生。在本案中，如果华阳公司停止烟气脱硫设备的使用，将对当地经济和民生产生不良的效果。为平衡权利人利益及社会公众利益，晶源公司要求华阳公司停止侵权的诉讼请求，本院不予支持，但华阳公司也应就其从 1 号和 2 号机组投入商业运营起就使用涉案专利的纯海水烟气脱硫方法及装置向晶源公司支付相应的使用费，直至涉案发明专利权期限终止。一审法院根据涉案专利的类别等情况，酌定使用费为每台机组每年 24 万元人民币。

二审法院认定：根据富士化水与华阳公司于 1997 年 4 月签订的 05LW033 号"烟气脱硫系统"合同，本案被控侵权的 1 号、2 号机组的烟气脱硫系统是华阳公司从富士化水引进的，富士化水负责在施工现场对 FGD 装置的安装、试运转和性能测试进行监督。另外，上述两公司于 1997 年 4 月最终修订的 97012 号《说明书》约定，在"A"部分中指定的物品将由富士化水供应，在"B"部分中指定的物品将由华阳公司按富士化水的说明装备，在"C"部分中指定的物品将由华阳公司按富士化水的设计或图纸安装或建设。"A"部分包括"供应范围清单"中的"中段散水管""MORETANA 板""MORETANA 板支架及固定螺栓""带清洗喷嘴的除烟器""带监视器的控制台""控制管理及应用软件"以及相关的图纸和文件。因此，可以认定，富士化水、华阳公司共同实施了侵犯晶源公司专利权的行为，依法应承担连带责任。连带责任的承担并不妨碍华阳公司根据其与富士化水签订的"烟气脱硫系统"合同依法向富士化水行使追偿权，原审判决根据上述合同中的权利瑕疵担保条款免除华阳公司的赔偿责任，有所不当，本院予以纠正。原审判决在被控侵权人因侵权获利具体数额未被证明的情况下，根据华阳公司提供的海水脱硫工程造价明细表综合认定赔偿数额为 5061.24 万元人民币，基本适当。

鉴于本案烟气脱硫系统已被安装在华阳公司的发电厂并已实际投入运行，若责令其停止行为，则会直接对当地的社会公众利益产生重大影响，故原审判决在充分考虑权利人利益与社会公众利益的前提下，未支持晶源公司关于责令停止行为的诉讼请求，而是判令华阳公司按实际使用年限向晶源公司支付每台机组每年 24 万元人民币至本案专利权期限届满为止，并无不妥。

（三）评析

本案是最高人民法院公布的"2009 年十大知识产权案件"之一。英国《知识产权管理》杂志曾将此案评价为中国清洁能源知识产权战略的一个标志。

在司法实践中，法院以公共利益为由作出不支持专利权人要求停止使用侵权行为的判决与强制许可的关系，以及法官有多大的自由裁量权问题，引发了学界的探讨。美国联邦巡回上诉法院"eBay 案"的判决也曾引起对法官自由裁量权与强制许可关系的探讨。2009 年 4 月，最高人民法院下发《关于当前经济形势下知识产权审判服务大局若干问题的意见》，其中对此问题作了详细说明："充分发挥停止侵害的救济作用，妥善适用停止侵害责任，有效遏制侵权行为。根据当事人的诉讼请求、案件的具体情况和停止侵害的实际需要，可以明确责令当事人销毁制造侵权产品的专用材料、工具等，但采取销毁措施应当以确有必要为前提，与侵权行为的严重程度相当，且不能造成不必要的损失。如果停止有关行为会造成当事人之间的重大利益失衡，或者有悖社会公共利益，或者实际上无法执行，可以根据案件具体情况进行利益衡量，不判决停止行为，而采取更充分的赔偿或者经济补偿等替代性措施了断纠纷。权利人长期放任侵权、怠于维权，在其请求停止侵害时，倘若责令停止有关行为会在当事人之间造成较大的利益不平衡，可以审慎地考虑不再责令停止行为，但不影响依法给予合理的赔偿。"

本案审理区别了制造侵权与使用侵权两种情况，一方面责令侵权产品制造者立即停止侵权行为；另一方面根据涉案专利技术在被责令停止生产或销售的产品中所占的价值比例，计算侵权赔偿额，在判令被告充分赔偿专利权人损失的前提下，允许该被控侵权产品继续使用。由于该烟气脱硫系统已被安装在华阳公司的发电厂并已实际投入运行，侵权设备价值数亿元，并有环保价值，若责令被告不得继续使用烟气脱硫系统，则会直接对当地社会公众利益产生重大影响。故一审、二审法院均未支持晶源公司关于责令停止行为的诉讼请求。否则，如果机械地按发生侵权行为则应立即责令停止相关侵权行为，法院一旦判定侵权行为成立，不仅会造成重大经济损火，也会导致危害社会公众利益的情形发生。

在本案中，被告富士化水与华阳公司签订的合同金额合计为 5061.24 万元人民币，富士化水除提供少量零部件外，其主要是转让技术。在计算赔偿额时本应扣除该少量零部件的价值，剩余部分为富士化水的获利，但由于富士化水拒不提供其供给华阳公司相关零部件的价格清单，为此，法院直接将全部合同价款视为富士化水因侵权所获的利润。由此可见，被告拒不提供相关证据，导致法院无法准确查明侵权或获利事实，并非一定有利于被告。本案的判决结果也有利于打击被告拒不提供证据以期望获得低额赔偿的侥幸心理。

四、有关建议

在知识产权侵权诉讼中，权利人要根据掌握的证据情况，勇于提出较高的赔偿要求，同时也可以在庭审中请求法院责令被告提供相关的侵权获利情况。相信越来越多的法院会支持权利人的请求，要求被告主动提供相关侵权获利情况。如果被告拒不提供，在此情形下，法院更有理由按照权利人（原告）的主张考虑赔偿额的确定。

对于一些在诉讼中继续存在的特殊的侵权行为，要根据案件具体情况，合理平衡当事人之间以及社会公众的利益，考虑执行的成本和可能性。对于判决停止侵权将导致执行结果明显不合理或损害公共利益的，可以适当加重侵权人的赔偿责任而不判决停止有关的销售、使用行为。弹性的禁令政策在其他知识产权案例中也存在。这种裁量不仅体现对专利权人合法权益的尊重，还能达到防止社会资源的流失和减少浪费、兼顾社会公共利益的良好社会效果，更好实现专利法鼓励创新和应用的立法本意。

五、小贴士

本案的主要特点是法院考虑公共利益未判令停止侵权，而采用赔偿已经侵权的获利和未来年度使用费的方法。

格力诉美的获赢，推定获利成奇兵

——广东美的制冷设备有限公司与珠海格力电器股份有限公司侵犯发明专利权纠纷上诉案❶

珠海格力告美的，索赔被告三百万。

一审判赔二百万，二审维持了原判。

资产评估报告书，结合司法鉴定书。

单方证据成奇兵，解决赔偿老大难。

一、基本情况

珠海格力电器股份有限公司（以下简称"格力公司"）向珠海市中级人民法院提起诉讼，以涉嫌侵犯专利使用权为由状告广东美的制冷设备有限公司（以下简称"美的公司"），要求美的公司立即停止对格力公司的侵权行为并赔偿相应经济损失 300 万元。

珠海市中级人民法院认定美的公司侵权行为成立，并判决美的公司立刻停止使用格力公司"控制空调器按照自定义曲线运行的方法"专利，立刻停止销售、许诺销售侵权的产品，并赔偿格力公司经济损失 200 万元。美的公司不服一审判决，向广东省高级人民法院提起上诉，请求撤销原审判决，驳回格力公司的全部诉讼请求。经审理，广东省高级人民法院最终认定原审判决事实清楚，适用法律正确，依法驳回美的公司的上诉，维持原判。

---

❶ 一审：珠海市中级人民法院（2009）珠中法民三初字第 5 号民事判决书；二审：广东省高级人民法院（2011）粤高法民三终字第 326 号民事判决书。

二、案例要点

对于难以证明侵权受损或侵权获利的具体数额，但有证据证明前述数额明显超过法定赔偿最高限额的，应当综合全案的证据情况，在法定最高限额以上合理确定赔偿额。

三、案例评析

（一）双方举证情况

1. 格力公司提交的证据

（1）权利证据，用以明确权利类型及权利有效

● 格力公司于 2007 年 4 月 28 日向国家知识产权局申请名称为"控制空调器按照自定义曲线运行的方法"的发明专利，申请号为 200710097263.9。2008 年 9 月 3 日，该申请获得授权，专利号为 ZL200710097263.9。

● 格力公司按期向国家知识产权局缴纳了专利年费。

● 国家知识产权局专利复审委员会出具的决定书，证明权利有效性。美的公司向国家知识产权局专利复审委员会请求宣告涉案专利无效。2009 年 9 月 22 日，国家知识产权局专利复审委员会作出第 13911 号无效宣告请求审查决定书，维持 ZL200710097263.9 号发明专利权有效。

（2）美的公司侵权证据

格力公司提交了美的公司的涉嫌侵权产品。2008 年 6 月 3 日，格力公司委托相关人员到广东省珠海市泰锋公司处以 4390 元的价格购买了 KFR - 26G/DY - V2（E2）冷暖型美的分体式空调器 1 台。泰锋公司销售人员现场开具了"泰锋电器销售单""泰锋电器物流送货单"以及"广东省商品销售统一发票"。广东省珠海市公证处公证人员对上述购买行为进行证据保全公证并对上述空调器组件进行了封签。

2008 年 9 月 12 日，格力公司又委托相关人员到位于北京市朝外大街 19 号华普大厦三层的国美电器朝外店以 4098 元的价格购买了型号为 KFR - 26G/DY - V2（E2）的"美的"牌空调 1 台。北京市方圆公证处公证人员对购买过程进

行证据保全公证。

格力公司还提交了司法鉴定书证明美的公司生产的涉嫌侵权产品侵犯了涉案专利。2010年11月29日，鉴定机构出具工信促司鉴中心〔2010〕知鉴字第005号《司法鉴定意见书》，鉴定结论为美的公司空调器产品技术方案中的技术特征包含有涉案ZL200710097263.9号专利权利要求2、4、5、6、7中记载的全部技术特征。

（3）赔偿数额依据

格力公司以其公司2009年半年度报告摘要相关数据为依据，证明美的公司给格力公司造成了超过1000万元的损失，并提供了因美的公司侵权造成其销量下滑的相关计算依据。

格力公司还委托珠海中拓正泰资产评估土地估价有限公司对涉案发明专利价值进行评估，评估机构出具的《资产评估报告书》认定在评估基准日（2008年9月30日），涉案发明专利的评估价值为3064万元。

格力公司主张目前仅有格力公司和美的公司两家企业实施涉案发明专利技术，因此，本案专利许可费为评估价值的1/2，用以作为本案诉讼提供价值参考依据。

（4）为制止侵权行为支付的合理费用

支付购买美的公司空调器产品费用8488元、公证打印费3566元、委托鉴定费用6万元、委托评估费用19万元、律师费8万元、差旅费19 849.70元。

2. 法院要求美的公司提供的证据

美的公司仅提供了型号为KFR－26GW/DY－V2（E2）分体机的相关数据（生产销售起止时间：2008年4月8日至2010年9月18日；数量：11 735台；利润：477 000元）。

（二）法院对证据的认定情况

针对格力公司提供的北京国威知识产权司法鉴定中心出具的《司法鉴定（咨询）意见书》，美的公司认为该司法鉴定书是格力公司自行委托鉴定机构作出的，不认可该鉴定结论。基于格力公司的委托鉴定申请，一审法院在征求双方意见的基础上，委托工业和信息化部软件与集成电路促进中心知识产权司法鉴定所进行司法鉴定。

针对格力公司提交的计算赔偿的依据，法院认为，格力公司提交的《资产评估报告书》属于自行委托进行的评估咨询，美的公司对该评估报告不予认可，故不予采纳；至于格力公司根据其制作的销量下滑的计算依据主张因被侵权所受到的损失超过 1000 万元，由于有关数据内容系格力公司自行核算的结果，在没有其他证据佐证的情况下，不能据此确定本案赔偿数额。

针对格力公司提交的为制止侵权行为支付的合理费用，法院认为，根据案件具体情况，在有票据证明的合理开支数额的基础上，考虑其他确实可能发生的支出因素，在格力公司主张的合理开支赔偿数额内，可综合确定合理开支赔偿额。

法院对其余证据均予以认可。

（三）评析

本案中，格力公司提出计算赔偿数额的主要依据包括《资产评估报告书》以及格力公司制作的销量下滑的计算依据。由于格力公司提交的《资产评估报告书》属自行委托进行的评估咨询，美的公司对该评估报告不予认可，故法院不予采纳。而且，由于格力公司未能提交直接有效的证据证明涉案发明专利许可使用费的真实性和合理性，因此，即使可以接受该证据，也无法参照上述评估价值来计算本案赔偿数额。至于格力公司根据其制作的销量下滑的计算依据主张因被侵权所受到的损失超过 1000 万元，由于有关数据内容系格力公司自行核算的结果，在没有其他证据佐证的情况下，不能据此确定本案赔偿数额。因此，格力公司请求的人民币 300 万元赔偿数额的事实依据和计算依据不足，法院不予采纳。

因本案无法查明格力公司因被侵权所受到的损失，故应按美的公司获利确定赔偿数额。但美的公司仅提供了型号为 KFR－26GW／DY－V2（E2）空调器产品的相关数据，而未提供其他侵权产品的相关销售数据，因此，难以认定美的公司因侵权所获得的利益。由于美的公司在原审法院释明相关法律后果的情况下，仍拒不提供其生产销售其他型号空调器的相关数据，因此，法院根据《最高人民法院关于民事诉讼证据的若干规定》第 75 条的规定，推定美的公司生产销售的其他三款空调产品的利润均不少于 477 000 元。

鉴于本案格力公司的实际损失、美的公司的侵权获利以及专利许可使用费的具体数额均不能确定，法院可以考虑法定赔偿。但是，即使以美的公司提供的生产销售相关型号空调器产品的利润为依据，美的公司获得的利益也明显超过修改后的《专利法》规定的 100 万元法定赔偿最高限额。对于难以证明侵权受损或侵权获利的具体数额，但有证据证明前述数额明显超过法定赔偿最高限额的，应当综合全案的证据情况，在法定最高限额以上合理确定赔偿额。法院综合考虑了涉案专利的类型、市场价值、侵权主观过错程度、侵权情节、参考利润、维权成本等因素，判令美的公司赔偿格力公司包括为制止侵权的合理开支在内的经济损失 200 万元。

四、有关建议

本案中，原告委托第三方出具了《司法鉴定（咨询）意见书》以及《资产评估报告书》，这种单方委托的证据一般来说是不被被告所认可的，故法院一般不予采纳。但是，对于原告来说，该证据依然可能存在意义，比如《司法鉴定（咨询）意见书》可以提供给法院后续委托鉴定的鉴定机构作参考，《资产评估报告书》亦可作为主观判赔因素传递给法官。而对于原告所提供的 1000 万元的损失证据，原告可以从无利益相关的第三方发布的产品销售数据中寻找依据作为佐证。

对于被告来说，针对技术事实，需同步完成不侵权抗辩以及现有技术抗辩，提供多种抗辩策略的证据。针对赔偿依据，全盘提供证据或者拒绝提供证据，可能均不是对自身最有利的做法。应在审时度势以及风险评估的基础上，组合相关的销售获益证据。

五、小贴士

本案能够超出判赔法定上限的主要依据是由被告在法院要求下提供的销售记录可推定出其侵权利润明显超出了法定赔偿上限，故依据该推定的侵权利润进行判赔。

生效裁决获采信，现场勘察助判赔

——中山市隆成日用制品有限公司与东莞市庆扬塑胶五金制品有限公司侵犯实用新型专利权纠纷案❶

> 隆成拥有新型权，庆扬制售犯专利。
>
> 一审二审有纷争，多次无效存恶意？
>
> 请求无效是权利，主观恶意实不妥！
>
> 专利进入公有域，销售不再属侵权。

一、基本情况

中山市隆成日用制品有限公司（以下简称"隆成公司"）诉东莞市庆扬塑胶五金制品有限公司（以下简称"庆扬公司"）侵犯实用新型专利权纠纷一案，原告索赔 50 万元，东莞市中级人民法院经审理，判决庆扬公司于判决生效之日起，立即停止生产、销售侵权产品，销毁生产侵权产品的模具及库存侵权产品，并赔偿隆成公司经济损失 45 万元。

广东省高级人民法院二审维持了一审法院的判赔数额，但认为，在一审判决之日该专利已经进入公有领域，隆成公司不再享有专利权，庆扬公司此后进行制造、销售不属侵权，因此，再行判决庆扬公司在判决生效之日起停止侵权没有事实和法律依据，再行判决庆扬公司销毁侵权期间的侵权产品模具和库存侵权产品，于庆扬公司有损，于隆成公司无益，于社会资源也是一种浪费，故撤销该项判决。

---

❶ 一审：东莞市中级人民法院（2007）东中法民三初字第 44 号民事判决书；二审：广东省高级人民法院（2009）粤高法民三终字第 32 号民事判决书。

二、案例要点

一审法院认为，庆扬公司在广东省知识产权局查处后并未主动停止其侵权行为，还就本案专利提出无效宣告申请，亦终遭驳回，可见其侵权的主观恶意较大。对此，二审法院认为，请求国家知识产权局专利复审委员会宣告专利权无效是公民、法人的权利。专利无效宣告审查的结果或为专利权无效，或为专利权部分有效，或为专利权全部有效，不以无效宣告请求人的主观意志为转移。因此，一审法院以庆扬公司多次提起专利无效宣告请求未果认定庆扬公司存在侵权的主观恶意不妥。

本案中，权利人提供的证据较充足，说理充分，虽然权利人没有提供证据证明其因侵权所受损失或被诉侵权人因侵权所获利益，亦无专利许可使用费可供参照，但法院考虑到涉案专利的技术含量和价格均较高，侵权产品销量较大（达2160台），并考虑隆成公司的合理维权费用、其他省市同类案件赔偿额，酌定庆扬公司赔偿隆成公司经济损失45万元，判赔较高，赔偿率为90%。

三、案例评析

（一）双方举证情况

隆成公司提交的证据有：

（1）权利证据，用以明确权利类型及权利有效

● 1997年12月23日，迪士卡国际有限公司向原中国专利局申请名称为"改良型婴儿车收车装置"的实用新型专利，并于1999年3月4日被授予专利权，专利号为ZL97242449.0。2001年3月30日，该专利权转让给隆成公司。2000年12月13日，该专利权人变更为育丰台湾公司；2001年4月20日，专利权人又变更为中山隆顺日用制品有限公司；2004年11月19日，专利权人变更为本案原告即隆成公司。

● 2007年12月12日，国家知识产权局专利复审委员会作出审查决定，维持本案专利权有效。

（2）有关庆扬公司的侵权行为的证据

• 2006 年 12 月 28 日，广东省知识产权局在庆扬公司就其涉嫌侵犯本案专利权的行为进行现场勘验检查，查获被控侵权的型号为"9139"的婴儿车收车装置 32 台，已销售 2160 台。

• 广东省知识产权局《调查勘验笔录》、美国 BT 公司《订单》《庆扬公司生产部制造通知单》《庆扬公司客户订单出货统计表》等证据直接证明庆扬公司制造销售了 9114 型号婴儿车。庆扬公司制造销售的 9114 型号婴儿车为侵权产品。上述证据《订单》《庆扬公司生产部制造通知单》上的图片能证明庆扬公司制造的 9114 型童车与（2007）东中法民三初字第 43 号案的被控侵权产品婴儿车为同一车型。根据 2006 年 12 月 28 日广东省知识产权局对庆扬公司及华瀚公司所做的调查笔录显示，该两公司制造 9114 型童车产品的委托方均为美国 BT 公司。（2007）东中法民三初字第 43 号判决书已判决认定华瀚公司制造的 9114 型童车侵犯了隆成公司专利权。本案尽管没有 9114 型号产品实物，但在庆扬公司未能提出相反证据的情况下，能够推定庆扬公司制造销售了与华瀚公司相同结构的 9114 型童车。

（二）法院对证据的认定情况

一审法院和二审法院均认为被控侵权产品落入涉案实用新型专利权的保护范围。

隆成公司在本案中未能提交庆扬公司制造、销售的 9114 型婴儿车实物，庆扬公司也未明确认可其制造、销售的 9114 型婴儿车收车装置落入本案专利保护范围。从隆成公司所称的广东省知识产权局《调查勘验笔录》、美国 BT 公司《订单》《庆扬公司生产部制造通知单》《庆扬公司客户订单出货统计表》无法得知庆扬公司制造、销售的 9114 婴儿车的内部结构和技术特征，广东省高级人民法院院（2008）粤高法行终字第 31 号生效行政判决亦未认定庆扬公司制造、销售的 9114 婴儿车侵犯本案实用新型专利权。庆扬公司制造的 9114 型童车与案外人制造的同型号童车均系美国 BT 公司委托制造，不能等同于两者技术方案相同。

重复赔偿是指人民法院已经判决予以赔偿的案件，同一权利人又就同一事实和理由提出赔偿请求并被人民法院再次判决赔偿。本案与一审法院（2008）东中法民三初字第 270 号、第 272 号案相同之处只在于原、被告相同，但隆成公司请求保护的专利权不同，具体案情也有差别，该法院分别酌情判决赔偿 45 万元、8 万元、8 万元，不构成重复赔偿。

请求国家知识产权局专利复审委员会宣告专利权无效是公民、法人的权利。专利无效宣告审查的结果或为专利权无效，或为专利权部分有效，或为专利权全部有效，不以无效宣告请求人的主观意志为转移。因此，一审法院以庆扬公司多次提起专利无效宣告未果认定庆扬公司存在侵权的主观恶意不妥。

本案实用新型专利申请日为 1997 年 12 月 23 日，一审判决之日（2008 年 11 月 23 日）该专利已经进入公有领域，隆成公司不再享有专利权，庆扬公司此后进行制造、销售不属侵权。因此，再行判决庆扬公司在判决生效之日起停止侵权没有事实和法律依据，再行判决庆扬公司销毁侵权期间的侵权产品模具和库存侵权产品，于庆扬公司有损，于隆成公司无益，于社会资源也是一种浪费。

（三）评析

在目前的专利法框架下，行为人的"过错"应否作为法院适用法定赔偿的酌定因素，理论界和实务界没有一致的看法。但是，对恶意侵权人在法定限额内承担较高数额的赔偿观点是一致的。《专利法》第 65 条将"侵权行为的性质和情节"列为酌定考虑的因素之一，并未将过错程度明确排除在外。实务中多将被诉侵权人的主观状态作为确定赔偿数额的一个考量因素。将过错程度作为酌定因素的主要目的在于对故意侵权行为予以惩戒，即被诉侵权人明知是侵权行为仍有意为之，甚至在权利人起诉后仍继续侵权可以推定其侵权获利相比较而言数额较大，此时，将该因素作为增加赔偿数额的考虑令其在法定限额内承担更重的赔偿责任是适当的。

本案中，隆成公司并未提供证据证明其因庆扬公司侵权所受到的损失或庆扬公司因此所获得的利润，亦无专利许可使用费可供参照，故法院适用的是法定赔偿的计算方式。法院判赔的考虑因素有：本案专利的技术含量和价格均较高、侵权产品销量较大（达 2160 台）、隆成公司的合理维权费用、其他省市同类案件赔偿额。

四、有关建议

在司法实践中，很多专利侵权纠纷案件没有按照权利人的损失确定赔偿数额，主要是因为权利人的证据不足以证明损失的具体数额。由于权利人不能证明损失的数额，也无法证明被告获益的数额，因此，法院只能适用法定赔偿确定赔偿数额。

面对持续不断的侵权行为，权利人可以多管齐下，已经生效的行政处理决定和在先司法判决确认的事实，有助于被法院采纳并判处较高的赔偿数额；提供现场勘察证据，以证明被诉侵权人销售侵权产品；提供销售数量证明被诉侵权人侵权规模大；提供被诉侵权人在被查处后并未停止侵权行为的证据，用以证明其主观恶意侵权。这些都有助于获得较高的法定赔偿数额。

五、小贴士

知识产权行政执法部门出具的调查勘验记录是侵权产品数量的有力证据，可为法院判赔提供有力支撑。

本田外观诉力帆，追溯侵权犹不晚

——力帆实业（集团）有限公司与本田技研工业株式会社、上海文安摩托车有限公司专利侵权纠纷一案❶

> 本田外观诉力帆，赔偿损失四十万。
>
> 抛砖引玉买摩托，以逸待劳看年鉴。
>
> 专利权利虽终止，追溯侵权犹不晚。
>
> 证据确凿说理明，法院采信依法办。

一、基本情况

原告本田技研工业株式会社（以下简称"本田公司"）拥有名称为"小型摩托车"的外观设计专利，该专利于1994年3月11日获得专利授权，于1994年6月1日公告，专利号为ZL93303569.1。原告本田公司诉力帆实业（集团）有限公司（以下简称"力帆公司"）和上海文安摩托车有限公司（以下简称"文安公司"）侵犯其外观设计专利权。

一审法院审理后判决：被告力帆公司生产、被告文安公司销售的LF125T-2D型摩托车侵犯了原告本田公司专利名称为"小型摩托车"、专利号为ZL93303569.1的外观设计专利权；被告力帆公司应于判决生效之日起10日内赔偿原告本田公司经济损失40万元人民币。

二审法院审理后维持原判。

---

❶ 一审：上海市第二中级人民法院（2003）沪二中民五（知）初字第225号民事判决书；二审：上海市高级人民法院（2005）沪高民三（知）终字第125号民事判决书。

二、案例要点

本案获赔数额较高，权利人提供的侵权证据充足，说理充分，被法官采信度高。

三、案例评析

（一）双方举证情况

本田公司提交的证据有：

（1）权利证据，用以明确权利类型及权利有效

• 外观设计专利证书。1993 年 7 月 1 日向原中国专利局申请名称为"小型摩托车"的外观设计专利，1994 年 3 月 11 日获得专利授权，该专利于 1994 年 6 月 1 日公告，专利号为 ZL93303569.1。

（2）有关力帆公司侵权行为的证据

• （2001）沪证经字第 4555 号公证书。公证保全：购买了 6 辆力帆牌摩托车，其中有 2 辆摩托车的型号为 LF125T – 2D，车辆识别代号分别为 LF3TCJ2D71C012092 和 LF3TCJ2D51C012088（以下分别简称"A 车""B 车"），车的单价均为 6000 元人民币。

• （2002）沪证经字第 8588 号公证书。公证保全：购买了 1 辆力帆 LF125T – 2D 摩托车，车辆识别代号为 LF3TCJ2DX2C001394。

（3）有关力帆公司涉案专利产品销售情况的证据

2002 年《中国汽车工业年鉴》记载力帆公司 2001 年 125ml 摩托车产量为 92 638 辆，2003 年《中国汽车工业年鉴》记载力帆公司 2002 年 125ml 摩托车产量为 159 935 辆。

（二）法院对证据的认定情况

（1）原告于 1993 年 7 月 1 日向原中国专利局申请名称为"小型摩托车"的外观设计专利，于 1994 年 3 月 11 日获得专利授权，该专利于 1994 年 6 月 1 日公告，专利号为 ZL93303569.1。2003 年 7 月 1 日，因专利权期限届满，原

告专利权终止。

（2）被拍摄的识别代号为 LF3TCJ2D51C012088 的摩托车以及本案诉讼过程中在淮浦仓库存放的车辆识别代号为 LF3TCJ2D71C012092 的摩托车，为原告于 2001 年 4 月在被告文安公司处购买的摩托车。原告自文安公司处购得的摩托车系被告力帆公司生产。摩托车实物可以作为本案的证据材料。

（3）被告力帆公司生产、被告文安公司销售的摩托车落入原告专利权保护范围：

① 原告在本案中主张的外观设计专利产品系小型摩托车，被控侵权产品亦为小型摩托车，原、被告产品系相同产品。

② 从要部特征对比来看，根据原告陈述及其提供的证据材料，原告专利产品的车前罩、车把盖、踏板、后车体盖、车尾部系给专利所涉及的摩托车产品外观设计的整体美感带来较大影响并且容易引起一般消费者注意的重要部分。经比对，被控侵权产品在上述要部的设计上与原告专利产品相同或相似。

③ 从整体印象来看，原告专利产品和被控侵权产品在外观形状上极其相似，具有同样的视觉效果，足以导致施以一般注意力的相关消费者发生混淆。被告辩称，被控侵权产品在车前罩和车尾部均设置有"力帆摩托"的标牌，非常醒目。但产品上的文字并非设计要素，在进行相同或相似性判断时，不予考虑。

（4）本案原告以侵权产品的销售量以及原告的利润作为计算原告损失的方式于法不悖。但是，一则原告并无证据证明侵权产品的确定销售数额，有关数量系推断而来；二则原告用以证明其利润率的证据材料系网上刊载资料，其真实性难以确定，且原告不能证明该利润针对本案的专利产品，对该利润率一审法院难以认同，故原告关于赔偿数额的计算没有事实依据。鉴于国家发展和改革委员会 2003 年 6 月发布的《车辆生产企业及产品》公告中仍包含力帆公司的 LF125T－2D 型两轮摩托车，一审法院认为，力帆公司的侵权行为至少持续到 2003 年 6 月。

（三）评析

本案中，原告本田公司于 2001 年 4 月在上海市文安公司购买了被控侵权产品——型号为 LF125T－2D 的力帆牌摩托车，并进行了证据保全公证。另于 2003 年 6 月在上海众邦电气公司也购买了被控侵权产品力帆 LF125T－2D 摩托车，并进行了证据保全公证。此外，在国家发展和改革委员会 2003 年 6 月发布的《车辆生产企业及产品》公告中包含力帆公司的 LF125T－2D 型两轮摩托车。上述证据表明，力帆公司的侵权行为至少从 2001 年 4 月持续到了 2003 年 6 月，这为法院判决提供了侵权持续时间依据。

另外，本田公司所提供的 2002 年《中国汽车工业年鉴》中记载的力帆公司 2001 年和 2002 年 125ml 摩托车产量，虽不能由其确定侵权产品的销售量及侵权产品所带来的利润，但也能从一个侧面反映出力帆公司的销售状况，进而反映出其侵权行为对本田公司所造成的损害后果，可作为法官判赔的参考。

本案中，原告在专利权终止后，依然主张专利侵权也是原、被告的一个争议焦点。事实上，虽然原告起诉时专利权已经终止，但其针对的被控侵权行为发生于专利权有效期间，其所诉请的赔偿也指向专利权有效期间，因此，可以在专利权终止后针对专利权有效期间发生的活动主张权利。

四、有关建议

企业发起专利侵权诉讼的前提是拥有有效的专利权。本诉讼案中，原告本田公司首先所面临的挑战便是针对涉案专利严峻的无效考验，在国家知识产权局专利复审委员会宣告涉案专利权无效并经北京市第一中级人民法院维持后，本田公司继续向北京市高级人民法院上诉，最终北京市高级人民法院撤销无效决定和一审判决。

可以看到，本田公司在面对无效诉讼时采取了非常积极和坚持的态度，这正是大多数企业在面临诉讼时应学习的一种态度。虽然这种执着态度并不一定适用于所有案件，但不可否认的是，理性的执着会增大诉讼获胜的几率。

在证据获取方面，本田公司分别于 2001 年 4 月和 2003 年 6 月购买了被控侵权产品，由此表明，力帆公司的侵权行为至少从 2001 年 4 月持续到了 2003 年 6 月，这为法院判决提供了侵权持续时间依据，进而成为判赔依据。

所以，当案件本身具有时间跨度时，企业在被控侵权产品购买上也需相应具有时间跨度，以在提供物证的基础上进一步提供侵权持续时间证据。

五、小贴士

原告经过公证的时间跨度达 2 年以上的侵权实物证据及政府部门有侵权产品相关的公告获得法院采信，是本案获得较高判赔的亮点。

航勘设备来源乱，侵权使用须赔款

——北京波森特岩土工程有限公司与北京中航勘地基础工程总队侵犯发明专利权纠纷上诉案❶

> 波森特诉中航勘，一二审判四十万。
>
> 虽然合同手中握，奈何设备来源乱。
>
> 收据产品未对应，使用一方必侵权。
>
> 原告增加诉讼由，至少补充意见全。

一、基本情况

北京波森特岩土工程有限公司（以下简称"波森特公司"）诉北京中航勘地基础工程总队（以下简称"中航堪总队"）侵犯其发明专利权，北京市第二中级人民法院作出一审判决，认为中航堪总队构成侵权，判赔 40 万元。中航堪总队向北京市高级人民法院提出上诉，北京市高级人民法院经开庭审理作出终审判决，驳回上诉，维持原判。

本案中，原告索赔 50 万元，法院判赔 40 万元，判赔率为 80%。

二、案例要点

本案中，被告中航勘总队作为工程承包方，虽然与施工方沧州市机械施工有限公司（以下简称"沧州市机械公司"）、北京欣程信达建设工程有限公司（以下简称"欣程信达公司"）签订了《工程劳务作业合同》，但合同中对于施

---

❶ 一审：北京市第二中级人民法院（2009）二中民初字第 3436 号民事判决书；二审：北京市高级人民法院（2009）高民终字第 3023 号民事判决书。

工设备的来源没有约定，所提交的设备购买收据等不足以证明涉案侵权产品确系欣程信达公司提供并使用的。所以，法院认定中航勘总队作为施工现场侵权产品的使用者，应当依法承担相应的法律责任。本案诉求额较高，获赔数额也较高，权利人提供的赔偿数额证据充足，说理充分，被法官采信度高。

三、案例评析

（一）双方举证情况

1. 波森特公司提交的证据

（1）权利证据，用以明确权利类型及权利有效

• 涉案专利的发明专利证书、发明专利说明书及专利收费收据。专利号为 ZL98101332.5，授权公告日为 2001 年 9 月 5 日，发明名称为"底端带有夯扩头的混凝土桩的施工设备"；原权利人为王继忠，2004 年 6 月 8 日，专利权人变更为波森特公司。

（2）中航堪总队侵权行为证据

• （2008）京国信内民证字第 01298 号公证书。2008 年 2 月 28 日，波森特公司申请北京市国信公证处对道丰 34 号工程施工中使用的夯机设备进行了拍照取证，北京市国信公证处出具了该公证书，附有施工现场设备照片和录像带。

《道丰科技商务园东区 34#地块地基处理工程施工组织设计》《建设工程施工合同》。中航勘总队是道丰 34 号工程的承包人，其与该工程发包人北京中关村丰台道丰科技商务园建设发展有限公司签订的施工合同中约定，中航勘总队负责该工程的施工。

（3）损失计算方法证据

• 人工机械费。根据当时市场价格，钻孔夯扩挤密桩的人工机械费约为25 元/延米，约占单桩价格的 30%，即人工机械费为 370 万元（总价款）×30% =111 万。

• 材料费。根据目前市场价格，钻孔夯扩挤密桩的材料费约为 20 元/延米，约占单桩价格的 25%，即材料费为 370 万元×25% =92.5 万元。

● 工程管理费。根据当时市场价格，工程管理费约占工程总金额的5%，即工程管理费为370万元×5%＝18.5万元。

● 税金。根据当时市场价格，税金约占工程总金额的3%，即税金为370万元×3%＝11.1万元。

扣减上述费用后，中航勘总队获利应为136.9万元。

2. 中航堪总队提交的证据

● 2008年1月30日，中航勘总队分别与沧州市机械公司、欣程信达公司签订《工程劳务作业合同》。根据合同约定，中航勘总队应支付给沧州市机械公司劳务作业费50.96万元，应支付给欣程信达公司劳务作业费51.3208万元。

● HJ35M型液压步履式夯机出厂合格证及用户手册。

● 设备购买收据。购买1台夯机，购买人是"李德海"，价格17.5万元；购买1台夯机，购买人是"赵玉静"，价格为18.6万元。2台夯机的销售单位均为河北省新河县华泰桩工机械有限公司（简称华泰公司）。

● 欣程信达公司部门经理王燕雄的证言。王燕雄证明，公证照片中框架式设备是其所在的欣程信达公司从华泰公司购买，并由欣程信达公司在道丰34号工程施工中使用的。

● 《复合地基处理工程预算》。该预算显示工程最终报价370万元，利润35 496.37元。

（二）法院对证据的认定情况

根据波森特公司提交的权利证据，法院查明，1998年4月8日，王继忠向国家知识产权局提出一件名为"底端带有夯扩头的混凝土桩的施工设备"发明专利（即涉案专利）申请，2001年9月5日获得授权，专利号为ZL98101332.5，专利权人为王继忠。2004年6月8日，该专利的专利权人变更为波森特公司。至本案审理时该专利处于有效状态。波森特公司作为该专利的专利权人，其依法享有的专利权合法有效。该专利权利要求1记载的内容为："一种底端带有夯扩头的混凝土桩施工设备，其包括夯扩重锤和护筒，该设备包括底盘，该底盘前端沿与其垂直的方向设置有框架，该框架通过倾斜支承部件支承于底盘上，在底盘上固定有快放式主卷扬机，在框架的顶端设置有滑轮机构，从上述主卷扬机伸出的绳索绕过上述滑轮机构而悬吊上述夯扩重锤，从而通过该夯扩重锤护筒内部的垂直运动，可实现对桩孔底部的夯击，其特征在于在该框架上设置有护筒控制装置。"据此，该专利包含的全部必要技术特征为：a. 一种混凝土桩施工设备，底端带有夯扩头；b. 带有夯扩重锤和护筒；c. 该设备包括底盘；d. 该底盘前端沿与其垂直的方向设置有框架；e. 该框架通过倾斜支承部件支承于底盘上；f. 在底盘上固定有快放式主卷扬机；g. 在框架的顶端设置有滑轮机构；h. 从主卷扬机伸出的绳索绕过上述滑轮机构悬吊上述夯扩重锤；i. 该框架上设置有护筒控制装置。

北京市国信公证处出具了（2008）京国信内民证字第 01298 号公证书，附有施工现场设备照片和录像带，波森特公司明确主张前述公证书所附照片中框架式设备是侵犯其涉案专利权的设备。中航勘总队虽然提出被控侵权产品中不包括涉案专利的必要技术特征 i——护筒控制装置，但波森特公司从被控侵权产品照片中指出了该护筒控制装置，中航勘总队又未提出反证推翻波森特公司的指认。法院认定被控侵权产品具备涉案专利的全部必要技术特征，落入了该专利的保护范围，是侵犯波森特公司专利权的产品。

法院查明，中航勘总队是道丰 34 号工程的承包方，施工现场的设备均是为完成道丰 34 号工程的施工任务而使用的，被控侵权产品为涉案地基工程的施工机械。在没有相反证据的情况下，中航勘总队作为该工程的承包方，应认定系侵权产品的使用者。中航勘总队虽然与欣程信达公司签订有《工程劳务作业合同》，但该合同中并未约定所使用的设备名称。中航勘总队提交的收据、出厂合格证、用户手册均不能显示与涉案侵权产品的对应关系，仅凭欣程信达公司证人当庭的指认，尚不足以证明涉案侵权产品确系欣程信达公司提供并使用的。所以中航勘总队作为侵权产品的使用者，不能证明其使用的侵权产品有合法来源，应当依法承担相应的法律责任。

对于波森特公司请求判令中航勘总队停止涉案侵权行为，赔偿损失的请求，法院予以支持。就具体的赔偿数额，波森特公司当庭将索赔数额从起诉状中记载的 15 万元增加到 50 万元，中航勘总队在二审期间补充提交了《复合地基处理工程预算》，该预算显示工程最终报价 370 万元，利润 35 496.37 元。法院认为现有证据不足以证明中航勘总队所主张的利润数额，故参照涉案专利的创造高度、施工合同金额，以及侵权产品在工程中发挥的作用等因素，酌定赔偿数额 40 万元。

（三）评析

本案中，被告中航勘总队是道丰 34 号工程的承包方，虽然与施工方沧州市机械公司、欣程信达公司签订了《工程劳务作业合同》，但合同中对于施工设备的来源没有约定，即没有约定施工设备是由施工方自行解决。尽管中航勘总队提交了设备购买收据、出厂合格证、用户手册等，但均不能显示所购买的"HJ35M 型液压步履式夯机"与涉案侵权产品（框架式设备）的对应关系，而欣程信达公司证人当庭的指认，亦不足以证明涉案侵权产品确系欣程信达公司提供并使用的。所以法院认定中航勘总队作为施工现场侵权产品的使用者，应当依法承担相应的法律责任。

根据原告波森特公司提交的公证书及所附施工现场设备照片，能够清楚地完成与涉案专利权利要求方案的对比，其主张得到法院支持。波森特公司起诉状中写明的索赔数额是 15 万元，一审庭审时发表起诉意见时，当庭将索赔数额增加到 50 万元，得到原审和二审法院的支持，使法院在较高的索赔基础上作出酌定赔偿数额 40 万元的判决。

四、有关建议

《最高人民法院关于适用〈中华人民共和国民事诉讼法〉若干问题的意见》中规定，在案件受理后，法庭辩论结束前，原告增加诉讼请求，被告提出反诉，第三人提出与本案有关的诉讼请求，可以合并审理的，人民法院应当合并审理。根据该规定，一审和二审法院均认为波森特公司可以在法庭辩论结束前当庭增加诉讼请求。二审法院认定，波森特公司是在现有证据基础上对索赔数额的增加，且中航勘总队已经对案件进行了实体答辩，其诉讼权利已经得以行使。就增加的赔偿数额，中航勘总队当庭表示"再调查一下"，但其庭后并未就此向法院作出补充陈述。因此，允许波森特公司当庭增加索赔数额，并未影响中航勘总队行使其诉讼权利。

对于被告而言，遇到这种情况时，仅仅从程序上对原告增加诉讼请求提出异议是不够的，应请求法庭延期审理，或者至少应在庭审结束后补充陈述意见。

通过对被告施工现场的取证，证明其使用的设备落入涉案专利的保护范围，这对于权利人来说并非总是很轻松容易。由此可见，提出专利申请时权利要求的撰写必须考虑将来维权的方便，此外，保护范围的合理限定有利于诉讼的成功率。

专利法意义上的使用者与侵权产品的实际操作者不是同一概念。作为被告中航勘总队，与施工方签订工程合同时，如果明确记载施工设备由施工方自行解决，则在诉讼中可以申辩自己对于施工中使用涉案侵权产品不应承担法律责任。

五、小贴士

本案原告对现场实施中的侵权产品进行了公证保全，获得了侵权的有力证据。

权限到期仍使用，被判恶意输诉讼

——斯特劳勃管道接头有限公司（Straub Werke AG）诉苏州工业园区斯特劳勃管接头有限公司等侵犯发明专利权纠纷案❶

> 斯特劳勃属瑞士，状告苏州斯特劳。
>
> 警告取证加查税，厘清证据控被告。
>
> 法院翻看旧协议，查明权利期限到。
>
> 判赔恶意四十万，皆因把那律函藐。

一、基本情况

原告斯特劳勃管道接头有限公司（以下简称"斯特劳勃公司"）因与被告苏州工业园区斯特劳勃管接头有限公司（以下简称"苏州斯特劳勃公司"）等侵犯发明专利权纠纷一案，向北京市第一中级人民法院起诉，索赔 50 万元。2010 年 12 月 20 日，北京市第一中级人民法院判赔 40 万元，判赔率为 80%。

二、案例要点

原告通过大量的间接证据，包括被告苏州斯特劳勃公司在原告明确警告后仍实施侵权行为、被控侵权产品的售价、相关网站和产品手册介绍的被控侵权产品在各个项目中的使用情况等，来支持自己的赔偿主张。尤其值得注意的是，原告主动申请法院调取了税务机关掌握的经营状况（税收情况），既间接反映了被告的获利情况，也体现了被告具有足够的赔偿能力。

---

❶ 一审：北京市第一中级人民法院（2009）一中民初字第 915 号民事判决书。

三、案例评析

（一）双方举证情况

原告斯特劳勃公司提交的证据主要有：

（1）权利证据

名称为"管接头"的发明专利申请日为 1993 年 1 月 7 日，授权公告日为 1995 年 7 月 22 日，专利号为 93100162.5，原专利权人为施特劳布弹簧制造有限公司，2007 年 6 月 29 日专利权人变更登记为"瑞士斯特劳勃管道接头有限公司"。

（2）侵权证据

• 公证保全：2007 年 8 月 8 日，苏州斯特劳勃公司网站网页显示，37 000吨化学品船、船用柴油机、黄山风景区自来水工程、三峡水电工程、北京小红门污水工程、内燃机 DF8B 机车等项目使用了 Jointand – GL 型号系列接头，其中除北京小红门污水工程项目外，其余项目使用的 Jointand – GL 型号系列接头的规格中均包括 AD88.9mm。

• 公证保全：与苏州斯特劳勃公司邮件往来中显示捷英特管接头（型号为 GL – 188.9mm）的单价为 535 元人民币，捷英特 – GL 114.3mm 管接头单价为 605 元、捷英特 – Flex 76.1mm 管接头单价为 350 元人民币。

• 公证保全：型号为 J – GL – A88.9 – W3 – SE 的捷英特管接头 3 个（简称被控侵权产品）、盖有苏州斯特劳勃公司发票专用章的№01380446 号"江苏增值税普通发票"一张，该发票上载明上述管接头的单价为 457.265 元人民币、总价 1371.79 元人民币，税率 17%、税额 233.21 元人民币，价税合计 1605 元人民币。

• 公证保全：对慧聪网中作为"普通会员"的苏州斯特劳勃公司的产品进行公证。

同时，法院还查明：苏州斯特劳勃公司与斯特劳勃公司之间曾经存在代理协议。但该协议中并未明确授予苏州斯特劳勃公司制造本专利产品的权利，并且斯特劳勃公司已于 2005 年 9 月 13 日明确向苏州斯特劳勃公司表示立即终止上述代理关系，并明确指出斯特劳勃公司管接头的一些部件受到专利保护，要求苏州斯特劳勃公司立即停止生产和营销仿冒的管接头；而且苏州斯特劳勃公司至晚于 2005 年 9 月 20 日已知悉斯特劳勃公司上述意思表示。

（3）赔偿证据

经斯特劳勃公司申请，法院向江苏省苏州工业园区国家税务局和地方税务局查询了苏州斯特劳勃公司的经营状况，查询结果显示：苏州斯特劳勃公司向该国家税务局申报的销售收入约为 2006 年 313 万元、2007 年 171 万元、2008 年 934 万元、2009 年 1~2 月 41 万元；向该地方税务局申报的销售收入约为 2007 年 562 万元、2008 年 1014 万元，报表利润为 2007 年 70 万元、2008 年 99 万元。

斯特劳勃公司向北京华语纪元翻译有限责任公司第一分公司支付翻译服务费 882 元人民币，向北京市维诗律师事务所支付"专利侵权诉讼案律师费"232 379.42 元人民币，支付公证费 5000 元人民币。

（二）法院对证据的认定情况

首先，对于原告的权利证据，法院认定斯特劳勃公司系涉案专利的专利权人，专利尚在有效期限内，应当依法保护。

其次，对于侵权证据，法院认定，被控侵权产品的技术特征包含涉案专利权利要求 1 中记载的全部必要技术特征，落入该专利的保护范围。苏州斯特劳勃公司制造、销售该产品的行为侵犯了该专利的专利权。同时，苏州斯特劳勃公司的相关抗辩不足以否定其制造、销售涉案专利产品的行为是未经斯特劳勃公司许可的侵犯专利权的行为。

此外，对于网页公证的证据，法院认为，虽然采购清单为 0，但苏州斯特劳勃公司存在通过慧聪网许诺销售包括被控侵权产品在内的相关型号管接头的行为，慧聪公司提交的证据亦不足以证明上述许诺销售行为与其主办的慧聪网无关。因此，苏州斯特劳勃公司和慧聪公司的上述行为构成为生产经营目的许诺销售涉案专利产品行为；上述行为未经专利权人斯特劳勃公司的许可，侵犯了其专利权。

综上，法院支持了斯特劳勃公司的请求，判令苏州斯特劳勃公司停止侵权，赔偿损失 40 万元；判令慧聪公司停止侵权。

（三）评析

在本案中，原告斯特劳勃公司提供的证据不足以证明斯特劳勃公司因被侵权所受到的损失或者苏州斯特劳勃公司因侵权所获得的利益的具体数额，其亦未提供涉案专利的许可使用费作为参照。法院确定苏州斯特劳勃公司赔偿斯特劳勃公司经济损失 40 万元人民币，主要考虑因素有：①涉案专利类属发明；②苏州斯特劳勃公司在斯特劳勃公司明确警告后仍实施上述侵权行为；③被控侵权产品的售价；④相关网站和产品手册介绍的被控侵权产品在各个项目中的使用情况；⑤税务机关提供的苏州斯特劳勃公司在相关期间的销售收入和利润数额；⑥斯特劳勃公司为调查、制止本案所涉之侵权行为所支付的相关公证费、被控侵权产品购买费以及合理的律师费等。

由此可见，虽然原告没有直接的因侵权遭受损失的证据，但是法院可以根据其他证据辅助了解权利人的损失或判断被告的获利情况，从而自由裁量法定赔偿的数额。法院结合现有证据体现的侵权情节、权利类型、产品类型、权利人明确地声明权利、侵权人的经营规模、产品单价和单位利润等因素，作为确定酌定赔偿的依据。[1] 因此，从赔偿主张的角度，原告一方要在诉讼中千方百计地提供一切可能的证据，作为主张高额赔偿的基础。本案尤其值得称道的是，原告斯特劳勃公司主动申请法院向江苏省苏州工业园区国家税务局和地方税务局查询了苏州斯特劳勃公司的经营状况，这为本案的高额赔偿提供了有力的支持。

四、有关建议

从本案件中我们看到，即使没有明确的因侵权直接遭受损害的证据、对方因侵权获益的证据、双方许可使用费的相关证据，法院也可以根据一些间接证据来判定侵权损害赔偿的数额。这给我们如下启示。

---

[1] 2008 年《专利法》已将法定赔偿额上限提升到 100 万元。

（1）申请法院查询税务机关掌握的被告经营状况

在本案中，原告没有直接的赔偿证据，但是原告主动申请法院调取了税务机关掌握的经营状况（税收情况），来证明对方的销售收入和利润情况，既间接反映了被告的获利情况，也体现了被告有足够的赔偿能力。其次，对于主要的竞争对手，应当在平时就注意收集其发布的相关官方资料、数据及宣传手册，当无法证明对方的侵权获利时，这些将成为支持赔偿请求的佐证。

（2）充分证明对方侵权的恶意

提交被告恶意侵权的证据（例如在向对方发出警告函后其继续侵权的证据）对于赔偿请求的支持和佐证，可以起到非常好的效果。本案中，原告提交的证据表明，被告苏州斯特劳勃公司在原告明确警告后仍实施相关侵权行为。可见，这些诉前侵权警告证据的保留和收集，也会有助于法官对赔偿请求的认可。

五、小贴士

本案的关键证据亮点是原告申请法院查询被告的经营状况，获得了专利侵权人的销售收入和利润情况证据，既间接反映了被告获利情况，也体现被告有足够的赔偿能力。

仅靠被告旧网站，判赔原告五十万

——虞荣康与包锦跃、厦门通士达有限公司、厦门通士达照明有限公司侵犯外观设计专利权纠纷案❶

> 个人状告通士达，外观设计起纠纷。
>
> 仅靠网站旧简介，原告索赔一百万。
>
> 虽无其他的证据，侵权产品行销广。
>
> 倘若挖掘多方据，判赔比例不止半。

一、基本情况

虞荣康因与包锦跃、厦门通士达有限公司（以下简称"通士达公司"）、厦门通士达照明有限公司（以下简称"通士达照明公司"）侵犯外观设计专利权纠纷一案，向江苏省南京市中级人民法院起诉，索赔数额 100 万元。一审法院判赔数额 50 万元，判赔率为 50%；通士达照明公司提起上诉，2008 年 11 月 26 日，江苏省高级人民法院作出二审判决，维持一审判决。

二、案例要点

原告虞荣康对被告通士达照明公司网站的简介进行了公证，证明了被告侵权范围非常广，从而使法院在没有证据证明其因侵权所受损失或被诉侵权人因侵权所获利益，亦无专利许可使用费可供参照的情况之下，主要根据该证据，并结合侵权人的侵权产品涉及型号多，权利人因被诉侵权人导致的诉讼时间较

---

❶ 一审：南京市中级人民法院（2004）宁民三初字第 257 号民事判决书；二审：江苏省高级人民法院（2008）苏民三终字第 0161 号民事判决书。

长、诉讼成本较大等因素，判赔原告 50 万元。

三、案例评析

（一）双方举证情况

1. 原告虞荣康提交的证据

（1）权利证据

• 1997 年 1 月 30 日，虞荣康向国家知识产权局申请名称为"荧光灯灯头"的外观设计专利，并于 1997 年 12 月 26 日被授予专利权，专利号为 ZL97307202.4，以证明虞荣康为涉案专利的权利人。

（2）侵权证据

• 公证保全：（2004）常武证经内字第 566 号公证书。2004 年 6 月 18 日，在江苏省常州市武进区邹区镇的常州邹区灯具城西区 2 幢 11 号灯具店公证购买"通士达"螺旋形高效节能灯（60W6400K）2 只、"通士达"高效节能灯（45W6400K）2 只，以明确被诉侵权产品。"通士达"螺旋形高效节能灯（60W6400K）灯壳上标有与包装盒一致的注册商标、通士达照明公司网址（www. Topstar. com. cn）及与产品合格证上生产日期相同的灯具生产日期即 2003 年 7 月 23 日；"通士达"高效节能灯（45W6400K）灯壳上标有与包装盒一致的注册商标、通士达照明公司网址（www. Topstar. com. cn）及与产品合格证上生产日期相同的灯具生产日期即 2003 年 4 月 20 日，以证明通士达照明公司生产了 60W6400K、45W6400K 被诉侵权产品以及生产日期。

• 网页公证保全（2004 年 6 月 23 日）。通士达照明公司网址 www. Topstar. com. cn 上产品展示页面中 T4 2U、3U、4U 系列 BLL4U32 瓦、40 瓦节能灯图片，以明确 BLL4U32 瓦、40 瓦节能灯同为被诉侵权产品。

（3）赔偿证据

• （2004）常武证经内字第 566 号公证书（2004 年 6 月 18 日）。公证购买"通士达"螺旋形高效节能灯（60W6400K）单价 55 元，"通士达"高效节能灯（45W6400K）单价 35 元，以明确被诉侵权产品的销售价格。

• （2004）常武证经内字第 566 号公证书（2004 年 6 月 18 日）。公证在购买过程中，获得"美国 GE 通士达照明销售清单"1 张。

● 2004 年 6 月 23 日，网页公证。通士达照明公司网址 www.Topstar.com.cn 上通士达简介页面中，"厦门通士达照明有限公司是由厦门灯泡厂、厦门电子研究所和厦门电子仪器厂组建而成，2000 年 6 月与美国通用电气公司（GE）合资，专业从事节能型电光源产品的研究、开发与制造。……现主导产品有电子节能灯等十大系列，100 多个品种。行销欧洲、南、北美洲、澳洲、南非及东南亚等国家和地区，成功地树立了中国绿色的知名品牌。在福建、广东、上海、北京、浙江、江苏、四川、云南、江西、湖南等省设有物流中心及经销网络"，公司介绍页面中显示有销售网络，包括国内销售网络和全球销售网络，以证明被诉侵权产品的销售规模。

2. 被告通士达公司、通士达照明公司提交的证据

（1）通士达公司提交的证据

● 2 只节能灯，型号分别为"通士达"螺旋形高效节能灯（60W6400K）和"通士达"高效节能灯（45W6400K）。

灯具的型号及灯壳呈现的整体外观及灯具的包装盒与虞荣康提交的经公证的相同型号灯具灯壳整体外观及灯具包装盒均相同。60W6400K 灯壳上标注的生产日期是 2006 年 2 月 20 日，45W6400K 灯壳上标注的生产日期是 2006 年 2 月 15 日。两只灯具的灯壳上均标有与包装盒相同的注册商标和通士达照明公司的网址 www.Topstar.com.cn。

（2）通士达照明公司二审中提供的 2 份证据

● 通士达照明公司销售 45W6400K 型节能灯内销汇总表及增值税专用发票。

● 通士达照明公司销售 60W6400K 型节能灯内销汇总表及增值税专用发票。用以证明其自 2003 年至 2007 年期间，共生产销售 45W6400K 型节能灯78 444 只，合计 1 595 698 元；生产销售 60W6400K 型节能灯 22 658 只，合计774 632 元，以证明通士达照明公司因侵权行为所获利润是有限的，一审判赔数额过高。

（二）法院对证据的认定情况

法院对原被告提出的证据分别进行审查，通过对比等方法对案件中的证据作出了相应的认定。

对于本案原告虞荣康是否具有其所称的外观设计专利权，一审法院认为虞荣康于 1997 年 1 月 30 日申请了名称为"荧光灯灯头"的外观设计专利，于 1997 年 12 月 26 日获得授权，专利号为 ZL973072024，该专利权于 2007 年 1 月 30 日因期限届满终止。法院认可了虞荣康的原告资格。

一审法院及二审法院都认为原告所提交的被控侵权系列产品中 45W6400K 型号的节能灯侵犯了涉案外观设计专利权。主要原因是：45W6400K 节能灯在灯壳底部中间有一由 8 个小圆孔围成的圆，而涉案外观设计专利相同部位则是由 6 个长扁形围成的圆，除存在上述这一区别之外，灯壳其余部分二者均相同。因节能灯灯壳底部的形状在节能灯正常使用状态下并不显现，故被控侵权 45W6400K 节能灯灯壳与涉案外观设计专利在灯壳底部存在的上述细微差别，并不会对相关公众的视觉产生显著影响，被控侵权 45W6400K 节能灯灯壳整体外观与涉案外观设计专利构成近似。

关于 60W6400K 型节能灯，一审法院认为其与涉案外观设计不相同也不相似；同时，被告在其网站上宣传的 BLI4U32 瓦、40 瓦节能灯虽然与涉案外观设计专利主视图相同，但是由于原告仅有图片作为证据而无相应的实物进行对比，法院认为被告并未侵犯涉案专利权。二审法院也支持了以上的观点。并且一审、二审法院均认可被控侵权产品是由被告通士达照明公司生产的。

对于原告以普通消费者购买并公证的两只节能灯的价格及"美国 GE 通士达照明销售清单"一张，法院对这些证据予以认可。同时，原告对被告的网站进行公证，获取了以下资料："……现主导产品有电子节能灯等十大系列，100 多个品种。行销欧洲、南、北美洲、澳洲、南非及东南亚等国家和地区，成功地树立了中国绿色的知名品牌。在福建、广东、上海、北京、浙江、江苏、四川、云南、江西、湖南等省设有物流中心及经销网络。"法院认定此内容可显示通士达照明公司产品在国内、国外的销售范围较广。

同时，关于被告通士达照明公司在二审中所提出的通士达照明公司销售的

45W6400K 型节能灯和销售 60W6400K 型节能的发票，法院认为这只反映了其销售给通士达公司和厦门通士达照明电器销售有限公司的情况，而根据通士达照明公司网站上的宣传，电子节能灯是该公司的主导产品，经销商和销售网络遍及福建、广东、上海、北京、江苏、四川、湖南等省，并行销欧洲、美洲等国家和地区，故上述发票并不能反映被控侵权产品的全部销售情况，通士达照明公司以上述发票证明其生产销售被控侵权产品数量的主张，法院不予采信。

（三）评析

本案法院支持的赔偿金额为 50 万元，根据判决时的《专利法》（2000 年）第 60 条和《最高人民法院关于审理专利纠纷案件适用法律问题的若干规定》第 21 条可知，该赔偿金额是当时法定赔偿的最高额度。为何本案能够获得如此之高的赔偿金额？二审法院主要依据以下因素作出判决：①被告通士达照明公司实施侵权行为的持续时间较长；②侵权范围较广；③侵权产品可能涉及不同型号的节能灯；④虞荣康为制止侵权支付的合理费用；⑤本案因通士达照明公司向国家专利复审委员会提出无效宣告请求导致诉讼时间较长、诉讼成本较大等。这其中最值得关注的是：第一，原告虞荣康对被告通士达照明公司网站页面进行公证所发挥的作用；第二，被告主动提交的其有关销售被控侵权产品的销售发票所发挥的反作用。

法院之所以认定被告侵权范围较广——据通士达照明公司网站上的宣传，其节能灯行销国内十几个省市以及国外二十几个国家和地区，主要源于原告对被告的网站进行了公证，获取了以下资料："……现主导产品有电子节能灯等十大系列，100 多个品种。行销欧洲、南、北美洲、澳洲、南非及东南亚等国家和地区，成功地树立了中国绿色的知名品牌。在福建、广东、上海、北京、浙江、江苏、四川、云南、江西、湖南等省设有物流中心及经销网络。"因此，法院认定此内容可显示通士达照明公司产品在国内、国外的销售范围较广。

同时，由于前述网页公证证据的存在，法院对于被告通士达照明公司提出的关于涉案产品的销售发票不予采信。法院明确指出："通士达照明公司提供的销售发票只反映了其销售给通士达公司和厦门通士达照明电器销售有限公司的情况，而根据通士达照明公司网站上的宣传，电子节能灯是该公司的主导产品，经销商和销售网络遍及福建、广东、上海、北京、江苏、四川、湖南等省，并行销欧洲、美洲等国家和地区，故上述发票并不能反映被控侵权产品的全部销售情况，通士达照明公司以上述发票证明其生产销售被控侵权产品数量的主张，本院不予采信。"

事实上，被告通士达照明公司在二审中所提交的销售发票，对最终被判高额赔偿金还起到了推波助澜的作用，暴露出被告的举证策略有欠妥当。被告本意是想借助这些销售发票证明其侵权所获利润有限，但没想到未被法院采纳，反而被法院认定是其侵权行为持续时间长的证据。二审法院明确指出："通士达照明公司二审中提供的销售发票显示其侵权行为一直持续至涉案外观设计专利保护期届满前。"这为二审法院维持一审判决确定的 50 万元赔偿额提供了一定的支持。

虽然本案原告获得了最高的法定赔偿金额，但实际上被告利用其涉案侵权专利所获得的利益远远不止如此。如果原告可以举证被告进行侵权行为中销售产品的数量、利润等证据，再加上原有的公证网页，从而形成一个证据链，可以预见的是，法院会按照被告实际获得的利益对原告进行赔偿，那样的话其赔偿金额则远远不止 50 万元。

四、有关建议

根据本案双方的举证情况，可以得到一些启示。

首先，原告要重视对网页证据的公证。本案中的网页公证证据就是一个很好的例子。对于网页来说，由于网站管理者很容易修改网页内容及其发布日期，必须及时将其进行公证保全，而不是简单地截图或打印即可，因为公证的证据比起原告自己截图或打印出来的证据在效力上要高许多。

其次，对于赔偿证据，应当多方面进行发掘。主张侵权赔偿不一定要拿到会计账簿，一些平时不太起眼的网页信息有可能成为获得高额赔偿的重要证据。所以，当我们面对诉讼时，可以冷静并仔细考虑在哪些方面可以寻求到此类证据，这些证据的获得比起侵权公司的会计账簿来说要简单得多，而在公证之后却能成为原告诉讼的重要筹码。

最后，本案在二审中也得益于被告的举证策略失当。其实，无论原告还是被告，举证前都必须充分考虑、谨慎评估。否则就会像本案被告，所提出的证据不但未被二审法院采纳，反而成为二审法院维持高额赔偿金额的理由之一。

五、小贴士

本案获得当时《专利法》规定的最高法定赔偿额的主要证据亮点有：网页公证证明其销售地域广、被告提交的销售单据证明销售持续时间长使得侵权获利远超法定赔偿额。

侵权事实无争议，奈何举证不积极

——淄博水环真空泵厂有限公司诉淄博博山天体真空设备有限公司侵犯实用新型专利权纠纷案❶

> 淄博博山偷新型，水环踏上维权路。
>
> 侵权事实无争议，只是判赔无依据。
>
> 原告主张八十万，判赔比例有八成。
>
> 积极主动罗证据，以逸待劳得利率。

一、基本情况

原告淄博水环真空泵厂有限公司（以下简称"水环公司"）向山东省淄博市中级人民法院诉称被告淄博博山天体真空设备有限公司（以下简称"博山公司"）侵犯其实用新型专利权，索赔50万元。

山东省淄博市中级人民法院于2010年5月23日作出（2009）淄民三初字第135号判决，判被告博山公司立即停止制造、销售侵犯原告实用新型专利权的产品的行为，并赔偿原告水环公司经济损失40万元，判赔率为80%。

二、案例要点

本案中，被告的侵权事实没有争议，原告作为权利人未能提供用以证明其损失以及被诉侵权人非法获利的证据，也没有专利许可使用费可供法院参照，最终的判赔额只能由法院根据涉案专利的类别、侵权人侵权的性质和情节以及涉案侵权产品的价值进行酌定。

---

❶ 一审：山东省淄博市中级人民法院（2009）淄民三初字第135号民事判决书。

本案中的原告作为权利人在被告实施侵权行为的初期即能收集证据，启动法律程序，并使法院酌定的判赔额较高。

三、案例评析

（一）双方举证情况

原告水环公司提交的证据有：

（1）权利证据，用以明确权利类型及权利有效

* 水环公司的法人营业执照，以证明主体身份。

* 实用新型专利证书及相关实用新型说明书等附件，以证明涉案专利 ZL200620011125.5 的申请日为 2006 年 10 月 18 日，授权公告日为 2007 年 10 月 17 日，实用新型名称为"超大型水环真空泵"，专利权人为水环公司。

* 专利费缴纳凭证，以证明涉案专利的专利权有效。

* 国家知识产权局实用新型专利检索报告，以证明涉案专利没有丧失新颖性和创造性。

（2）关于被告博山公司侵权行为的证据

* 证据保全，申请法院查封的被告博山公司生产的被诉侵权产品实物。

* 照片 10 张及光盘 1 张，以证明被诉侵权产品状况。

* 特快专递及举报信 1 份，证明原告水环公司接到群众匿名举报，内容涉及举报被告博山公司仿造原告的专利产品，并准备将被诉侵权产品销售到四川。

（3）原告水环公司的维权费用证据

* 检索费单据 1 份，金额为 600.00 元。

* 律师费单据 1 份，金额 27 400.00 元。

（二）法院对证据的认定情况

根据双方当事人的举证、质证及双方在庭审中的陈述，法院认定与本案有关的事实如下。

（1）对原告专利权的认定

由专利证书及权利要求书、专利缴费单据作为佐证，认定原告水环公司系专利号为 ZL200620011125.5、专利名称为"超大型水环真空泵"的实用新型专利权人，该实用新型专利的专利申请日为 2006 年 10 月 18 日，授权公告日为 2007 年 10 月 17 日。该专利至本案审理时合法有效，依法应当受到法律保护。

2009 年 9 月 17 日，国家知识产权局完成涉案实用新型专利的检索报告，认为专利号为 ZL200620011125.5、专利名称为"超大型水环真空泵"的实用新型专利未丧失新颖性和创造性。法院认定，所有未经权利人许可且落入上述范围的技术实施行为均属侵权行为。

（2）被告侵权行为的认定

原告在自行取得被告侵权的照片和光盘的情况下，申请由法院对被告博山公司生产的涉案超大型真空泵（涉案产品实物）进行保全，在庭审中被告也自认其生产的产品的技术特征与原告的涉案实用新型专利的技术特征一致。

由照片、光盘、涉案侵权产品实物以及双方当事人在庭审中的陈述记录在卷佐证，以上事实得到法院认定，据此认定，被告博山公司生产与原告水环公司实用新型专利的保护范围一致的产品，构成对原告水环公司实用新型专利的侵犯。

（3）原告因权利被侵犯而导致经济损失的认定

原告虽然主张了被告赔偿经济损失 50 万元，但由于没有充分证据表明原告水环公司因侵权造成的损失和被告博山公司所获得的利益，也无相关专利许可使用费可以参照，因此，没有被法院支持。

考虑到被告的日常经营范围以及根据涉案专利的类别、侵权人侵权的性质和情节以及涉案侵权产品的价值，法院酌定被告博山公司赔偿原告水环公司经济损失 40 万元。

法院同时认定原告水环公司支出的检索费 600.00 元、律师费 27 400.00 元系其为制止侵权行为所支付的合理开支。

（三）评析

专利侵权诉讼案中，权利人的主张能否最大化地被法院支持，关键在于原告是否能够提供充分的证据材料并且形成有说服力的证据链。一般需要从三个方面认定：权利的有效性和保护范围、侵权人的侵权行为及权利人因被侵权带来的经济损失。

本案中，第一方面举证来自原告的主体资格证明以及原告所拥有专利权的有效性证明；对于第二方面举证，或许因为如被告在庭审中所申辩的，其尚未就其生产的侵权产品进行宣传和销售，原告没有取得相关证据材料，原告对其主张的涉案侵权产品提供照片和光盘的同时，还申请由法院对侵权产品实物进行了证据保全，经庭审质证确认涉诉侵权产品落入涉案专利的权利要求范围，所以原告在前两个方面举证已经通过翔实的证据链得到了法院的支持。

对于经济损失赔偿的主张，原告没能提供充分的证据，例如举证被告对于侵权产品的宣传和销售行为，虽然证明了被告生产涉案专利产品的侵权事实，却不能提供因被告的侵权行为而遭受的经济损失证据或被告因侵权行为的获利证据，因此没能使法院支持赔偿额的全部主张。

四、有关建议

本案中，作为原告，在证明其权利和被告侵权行为方面，举证工作都取得了预期结果，经庭审质证，被告也确认涉诉侵权产品落入涉案专利的权利要求范围，但在争取法院支持其赔偿主张方面，原告因为证据不充分而只能接受法院酌定的结果。

如果原告最初提出的 50 万元赔偿确实有依据，在庭审前应该有更充分的准备。例如，提供在被告侵权行为发生前后自己的销售情况统计对比，以及每台设备的生产成本和销售利润说明，同时还应尽可能获得被告的生产和/或销售情况证据；另一方面，如果原告提起诉讼时，被告确实尚未规模化生产和销售，原告可以成功利用法律诉讼手段制止被告的侵权行为。

"二富"起纷争，富培走麦城

——宁波富达电器有限公司诉上海富培贸易有限公司等专利侵权纠纷案❶

"二富"兵戎终相见，交锋地点为上海。

富达电视作证据，代销公司顺手诉。

富培祭出契约书，法院认定未先用。

最终判赔二八万，涉案超市是无辜。

一、基本情况

2007 年，原告宁波富达电器有限公司（以下简称"富达公司"）向上海市第二中级人民法院诉称被告上海富培贸易有限公司（以下简称"富培公司"）与上海康交乐购超市有限公司（以下简称"乐购公司"）侵犯其发明专利权纠纷，索赔 30 万元。该院经审理判赔 28 万元。

2008 年，富培公司不服一审判决，向上海市高级人民法院提起上诉。上海市高级人民法院审理后驳回上诉，维持原判。

二、案例要点

被诉侵权人提出主张先用权的证据，但未得到法院的支持。权利人提供被诉侵权人制造、销售被控侵权产品的证据充分：提供专利侵权纠纷处理决定书，用以证明被诉侵权人已知其侵权行为但并未停止的恶意；提供实物证据用以证明侵权产品落入权利保护范围。虽然权利人未能提供其实际损失的相关证

---

❶ 一审：上海市第二中级人民法院（2007）沪二中民五（知）初字第 288 号民事判决书；二审：上海市高级人民法院（2008）沪高民三（知）终字第 47 号民事判决书。

据，也无法证明被诉侵权人实际销量和非法获利，但法院结合权利人提供的证据，考虑到涉案专利为发明专利，被诉侵权人侵权持续的时间、范围、主观过错和在上海市知识产权局作出专利侵权纠纷处理决定书后仍继续侵权等因素，最终判决赔偿额为28万元，判赔率为93%。

三、案例评析

（一）双方举证情况

1. 富达公司提交的证据

（1）权利证据，用以明确权利类型及权利有效

● 2004年12月17日，富达公司向国家知识产权局申请名称为"扫地机"的发明专利，并于2006年8月30日被授予专利权，专利号为ZL20041010240.7。

● 国家知识产权局专利收费收据，以证明权利有效。

（2）用于证明富培公司侵权的证据

● 2007年1月16日，上海市卢湾区公证处出具的（2007）沪卢证经字第45号公证书。公证书载明2007年1月9日，公证购买被控侵权产品1台，拍摄照片19张等。

● 2007年8月3日，上海市卢湾区公证处出具的（2007）沪卢证经字第2285号公证书。主要内容为：2007年7月18日，自乐购公司购得被控侵权产品1台，拍摄照片14张等。

● 公证保全的被控侵权产品。

● 富达公司生产的专利产品。

（3）曾经的纠纷处理决定书等证据，用以证明富培公司的主观故意

● 2007年7月9日，上海市知识产权局作出的专利侵权纠纷处理决定书。主要内容为：富培公司提出的申请号为10/861705的美国专利，其公开日为2005年1月13日，晚于涉案专利的申请日2004年12月17日，不构成涉案专利权利的现有技术，富培公司停止对富达公司的专利名称"扫地机"、专利号为ZL20041010240.7发明专利权的侵犯。富培公司未对此提出行政诉讼。

（4）富培公司的侵权行为对富达公司造成的实际损失证据

• 2007 年 1 月 16 日，上海市卢湾区公证处出具的（2007）沪卢证经字第 45 号公证书。主要内容为：2007 年 1 月 9 日，公证购买被控侵权产品 1 台，编号为 16233657 的发票 1 张（载明价格为 198 元人民币/每台），以证明为制止侵权行为所支付的合理开支。

• 2007 年 8 月 3 日，上海市卢湾区公证处出具的（2007）沪卢证经字第 2285 号公证书。主要内容为：2007 年 7 月 18 日，自乐购公司购得被控侵权产品 1 台，被告乐购公司出具编号为 80519139 的发票 1 张（载明价格为 199 元人民币/每台），以证明为制止侵权行为所支付的合理开支。

• 2007 年 8 月 3 日，上海市卢湾区公证处出具的（2007）沪卢证经字第 2287 号公证书。主要内容为：2007 年 7 月 29 日，电视公证，对电视东方戏剧频道于当晚二十三时三十分至次日凌晨零时播放的"东方 CJ"的电视内容进行了摄像，内容为被告富培公司许诺销售涉案侵权产品，以证明被控侵权产品的销售规模及范围。

2. 富培公司提交的证据

（1）先用权抗辩证据

• 2004 年 1 月 25 日，富培公司与注册在台湾省的案外人富培美股份有限公司签订的《合作开发契约书》，内容为：约定共同委托案外人鼎森实业有限公司开发"一字型扫地机"等。

• 2004 年 2 月 16 日，富培公司和案外人富培美股份有限公司与案外人鼎森实业有限公司签订的《委托加工契约书》，内容为：委托案外人鼎森实业有限公司按照富培公司和案外人富培美股份有限公司提供的"产品图样"制造模具等，《委托加工契约书》附被控侵权产品的产品图样，以证明富培公司在涉案专利申请日之前已经作好了制造和销售被控侵权产品的准备，就涉案专利享有先用权。

（2）现有技术抗辩证据

• 申请号为 10/861705 的美国专利，其公开日为 2005 年 1 月 13 日。

（二）法院对证据的认定情况

本案中，富培公司提出的申请号为 10/861705 的美国专利，其公开日为 2005 年 1 月 13 日，晚于涉案专利的申请日 2004 年 12 月 17 日，不构成涉案专利的现有技术。

富培公司提出的先用权所指向的技术存在于《委托加工契约书》所附的"产品图样"中，由于被告富培公司撤回了其对《委托加工契约书》所附的"产品图样"中的有关技术与涉案侵权产品的相关技术是否相同和《委托加工契约书》所附的"产品图样"的有关技术与原告的涉案专利技术是否相同进行鉴定的申请，故法院无法确认被告富培公司提出的《委托加工契约书》所附的"产品图样"中的有关技术与涉案专利技术相同的事实。另外，即便《委托加工契约书》所附的"产品图样"中的有关技术与涉案专利技术相同，被告富培公司仅凭《委托加工契约书》所附的"产品图样"也不足以证明其在专利申请日前已经制造相同产品、使用相同方法或者已经作好制造、使用的必要准备的事实。因此，被告富培公司提出先用权的抗辩理由，因其举证不能而不成立。

由于被告富培公司提出的先用权的抗辩理由不成立，该公司确认其制造和销售的涉案侵权产品的相关技术与原告涉案专利的独立权利要求的保护范围基本相同，因此，其在未经原告富达公司许可的情况下制造和销售、在"东方 CJ"进行许诺销售涉案侵权产品的行为，被告乐购公司销售涉案侵权产品的行为，均已构成对原告涉案专利权的侵犯。

由于被告富培公司制造、销售、许诺销售的行为构成了对原告涉案专利权的侵犯，因此，被告富培公司应立即停止制造、销售、许诺销售等侵犯原告涉案专利权的行为，被告乐购公司应立即停止侵犯原告涉案专利权的销售行为。

由于原告未能提供其实际损失的相关证据，也无法证明被告富培公司的实际销量和非法获利，因此，一审法院将综合原告涉案专利的类别，被告富培公司侵权持续的时间、范围、主观过错和被告富培公司在上海市知识产权局作出专利侵权纠纷处理决定书后仍继续侵权等因素，酌情确定被告富培公司的赔偿数额。由于原告不能证明被告乐购公司是与被告富培公司共同销售涉案侵权产

"二富"起纷争 富培走麦城

141

品的事实，且被告乐购公司销售涉案侵权产品有合法来源，据此，原告提出的被告乐购公司应对被告富培公司的赔偿责任承担 10 万元人民币的连带责任的诉讼请求，一审法院不予支持。

（三）评析

本案中，被告的先用权抗辩因其举证不能而未得到法院的支持。

先用权是指在专利申请日前已经制造相同产品、使用相同方法或者已经作好制造、使用的必要准备，并且仅在原有范围内继续制造、使用的，依据我国《专利法》的规定不视为侵犯专利权的行为。如果被告主张其在被上诉人申请专利之前已经作好制造、使用的必要准备，应提供相应的证据予以佐证。首先，本案中富培公司撤回了对其提供的《委托加工契约书》附图中所涉及的技术是否与本案专利技术相同的鉴定申请，故法院无法确认《委托加工契约书》附图中所涉及的技术与本案专利技术相同，对法官不支持先用权抗辩自然产生了心理影响。其次，即使《委托加工契约书》附图中所涉及的技术与本案专利技术相同，仅凭该《委托加工契约书》附图也无法证明上诉人在专利申请日前已经制造相同产品或者已经作好制造的必要准备，并且仅在原有范围内继续制造。因此，由于富培公司对其先用权抗辩未能提供充分的证据，故法院对其提出的先用权抗辩未予支持。

四、有关建议

针对现有技术抗辩来说，被告应提供在涉案专利申请日之前已经公开的技术作为证据，并且将涉案侵权产品与该现有技术进行特征比对，以便进行相关主张。

针对先用权抗辩来说，被告应提供证据证明其在涉案专利申请日前已经制造相同产品或者已经作好制造的必要准备，并且仅在原有范围内继续制造。在技术图纸资料、合作开发合同、生产材料准备、出货信息以及产品实物上均需要满足时间要求和证据关联性要求，否则先用权抗辩很难成立。

权利人提供被诉侵权人制造、销售被控侵权产品的证据比较充分，特别是，提供专利侵权纠纷处理决定书，用以证明被诉侵权人已知其侵权行为但并未停止的恶意，提供实物证据用以证明侵权产品落入权利保护范围，虽然权利人未能提供其实际损失的相关证据，也无法证明被诉侵权人实际销量和非法获利，但法院结合权利人提供的证据，考虑涉案专利为发明专利，被诉侵权人侵权持续的时间、范围、主观过错和在上海市知识产权局作出专利侵权纠纷处理决定书后仍继续侵权等因素，最终赔偿额为 28 万元，赔偿率为 93%。

五、小贴士

本案的证据亮点在于先行请求专利行政执法部门认定侵权事实再向法院起诉获得判赔。

被告如若不配合，鉴定机构现场测

——上海三思科技发展有限公司、上海三思电子工程有限公司与南京汉德森科技股份有限公司侵犯实用新型专利权纠纷案❶

上海三思汉德森，实用新型起干戈。

被告拒绝言特征，鉴定机构现场测。

被告坚持不认可，一审二审均被驳。

原告证据虽不纳，综虑酌赔五十万。

一、基本情况

原告上海三思科技发展有限公司（以下简称"三思科技公司"）、上海三思电子工程有限公司诉被告南京汉德森科技股份有限公司（以下简称"汉德森公司"）侵犯其实用新型专利权，索赔 58 万元。上海市第二中级人民法院审理后判赔 50 万元，经上海市高级人民法院审理后维持原判。

二、案例要点

权利人提供专利证书、专利检索报告用以证明其权利有效；提供网站电子证据以及现场拍摄照片，用以证明被诉侵权人侵犯其专利权；提供司法鉴定意见书用以证明被控侵权产品落入专利保护范围；提供与他人的系统安装施工合同和公函，用以证明其被侵权损失。虽然权利人所提供的证据并未被法院全部采信，但是，法院根据上述证据考虑被告侵权行为的性质、经营规模、对权利

---

❶　一审：上海市第二中级人民法院（2008）沪二中民五（知）初字第 271 号民事判决书；二审：上海市高级人民法院（2010）沪高民三（知）终字第 10 号民事判决书。

人造成损失的合理范围、涉案侵权产品的合理利润等因素，最终判定赔偿 50 万元，赔偿率为 86%。

三、案例评析

（一）双方举证情况

1. 原告三思科技公司、上海三思电子工程有限公司提供的证据

（1）权利证据，用以明确权利范围及权利有效性

- 专利说明书：证明涉案专利保护范围。
- 专利登记簿副本、专利年费缴费收据：证明涉案专利有效。

（2）指控汉德森公司侵权的证据

- 公证书 1：2008 年 7 月 11 日，两原告向上海市新黄浦公证处申请对坐落于上海市南京东路某号新世界休闲港湾楼上 LED 全彩弧形显示屏的显示现状予以保全证据公证，该公证处制作了（2008）沪新证字第 1465 号公证书，该公证书附有 4 张现场拍摄的照片。

- 公证书 2：2008 年 8 月 19 日，两原告向上海市新黄浦公证处申请对"www. handson. cc"网站的部分内容予以保全证据公证，该公证处制作了（2008）沪新证字第 1654 号公证书，根据该公证书的记载，该网站上有一篇题为《汉德森弧形全彩屏亮相上海南京路》的短文。

- 公证书 3：2008 年 9 月 24 日，两原告向上海市新黄浦公证处申请对坐落于上海市南京东路某号新世界休闲港湾楼上 LED 全彩弧形显示屏的背面现状予以保全证据公证，该公证处制作了（2008）沪新证字第 1349 号公证书，该公证书附有 7 张现场拍摄的照片。

- 合同书：2007 年 5 月 8 日，原告三思科技公司与案外人上海香榭丽广告有限公司（以下简称"香榭丽公司"）签订了《上海新世界休闲广场 C－0401 LED 彩色视频显示屏系统安装施工合同》，合同总价为人民币 4 480 000 元。2007 年 11 月 13 日，案外人香榭丽公司发《公函》给原告三思科技公司要求解除前述合同。之后案外人香榭丽公司与被告签订了一份销售合同，约定由被告提供安装于上海市南京东路新世界休闲港湾的 LED 显示屏。

（3）合理开支的证据

● 专利检索费、公证费发票。

2. 汉德森公司提供的证据

● 汉德森公司主张被控侵权产品使用的是现有技术，并申请对东方商厦的 LED 显示屏的技术特征进行现场勘验并进行比较。

（二）法院对证据的认定情况

根据两原告提交的证据及被告自认，前述 LED 彩色显示屏系由被告制作，前述网站也是被告公司的网站。

虽经一审法院多次释明，但被告仍拒绝向一审法院披露其制作的涉案新世界休闲港湾的 LED 显示屏结构的技术特征。经两原告申请，一审法院委托上海公信扬知识产权司法鉴定所（以下简称"公信扬鉴定所"）就涉案新世界休闲港湾的 LED 显示屏结构的技术特征与两原告专利权利要求 1~3 的技术特征是否相同或等同进行技术鉴定。公信扬鉴定所于 2009 年 10 月 20 日出具了沪公知鉴［2009］专初字第 017 号司法鉴定意见书，其与本案相关的鉴定结论为："LED 显示屏的弧面型显示面板结构"实用新型专利权（ZL200620041676. X）权利要求 1 记载有 3 个必要技术特征 A1~A3，它们与位于上海市南京东路某号新世界休闲港湾的 LED 显示屏结构的 3 个技术特征 B1~B3 一一对应相同。

两原告对该鉴定结论无异议。被告对该鉴定结论有异议，主要认为：①在鉴定程序问题方面，鉴定机构的选取和鉴定人员的专业背景均存在问题；②关于鉴定结论本身，认为鉴定专家在缺乏直接证据的情况下，仅根据测量数据得出结论，在逻辑上不严密，鉴定结论不可信。

一审法院认为：①关于司法鉴定程序。本案的司法鉴定机构是在双方当事人协商不成的情况下，由法院指定的有鉴定资格的鉴定机构，司法鉴定人也都具有"司法鉴定人执业证"，被告事先亦未对本案的司法鉴定人员提出回避申请。②关于司法鉴定结论。由于被控侵权的 LED 显示屏体积庞大并已经安装固定在建筑物上，一直处于工作状态，且被告拒不披露自己产品的技术特征，鉴定人员只能进行现场勘验。由于在勘验现场难以得到从高处对该显示屏整体的俯视图照或其模组箱体的俯视图照，因此，鉴定人员根据对模组箱体内中间及两侧位置的显示模块测量点离基准面距离的测量数据，并结合对该显示屏的正面观察，最终得出了上述鉴定结论。一审法院认为，该鉴定结论的依据充分，逻辑分析翔实，被告的异议理由不足以推翻该鉴定结论，故对该鉴定结论予以采信。

一审法院认为，被告拒不披露被控侵权的 LED 显示屏的技术特征，这不仅导致本案两原告专利与被告产品的技术特征比对只能依靠现场勘验，也导致了无法将被告产品的技术特征与公知技术的技术特征进行比对，因此对被告就东方商厦的 LED 显示屏的技术特征进行现场勘验的申请未予准许。

二审法院认为，在双方当事人不能协商确定鉴定机构的情况下，一审法院依法指定具有鉴定资质的公信扬鉴定所作为本案的鉴定机构，符合法律规定。本案的司法鉴定人均具有"司法鉴定人执业证"，且上诉人事先也未对相关司法鉴定人提出回避申请。现场勘验系在法院组织下进行，双方当事人均参与了现场勘验。因此，鉴定程序并未违反相关法律规定。一审司法鉴定意见书的结论具有充足的依据且分析翔实，上诉人虽对该鉴定结论提出异议，但未能提供充分的证据或理由足以否定该鉴定结论，一审法院对该鉴定结论予以采信并无不当。

二审法院认为，一审法院关于被控侵权产品的技术特征与公知技术的技术特征无法进行比对的理由不能成立，对此予以纠正。二审法院根据上诉人的申请对东方商厦的 LED 显示屏的技术特征与被控侵权产品的技术特征是否相同或等同进行了技术鉴定，并得出了相应的鉴定结论。为此，公信扬鉴定所接受法院委托对相关事项进行了技术鉴定，并作出二审司法鉴定意见书，鉴定结论为新世界休闲港湾的 LED 显示屏的 3 个技术特征 A1、A2、A3 与东方商厦的 LED 显示屏的 3 个技术特征 B1、B2、B3 相比，A1 与 B1、A2 与 B2 一一对应相同，而 A3 与 B3 既不相同也不等同。二审法院对该鉴定结论予以采信，认定汉德森公司提出的现有技术抗辩依法不能成立。

一审、二审法院均认为，两原告提交的证据尚不足以证明其因侵权受到的损失，因此对该赔偿依据不予认可。鉴于两原告未提供证据证明自己因侵权受到的损失以及被告因侵权的获利，也未提供确定的专利许可使用费数额，综合考虑被告侵权行为的性质、经营规模、给原告造成损失的合理范围、涉案侵权产品的合理利润等因素，酌定被告应承担赔偿两原告经济损失及合理费用支出的具体数额为50万元。

（三）评析

判断被控侵权产品是否落入专利保护范围和判断被控侵权产品是否属于现有技术都需要先确定被控侵权产品的技术特征。在本案中，被告拒不披露被控侵权的 LED 显示屏的技术特征，这导致两原告专利与被告产品的技术特征比对只能依靠现场勘验和鉴定意见，也导致无法将被告产品的技术特征与公知技术的技术特征进行比对，这可能是一审法院对被告的现有技术抗辩请求未予准许的原因。

本案中，权利人提供专利证书、专利检索报告用以证明其权利有效；提供网站电子证据以及现场拍摄照片，用以证明被诉侵权人侵犯其专利权；提供司法鉴定意见书，用以证明被控侵权产品落入专利保护范围；权利人提供与他人的系统安装施工合同和公函，用以证明其被侵权损失。虽然权利人所提供的证据并未被法院全部采信，但是，法院根据上述证据考虑被告侵权行为的性质、经营规模、对权利人造成损失的合理范围、涉案侵权产品的合理利润等因素，最终判定赔偿50万元。

四、有关建议

根据《专利法》和最高人民法院有关司法解释的规定，人民法院追究侵权人的赔偿责任时，侵权赔偿数额按照权利人因被侵权所受到的实际损失确定；实际损失难以确定的，可以按照侵权人因侵权所获得的利益确定。权利人因被侵权所受到的实际损失可以根据专利权人的专利产品因侵权所造成销售量减少的总数乘以每件专利产品的合理利润所得之积计算。权利人销售量减少的总数难以确定的，侵权产品在市场上销售的总数乘以每件专利产品的合理利润所得之积可以视为权利人因被侵权所受到的损失。侵权人因侵权所获得的利益一般按照侵权人的营业利润计算，对于完全以侵权为业的侵权人，可以按照销售利润计算。权利人的损失或者侵权人获得的利益难以确定，有专利许可使用费可以参照的，人民法院可以根据专利权的类型，侵权行为的性质和情节，专利许可的性质、范围、时间等因素，参照该专利许可使用费的倍数合理确定赔偿数额；没有专利许可使用费可以参照或者专利许可使用费明显不合理的，人民法院可以根据专利权的类型、侵权行为的性质和情节等因素，在法定范围内确定赔偿数额。

在我国，大部分专利侵权案件中，原告难以证明自己因侵权所受的损失，也无法获取到被告因侵权获利的证据，还不能提供专利许可使用费的证明，故法院多采用法定赔偿。而影响法定赔偿数额的因素有很多，如被告侵权活动的规模、侵权产品的销售范围等。在本案中，原告三思科技公司提供了与案外人香榭丽公司签订的《上海新世界休闲广场 C－0401 LED 彩色视频显示屏系统安装施工合同》。两原告认为，由于被告的专利侵权行为，案外人解除了与原告三思科技公司的合同，直接导致两原告经济损失 582 400 元人民币，计算方式为：合同总价（4 480 000 元人民币）乘以 13% 的利润率。虽然法院没有采信该证据，但判赔数额与之相差不大。这充分说明，原告提供的证据越多、越充分，就越容易影响法官的内心确认，得到高额法定赔偿的可能性就越大。

五、小贴士

本案的判赔亮点是原告提供了第三人解除与其签署的委托施工合同，导致其经济损失，虽未被法院采信，但亦在法院对判赔额的把握上起到了作用。

隆成庆扬纷争起，争议焦点为恶意

——中山市隆成日用制品有限公司与东莞市庆扬塑胶五金制品有限公司侵犯外观设计专利权纠纷案❶

> 童车护罩外观权，隆成庆扬起纠葛。
> 请求无效是权利，不是故意不认错。
> 一审法院初判决，主观恶意争议惹。
> 二审法院再斟酌，合理判赔定数额。

一、基本情况

广东省东莞市中级人民法院公开审理中山市隆成日用制品有限公司（以下简称"隆成公司"）诉东莞市庆扬塑胶五金制品有限公司（以下简称"庆扬公司"）侵犯外观设计专利权纠纷案，原告索赔数额30万元，东莞市中级人民法院判赔数额25万元。

之后庆扬公司提起上诉，广东省高级人民法院公开审理后维持了一审法院的判赔数额。

二、案例要点

一审法院认为，庆扬公司主观恶意较大，因其就本案专利提出多次诉讼和行政处理程序，拒不承认错误。对此，二审法院认为，请求国家知识产权局专利复审委员会宣告专利权无效和就专利复审委员会的审查决定提起诉讼，请求

---

❶ 一审：东莞市中级人民法院（2008）东中法民三初字第271号民事判决书；二审：广东省高级人民法院（2009）粤高法民三终字第37号民事判决书。

管理专利工作的部门处理侵犯专利权行为和就管理专利工作的部门处理决定提起诉讼，是公民、法人的权利，一审判决以庆扬公司就本案专利提出多次诉讼和行政处理程序，认定其为拒不承认错误、主观恶意较大不妥。

本案中，权利人提供的证据较充足，说理充分，虽然权利人没有提供证据证明其因侵权所受损失或被诉侵权人因侵权所获利益，亦无专利许可使用费可供参照，但法院考虑侵权产品销售数量较大，结合实际情况，判赔数额 25 万元，判赔较高，赔偿率为 83%。

三、案例评析

（一）双方举证情况

隆成公司提交的证据有：

（1）权利证据，用以明确权利类型及权利有效

• 1999 年 6 月 1 日，隆成公司向国家知识产权局申请名称为"婴幼儿车车轮护罩"的外观设计专利，并于 2000 年 3 月 15 日被授予专利权，专利号为 ZL99307743.9，以证明隆成公司为涉案专利的权利人。

• 2007 年 1 月 19 日，庆扬公司向国家知识产权局专利复审委员会提出涉案专利无效宣告的请求。2007 年 11 月 16 日，国家知识产权局专利复审委员会作出的第 10623 号无效宣告请求审查决定书，维持涉案专利的专利权有效，以证明涉案专利的专利权有效。

（2）有关庆扬公司侵权行为的证据

• 2006 年 12 月 28 日，广东省知识产权局《调查勘验笔录》等证据，以证明庆扬公司制造并销售了"9114"型童车。

• 2008 年 1 月 31 日，广州市中级人民法院作出的（2007）穗中法行初字第 34 号行政判决，在查明事实部分中陈述庆扬公司代理人曾旻辉在广东省知识产权局审理案件时承认庆扬公司制造销售的"9114"型童车与涉案专利近似，落入涉案专利的保护范围。

• 2008 年 5 月 26 日，广东省高级人民法院作出（2008）粤高法行终字第 31 号行政判决，以证明庆扬公司制造并销售的"9114"型童车与涉案专利设

计图片二者构成相似，"9114"型童车落入涉案专利的保护范围。

（3）行政机关对被诉侵权人的侵权产品的处理决定等证据，用以证明庆扬公司的侵权行为

- 2007年10月12日，广东省知识产权局出具的粤知法处字〔2006〕第43号专利纠纷案件处理决定书，处理决定为庆扬公司停止制造、销售与ZL99307743.9外观设计专利相近似的"9114"型童车产品，销毁库存的"9114"型童车车轮护罩一个。

- 庆扬公司不服上述处理决定，提起行政诉讼，2008年1月31日，广州市中级人民法院作出的（2007）穗中法行初字第34号行政判决，维持粤知法处字〔2006〕第43号专利纠纷案件处理决定书。

- 庆扬公司不服上述一审判决，提起上诉，2008年5月26日，广东省高级人民法院作出（2008）粤高法行终字第31号行政判决，维持原审原判。

（4）合作协议、广东省知识产权局《调查勘验笔录》等证据，以证明庆扬公司与美国BT公司联合，用以证明庆扬公司的主观恶意侵权

- 合作协议等证据，以证明美国BT公司为隆成公司涉案专利产品在美国的销售商。

- 2006年12月28日，广东省知识产权局《调查勘验笔录》中，在庆扬公司就其涉嫌侵犯本案专利的行为进行现场勘验检查，查明庆扬公司制造销售的"9114"型童车的委托方为美国BT公司。

（5）庆扬公司的侵权行为对隆成公司造成的实际损失证据

- 2007年10月12日广东省知识产权局出具的粤知法处字〔2006〕第43号专利纠纷案件处理决定书中，载明2006年12月28日广东省知识产权局在庆扬公司现场发现该公司共销售"9114"型童车42 431台，证明被诉侵权人的销售规模。

（二）法院对证据的认定情况

法院认为，已经生效的（2008）粤高法行终字第31号行政判决对庆扬公司制造的"9114"型童车与隆成公司ZL99307743.9外观设计专利的图片进行了全面比对，认定两者构成相似，确认庆扬公司制造的"9114"型童车落入

本案专利保护范围、已构成侵权的事实。庆扬公司并未提供相反证据足以推翻上述认定。根据《最高人民法院关于民事诉讼证据的若干规定》第9条第1款第（4）项、第2款的规定，隆成公司主张庆扬公司侵犯其外观设计专利权，无需再提供证据证明，一审法院认定庆扬公司已构成侵权。因本案不仅经过专利工作部门进行了侵权认定，还经过了司法程序作出了侵权认定，故庆扬公司应当承担赔偿损失的责任。

被诉侵权产品销量较大，达42 431台；隆成公司为维权支出了合理费用，且考虑到隆成公司支出的费用在多个案件中有重复，酌定庆扬公司赔偿隆成公司经济损失25万元，符合法律的规定和本案实际情况。就本案专利提出多次诉讼和行政处理程序中属于隆成公司因调查、制止侵权行为所支付的合理费用的，可作为赔偿额的组成部分，由庆扬公司予以赔偿。权利人获取侵权证据局限于某一时段或时点，是客观规律使然，不能据此认为该时段或时点之外，被控侵权人主动停止了侵权行为。庆扬公司是否主动停止侵权行为，不影响其对已经查明的侵权行为承担赔偿责任。获取的被控侵权产品的总价格和获利均是酌定的因素而非酌定的唯一依据。

（三）评析

本案中，隆成公司并未提供证据证明其因庆扬公司侵权所受到的损失或庆扬公司因此所获得的利润，法院适用的是法定赔偿的计算方式。

一审法院对赔偿额的确定所依据的因素为侵权产品销售数量以及庆扬公司的主观状态。一审法院认为庆扬公司就本案专利提出多次诉讼和行政处理程序，拒不承认错误，其主观恶意较大，同时将由于庆扬公司在行政查处后未停止侵权行为，隆成公司在其后进行的多次诉讼所支付的费用均列入了为制止庆扬公司侵权而支出的合理费用，判决应当予以赔偿。二审法院细化了法定赔偿中的考虑因素，纠正了一审对于庆扬公司主观恶意较大的认定。二审法院认为，请求国家知识产权局专利复审委员会宣告专利权无效和就国家知识产权局专利复审委员会的审查决定提起诉讼，请求管理专利工作的部门处理侵犯专利权行为和就管理专利工作的部门处理决定提起诉讼是公民、法人的权利，不能以此认定被诉侵权人的恶意程度。行为人的"过错"应否作为法院适用法定赔偿的酌定因素，理论界和实务界没有一致的看法。但是，对恶意侵权人在法定限额内承担较高数额的赔偿观点是一致的。《最高人民法院关于审理专利纠纷案件适用法律问题的若干规定》第 21 条将"侵权人侵权的性质和情节"列为酌定考虑的因素之一，并未将过错程度明确排除于外。实务中多将被诉侵权人的主观状态作为确定赔偿数额的一个考量因素。将过错程度作为酌定因素的主要目的在于对故意侵权行为予以惩戒，即被诉侵权人明知是侵权行为仍有意为之，甚至在权利人起诉后仍继续侵权可以推定其侵权获利相比较而言数额较大，此时，将该因素作为增加赔偿数额的考虑令其在法定限额内承担更重的赔偿责任是适当的。

四、有关建议

司法实践中，权利人就特定的侵权行为提起诉讼之后，该侵权行为可能仍在继续，甚至在法院作出生效判决之前，侵权行为仍未停止。对于被控侵权行为在诉讼过程中仍在进行，权利人在案件审理过程中对因此造成的扩大损害提出明确的赔偿请求的，终审判决应将这部分损失一并计算在赔偿范围之内。

面对持续不断的侵权行为，权利人可以多管齐下，已经生效的行政处理决定和在先司法判决确认的事实，有助于被法院采纳并判处较高的赔偿数额。

制造进口若侵权，合法抗辩不豁免

——康贝（上海）有限公司与深圳市维尼健康用品有限公司侵害发明专利权纠纷案[1]

> 康贝一怒告维尼，侵犯纸巾专利权。
> 被告手中有证据，证明合法之来源。
> 参照法律七十条，合法抗辩有依据。
> 制造进口不适用，使用销售才豁免。

一、基本情况

原告康贝（上海）有限公司因被告深圳市维尼健康用品有限公司侵犯发明专利权纠纷，向广东省深圳市中级人民法院提起诉讼，原告索赔 30 万元，深圳市中级人民法院判赔 20 万元。

深圳市维尼健康用品有限公司不服一审判决，向广东省高级人民法院提起上诉。广东省高级人民法院判决驳回上诉，维持原判。

二、案例要点

被诉侵权人提出未制造被控侵权产品、被控侵权产品有合法来源的证据，以及认为原告没有诉讼权，但法院不予支持。原告提供其与权利人的专利实施许可合同用以证明其具有诉权，并明确许可费用，提供天猫网站电子证据、购买公证材料、商标信息，用以证明被诉侵权人制造、许诺销售、销售被控侵权

---

[1] 一审：深圳市中级人民法院（2013）深中法知民初字第 264 号民事判决书；二审：广东省高级人民法院（2014）粤高法民三终字第 124 号民事判决书。

产品，证据充分，法院综合原告和被诉侵权人的证据，判赔 20 万元，赔偿率为 66.6%。

三、案例评析

（一）双方举证情况

1. 康贝（上海）有限公司提交的证据

（1）权利证据，用以明确权利类型及权利有效

• 2000 年 9 月 14 日，康贝株式会社（原名称"宫比株式会社"）向国家知识产权局申请名称为"湿织物加热器和织物举升板"的发明专利，并于 2001 年 5 月 9 日公开，2005 年 5 月 18 日被授予专利权，专利号为 ZL00128518.1。

• 国家知识产权局专利收费收据，以证明权利处于有效状态。

• 2013 年 2 月 8 日，康贝株式会社与康贝（上海）有限公司签订的《专利实施许可合同》、国家知识产权局于 2013 年 2 月 21 日出具的专利实施许可合同备案，备案号：2013990000071，以及康贝株式会社出具的授权证明，合同约定康贝株式会社将涉案专利独占许可给康贝（上海）有限公司，有效期为 2013 年 2 月 8 日至 2016 年 2 月 7 日，以证明康贝（上海）有限公司具有在中国大陆就任何侵犯涉案专利的行为单独提起诉讼的诉权。

（2）证明深圳市维尼健康用品有限公司侵权行为的证据

• （2013）沪卢证经字第 287 号公证书。证明 2013 年 1 月 28 日，深圳市维尼健康用品有限公司的天猫网站的页面上，宣传并销售被控侵权产品"维尼湿纸巾加热器"，产品的宣传标注上有深圳市维尼健康用品有限公司"维尼 VINNERLOVE"商标，并公证购买被控侵权产品"维尼湿纸巾加热器"。

• 国家工商行政管理总局商标局商标查询信息打印件，证明："维尼 VIN-NERLOVE"商标是深圳市维尼健康用品有限公司申请注册的商标。

• （2013）沪卢证经字第 464 号公证书。证明康贝（上海）有限公司委托代理人吴利从天猫网站上购买被控侵权产品后的收货过程。

• （2013）沪卢证经字第 289 号公证书。证明淘宝网上出现大量销售标有维尼商标的被控侵权产品的事实，康贝（上海）有限公司委托代理人在淘宝

网的宝贝搜索栏中输入"维尼湿纸巾加热器"关键字，出现多个销售被控侵权产品的店铺。

- 公证购买的被控侵权产品"维尼湿纸巾加热器"，包装盒上标注有"维尼爱"包括海豚图案的商标，并标注有以下信息：公司名称：深圳市维尼健康用品有限公司，地址：深圳市大浪街道华荣路昱南通科技园 3 栋，电话：0755 - 33255309，传真：0755 - 33255376，网址：www. vinner1. com，电邮：vinner1@ sina. com；被控侵权产品"维尼湿纸巾加热器"标注有"维尼 VINNERLOVE 婴幼儿湿巾专家"字样，加热器底部的标贴记载有如下信息：产品型号：SM - 1，产品名称：湿纸巾加热器，公司名称是深圳市维尼健康用品有限公司，产品说明书标注信息："Babycare 维尼 VINNERLOVE""爱宝宝、更要懂宝宝"，公司名称：深圳市维尼健康用品有限公司，电话：0755 - 33255309，传真：0755 - 33255376，以证明深圳市维尼健康用品有限公司制造、销售、许诺销售被控侵权产品。

（3）深圳市维尼健康用品有限公司的侵权行为对康贝（上海）有限公司造成的实际损失证据

- 2013 年 2 月 8 日，康贝株式会社与康贝（上海）有限公司签订的《专利实施许可合同》以及国家知识产权局于 2013 年 2 月 21 日出具的专利实施许可合同备案凭证，备案号：2013990000071，合同约定康贝株式会社将涉案专利独占许可给康贝（上海）有限公司，有效期为 2013 年 2 月 8 日至 2016 年 2 月 7 日，3 年专利许可费总计为 90 万元人民币（但是康贝（上海）有限公司未提交支付专利许可使用费的凭证证据）。

2. 深圳市维尼健康用品有限公司提交的证据

深圳市维尼健康用品有限公司提交的证明被控侵权产品不构成对涉案专利的侵权行为的证据如下：

- 深圳市维尼健康用品有限公司与佛山市顺德区德朗电器制造有限公司的《委托生产协议》，深圳市维尼健康用品有限公司从佛山市顺德区德朗电器制造有限公司购买被控侵权产品，共购买 1000 台，用来赠送给加盟商，被控侵权产品属于赠送产品。

- 深圳市维尼健康用品有限公司支付给佛山市顺德区德朗电器制造有限公司货款的中国银行网上电予回单，分两次支付，共计人民币 42 000 元。
- 佛山市顺德区德朗电器制造有限公司给深圳市维尼健康用品有限公司开具的增值税发票，发票上载明：型号 SM－01，名称：湿巾加热器，单价：35. 89 元（不含税），1000 台的总金额人民币 42 000 元。
- 佛山市顺德区德朗电器制造有限公司的送货清单。
- 佛山市顺德区德朗电器制造有限公司的工商登记信息以及产品网页打印件，以证明佛山市顺德区德朗电器制造有限公司制造被控侵权产品，以及佛山市顺德区德朗电器制造有限公司未制造被控侵权产品，其产品来源合法。

（二）法院对证据的认定情况

法院采信了康贝（上海）有限公司提交的权利证据、有关诉权的证据、公证购买的证据以及有关损失的证据。具体情况如下：

（1）2000 年 9 月 14 日，康贝株式会社（原名称"宫比株式会社"）向国家知识产权局申请名称为"湿织物加热器和织物举升板"的发明专利，并于 2001 年 5 月 9 日公开，2005 年 5 月 18 日被授予专利权，专利号为 ZL00128518.1。法院认定该专利合法有效。

（2）2013 年 2 月 8 日，康贝株式会社与康贝（上海）有限公司签订的《专利实施许可合同》、国家知识产权局于 2013 年 2 月 21 日出具的专利实施许可合同备案凭证，备案号：2013990000071，以及康贝株式会社出具的授权证明，合同约定康贝株式会社将涉案专利独占许可给康贝（上海）有限公司，有效期为 2013 年 2 月 8 日至 2016 年 2 月 7 日，以证明康贝（上海）有限公司具有在中国大陆就任何侵犯涉案专利的行为单独提起诉讼的诉权。法院对此予以认可。

（3）有关侵权行为的证据，包括如下公证书：①（2013）沪卢证经字第 287 号公证书（2013 年 1 月 28 日，网页公证保全）：深圳市维尼健康用品有限公司的天猫网站的页面上，宣传并销售被控侵权产品"维尼湿纸巾加热器"，产品的宣传标注上有深圳市维尼健康用品有限公司"维尼 VINNERLOVE"商标，并公证购买被控侵权产品"维尼湿纸巾加热器"。②（2013）沪卢证经字第464号公证书：康贝（上海）有限公司委托代理人吴利从天猫网站上购买被控侵权产品后的收货过程。③（2013）沪卢证经字第289号公证书：淘宝网上出现大量销售标有维尼商标的被控侵权产品的事实，康贝（上海）有限公司委托代理人在淘宝网的宝贝搜索栏中输入"维尼湿纸巾加热器"关键字，出现多个销售被控侵权产品的店铺；公证购买的被控侵权产品"维尼湿纸巾加热器"，包装盒上标注有"维尼爱"包括海豚图案的商标，并标注有以下信息：公司名称：深圳市维尼健康用品有限公司，地址：深圳市大浪街道华荣路昱南通科技园3栋，电话：0755-33255309，传真：0755-33255376，网址：www. vinner1. com、电邮：vinner1@ sina. com，被控侵权产品"维尼湿纸巾加热器"标注有"维尼 VINNERLOVE 婴幼儿湿巾专家"字样，加热器底部的标贴记载有如下信息：产品型号：SM-1，产品名称：湿纸巾加热器，公司名称是深圳市维尼健康用品有限公司，产品说明书标注信息："Babycare 维尼 VIN-NERLOVE""爱宝宝、更要懂宝宝"，公司名称：深圳市维尼健康用品有限公司，电话：0755-33255309，传真：0755-33255376，以证明深圳市维尼健康用品有限公司制造、销售、许诺销售被控侵权产品。这些证据均可以证明侵权行为的存在。

《最高人民法院关于产品侵权案件的受害人能否以产品的商标所有人为被告提起民事诉讼的批复》[法释（2002）22号]规定，任何将自己的姓名、名称、商标或者可资识别的其他标识体现在产品上，表示其为产品制造者的企业或个人，均属于《民法通则》第122条规定的"产品制造者"和《产品质量法》规定的"生产者"。由于被诉侵权的湿巾加热器以及包装盒上均标注公司名称是深圳市维尼健康用品有限公司，上面还有深圳市维尼健康用品有限公司的商标，故根据上述规定，深圳市维尼健康用品有限公司依法可以认定为产品制造者，据此认定深圳市维尼健康用品有限公司制造被诉侵权产品的事实。深圳市维尼健康用品有限公司在网站上公开宣传其被诉侵权产品，深圳市维尼健康用品有限公司的行为构成许诺销售被诉侵权产品。

由于深圳市维尼健康用品有限公司在本案中的身份之一为被诉侵权产品制造者，不符合《专利法》第70条规定中"能证明该产品合法来源的，不承担赔偿责任"的主体资格，因此即使被诉侵权产品确实是由佛山市顺德区德朗电器制造有限公司生产，深圳市维尼健康用品有限公司在本案中也不能免除赔偿责任。

经过分析比对，法院认定被诉侵权产品结构与康贝（上海）有限公司本案专利的技术特征相同，落入康贝（上海）有限公司专利权保护范围。深圳市维尼健康用品有限公司也确认被诉侵权产品的结构与康贝（上海）有限公司专利权利要求的技术特征完全相同。

（三）评析

专利法意义上的制造者不一定是被诉侵权产品的实际生产者。被诉侵权产品有深圳市维尼健康用品有限公司的商标、企业名称等信息，深圳市维尼健康用品有限公司也确认其生产被诉侵权产品，据此，一审法院认定深圳市维尼健康用品有限公司制造被诉侵权产品的事实。

《专利法》第70条的合法来源抗辩只适用于使用者、许诺销售者或者销售者，而不适用于制造者和进口者。由于深圳市维尼健康用品有限公司在本案中的身份之一为被诉侵权产品制造者，不符合合法来源免赔的主体资格，因此即使被诉侵权产品确实是由佛山市顺德区德朗电器制造有限公司生产，深圳市维尼健康用品有限公司在本案中也不能免除赔偿责任。

专利侵权判定的比较客体应该是权利人所主张的涉案专利相关权利要求和被控侵权技术方案。在判断被控侵权技术方案是否侵犯涉案专利权时，应将被控侵权技术方案与权利人主张的相关专利权利要求所记载的技术方案进行一一比较，不得将被控侵权技术方案与涉案专利产品直接进行比较。当被控侵权技术方案也有专利权时，也不得直接将双方专利产品进行比较，或者将双方的专利权利要求进行比较。判定被控侵权技术方案是否落入专利权的保护范围时，要对专利权利要求和被控侵权技术方案进行特征划分，将相应的技术特征进行特征对比，然后再判断被控侵权技术方案是否构成相同侵权；在二者存在区别的情况下，必要时还需判断是否构成等同侵权。在专利侵权判定中，应当采用"技术特征逐一比对"的方式。并贯彻全面覆盖原则。如果被控侵权技术方案包含与权利要求记载的全部技术特征相同或者等同的技术特征的，应当认定其落入专利权的保护范围；如果被控侵权技术方案与权利要求记载的全部技术特征相比，缺少权利要求记载的一个或一个以上的技术特征，或者有一个或一个以上技术特征不相同也不等同的，应当认定其没有落入专利权的保护范围。本案中，原告康贝（上海）有限公司自愿主张权利要求1作为诉讼的权利保护范围，法院经比对，认定被诉侵权产品的技术特征落入本案专利权的保护范围。

四、有关建议

《专利法》第70条的合法来源抗辩只适用于使用者、许诺销售者或者销售者，而不适用于制造者和进口者。制造者和进口者在从事制造和进口某产品之前，要先进行必要的专利检索，以确保自己不构成侵权行为；销售者、使用者要做好产品合法来源的证据留存，这样有利于免除侵权赔偿责任。

审理侵犯发明或者实用新型专利权纠纷案件，应当首先确定专利权保护范围。发明或者实用新型专利权保护范围应当以权利要求书记载的技术特征所确定的内容为准，也包括与所记载的技术特征相等同的技术特征所确定的内容。确定专利权保护范围时，应当对专利权人作为权利依据所主张的相关权利要求进行解释。专利独立权利要求从整体上反映发明或者实用新型专利的技术方案，记载解决技术问题的必要技术特征，与从属权利要求相比，其保护范围最大。确定专利权保护范围时，通常应当对保护范围最大的专利独立权利要求作出解释。一项专利中有两个以上的独立权利要求，应该根据权利人提出的请求，解释其中有关独立权利要求确定的保护范围。权利人主张以从属权利要求确定保护范围的，应当以该从属权利要求记载的附加技术特征及其直接或间接引用的权利要求记载的技术特征，一并确定专利权保护范围。在侵权诉讼中，一般法院要求专利权人明确其主张的权项，如果不予明确，一般以全部权利要求为其诉讼的保护范围。

对比方案不一般，重新起诉案可判

——北京普源精电科技有限公司诉深圳市安泰信电子有限公司等侵犯专利权纠纷案❶

普源诉讼安泰信，矛盾纠纷不一般。

对于原告方而言，权利基础有更变。

对比方案不一般，重新起诉理可参。

照片报告供参考，判赔本案三十万。

一、基本情况

2008 年 8 月 16 日，原告北京普源精电科技有限公司（以下简称"普源精电公司"）因与被告深圳市安泰信电子有限公司（以下简称"安泰信公司"）、北京力高新达商贸有限公司（以下简称"力高新达公司"）侵犯实用新型专利权纠纷案，向北京市第二中级人民法院提起诉讼，索赔 50 万元，法院判赔 30 万元。

二、案例要点

被诉侵权人提出权利人重复起诉以及司法鉴定报告、检测报告等证据，但法院不予支持。权利人提供被控侵权产品实物、被控侵权产品 PC 板电路照片、司法鉴定报告等，用以证明侵权产品落入专利权保护范围；提供购买被控侵权产品的发票，用以证明被诉侵权人制造销售侵权产品。虽然权利人未提出明确的证据，但法院参照被诉侵权人制造、销售被控侵权产品的时间长短、被

---

❶ 一审：北京市第二中级人民法院（2008）二中民初字第 14116 号民事判决书。

控侵权产品的销售单价、被控侵权物在被控侵权产品中所起的作用等因素，酌情确定本案的具体赔偿数额，经法院判决赔偿 30 万元，赔偿率为 60%。

三、案例评析

（一）双方举证情况

1. 普源精电公司提交的证据

① 专利证书；

② 专利登记簿副本；

③ 专利年费缴纳收据；

④ 专利权利要求书；

⑤ 专利说明书及附图；

⑥ 被控侵权产品实物；

⑦ 被控侵权产品 PC 板电路照片；

⑧ 购买被控侵权产品的发票；

⑨ 北京市海淀区公证处（2006）海证民字第 10412 号公证书；

⑩ 北京市海淀区公证处出具的公证费发票；

⑪ 中国计量科学研究院《测试证书》；

⑫ 中国计量科学研究院出具的收费发票；

⑬ 北京智慧知识产权司法鉴定中心《司法鉴定意见书》；

⑭ 北京智慧知识产权司法鉴定中心出具的收费发票；

⑮ 北京市国信公证处（2008）京国信内经证字第 2715 号公证书；

⑯ 北京市国信公证处出具的公证费发票。

其中，证据①～③证明普源精电公司对涉案专利享有专利权；证据④～⑤证明涉案专利的保护范围；证据⑥⑨证明安泰信公司制造、销售被控侵权产品的事实；证据⑦⑪⑬证明被控侵权物具备涉案专利的全部必要技术特征；证据⑧⑩⑫⑭⑯证明普源精电公司因本案诉讼支出的合理费用，证据⑮证明对被控侵权产品的调取、封存、测试过程，均有公证人员在场监督。

2. 安泰信公司提交的证据

⑰ 普源精电公司于 2006 年 12 月 22 日提交的起诉状；

⑱ 北京市第二中级人民法院（2007）二中民初字第 1945 号民事判决书；

⑲ 北京市高级人民法院（2008）高民终字第 318 号民事判决书；

⑳ 北京九州世初知识产权司法鉴定中心《鉴定报告书》；

㉑ 第 10517 号无效宣告请求审查决定书；

㉒ 北京九州世初知识产权司法鉴定中心《答复意见》；

㉓ 深圳市电子产品质量检测中心《检验报告》。

其中，证据⑰证明普源精电公司已就相同事实起诉过，本案属于重复诉讼；证据⑱⑲证明原判一审、二审均认为安泰信公司不侵权；证据⑳㉒证明原鉴定机构认为被控侵权物没有落入涉案专利的保护范围；证据㉑证明涉案专利权利要求 1、2 无效；证据㉓证明安泰信公司对被控侵权产品拥有自主知识产权。

（二）法院对证据的认定情况

虽然证据②显示的时间是 2005 年 6 月 29 日，但是证据③证明在 2008 年 4 月 19 日普源精电公司继续在缴纳专利年费，故涉案专利权是有效的。

证据⑪⑬均是普源精电公司单方委托后提交，安泰信公司对证据的真实性未提出异议。普源精电公司对证据⑰~㉓的真实性也没有提出异议，故法院对证据①~㉓的真实性全部予以确认。

（三）评析

本案中，原告普源精电公司起诉所依据的专利权与北京市第二中级人民法院（2007）二中民初字第 1945 号案件中所依据的权利相比，其专利权的保护范围发生了变化，据此，专利技术方案与被控侵权物的技术方案的对比事实也相应地发生了变化，因此，普源精电公司提起本案诉讼不属于重复起诉。

关于赔偿数额，普源精电公司未提出明确的证据，法院参照安泰信公司制造、销售被控侵权产品的时间长短、被控侵权产品的销售单价、被控侵权物在被控侵权产品中所起的作用等因素，酌情确定本案的具体赔偿数额。对于原告普源精电公司要求被告安泰信公司支付其因本案诉讼支出的合理费用的请求，法院对其中的合理部分予以支持。

被告力高新达公司销售的被控侵权产品系来自被告安泰信公司，对原告普源精电公司要求判令力高新达公司停止销售被控侵权产品的请求，法院予以支持。鉴于法院判处被告停止侵权的方式已能够有效制止侵权行为，故对原告普源精电公司请求判令被告安泰信公司销毁制造涉案侵权产品的模具及其他专用设备、材料的请求，法院不予支持。

另外，鉴于原告普源精电公司所主张的专利权系财产性权利，对其要求被告安泰信公司赔礼道歉的诉讼请求，法院亦不予支持。

四、有关建议

本案中，原告提交的证据⑪（中国计量科学研究院《测试证书》）以及证据⑬（北京智慧知识产权司法鉴定中心《司法鉴定意见书》）均是单方委托的鉴定申请，作为被告来说，应当合理质疑其真实性，以使法院不予采纳该单方证据。

另外，对于原告来说，在权利基础发生变化后，专利技术方案与被控侵权物的技术方案的对比事实也相应地发生了变化，因此，原告可以重新起诉而不属于重复起诉。

"威极"恶意傍名牌，"海天"虽胜誉亦坏

——广东省佛山市中级人民法院两次公开审理佛山海天公司诉高明威极公司侵害商标权及不正当竞争纠纷案❶

"威极"商标真是奇，隶属海天非威极。

只因海天早注册，且是驰名海内知。

被告恶意搭便车，已然构成不正当。

虽然判赔数额高，商标信誉已损失。

一、案由

2012 年 8 月 14 日、10 月 25 日，广东省佛山市中级人民法院两次公开审理佛山市海天调味食品股份有限公司（以下简称"海天公司"）诉佛山市高明威极调味食品有限公司（以下简称"威极公司"）侵害商标权及不正当竞争纠纷案，索赔 1000 万元，判赔 655 万元。

二、案例要点

本案主要关注点是：诉求额较高，获赔数额也较高；权利人提供的证据充足，说理充分，被法官采信度高。

三、案例评析

（一）双方举证情况

海天公司提交的证据有：

---

❶ 一审：佛山市中级人民法院（2012）佛中法知民初字第 352 号民事判决书。

（1）权利证据，用以明确权利类型及权利有效

• 第 204984 号商标注册证、第 3448510 号商标注册证，证明海天公司于 1984 年 2 月 28 日取得"海天"注册商标专用权。

• 第 679197 号商标注册证书、广东省著名商标证书，证明海天公司于 1994 年 2 月 28 日取得了"威极"商标注册证，并于 2005 年 3 月被认定为广东省著名商标。

• 证书，证明 1996 年 2 月（威极公司成立以前），海天公司的"海天"牌酱油被确认为广东省名牌产品。

• 广东省经济委员会、广东名牌产品认定委员会联合下发的粤经资〔1996〕092 号《关于确认广东省第一批名牌产品的决定》、《南方日报》上公布的第一批名牌产品名单，证明 1996 年 2 月（威极公司成立以前），海天公司的"海天"牌酱油被确认为广东省名牌产品。所有海天公司出品的酱油都会贴上"海天"商标，包括海天公司出品的"威极酱油"，都属于海天酱油的范围。

• 《关于认定"海天"商标为驰名商标的通知》，证明 2000 年 9 月 27 日，国家工商行政管理局商标局认定"海天"为驰名商标。

（2）被告侵权行为证据

威极公司恶意在其企业名称中使用海天公司"威极"注册商标中的"威极"二字作为字号，致使社会公众对其产品来源产生混淆。早在威极公司 1998 年登记成立以前，海天公司已于 1994 年取得"威极"商标注册证，海天公司出品的"海天"牌酱油（包含"威极"系列）于 1996 年被确认为广东省名牌产品，并且该公司于 1997 年就已成为全国最大的调味品生产企业。作为行业内的生产企业，威极公司不可能不注意到海天公司在大佛山地区已经取得的行业龙头地位，不可能不注意到海天公司的"威极"酱油在大佛山地区已经具有相当高的知名度。威极公司是在知道且应当知道"威极"酱油是海天公司享有注册商标专用权的品牌产品的情况下，仍然在其企业名称中使用"威极"字号，其目的是将海天公司知名的商标登记为企业名称，从而使社会公众对其产品来源产生混淆。这种"搭便车""傍名牌"的行为，显然构成不

正当竞争。

● 公证保全：威极公司为了进一步误导社会公众，在其厂区周边范围设置的广告牌、企业厂牌上，故意重点突出其企业名称中的"威极"字号，故意误导相关公众，不仅损害了海天公司的商标专用权，当然也构成不正当竞争。

● 威极公司为了误导相关公众，在经营活动中公开宣称其与海天公司具有某种关联关系。"酱油门"事件曝光后，媒体记者为了解海天公司与威极公司之间的关系，致电给威极公司的经营部门，问"是海天酱油的生产商吗？"，威极公司的员工大方地予以承认。

● 威极公司为了误导相关公众，在其网站上（http：//gmwj dwsp. 6262988. com/cn. html）（以下简称"涉案网站"）直接将海天公司特有的基本情况介绍和海天公司的产品图片作为威极公司的公司简介和威极公司的产品对外予以宣传展示，其行为不仅损害了海天公司"海天"商标的专用权，同时也构成不正当竞争。在涉案网站首页，威极公司的简介如下："佛山市威极调味食品有限公司，肇始于清代乾隆年间的佛山酱园，历经三百余年酱香悠远的文化积淀，发展成为具有品牌影响力的现代化调味品生产和销售企业，已连续十一年保持酱油产销量全国第一的纪录，产品出口 100 多个国家和地区……"，这显然是海天公司特有的基本情况介绍。在首页点击其产品图片，显示出来的大图片清晰可见产品上印有海天公司的"海天"商标。在首页右下角的"联系我们"一栏记载内容为："佛山市高明威极调味食品有限公司，联系人：何卫昌，电话：86 - 0757 - 88803382，企业地址：广东省佛山市高明区人和镇工业大道"。这些信息与威极公司在工商行政管理部门登记的公开信息完全一致。其中联系人"何卫昌"是威极公司的原股东之一，出资方式为"土地使用权、货币出资"。

（3）被告的侵权行为对原告造成的实际损失证据

● 中国证券监督委员会官网上公示的《佛山市海天调味食品股份有限公司首次公开发行股票招股说明书（申报稿）》（以下简称《招股说明书》）显示，海天公司于 2011 年的年度营业总收入为 60.9 亿元，利润为 11.73 亿元，中信证券股份有限公司等中介机构对《招股说明书》的真实性、完整性作出了审查意见。

- 据媒体采访报道显示，海天公司在深圳家乐福超市当天（5月22日）的销量立即下降了25%～50%。
- 海天公司为了进一步澄清事实、消除影响，消除社会公众的疑虑，同时也为了维护海天公司的合法权益，制止不正当竞争行为，聘请律师提起诉讼，支付了一审律师费50 000元。
- 暂计至起诉之日止，海天公司为了消除公众误会、防止损失进一步扩大而在媒体上刊登澄清公告所支出的合理费用4 008 004元；
- 威极公司使用工业盐水生产酱油产品事件曝光后，海天公司经销商的销量大幅下滑，2011年度销售额比2010年度增加10.8%～67.6%不等，从2012年5月22日暂计至2012年6月6日（16天），销量同比下降幅度从14.9%～57.14%不等。

（二）法院对证据的认定情况

威极公司对海天公司提交的证据1～11、证据13～20❶的真实性均无异议，法院对其真实性予以确认，并作为本案的定案依据；威极公司对海天公司提交的证据12的真实性不予确认，但由于该网页是一公开网站上公开信息的打印资料，威极公司虽对此提出异议却未能提供反驳证据，故法院对威极公司的异议不予采纳，并确认此证据的真实性，作为本案的定案依据；由于海天公司提交的证据21只是海天公司的经销商对其产品销量变化的单方陈述，没有其他证据予以佐证，故法院对此组证据仅作为确定赔偿数额的参考。威极公司对海天公司提交的证据22和证据23无异议，可作为本案的定案依据。

对威极公司提交的证据1、证据2、证据4，由于高维信诚公司在法院的调查过程中确认威极公司的证据4是其收到威极公司发出的律师函后发出的，其涉案网站是其自行设计创建，而非威极公司委托创建，故法院对上述3份证据的真实性予以确认，并作为定案的依据；海天公司对威极公司提交的证据6～14

---

❶ 本文证据编号指本案审理时使用的编号。

的真实性没提出异议，法院确认其真实性，并作为本案的定案依据；对威极公司提交的证据 15 的真实性予以确认，可作为定案的依据；由于海天公司对威极公司提交的证据 16 的真实性无异议，法院对此证据予以确认，并作为本案的定案依据；威极公司提交的证据 3、证据 5、证据 17～20 这一组证据能够相印证，共同证明威极公司委托千讯公司创建网站这一事实，故法院对此组证据予以确认，并作为本案的定案依据。

（三）评析

本案原告海天公司为支持其诉求，提出了充分的 23 项证据，其中 22 项被法院作为定案依据，1 项作为确定赔偿数额的参考，而且其诉求也基本得到了法院的支持。

证明力度比较强的证据包括以下几项：

（1）通过公证证据证明威极公司在其厂区周边范围设置的广告牌、企业厂牌上故意重点突出了其企业名称中的"威极"，故意误导社会公众。

法院据此证据中威极公司的行为认定其侵犯了海天公司的"威极"注册商标专用权，威极公司应立即销毁在其厂区周边印有"威极"二字的广告牌和企业厂牌。

（2）威极公司的《公司名称预先核准申请书》，公司股东（发起人）名录、股东何卫昌、何爱兴的履历表，证明威极公司的发起人何爱兴和何卫昌在成立威极公司前分别是酱油行业和食品经营行业的资深人员，其明知海天公司有"威极"商标的产品而将"威极"注册为企业字号，具有"搭便车"的主观故意。两发起人在成立威极公司时试图注册著名食品品牌"家乐"为企业字号亦反映了威极公司有"傍名牌"的动机。

法院据此证据认定威极公司将"威极"登记注册为其企业字号构成不正当竞争，威极公司应立即停止在其企业名称中使用"威极"二字，并向工商行政管理部门办理相应的企业名称变更手续。

（3）通过公证证明威极公司使用工业盐水制造酱油的事实。

法院据此证据认定威极公司的行为导致了海天公司的商誉受损，认定威极公司应在《法制日报》《南方日报》上刊登公开声明向海天公司赔礼道歉、消除影响。

（4）通过律师费发票、多张广告费发票、海天公司经销商的销量下降的数据计算赔偿数额。

二审法院以此作为参考重新计算赔偿数额，最终判赔655万元。

四、有关建议

本案原告海天公司的证据提供充分有力，进而其诉求基本得到法院的支持，获得了比较高的判赔数额，其各证据的提供是值得企业学习的。

但本案也暴露出了海天公司对于知识产权维护并不积极，威极公司与海天公司的子公司均位于佛山市高明区，距离较近，经营范围也非常类似，而对于威极公司比较明显的商标侵权问题，海天公司却一直未提起诉讼，直至商誉严重受损。

虽然本案中海天公司胜诉并获得了较高的赔偿数额，威极公司亦被判令停止在其企业名称中使用"威极"二字，但海天公司"威极"商标的信誉已严重受损，海天公司自己也不适于继续使用该商标，这对海天公司来说亦是一种损失。

所以，在企业遇到此类侵权情况时还需尽快处理。否则，不仅会因丢失市场份额给公司造成损失，还可能会因为产品质量问题影响品牌商誉，导致更大损失。

五、小贴士

本案的特点在于原告是在商誉已经受损的情况下被动发起商标侵权及不正当竞争诉讼，在已经造成实际损害并产生较大社会影响的情况下法院比较易于采信其侵权损失证据。

"威极"恶意傍名牌

"海天"虽胜誉亦坏

合同侵权均可诉，原告选择难兼顾

——中国石油化工股份有限公司山东潍坊石油分公司与青州市富迪加油站知识产权纠纷案

> 潍坊中石化，青州富迪站。
> 二者何翻脸，商标侵权案。
> 之前有和解，双方签协议。
> 合同和侵权，原告选择难。

一、基本情况

原告中国石油化工股份有限公司山东潍坊石油分公司（以下简称"中石化潍坊分公司"）因与被告青州市富迪加油站侵害商标权纠纷一案，向山东省潍坊市中级人民法院提起诉讼，索赔 30 万元。2013 年 12 月 12 日，法院判赔 15 万元，判赔率 50%。

二、案例要点

原告中石化潍坊分公司与被告青州市富迪加油站先前签订的侵权和解协议，规定了再次侵权的违约金额，这对法院判决较高的赔偿数额发挥了重要作用。因此，在签署侵权和解协议时，为防止重复侵权或继续侵权，可以约定较高数额的损害赔偿数额，以提高对方侵权成本，起到侵权威慑作用，也能提高日后诉讼的获赔金额。

三、案例评析

（一）双方举证情况

原告中石化潍坊分公司提交的证据有：

（1）权利证据

• 北京市长安公证处出具的（2010）京长安内经证字第 16578 号公证书、（2012）京长安内经证字第 20414 号公证书、（2010）京长安内经证字第 16574 号公证书、（2012）京长安内经证字第 20413 号公证书、（2009）京长安内经证字第 22530 号公证书，分别证明中石化集团公司是第 1385942 号"中国石化＋朝阳图案"组合商标、第 1948357 号"满天星"图形商标、第 5992265 号"中国石化"文字商标、第 1948353 号"SINOPEC"字母组合商标、第 4638026 号"易捷"图形商标的注册人。

• 石化集团综合授（2012）130 号授权委托书，证明中石化集团公司授权本案原告中石化潍坊分公司享有第 1385942 号"中国石化＋朝阳图案"组合商标、第 1948353 号"SINOPEC"字母组合商标、第 1948357 号"满天星"图形商标、第 5992265 号"中国石化"文字商标的使用权，并授权原告中石化潍坊分公司在潍坊地区范围内对侵犯上述商标专用权的行为进行维权，授权有效期自 2012 年 1 月 1 日起至 2013 年 12 月 31 日止。

• 石化股份综合授（2012）131 号授权委托书，证明中国石油化工股份有限公司（以下简称"中石化股份公司"）授权本案原告中石化潍坊分公司享有第 4638026 号"易捷"图形商标的使用权，并授权原告中石化潍坊分公司在潍坊地区范围内对侵犯该商标专用权的行为进行维权，授权有效期自 2012 年 1 月 1 日起至 2013 年 12 月 31 日止。

（2）侵权证据

• 山东省潍坊市昌潍公证处出具的公证书，主要证明被告青州市富迪加油站未经原告中石化潍坊分公司授权，在其加油站（加油机）装潢、外观等方面使用侵权商标。

• 工商登记查询信息网站打印件，证明被告青州市富迪加油站的经营范围、经营期限和企业性质。

（3）赔偿证据

• 原告中石化潍坊分公司与被告青州市富迪加油站于 2010 年 3 月 9 日签订的协议书 1 份，证明被告青州市富迪加油站曾经因存在侵犯原告中石化潍坊分公司商标专用权的行为被提起诉讼，后双方达成协议：被告青州市富迪加油站保证不再继续使用或仿冒涉案商标；如再有侵权，被告青州市富迪加油站需向原告中石化潍坊分公司支付赔偿款 30 万元。

• （2009）潍知初字第 145 - 2 号民事裁定书，证明被告青州市富迪加油站曾经因侵犯原告中石化潍坊分公司商标专用权的行为被起诉。

• 北京市长安公证处出具的公证服务费发票 2 张，金额分别为 5590 元和 3150 元。

• 山东省潍坊市昌潍公证处出具的公证费收据 1 张，金额为 3000 元。

被告青州市富迪加油站在举证期限内未向法院提交证据。

（二）法院对证据的认定情况

由于被告青州市富迪加油站在举证期限内未向法院提交证据，因此，只涉及对原告中石化潍坊分公司提交证据的认定。

（1）法院对原告中石化潍坊分公司提交的商标权利证据均予以认定。根据北京市长安公证处（2010）京长安内经证字第 16578 号公证书、（2012）京长安内经证字第 20414 号公证书、（2010）京长安内经证字第 16574 号公证书、（2012）京长安内经证字第 20413 号公证书、（2009）京长安内经证字第 22530 号公证书，法院认定中石化集团公司取得第 1385942 号"中国石化 + 朝阳图案"组合商标、第 1948357 号"满天星"图形商标、第 5992265 号"中国石化"文字商标、第 1948353 号"SINOPEC"字母组合商标、第 4638026 号"易捷"图形商标的商标专用权。

（2）法院根据原告中石化潍坊分公司提交的石化集团综合授（2012）130 号授权委托书、石化股份综合授（2012）131 号授权委托书，对原告中石化潍坊分公司的诉讼主体资格予以认定。中石化集团公司是第 1385942 号"中国石化 + 朝阳图案"组合商标、第 1948357 号"满天星"图形商标、第 1948353 号

"SINOPEC" 字母组合商标、第 5992265 号 "中国石化" 文字商标的注册人，中石化股份公司是第 4638026 号 "易捷" 图形商标的注册人，且上述商标均处在有效期内，原告中石化潍坊分公司经商标注册人中石化集团公司和中石化股份公司明确授权，对在潍坊地区范围内针对侵犯涉案商标专用权的行为可以以自己的名义提起诉讼进行维权，因此，原告中石化潍坊分公司是本案的适格主体。

（3）法院根据原告中石化潍坊分公司提交的山东省潍坊市昌潍公证处出具的（2012）潍昌潍证民字第 3134 号公证书，认定被告青州市富迪加油站在装潢中使用的文字及图案侵犯了原告中石化潍坊分公司商标专用权。涉案商标的核定服务项目均包括车辆加润滑油、车辆加油站等服务，且涉案商标的注册人及其下属公司均在其自身经营的加油站中使用涉案商标，与被告青州市富迪加油站的经营范围和使用用途一致；被告青州市富迪加油站的装潢中使用了与第 1948357 号 "满天星" 图形商标、第 5992265 号 "中国石化" 文字商标、第 4638026 号 "易捷" 图形商标相同的文字和图形，同时使用了与第 1385942 号 "中国石化 + 朝阳图案" 组合商标、第 1948353 号 "SINOPEC" 字母组合商标相近似的图形、字母，容易使一般公众在给车辆加油时，将被告青州市富迪加油站同涉案商标注册人及其下属公司经营的加油站产生混淆和误认，误认为被告青州市富迪加油站与原告中石化潍坊分公司存在某种关联，侵犯了原告中石化潍坊分公司的商标专用权。

（4）法院结合被告青州市富迪加油站庭后提交的个人独资企业营业执照副本，对原告中石化潍坊分公司提交的工商登记查询信息网站打印件予以认定。被告青州市富迪加油站成立于 2006 年 1 月 18 日，企业类型为个人独资企业，经营范围为零售汽油、柴油、润滑油。

（5）法院根据原告中石化潍坊分公司提交的（2009）潍知初字第 145 - 2 号民事裁定书和原、被告于 2010 年 3 月 9 日签订的协议书，认定被告青州市富迪加油站曾因侵犯原告中石化潍坊分公司的商标专用权被起诉，且在经营过程中长期存在假冒、仿冒注册商标专用权的行为，存在主观恶意。

（6）法院对于原告中石化潍坊分公司提交的北京市长安公证处公证服务

费发票、山东省潍坊市昌潍公证处公证费收据予以认定。上述证据能够证明原告中石化潍坊分公司已为维权支付合理开支。

（三）评析

在本案中，原告获得了 15 万元的赔偿，主要原因在于：

（1）原告中石化潍坊分公司通过积极举证，提交的证据形成了完整的证据链，有力地证明了被告青州市富迪加油站存在侵权行为，奠定了胜诉的基础。在诉讼中，被告青州市富迪加油站没有出庭应诉，仅在庭后提交了答辩状，辩称不存在侵权行为，且并未提出实质性证据，故法院对于被告青州市富迪加油站的抗辩理由自然不予支持。

（2）先前原、被告达成和解协议对于法院确定赔偿数额的作用重大。原告中石化潍坊分公司维权意识较强，在本诉讼前已经与被告青州市富迪加油站进行了一次诉讼并达成庭下和解，双方就被告青州市富迪加油站侵犯原告中石化潍坊分公司注册商标专用权一事达成和解协议。这份协议也是法院判决本案被告青州市富迪加油站赔偿额的重要参考。

不过，值得注意的是，在本案中，原、被告曾经就此前的商标侵权行为达成和解协议并规定，如果被告青州市富迪加油站再有侵权，被告需向原告中石化潍坊分公司支付赔偿款 30 万元，但法院实际判赔的数额只有 15 万元。其中的原因可能在于本案是商标侵权纠纷，而非合同违约纠纷。如果原告以违约为由起诉被告，要求被告按此前和解协议的规定，支付 30 万元赔偿款，或许法院会按照和解协议确定的赔偿数额予以判赔。但本案中原告并非主张违约，而是主张侵权，因此，法院只是参考了和解协议中关于 30 万元赔偿款的规定，而没有依据和解协议作出 30 万元的赔偿判决。因此，原告选择违约之诉，还是侵权之诉，可能对于具体案件的赔偿金额也有重要的影响。

四、有关建议

（1）积极申请证据保全，有条件的进行公证

在本案中，原告中石化潍坊分公司经过法定程序公证证明的证据保全结果即直接成为法院定案的依据。因此，在诉讼中应积极申请证据保全，一方面，

可以避免因取证程序瑕疵导致不被采信的风险；另一方面，合理的公证费用可以作为维权的必要支出，计入法院最终的判赔金额内。

（2）在侵权和解协议中，重视对重复或继续侵权的惩罚性规定

在实践中，一旦发现有侵犯知识产权的行为，首先都应该及时采取相应法律手段，维护自身合法权益。在知识产权诉讼中，原告和被告签订和解协议了结侵权诉讼的情形并不少见，并且备受法院鼓励。但是，考虑到不少侵权人都有重复侵权或继续侵权的行为，因此，在签署和解协议时，为防止重复侵权或继续侵权，可以约定较高数额的损害赔偿数额，以提高对方侵权成本，起到侵权威慑作用，也能提高日后诉讼的获赔金额。

钟氏兄弟侵犯商标判刑，亚龙公司假途伐虢民诉

——亚龙纸制品（昆山）有限公司与钟秋豪、钟秋城侵犯注册商标专用权纠纷案

> 亚龙公司有商标，钟氏兄弟用假冒。
>
> 扰乱市场竞争序，犯罪数额比较高。
>
> 兄弟二人触刑法，除了判刑罚金缴。
>
> 假途伐虢民事讼，损失赔偿仍需要。

一、基本情况

2012 年 9 月 21 日，北京市大兴区人民法院公开审理亚龙纸制品（昆山）有限公司（以下简称"亚龙公司"）与钟秋豪、钟秋城侵犯注册商标专用权纠纷案，原告索赔 50 万元，法院经审理判赔 30 万元。

二、案例要点

在刑事诉讼确定被告承担刑事责任之后，再主张民事赔偿，有助于获得较高数额的赔偿。

三、案例评析

（一）双方举证情况

（1）原告享有商标权利证明文件

• 原告亚龙公司于 1998 年 8 月 7 日经核准注册了第 1196496 号"旗舰 FLAGSHIP"商标，核定使用的商品为第 16 类复印纸、记录机用纸、笔记本、

包装用纸或塑料袋、分类账本、描图图样、纸盒或纸板盒、文件夹（办公用品）、日历、贺卡，经续展，该商标专用权期限至 2018 年 8 月 6 日；于 1998 年 11 月 28 日经核准注册了第 1226447 号"金旗舰 FLAGSHIP"商标，核定使用的商品为第 16 类静电复印纸、记录机用纸、笔记本、包装用纸或塑料袋、分类账本、描图图样、纸盒或纸板盒、文件夹（办公用品）、日历、贺卡，经续展，该商标专用权期限至 2018 年 11 月 27 日。

- 国家工商行政管理总局商标局商标驰字〔2005〕第 85 号《关于认定"旗舰 FLAGSHIP"商标为驰名商标的批复》、江苏省工商行政管理局颁发的江苏省著名商标证书（2001～2004）、江苏省工商行政管理局颁发的著名商标证书（2010～2013）、江苏省质量管理协会用户委员会颁发的金质荣誉证书、江苏省苏州市工商行政管理局颁发的知名商标证书（2002～2005）。

（2）被告侵权行为证据

- 公安机关在被告处查获生产带有"旗舰""金旗舰"注册商标的复印纸等相关侵权物品及侵权工具。

（3）其他证据

- 原告亚龙公司与北京大海商务顾问有限责任公司（以下简称"大海公司"）签订的《打假协议》、大海公司出具的《打击假冒"旗舰"窝案的结案报告及费用申请》及 12 万元咨询费发票。为证明其支付的律师费用，原告亚龙公司提交了其与北京恒都律师事务所签订的《委托代理合同》及 2 万元律师费发票。

（二）法院对证据的认定情况

原告亚龙公司于 1998 年 8 月 7 日经核准注册了第 1196496 号"旗舰 FLAGSHIP"商标，核定使用的商品为第 16 类复印纸、记录机用纸、笔记本、包装用纸或塑料袋、分类账本、描图图样、纸盒或纸板盒、文件夹（办公用品）、日历、贺卡，经续展，该商标专用权期限至 2018 年 8 月 6 日；于 1998 年 11 月 28 日经核准注册了第 1226447 号"金旗舰 FLAGSHIP"商标，核定使用的商品为第 16 类静电复印纸、记录机用纸、笔记本、包装用纸或塑料袋、分类账本、描图图样、纸盒或纸板盒、文件夹（办公用品）、日历、贺卡，经续展，该商标专用权期限至 2018 年 11 月 27 日。

被告钟秋豪、钟秋城自 2009 年 3 月始，在北京市大兴区西红门镇大白楼工业区 28 号院内，未经原告亚龙公司许可，生产带有"旗舰""金旗舰"注册商标的复印纸，并对外销售。2011 年 1 月 20 日，公安机关在北京市大兴区西红门镇大白楼工业区 28 号院及北京市崇文区管村永合馨苑 10 号楼 4 单元4032 室地下室扣查了二被告的相关侵权物品及侵权工具。2011 年 12 月 2 日，北京市大兴区人民法院作出（2011）大刑初字第 1030 号刑事判决书，判决：被告钟秋豪犯假冒注册商标罪，判处有期徒刑 1 年，并处罚金人民币 6 万元；被告钟秋城犯假冒注册商标罪，判处有期徒刑 11 个月，并处罚金人民币 6 万元；并同时判决没收相关侵权物品和侵权工具。

国家工商行政管理总局商标局商标驰字〔2005〕第 85 号《关于认定"旗舰 FLAGSHIP"商标为驰名商标的批复》、江苏省工商行政管理局颁发的江苏省著名商标证书（2001～2004）、江苏省工商行政管理局颁发的著名商标证书（2010～2013）、江苏省质量管理协会用户委员会颁发的金质荣誉证书、江苏省苏州市工商行政管理局颁发的知名商标证书（2002～2005）等证据证明"旗舰"商标具有较高的知名度。

原告亚龙公司与大海公司签订的《打假协议》、大海公司出具的《打击假冒"旗舰"窝案的结案报告及费用申请》及 12 万元咨询费发票，原告亚龙公司提交的其与北京恒都律师事务所签订的《委托代理合同》及 2 万元律师费发票，证明原告亚龙公司为打假维权支出了相关费用。但是，根据《最高人民法院关于审理商标民事纠纷案件适用法律若干问题的解释》第 17 条规定："商标法第五十六条第一款规定的制止侵权行为所支付的合理开支，包括权利人或者委托代理人对侵权行为进行调查、取证的合理费用。人民法院根据当事人的诉讼请求和案件具体情况，可以将符合国家有关部门规定的律师费用计算在赔偿范围内。"而原告在本案中提供的与大海公司签订的《打假协议》不仅签订于二被告被抓获之后，而且大海公司出具的发票记载该 12 万元为咨询费而非调查取证费，故法院对该 12 万元不予认可。

（三）评析

本案中，原告亚龙公司所提供的证据，尤其是用以计算损失赔偿额的证据并不多，但并不能以此认为原告亚龙公司针对损失赔偿额的证据不足。因为本案被告钟秋豪、钟秋城假冒注册商标的行为已触犯《刑法》，北京市大兴区人民法院已判决：被告钟秋豪犯假冒注册商标罪，判处有期徒刑 1 年，并处罚金人民币 6 万元；被告钟秋城犯假冒注册商标罪，判处有期徒刑 11 个月，并处罚金人民币 6 万元；并同时判决没收相关侵权物品和侵权工具。

根据我国《刑法》的规定，侵犯知识产权犯罪均是基于侵犯知识产权的情节严重或者犯罪数额较大的行为。在刑事诉讼中，被告所获刑罚的轻重是与犯罪的情节相对应的，对被告的定罪和量刑，会依据法院认定的非法经营数额来确定。

被告钟秋豪、钟秋城的侵权行为已被判假冒注册商标罪，并被判处相应刑罚，已能反映被告侵犯商标权的性质。法院亦认定被告钟秋豪、钟秋城在较长时间内假冒原告亚龙公司注册商标，扰乱正常市场竞争秩序，客观上损害了原告亚龙公司注册商标的声誉，因此，虽然亚龙公司提供的索赔证据数量不多，但法院仍基于上述情况判处两被告承担 30 万元的赔偿责任。

四、有关建议

本案是在被告钟秋豪、钟秋城的侵权行为已被判假冒注册商标罪后，才提起的民事诉讼，原告在未给出充分的计算损失赔偿额证据的情况下，依旧获得了较高的法定赔偿额。但这种法定赔偿额的确定具有一定的主观性，更多取决于法官对于案件的总体印象，而不是客观的事实和证据。因此，原告还应多收集能够用以计算损失赔偿额的证据，以使损失赔偿额的判定更为客观及具有更高的确定性。

此外，当事人在提供证据时，需依司法解释有关"制止侵权行为所支付的合理开支"的具体含义提供适宜的证据，不能为了获得高额的赔偿，事后专门制作相关证据或者提供不符合法律规定的证据材料。

钟氏兄弟侵犯商标判刑 亚龙公司假途伐虢民诉

雷士诉雅迪，商标烽烟起

——原告惠州雷士光电科技有限公司与被告上海雅迪厨房用具有限公司、蒲书、胡惠忠侵害商标权纠纷案

雷士诉雅迪，商标烽烟起。

"雷士"是名牌，颇具影响力。

结合外包装，被告属恶意。

五十万参半，法判够合理。

一、基本情况

2014年3月12日，惠州雷士光电科技有限公司（以下简称"雷士光电公司"）与上海雅迪厨房用具有限公司（以下简称"上海雅迪公司"）、蒲书、胡惠忠侵害商标权纠纷一案，于北京市朝阳区人民法院公开审理，本案索赔50万元，最终判赔25万元。

二、案例要点

本案涉及的商标为驰名商标，具有很高知名度及美誉度，且权利人提供证据充分，能够证明被告的生产、销售行为属于侵害原告商标权的行为。在此情形下，虽然原告没有提供直接的原告损失或被告获利的证据，法院仍然根据相关情节，酌定了较高的赔偿数额。

三、案例评析

（一）双方举证情况

（1）原告拥有权利的证据

- 第1405407号商标注册证。2000年6月7日，惠州雷士照明有限公司

经国家工商行政管理总局商标局（以下简称"国家商标局"）核准，注册了第1405407号"雷士"文字商标，核定使用商品为第9类：电子变压器、电子镇流器。注册有效期限自2000年6月7日至2010年6月6日止。2004年3月28日，该商标转让于惠州雷士工业发展有限公司。2007年2月7日，雷士光电公司受让取得上述商标。经核准，上述商标有效期续展至2020年6月6日。

● 第1412506号商标注册证。2000年6月21日，惠州雷士照明有限公司经国家商标局核准，注册了第1412506号"雷士"文字商标，核定使用商品为第11类：照明灯、灯、电灯、天花板灯、石英灯、光管灯、节能灯、射灯。注册有效期限自2000年6月21日至2010年6月20日止。2004年6月7日，该商标转让于惠州雷士工业发展有限公司。2007年2月7日，雷士光电公司受让取得上述商标。经核准，上述商标有效期续展至2020年6月20日。

● 第3010353号商标注册证。2003年4月14日，惠州雷士照明有限公司经国家商标局核准，注册了第3010353号"雷士"文字商标，核定使用商品为第11类：照明器、灯、灯罩、灯头、照明器械及装置、照明防护装置、聚光灯、顶灯、吊灯架、标准灯（商品截止）。注册有效期限自2003年4月14日至2013年4月13日止。2004年6月7日，该商标转让于惠州雷士工业发展有限公司。2007年2月7日，雷士光电公司受让取得上述商标。经核准，上述商标有效期续展至2023年4月13日。

（2）原告生产并销售产品的品牌知名度和市场影响力证据

● 荣誉证书、国家工商行政管理总局通知、《中国工商报》、国家工商行政管理总局商标评审委员会裁定书等。在雷士光电公司经营期间，"雷士"牌灯具产品先后被国家工商行政管理总局列入"重点保护商标名单"，被广东省照明电器协会评为"2007年度最具影响力强势品牌"，被世界品牌实验室评为"2010年中国500最具价值品牌"。2008年3月5日，国家工商行政管理总局商标评审委员会作出商评字（2008）第01174号裁定书，认定雷士光电公司使用在第11类照明器等商品上的第3010353号"雷士"商标在2004年3月之前已成为驰名商标。2008年3月22日，《中国工商报》在《商标局商评委最新认定的驰名商标名单》中公告雷士光电公司使用在第11类照明器等商品上的

"雷士"商标为驰名商标。

（3）被告拥有权利的证据

● 第4927153号商标注册证。2008年9月7日，胡惠忠经国家商标局核准，注册了第4927153号"光大雷士"文字商标，核定使用商品为第11类：风扇（空气调节）、浴用加热器、太阳能热水器、龙头、烤箱、饮水机、取暖器、照明器、冰箱、消毒碗柜（截止）。注册有效期限自2008年9月7日至2018年9月6日止。

● 第6371482号商标注册证。2010年4月14日，胡惠忠经国家商标局核准，注册了第6371482号"雷士Leishi"中英文商标（简称雷士中英文商标），核定使用商品为第6类：铝塑板、金属门、金属窗、金属螺栓、金属钥匙链、金属箱、紧线夹头、普通金属艺术品（截止）。注册有效期限自2010年4月14日至2020年4月13日止。

● 第7080762号商标注册证。2011年1月7日，经国家商标局核准，光大电器厂取得了第7080762号雷士中英文商标在第11类商品电吹风上的注册商标专用权，注册有效期限自2011年1月7日至2021年1月6日。

（4）被告侵权行为证据

● 公证书2份。雷士光电公司申请北京市国信公证处对2次购买以及商品封存过程进行了现场监督和证据保全公证：

① 2013年7月19日，雷士光电公司的委托代理人徐晓恒于北京市朝阳区酒仙桥建材装饰市场，在蒲书经营的门头处标有"雷士集成吊顶"字样的商店，以普通消费者的身份购买了型号为"600H－8"、产品名称为"室内加热器"的商品1件，价格为350元。徐晓恒当场从该商店取得产品宣传册、名片、产品销售单各1张。该商品主要部件包括浴霸加热灯、电子日光管灯、换气排风扇、金属基架等。在商品外包装箱、内部包装塑料薄膜、商品机体、日光管灯镇流器盒体、使用说明书、合格证以及前述产品宣传册、名片、产品销售单等材料的显著位置均标有雷士中英文商标、"雷士"或"雷士集成吊顶"字样。在商品外包装箱、使用说明书、合格证及产品宣传册等材料标注有上海雅迪公司，制造商、生产基地光大电器厂等内容，并标注网站地址为

www. cnleishi. com。

② 2013 年 9 月 5 日，徐晓恒再次来到蒲书经营的商店，以 130 元的价格购买了型号为"300D‐20"、产品名称为"荧光灯"的商品 1 件，同时取得产品宣传册、名片、产品销售单等材料。该商品主要部件为电子日光管灯。该商品及相关材料上使用商标情况及有关生产、制造单位及网站的标注与前述情况一致。

（二）法院对证据的认定情况

法院查明：雷士光电公司主张权利的第 1405407 号、第 1412506 号以及第 3010353 号雷士文字商标均处于注册有效期限内，雷士光电公司对上述商标所享有的注册商标专用权应当受到法律保护。

依据雷士光电公司提交的荣誉证书、国家工商行政管理总局通知、《中国工商报》以及国家工商行政管理总局商标评审委员会裁定书等证据，可以认定雷士光电公司主张权利的相关商标在照明灯具行业内具有较高知名度和影响力。

根据上述证据法院查明，胡惠忠通过其经营的光大电器厂在所生产的"600H‐8 型室内加热器"以及"300D‐20 型荧光灯"商品包装箱、内部包装塑料薄膜、商品机体、镇流器盒体、使用说明书、合格证等处使用雷士中英文商标以及"雷士"字样，起到了区分商品来源的作用，属于商标使用行为。胡惠忠在产品宣传册及其经营的网站（网址为 www. cnleishi. com）上使用雷士中英文商标以及"雷士"字样用作集成吊顶商品的宣传推广，亦属于商标的使用行为。

虽然上海雅迪公司与胡惠忠均对上海雅迪公司参与制造、销售涉案商品一事予以否认，但在仅有其陈述而无其他证据加以支持的情况下，法院对此不予采信，认定上海雅迪公司应与胡惠忠就前述侵害商标权行为承担连带责任。胡惠忠、蒲书宣称其生产、销售的商品为集成吊顶，但所谓集成吊顶，并非特定单一商品，而是为解决室内尤其是卫浴间屋顶装修的整体性、美观性与便捷性而采取的技术方案及此方案下的商品组合。涉案商品中，照明组件为"室内加热器"的核心部件或主要组成部分，该商品与雷士光电公司第 1412506

号、第 3010353 号雷士文字注册商标核定使用的灯、照明器械及装置构成类似商品。涉案的"荧光灯"则与雷士光电公司第 1412506 号、第 3010353 号雷士文字注册商标核定使用的灯具类商品构成相同商品。而上述两产品的部件之一镇流器，则与雷士光电公司第 1405407 号雷士文字注册商标核定使用的电子镇流器商品构成相同商品。胡惠忠虽在浴用加热器、取暖器及照明器等商品上享有的第 4927153 号"光大雷士"文字商标的注册商标专用权，但其在涉案商品上所使用的商标为雷士中英文商标。而依据商标注册证显示，胡惠忠及光大电器厂注册的第 6371482 号及第 7080762 号雷士中英文商标核准注册商品种类并不包含涉案商品。雷士中英文商标、"雷士"字样与雷士文字商标在文字构成、读音等方面高度相似，涉案商品对雷士中英文商标的使用以及将该商标拆分单独使用"雷士"字样，足以导致普通消费者对商品来源的混淆与误认，胡惠忠在"室内加热器"商品上对雷士中英文商标及"雷士"字样的使用，构成在类似商品上使用近似商标的侵权行为；在"荧光灯"商品上雷士中英文商标及"雷士"字样的使用，构成在相同商品上使用近似商标的侵权行为；在镇流器上对雷士中英文商标的使用，亦构成在相同商品上使用近似商标的侵权行为。上述行为侵害了雷士光电公司对第 1412506 号、第 3010353 号和第 1405407 号雷士文字注册商标所享有的专用权。

关于赔偿经济损失，雷士光电公司未就其因涉案侵权行为所遭受损失的金额举证，法院在认定雷士光电公司主张权利的相关商标在照明灯具行业内具有较高知名度和影响力的情况下，综合考虑胡惠忠及上海雅迪公司的侵权情节、主观恶意程度以及商标使用在涉案商标销售获利中可能的贡献率等因素，确定二被告连带赔偿原告经济损失 25 万元。对雷士光电公司要求蒲书承担连带赔偿责任的诉讼请求，法院不予支持。

（三）评析

本案中，雷士光电公司未就其因涉案侵权行为所遭受损失的金额举证，但依据雷士光电公司提交的证据可以认定雷士光电公司主张权利的相关商标在照明灯具行业内具有较高知名度和影响力，对法院酌定相关赔偿数额具有积极意义。

胡惠忠经营网站上显示的数据虽然无法直接反映涉案商品的实际销售及获利情况，但显示了涉案产品全国经销商的数量，由此可知涉案侵权产品在全国范围内具有较大的销售规模。本案的复杂之处在于被告生产、销售的并非单一商品，而是多种商品集中在一起的集成吊顶，使法院在认定被告实施相关行为是否构成商标侵权时存在一定困难。但是，正是这种被控侵权商品的集成性，使法院在酌定赔偿数额时，可以考虑原告商标在被控侵权商品获利中的贡献因素，依据被告销售被控侵权商品的全部获利，按照一定比例酌定本案中的赔偿数额。

除此之外，法院还综合考虑胡惠忠及上海雅迪公司的侵权情节、主观恶意程度等因素确定其应承担的赔偿数额。关于雷士光电公司所主张的为诉讼支出的律师费，其提交了相关票据，法院依据其发生金额的合理性、必要性程度，酌情予以了支持。

四、有关建议

本案中，原告雷士光电公司在充分论证了其商标专用权遭被告侵犯的事实，得到法院支持的同时，通过进一步证明其主张权利的相关商标作为驰名商标在照明灯具行业内具有较高知名度和影响力，结合被告在商品宣传和外包装的侵权行为，证明被告侵权行为的主观恶意程度。但是，原告雷士光电公司在举证过程如能对其因涉案侵权行为所遭受损失金额举证，以及就被告对涉案商品的实际销售情况进行举证，将有利于得到法院对其索赔额的更大支持。在实际操作过程中，可以通过在不同地域的经销商处分别公证购买的方式，获得侵权人的侵权证据，进而证明侵权人的获利情况。

潮安食品雅利来，侵犯老农商标牌

——金果园老农（北京）食品股份有限公司与潮安县雅利来食品有限公司、北京市奥士凯商贸连锁经营公司侵害商标权及不正当竞争纠纷案❶

果园老农商标权，认为被告标近似。

原告证据法院采，被告表示无异议。

为何原告忒积极，只因判赔数额低。

多管齐下广采证，索赔数额奠地基。

一、基本情况

2013 年 4 月 18 日，金果园老农（北京）食品股份有限公司（以下简称"金果园老农公司"）诉潮安县雅利来食品有限公司（以下简称"雅利来公司"）、北京市奥士凯商贸连锁经营公司侵害商标权及不正当竞争纠纷一案，索赔 159 891 元，经北京市东城区人民法院公开审理，判赔 105 000 元。潮安县雅利来食品有限公司不服提起上诉，经北京市第二中级人民法院依法审理，判决驳回上诉，维持原判。

二、案例要点

在未能提供充分的有关权利人损失和侵权人获利证据的情况下，应当结合商标知名度情况，提出适当合理的赔偿请求，尤其是在权利人仅就某一公证购买行为主张权利的情况下，更应当适当降低索赔额。

---

❶　一审：北京市东城区人民法院（2012）东民初字第 08247 号民事判决书；二审：北京市第二中级人民法院（2013）二中民终字第 9240 号民事判决书。

三、案例评析

（一）双方举证情况

（1）权利证明文件

- 原告于 2008 年通过转让取得第 3413823 号 "果园老农 Orchard peasant" 注册商标，商标核定使用的商品为第 29 类。该商标获得 2010 年度（2010 ~ 2013 年）北京市著名商标荣誉。原告一并提供了关于涉案商标的商标注册证、注册商标变更证明、核准商标转让证明等权利证明文件，外观设计专利证书。

（2）被告侵权行为

- 被告未经原告授权许可，在其公司商品外包装部分采用跟原告近似的商标标识，其中，正、背面上半部显示为花丛，左右各有一只蝴蝶，花丛中为 "雅利来" 商标及 "果园农场 Orchard Farm" 标识、产品品种名称，右下角为太阳图案，字样为 "大自然的奉献" 的绿色文字，包装的中间正上方为手挽孔；正面下半部为透明包装，以显示包装内的商品；背面下半部为银色不透明包装，左下方标注有产品名及产地、制造商等信息，其中制造商为雅利来公司，地址为潮安县庵埠潘陇庵梅路后畔尾，产品生产许可证编号为 QS4451 1801 0219。

- 经公证处公证被告公司网站信息。

- 经公证，从北京市朝阳区东直门外胡家园的胡家园商场处购得侵权产品。

（3）其他证据

- 原告金果园老农公司为本案支付查档费 400 元、公证费 7759 元、律师费 3 万元。

- 原告公司手续合格通知书、产品包装袋实物、绿茶白瓜子及胡桃仁、椒盐桃仁等产品的包装袋（复印件）、荣誉证书、宣传报道杂志等资料、产品促销广告资料、（2011）京方圆内经证字第 25540 号公证书、（2012）京方圆内经证字第 16274 号公证书、（2012）京方圆内经证字第 16273 号公证书、发票。

（二）法院对证据的认定情况

法院根据双方提交的证据，结合庭审记录和相关调查等情况，确认了以下主要事实：

（1）原告享有的商标权

原告向国家工商行政管理总局商标局申请注册了第3413823号"果园老农Orchard peasant"商标，核定使用商品（第29类），原告依法取得了上述注册商标在核定服务项目上的专用权。对此，被告没有异议，但认为原告的商标涉及的是第29类商品，但该类中的坚果仁应是不带壳的，因此第29类只包括开心果而不包括其他涉案商品，因此没有侵害原告的商标专用权。

法院经审理认为：涉案商标于2003年已进行注册，用于核定使用的商品。2008年原告通过转让取得涉案商标后，相关产品销售范围遍及全国。近年来在不同媒体进行多种方式的品牌宣传，且获得多项国家相关行业、省市评选的荣誉称号，属于知名商品。被告雅利来公司在涉案产品包装上将上述标识使用的位置、字体色彩、排列方式，使涉案产品在客观上造成了与原告金果园老农公司"果园老农Orchard peasant"的注册商标几近相同的标识效果，容易给相关公众造成混淆和误认。因此，"果园农场Orchard Farm"标识与金果园老农公司的"果园老农Orchard peasant"注册商标构成近似；由于金果园老农公司同类产品有一定的知名度，这种混淆和误认的可能性会更大。被告雅利来公司生产的涉案产品与原告生产的产品为同类商品，且其销售范围存在交叉，销售对象基本相同，因此其与原告存在竞争关系。

（2）关于侵权证据

原告委托代理人通过在商场购买的方式取得了被告的侵权产品，并当场取得了商场的购物小票，以及加盖有销售方发票专用章的发票。对上述购物过程委托公证机构进行了公证，并对所购的侵权产品进行了封存。对于公证机构出具的公证书，被告予以承认，并无异议。法院也予以认可，并根据《商标法》相关规定进行了酌定赔偿，赔偿率66%。

（三）评析

本案中，权利人提供商标注册证、注册商标变更证明、核准商标转让证明等证据，用于证明其权利有效；同时提供荣誉证书、宣传报道杂志、产品促销广告资料等证据，用于证明品牌推广、商标的知名度；还提供各种购买公证，用于证明被诉侵权人的侵权行为，并明确商品类型、销售单价等。上述证据构成完整的证据链，足以证明侵权人的侵权行为。但是，权利人未能提供证据证明其损失及被诉侵权人获利的情况，导致法院只能在法律规定的酌定赔偿范围内进行赔偿。在此种情形下，相对于原告商标的知名度，原告提出的索赔数额并不过分，因此，法院最终酌定的赔偿数额与原告的索赔额相差并不大。

但是从另一个角度看，本案中，原告的索赔是针对其在一个商场公证购买所取得的侵权商品，其数量毕竟有限，难以证明侵权行为涉及较广的地域范围，也难以证明被告具有较为明显的恶意，因此，就该单一行为而言，原告总体上实现了其诉讼目的。但如果原告能够发现被告在多地实施了侵权行为，可以针对不同批次的产品分别提起诉讼，进而积累被告恶意侵权的证据，为后续的维权和较高的索赔数额打下基础。

四、有关建议

权利人应当对其损失或者被诉侵权人获利等情况进行取证，以利于法院判赔。但是，在取证存在实际困难的情况下，权利人可以采取化整为零的诉讼策略。权利人不妨就某一孤立的侵权行为先行提起诉讼，获得法院对侵权行为的认定以及一定数额的赔偿。如果发现被告仍然继续实施侵权行为，则可以再次主张权利，此时，在先判决所确认的事实就成为在后法院审理案件、酌定赔偿数额时的有力证据，能够较好地证明被告多次侵权的侵害程度及其主观恶意，对最终实现大额索赔是有帮助的。如果没有发现被告后续的侵权行为，那么，也会起到及时清理市场、打击侵权的良好效果。所以，积小成大、积极行动，不失为一种有效的诉讼策略。

泰山石膏名"泰山"，聚源石膏把名占

——泰山石膏股份有限公司与山东聚源石膏建材开发有限公司侵犯商标专用权及不正当竞争纠纷案

> 泰山石膏名"泰山"，聚源石膏把名占。
>
> 地名文字作商标，标识禁止他人攀。
>
> 如若标注产地故，则不超出使用筹。
>
> 证据证明恶意侵，法院判赔三十万。

一、基本情况

原告泰山石膏股份有限公司向泰安市中级人民法院诉山东聚源石膏建材开发有限公司侵犯商标专用权及不正当竞争，索赔 50 万元，法院判赔 30 万元。

二、案例要点

以地名作为文字商标进行注册的，商标专用权人有权禁止他人将与该地名相同的文字作为商标或者商品名称等商业标识在相同或者类似商品上使用来表示商品来源；但无权禁止他人在相同或者类似商品上正当使用该地名来表示商品与产地、地理位置等之间的联系。但如果他人使用该地名并不是出于标注产地的需要，而是具有攀附商标权人注册商标的商誉或知名度，以使消费者产生混淆或误认等不正当竞争意图的，则应当认定该使用行为超出了我国《商标法》规定的正当使用范畴，构成了对权利人注册商标专用权的侵犯。

明知或应知其行为将侵犯他人商标专用权仍然实施该行为的，将会导致法院认定存在故意的商标侵权。故意不是认定民事侵权的必要条件，但会加重赔偿责任的承担，也可能导致法官坚信应由被告支付原告为诉讼付出的律师费及其他必要开支。本案中权利人提供了翔实的商标侵权证据，用于证明被诉侵权人生产、销售行为存在侵权故意，在权利人没有提供充足的侵权损失证据的情况下，法院仍然给出了较高的判赔率。

三、案例评析

（一）双方举证情况

1. 原告提供的证据

证据一：①企业变更情况；②第1063238号商标注册证、核准变更商标注册人名义证明、核准转让注册商标证明、核准续展注册证明、商标变更证明；③第1811194号商标注册证、核准转让注册商标证明、商标变更证明；④第5124977号商标注册证、商标变更证明。以上证据证明如下事实：2007年9月6日，山东省工商行政管理局核准"山东泰和东新股份有限公司"变更为"泰山石膏股份有限公司"；"泰山"商标于1997年7月注册，核定使用的商品是第19类中的石膏板；第1063238号、第1811194号、第5124977号商标的所有权人为原告；原告的企业字号为"泰山"。

证据二：①中国名牌产品证书；②齐齐哈尔市中级人民法院民事判决书和国家工商行政管理总局商标评审委员会商标争议裁定书。证明如下事实：①原告生产的"泰山"牌纸面石膏板被国家质量监督检验检疫总局于2006年9月评定为"中国名牌产品"；②原告所有的第"1063238"号"泰山及图"注册商标为驰名商标。

证据三：①中国建筑装饰装修材料协会便笺；②审计报告。证明如下事实：原告为"泰山"牌纸面石膏板知名度的提高作出了巨大的投入。

证据四：①（2009）鲁民三终字第38号民事判决书。证明如下事实：原告生产的"泰山牌"纸面石膏板被认定为知名商品，外包装为原告所特有的包装装潢。②最高人民法院（2012）行提字第5号行政判决书。证明如下事实：原告"第1063238号"泰山及图"注册商标中"泰山"二字具有较强的显著性，是商标的主要部分。

证据五：公证书。证明以上证据的真实性。

证据六：①被告销售石膏板发票收据；②被告生产的纸面石膏板包装（照片）以及工商局查处材料。证明如下事实：被告一直在生产销售侵犯原告商标权以及"泰山"知名字号石膏板并因此受到肥城市工商局查处。

证据七：①证据保全申请书。证明被告已经造成并且正在进行的侵权事实。②被告公司网站材料。证明被告的生产侵权产品的规模。

证据八：照片。证明原告针对"泰山"商标的维权保护记录。

证据九："泰山"的其他含义。证明"泰山"含有除地名之外的含义。

证据十：被告处现场照片。证明如下事实：被告办公桌上陈放"泰山石膏股份有限公司指定直销处"牌子，原告并未对该单位进行授权，被告生产、销售行为有侵权故意。

证据十一：荣誉证书。证明"泰山"商标的知名度、美誉度。

证据十二：原告下属分公司及子公司的登记信息。证明原告下辖多个驻外子公司、分公司，原告产品的生产、销售地域范围非常广。

2. 被告提供的证据

证据一：企业法人营业执照、组织机构代码证。证明山东聚源石膏建材开发有限公司的经营范围、主体资格。

证据二：ISO9001、ISO14001 质量环境体系认证证书。证明山东聚源石膏建材开发有限公司是一家合法、正规、规模化的石膏建材生产企业，产品通过了 ISO9001、ISO14001 质量环境体系认证。

证据三："聚源"商标注册证和"居福达"商标等商标注册证。证明如下事实："聚源"商标于 2006 年 6 月经国家工商行政管理总局商标局注册，注册证号为 3813785，核定使用于第 19 类商品包括石膏板等；"居福达"商标于 2012 年 2 月经国家工商行政管理总局商标局注册，注册证号为 9042668，核定使用于第 19 类商品包括石膏板等。

证据四：被告聚源系列石膏板包装标识、封头标识、合格证、石膏板喷印商标的照片、产品包装照片。证明：被告产品上，均突出标明了"聚源""居福达"品牌，封头上的"泰山西麓高品位石膏制作"文字，旨在标注产品原材料所在地与质量品质。

证据五：肥城市永固装饰材料经营部购买石膏板的提货凭证存根联、发票存根联。证明：2012年5月29日，肥城市永固装饰材料经营部向山东聚源石膏建材开发有限公司购买"居福达"纸面石膏板1件，开具的提货凭证上明确标示了产品商标为"居福达"。

证据六："泰山"百度百科介绍。证明如下事实：泰山是五岳之首，是国家重点文物保护单位，是驰名中外的自然与人文景观，1987年被列入世界自然文化遗产名录。泰山位于泰安市境内，泰山作为地名资源，属于泰安人民的共同财富。

证据七：官方网站肥城概况、官方网站石横概况、石横发电厂百度百科介绍。证明：被告住所地是肥城石横工业园区，公司地址以及产品产地使用"泰山"属于正当使用，符合官方及行业习惯。

证据八：判决书、司法解释、理论文章。证明商标中含有地名的，无权阻碍、禁止他人正当使用地名。

（二）法院对证据的认定情况

对于原告提供的证据，被告经庭审质证，对证据十的真实性提出异议，其他无异议，法院予以确认。根据法院确认的证据，法院认定以下事实：

1997年7月28日，国家工商行政管理总局商标局核准注册了泰山文字和图形组合商标（以下简称"泰山"商标），注册证号为1063238，核定使用商品是第19类：石膏板，商标注册人为山东省泰安泰山纸面石膏板总厂。2002年11月14日，经核准该商标转让给山东泰和东新股份有限公司。2007年7月26日该商标经核准续展有效期至2017年7月27日。2007年9月6日，山东泰和东新股份有限公司更名为泰山石膏股份有限公司。2008年7月23日该商标转让给原告。原告还在第19类"石膏板"享有"泰和泰山""泰山王"注册商标专用权。

2006年9月，原告生产的"泰山"牌纸面石膏板被国家质量监督检验检疫总局评为"中国名牌产品"，有效期至2011年9月。2007年2月，"泰山"商标又被齐齐哈尔市中级人民法院判决认定为"驰名商标"。2010年1年11日，国家工商行政管理总局商标局评审委员会裁定该商标成为使用在石膏板上的驰名商标。

原告使用"泰山"牌商标生产纸面石膏板，产品质量稳定，品牌知名度高，现畅销北京、上海等29个省、自治区、直辖市，其"泰山"商标在上述省、自治区、直辖市进行广泛宣传和使用，原告33个驻外子公司分布于江苏、浙江、山西、辽宁等19个省、自治区、直辖市。原告及其产品先后荣获"中国工业行业排头兵企业""中国环境标志产品""中国质量管理体系认证产品""中国环境管理体系认证产品"等称号，各项经济技术指标均居同行业首位。2009年至2011年，市场占有率分别为43%、45%和46%。

被告是2004年8月2日成立的企业法人，注册资本800万元，主要经营石膏板、石膏粉等的加工销售，隶属山东聚源矿业集团有限公司，坐落于泰山西约70公里，拥有年产3000万平方米的高档纸面石膏板生产线。2012年1月分别取得了质量管理体系认证和环境管理体系认证。山东聚源矿业集团有限公司分别于2010年11月21日和2011年1月14日在国家工商管理总局商标局注册了"聚源""东岳福美达"文字商标和图形商标，2011年1月28日注册了"丽佰佳"文字商标，2012年2月21日山东聚源矿业集团石横分公司注册了"居福达"核定使用商品第19类的石膏板等。2011年2月，山东聚源矿业集团有限公司将其注册的上列商标许可被告在纸面石膏板上长期使用。

2012年5月29日，肥城市永固装饰材料经营部在被告处购得"居福达"纸面石膏板396张，计款1821元。被告生产的纸面石膏板上使用了标有"聚源""居福达纸面石膏板""泰山西麓高品位石膏制作"文字和"聚源"文字及图形、"丽佰佳牌纸面石膏板""泰山西麓高品位石膏制作"文字的封头。被告产品合格证上有"聚源"文字及图形商标，并注明"聚源系列纸面石膏板合格证"，产品整件包装上也印有"聚源系列纸面石膏板"，注明公司地址是泰山西石横工业园。纸面石膏板板面上印有"居福达纸面石膏板"文字。在被告厂部的办公桌上摆放有"泰山石膏股份有限公司指定经销处"的铜制牌匾。

肥城市人民政府、石横镇人民政府及山东石横发电厂网站上对其区位均注明了位于泰山西麓。

法院认为，虽然"泰山"商标中含有地理名称，但原告使用"泰山"商标的产品被评为"中国名牌产品","泰山"商标为驰名商标,其销售区域广,产量销量大,在相关公众中享有较高的知名度和美誉度,原告对"泰山"赋予了地名之外强于地名的意义。在原告"泰山"商标中"泰山"文字在标识商品来源的功能上,对相关公众而言,起到了最为显著的作用,是组合商标的主要部分。在同行业中,"泰山"牌纸面石膏板与原告建立了稳固的联系,在相关公众中,提到"泰山"石膏板就会联想到是原告的产品,在纸面石膏板行业"泰山"作为商标的知名度高于作为自然名山及地名的知名度。而被告在产品封头上说明产品的品质时突出使用了"泰山"二字,具有攀附原告知名品牌的故意,容易使相关消费者产生混淆或误认,侵犯了原告的商标专用权。"泰山"文字作为原告企业名称"泰山石膏股份有限公司"中的字号,具有一定的市场知名度,为相关公众所知悉,应认定为《反不正当竞争法》第5条第3项规定的企业名称,被告在其纸面石膏板产品包装上突出使用"泰山"文字,构成对原告企业名称权侵害的不正当竞争行为。

被告厂部的办公桌上摆放有"泰山石膏股份有限公司指定经销处"的铜制牌匾,被告对此真实性提出异议,法院认为,原告合理的解释了该照片来源,被告也无证据予以推翻,应予认定。照片显示铜制牌匾整齐地摆放在被告的办公桌上,证明被告具有明显攀附原告知名品牌的故意。

由于原告未提供被告侵权行为的获利证据和给其造成的经济损失的证据,法院根据被告的生产经营规模、侵权性质和原告商标的知名度等因素,酌定赔偿数额为30万元。

（三）评析

本案中权利人提供商标注册证、核准变更商标注册人名义证明、核准转让注册商标证明、核准续展注册证明、商标变更证明等证据,用以证明其权利有效;提供企业为知名企业的各种证据,用以证明商标具有极高知名度;提供中国名牌产品证书和商标争议裁定书,用以证明其商标的显著性和驰名程度;提供中国建筑装饰装修材料协会便笺和审计报告,用以证明为提供知名度作出的巨大投入;提供购买证据,用以证明被诉侵权人的侵权行为;提供工商行政管理局的查处结果,用以明确销售价格,侵权规模;提供网站材料用以证明生产侵权规模；提供被诉侵权人办公桌上陈放"泰山石膏股份有限公司指定直销处"牌子，用于证明被诉侵权人生产、销售行为有侵权故意。虽然权利人未提供被告侵权行为的获利证据和给其造成的经济损失的证据，法院结合上述证据，根据被诉侵权人的生产经营规模、侵权性质和商标的知名度等因素，最终判赔 30 万元，赔偿率 60%。

四、有关建议

想打赢商标侵权及不正当竞争官司并取得较高赔偿数额，原告在证据方面应做好功课。

第一，注意收集商标显著性和企业名称知名度的证据。本案中，原告提供证据，如中国名牌产品证书、生效判决书等，以证明"泰山"商标中"泰山"文字在标识商品来源的功能上，起到了最为显著的作用，在相关公众中，提到"泰山"石膏板就会联想到是原告的产品，在纸面石膏板行业"泰山"作为商标的知名度高于作为自然名山及地名的知名度。原告还提供证据，证明其企业规模大、市场占有率高，法院因此认为原告企业名称"泰山石膏股份有限公司"中的字号"泰山"为《反不正当竞争法》第 5 条第 3 项规定的企业名称，被告在其纸面石膏板产品包装上突出使用"泰山"文字，构成对原告企业名称权侵害的不正当竞争行为。这样双管齐下，从商标侵权和不正当竞争两方面打击被告的侵权行为。

第二，证明被告存在侵权的故意。本案中，被告办公桌上曾陈放"泰山石膏股份有限公司指定直销处"牌子，原告在被告处拍摄了现场照片，证明被告生产、销售行为有侵权故意，得到了法院的认可，也为获得较高的判赔数额奠定了基础。

五、小贴士

本案诉争商标本来是通用名称，通过使用获得第二含义体现出商标显著性，原告围绕商标显著性和企业名称知名度两大主题广泛收集证据，充分证明了商标侵权和不正当竞争行为。

《蒋家王朝》著作权，纠纷判赔四十万

——蒋友柏诉周为军、江苏人民出版社有限公司、北京凤凰联动文化传媒有限公司著作权侵权纠纷案❶

> 《蒋家王朝》起纠纷，著作权利争议起。
> 原告举例证抄袭，被告聊天有笔记。
> 印数范围知名度，法院判赔四十万。
> 被告若想减责任，提供财审公信力。

一、基本情况

2013年5月30日，上诉人周为军、上诉人北京凤凰联动文化传媒有限公司（以下简称"凤凰联动传媒公司"）因与被上诉人蒋友柏著作权侵权纠纷一案，向浙江省杭州市中级人民法院提起上诉。本案一审原告索赔50万元，法院最终判赔40万元。

二、案例要点

在著作权侵权案件中，通过提供涉案图书的印数、发行范围、知名度等方面的证据，促使法院确定较高的赔偿数额。而多个被告关于获利情况的举证相互矛盾，则难以得到法院的支持。

---

❶ 一审：杭州市西湖区人民法院（2010）杭西知初字第254号民事判决书；二审：杭州市中级人民法院（2013）浙杭知终字第13号民事判决书。

三、案例评析

（一）双方举证情况

蒋友柏提交的证据有：

（1）权利证据，用以明确权利类型及权利有效

蒋友柏系网址为 http：//www. yubou. tw 的 "白木怡言" 博客上文字的作者。

（2）江苏人民出版社有限公司（以下简称 "江苏人民出版社"）、凤凰联动传媒公司侵权行为

《悬崖边的贵族——蒋友柏：蒋家王朝的另一种表达》的著者为周为筠（周为军的笔名），江苏人民出版社出版，书号为 ISBN 978 - 7 - 214 - 05493 - 7，定价 28 元。

涉案图书累计印制数量为 70 000 册。

（二）法院对证据的认定情况

（1）蒋友柏系网址为 http：//www. yubou. tw 的 "白木怡言" 博客上文字的作者。

（2）涉案图书《悬崖边的贵族——蒋友柏：蒋家王朝的另一种表达》的著者为周为筠（周为军的笔名），江苏人民出版社出版，书号为 ISBN 978 - 7 - 214 - 05493 - 7，定价 28 元。该书封面及书脊下端显示："凤凰出版传媒集团凤凰联动江苏人民出版社" 字样。涉案图书亦通过卓越亚马逊网等网络销售。网易等多家网站、北京晚报等多家报刊对涉案书籍进行了介绍、摘录或连载。

凤凰联动传媒公司对涉案图书进行了策划、宣传推广，并参与销售。

（3）2010 年，蒋友柏委托的律师多次致函周为军和江苏人民出版社，要求其停止侵权、赔礼道歉，同时致函北京晚报、人民网等媒体，要求其停止对涉案图书的介绍、评论、连载等行为。

（4）涉案图书累计印制数量为 70 000 册。

（5）涉案图书中与其博客文字内容完全一致的为 13 641 字、略微修改的为 4304 字。

（6）二审中，上诉人周为军向二审法院提交新京报的一篇文章——《蒋友柏出书刻意"去蒋"》作为证据。

二审法院认为，该证据系新京报记者张乙的一篇报道，报道的内容为蒋友柏为《悬崖边的贵族》（台湾版）的姐妹篇《悬崖下的小道》的出版举行新书发布会的过程。其中提到了本案的诉讼。蒋友柏称："母亲在大陆机场看到了侵权书，我就于去年启动了司法程序"，"能够代表我个人的，并不是我的公司，这些东西都属于我个人……"因此，上述文字的内容不能反映周为军所称的已经蒋友柏许可、同意的内容，不能证明周为军欲证明的事实。对该证据的证明力二审法院不予确认。

（7）二审中，周为军申请证人张甲出庭作证，周为军认为，张甲的证言结合周为军与黄某某 MSN 交流的证据可以证明，蒋友柏没有反对周为军撰写涉案书籍。

二审法院认为，张甲的证言仅证明了其在台湾与蒋友柏有所接触的事实，但是否提及周为军写书需要用到蒋友柏博文和照片一事，以及获得蒋友柏授权的事宜，均没有涉及，故该证言不能证明周为军欲证明的事实，对该证据的证明力法院不予确认。

（三）评析

原告蒋友柏提出涉案图书中与其博客文字内容完全一致的字数为 13 641 字、略微修改的字数为 4304 字的证据，法院依该证据认定被告周为军的行为已构成抄袭，侵犯了蒋友柏的著作权。原告另提出涉案图书累计印制数量为 70 000 册的证据，为法院确定损失赔偿额提供了重要参考依据。可以看出，原告在针对被告侵权行为和赔偿数额上的证据均比较有力。

而被告一方的抗辩主张缺乏有效证据：

（1）被告周为军以证人张甲的证言结合周为军与黄某某的 MSN 交流记录，以及新京报的一篇文章来证明蒋友柏同意涉案图书的出版，但法院对周为军上述证据的证明力均不予确认。

周为军所提出的证据均是间接证据，其所陈述的事实没有得到有效的证据证明，不能反映出涉案图书的出版已获蒋友柏同意，其行为侵犯了蒋友柏的著作权。

（2）在有关侵权赔偿额证据方面，周为军上诉称涉案图书销售停滞，产生大量积压和库存，造成亏损；江苏人民出版社上诉称一审法院认定涉案图书盈利294 000元；凤凰联动传媒公司上诉称一审法院未进一步核实图书的实际销售量。三被告对于涉案图书的获利情况说明并不一致，而且均未提出有效证据。

在不能确定涉案图书获利的情况下，法院考虑蒋友柏的社会知名度、其家族在中国近现代史上的重大影响等涉及该书销量的因素等，并考虑了蒋友柏支付的律师费、公证等费用的情况下，判决了40万元的较高赔偿。

四、有关建议

本案被告周为军所提供的张甲的证言以及与黄某某的MSN交流记录这些证据能够反映出其在一定程度上有意获得蒋友柏合法授权，但又在未获著作权人蒋友柏明确授权的情况下，出版发行了涉案图书，以致被诉侵权。因此，在使用他人享有著作权的作品之前，应当有明确证据表明其已取得著作权人的同意，而不能通过各种间接证据来推断著作权人有同意的意思表示。

此外，若被告的侵权成立，而原告的赔偿主张明显高于被告获利时，被告可以以自己侵权获利的数额对原告提出的赔偿数额进行抗辩，但抗辩时不能仅是声称自己亏损或盈利多少，而不提供证据。被告最好能够提出有公信力的财务审计报告，来证明自己的获利状况，减轻自己的赔偿责任。

五、小贴士

本案通过提供涉案图书的印数、发行范围、知名度等方面的证据，促使法院确定较高的赔偿数额。

孙悦专辑百合花，侵犯版权终被罚

——北京天中文化发展有限公司与淄博金帝购物广场有限公司、茂名市（水东）佳和科技发展有限公司、辽宁广播电视音像出版社侵犯录音录像制作者权纠纷案❶

录音录像纠纷案，争议地点在淄博。

孙悦专辑百合花，天中文化版权握。

佳和科技和辽音，连带责任共同负。

一审二审和再审，被告上诉都被驳。

一、基本情况

原告北京天中文化发展有限公司（以下简称"天中文化公司"）因与被告茂名市（水东）佳和科技发展有限公司（以下简称"佳和科技公司"）、被告淄博金帝购物广场有限责任公司（以下简称"金帝购物广场"）、被告辽宁广播电视音像出版社（以下简称"辽宁音像出版社"）侵犯录音录像制作者权纠纷案，向山东省淄博市中级人民法院提起诉讼，索赔 27 万元，法院判赔 22.5 万元；被告佳和科技公司不服一审判决，提起上诉，山东省高级人民法院二审判决驳回上诉，维持原判；佳和科技公司不服二审判决申请再审，最高人民法院最终裁定驳回再审申请，维持原判。

---

❶ 一审：淄博市中级人民法院（2007）淄民三初字第 62 号民事判决书；二审：山东省高级人民法院（2008）鲁民三终字第 38 号民事判决书；再审：最高人民法院（2008）民申字第 453 号民事裁定书。

二、案例要点

虽然权利人未能提供证据证明其因侵权受到的实际损失及被诉侵权人因侵权所获得的违法所得，但法院结合权利人提供的证据，综合考量涉案权利的性质、权利曲目的社会流行程度、侵权的性质、情节等因素，确定赔偿数额为22.5万元，赔偿率为83%。

三、案例评析

（一）双方举证情况

北京天中文化发展有限公司提交的证据有：

（1）权利证据，用以明确权利、权属关系及权利范围，以证明天中文化公司对涉案9首曲目依法享有录音制作者权

● 天中文化公司委托江苏音像出版社出版的孙悦演唱的《孙悦－百合花》光盘，涉及《哭泣的百合花》《SAY GOODBYE》《百合花情思》《灰姑娘》《魅力无限》《野火》《多情》《自己负责》《冷艳》9首曲目，该光盘上载明："制作/提供版权：北京天中文化发展有限公司"。

● 2002年1月8日，天中文化公司（甲方）与北京市悦之声文化经纪有限公司（乙方）签订的《合作协议》，约定：甲、乙双方将就乙方工作人员孙悦的演出及广告宣传活动进行合作。在本协议内，"演出"之定义是指电影、电视、电台、广告、现场表演及其他相关或衍生之媒介及产品，但词曲作品不包括在内；在合作期限内，甲方为乙方选择的唯一的合作伙伴公司，未经甲方同意，乙方不得再就合作事宜与其他第三方进行合作；甲方在征得乙方同意后，负责就合作事宜对外签约，在本协议期限内为乙方工作人员孙悦制作3张个人专辑，每张专辑拍摄不少于2支MTV。乙方负责督促其工作人员孙悦按照合同的规定完成合作事宜，并协助甲方就合作事宜进行接洽、安排；合作期限为3年，自2002年1月8日至2005年1月8日止，期限届满后，双方有意继续合作，在同等条件下，甲方享有优先签约权。

● 2002年1月8日，孙悦为上述2002年1月8日签订的《合作协议》出

具的证明，称北京市悦之声文化经纪有限公司（以下简称"悦之声公司"无法履行该合约，孙悦本人保证依合约内所有条款履行完成。

● 2005 年 1 月 17 日，天中文化公司与悦之声公司、孙悦签订的另一份《合作协议》，约定内容在上述 2002 年 1 月 8 日签订的《合作协议》的内容上，增加了相关内容，但对上述协议内容除合作期限延长外，基本未作变更。

（2）有关佳和科技公司、金帝购物广场、辽宁音像出版社的侵权行为的证据

● 2006 年 4 月 27 日，天中文化公司在金帝购物广场购买被诉侵权光盘 1 盒，金帝购物广场开具了载明"VCD 光盘"的 01929230 号销售发票 1 张，该光盘彩印外包装标注"红牌出场 三星争辉"，其中盘芯四为"孙悦 B"，盘封印有孙悦演唱的歌曲名称，其中包括天中文化公司主张权利的上述 9 首曲目。根据该光盘的生产源识别码（SID 码）ifpi v103，出版版号 ISRC CN－D14－03－550－00/V. J6，可以证实该光盘复制、发行单位分别为佳和科技公司和辽宁音像出版社。

（二）法院对证据的认定情况

天中文化公司提交了正版光盘，并提交了与表演者的合作协议作为辅助的证据，用于证明天中文化公司对涉案曲目享有录音制作者权；法院查明，根据天中文化公司与悦之声公司的协议以及表演者孙悦的协议和担保证明，天中文化公司提交的录有涉诉曲目的《孙悦－百合花》CD 专辑光盘证据，该光盘上载明："制作/提供版权：北京天中文化发展有限公司"，委托江苏音像出版社出版，其为合法出版物，佳和科技公司、辽宁音像出版社没有相反的证据否定天中文化公司在合法出版物上署名的事实，因此天中文化公司享有涉诉曲目的录音制作者权，并对上述曲目享有许可他人复制、发行的权利。天中文化公司提供的发票是金帝购物广场的销售发票，且已经注明"VCD 光盘"，而金帝购物广场和佳和科技公司、辽宁音像出版社未提供该发票不是用于购买被诉侵权光盘的反驳证据，足以证明被诉侵权光盘是从金帝购物广场购买的事实。

法院审理中认为，虽然被诉侵权光盘为 VCD 制品，天中文化公司的权利曲目为 CD，但同一音源可以在不同格式之间相互转换，且涉案被诉侵权光盘

VCD 中的涉案 9 首歌曲，均标明是孙悦演唱，与天中文化公司主张权利曲目的原唱相同。被诉侵权光盘的生产源识别码（SID 码）ifpi v103，出版版号 ISRC CN - D14 - 03 - 550 - 00／V. J6，可以证实该光盘复制、发行单位分别为佳和科技公司和辽宁音像出版社。佳和科技公司、辽宁音像出版社虽称其涉案曲目由网上下载，但未提供相关证据，也不能证明其复制的涉案歌曲具有合法来源，应认定被诉侵权光盘中的 9 首曲目与天中文化公司制作的《孙悦 - 百合花》CD 专辑中的相同曲目系出自同一音源。佳和科技公司未能提供证据证明其在接受委托时已履行了相关的法定义务，亦未证明其复制的被诉侵权光盘系他人所为或者存在免责事由；辽宁音像出版社对于出版物是否经著作权人许可负有严格审查义务，但辽宁音像出版社未提供证据证明其得到合法授权。因此，佳和科技公司、辽宁音像出版社、金帝购物广场复制、出版、销售被诉侵权光盘的行为均侵犯了天中文化公司的录音制作者权。

法院还查明，天中文化公司在金帝购物广场购买被诉侵权光盘的时间是 2006 年 4 月 27 日，由此可以推定天中文化公司知道自己权利被侵害之日为 2006 年 4 月 27 日，天中文化公司的起诉未超过诉讼时效。

因天中文化公司未能举证证明其所受到的实际损失及侵权人获得的实际利润，故对本案赔偿数额，法院依法保护著作权，结合涉案权利的性质，权利曲目的社会流行度，出版发行合法光盘可能获得的利益及佳和科技公司、辽宁音像出版社侵权情节、主观过错程度、可能获得的利益等因素酌定，判决佳和科技公司、辽宁音像出版社共同赔偿天中文化公司经济损失 22.5 万元，并互负连带责任。

（三）评析

本案经历了一审、二审和再审，原告及再审申请人天中文化公司通过提交正版光盘和与表演者的合作协议作为辅助的证据，证明自己对涉案曲目享有录音制作者权，并举证以佳和科技公司及辽宁音像出版社未经许可，擅自出版、复制、发行上述被诉侵权光盘，侵犯了天中文化公司的复制权、发行权为由诉至法院。法院认为，辽宁音像出版社对于出版物是否经著作权人合法授权负有严格审查义务，但辽宁音像出版社未提供证据证明其得到合法授权；佳和科技公司作为专业的光盘复制单位，未能提供证据证明其在接受委托时已经履行了相关的法定义务，故而判决佳和科技公司应与辽宁音像出版社承担共同侵权的民事责任。

本案中，各被告都提出了相应的抗辩。如佳和科技公司辩称其涉案曲目由网上下载，被告金帝购物广场对于发票上载明 VCD 光盘与被诉侵权光盘之间没有对应关系的抗辩。在原告已尽到举证责任的情况下，被告对其抗辩负有举证责任，其缺乏证据支持的抗辩是难以得到法院支持的。尽管天中文化公司未能举证证明其所受到的实际损失及侵权人获得的实际利润，但被告亦未提供相关证据，因此，只能由法院根据本案中的侵权情节、主观过错程度及被告可能获得的利益等因素酌定赔偿数额。

四、有关建议

原告及再审申请人天中文化公司提交了正版光盘和与表演者的合作协议作为辅助的证据，以及公证购买涉诉侵权产品的证据，形成了有利于得到法院支持的证据链。根据《音像制品管理条例》的规定，音像复制单位在接受委托时，应要求委托单位提交有关证照、委托书以及著作权人的授权书等证明文件，并保存所复制的音像制品的样本和有关证明文件。佳和科技公司作为专业的光盘复制单位，未能提供证据证明其在接受委托时已经履行了相关的法定义务。在此情形下，即使原告没有就赔偿数额提供充分的证据，也会在很大程度上影响法院确定的赔偿数额。但是，这种由法院酌定的赔偿数额，能否达到原告的预期，则完全是原告无法掌控的。所以，尽可能地提供原告因侵权所遭受的损害或者被告因侵权而获得的利益的证据，才是确保诉讼最终达到预期效果的根本保证。

正丰遭遇商业谍，保密竞业助其捷

——兰州正丰石油化工技术装备有限责任公司诉无锡奋图过滤材料有限公司、无锡奋图网业进出口贸易有限公司、王京良、余志文侵犯商业秘密纠纷案❶

> 正丰公司原职工，名字叫做王京良。
>
> 辞职手续未办理，参与奋图研发方。
>
> 侵犯商业秘密罪，正丰一怒把其告。
>
> 保密协议和竞业，保证原告诉讼赢。

一、基本情况

兰州正丰石油化工技术装备有限责任公司（以下简称"正丰公司"）从2000年开始研发、生产网孔管产品，建立了保密制度。王京良原为该公司技术经理，参与了网孔管技术的研发和生产过程。2009年8月其在未办理辞职手续的情况下，到无锡奋图过滤材料有限公司（以下简称"过滤材料公司"）和无锡奋图网业进出口贸易有限公司（以下简称"网业公司"）从事网孔管生产技术指导等工作，参与了有关生产设备的研发、生产、制造。正丰公司遂以侵犯商业秘密为由向兰州市中级人民法院提起诉讼，索赔75.46万元。

经法院委托鉴定，过滤材料公司的卷焊机技术使用了正丰公司卷焊机的核心技术秘密。兰州市中级人民法院一审审理认为，王京良擅自将其所掌握原告的技术秘密和客户资料披露给二被告公司，二被告公司使用了原告的技术，并

---

❶ 一审：兰州市中级人民法院（2011）兰法民三初字第45号民事判决书；二审：甘肃省高级人民法院（2013）甘民三字终第5号民事判决书。

给原告造成损失，侵犯他人商业秘密。遂判决各被告停止使用和披露原告的涉案技术，并赔偿原告经济损失 44.86 万元。

宣判后，原告、被告均不服，提出上诉。甘肃省高级人民法院二审审理后，维持了一审判决。

二、案例要点

本案主要关注点在于：原告提供《订货合同》，用以证明其与颇尔公司的合作关系，明确涉及技术秘密条款；提供公司保密制度，用以证明其在技术保密规范方面所做的工作，并明确通过上述合作、生产、保密保障发展了相对固定的客户群；提供被告王京良的《劳动合同书》、在公司中的工作过程，并签订保密协议，用以证明该被告接触技术秘密，明确被告未办理辞职手续就在竞争企业从事相同技术工作，且后续与颇尔公司发生相关业务，泄露技术秘密；提供司法鉴定用以证明原告螺旋焊接网孔管卷焊机技术资料为技术秘密，被告所在公司的技术使用上述技术秘密。此外，原告提供其技术开发费用以证明其对涉及秘密技术的投入，提供其销售利润用以证明其损失。法院结合上述证据，最终判赔 44.86 万元。

三、案例评析

(一) 双方举证情况

1. 正丰公司提交的证据

(1) 商业秘密证据，用以明确商业秘密、保密期限及商业秘密范围等

• 2005 年 1 月，正丰公司与王京良签订的《劳动合同书》。

• 2005 年 4 月，王京良受聘为正丰公司《流体过滤用不锈钢螺旋焊接网孔管》《流体热交换用无缝波纹钢管》企业标准的评审专家的聘用证书。

• 2005 年 11 月，王京良分别担任正丰公司工程技术部经理、质检部经理、供销部副经理等职务的任职证明。

• 2008 年 1 月，王京良与正丰公司签订的《劳动合同书》《保守商业秘密和竞业限制制度》，《劳动合同书》中约定保密期限自劳动合同生效之日起

至合同解除或终止后，截至劳动者离职之日起满两年为限。保密期限内，用人单位按月向劳动者支付每月 50 元的保守商业秘密专项补偿，逐月在工资中发放。劳动者离职之后 2 年内，商业秘密专项补偿费在 24 个月内以银行充卡或现金方式平均支付。

• 2005 年 5 月，正丰公司《流体过滤用不锈钢螺旋焊接网孔管》的企业标准，该企业标准在甘肃省兰州市质量技术监督局备案，以证明网孔管系列产品形成了主要生产支柱，根据《技术监督工作中国家秘密及其密级具体范围的规定》，凡列入"行业内部标准中不易对外公开的部分"以及"备案的企业内控标准"，都属于秘密级事项。

• 2005 年 12 月，正丰公司制定的兰正（综）字第（2005）012 号《保密制度》，公司员工签字确认，《保密制度》规定了适用人员、保密范围、保密义务的期限及违反保密义务的责任等，《保密制度》第二条保密范围 2－1 明确了保护螺旋焊接网孔管成套生产装备和制造工艺。

• 正丰公司制定的《网孔管生产质量控制与安全》内部培训教材，规定生产车间未经允许不得有公司以外的人随便进入参观。

（2）有关王京良、过滤材料公司、网业公司侵犯商业秘密的证据

• 过滤材料公司、网业公司的企业注册基本资料。证明网业公司设立于2003 年 7 月，法定代表人马彦海，股东是马彦海和王彦旭；过滤材料公司成立于 2010 年 1 月，法定代表人马彦海，股东为网业公司和余志文，核准经营项目：过滤材料、过滤器、滤芯、冲压件、冲孔网、机械配件、五金件、小型机械设备、金属制品的生产、加工、销售，网业公司和过滤材料公司系关联企业，同一生产面向不同市场，网业公司主要面向海外市场营销。

•《报价单》、公安机关《询问笔录》以及证人证言。证明 2009 年 8 月，王京良、张发赴网业公司所在地无锡，余志文代表网业公司接待过王、张二人。余志文了解王京良懂网孔管生产技术并介绍王京良到二被告公司解决有关生产难题。

• 2009 年 8 月 10 日，王京良代表正丰公司到网业公司所在地无锡等地考查回兰的证据。

- 2009 年 8 月 29 日，王京良向原告"先请假一个月"的请假电子邮件，以证明王京良未办理辞职手续自动离职，违反竞业限制约定到被告网业公司。

- 正丰公司的《工资表》。证明截至 2011 年 12 月，正丰公司一直向王京良造册发放每月 50 元的保守商业秘密专项补偿费。

- 2011 年 1 月，过滤材料公司与颇尔公司签订的合同。合同约定过滤材料公司为颇尔公司生产 115739 系列不锈钢网孔管。

- 公安机关《询问笔录》，记载王彦旭陈述网业公司生产制造网孔管卷焊机时所用图纸是王京良带来的。马彦海虽否认此事实，但其陈述在遇到"很多困难"时，找王京良解决技术问题；王京良本人陈述，2004 年到 2007 年底只有正丰公司一家有网孔管生产技术，后才陆续知道国内有多家也在做"同类"产品。

（3）过滤材料公司、网业公司、王京良、余志文的侵犯商业秘密行为对正丰公司造成的实际损失证据

- 正丰公司的企业注册基本资料。证明正丰公司成立于 1996 年 12 月 16 日，经营范围是石化机械设备、能源动力设备、环保节能设备的开发、设计、研制，安装、技术服务及批发、零售。

- 2000 年 8 月 16 日，正丰公司与颇尔公司签订的《订货合同》，约定由正丰公司为颇尔公司生产 TSAHF01026S 网孔管，同时约定了技术开发费及技术保密条款，正丰公司开始着手研发网孔管生产设备，以证明颇尔公司为特殊客户发展了相对固定的客户群。

- 2003 年、2006 年正丰公司与颇尔公司签订的《长期合作协议》两份，约定颇尔公司提供图纸委托正丰公司为其生产各种规格的不锈钢网孔管，同时明确了 TSAHF01026S 网孔管的技术开发费、115739－244 不锈钢网孔管的技术开发费及技术保密条款等，以证明颇尔公司为特殊客户发展了相对固定的客户群。

- 过滤材料公司的《纳税人、扣缴义务人涉税保密信息查询回复》，记载，2010 年 1 月 1 日至 2011 年 11 月 30 日期间过滤材料公司网孔管的销售额为 2 156 120.16 元（不含税）。

2. 网业公司提交的证据（用以证明颇尔公司是网业公司的固有客户）

● 网业公司基本信息。

● 颇尔公司订单。

● 2008 年 6 月 8 日货运单、2009 年 6 月 29 日货运单、顺风速运快递清单、无锡顺丰速运有限公司客户月结清单。

3. 过滤材料公司提交的证据（用以证明螺旋管产品为公开技术）

● 过滤公司的基本信息。

● 产品介绍或宣传彩页，以证明螺旋管产品已在市场上销售。

● 网站上螺旋管产品的抓拍视屏。

● 光盘一张，螺旋管的视屏证明其工作流程已公布于众。

● 浙江某螺旋管机械的截屏图像。

● 买卖和收款收据。

● 过滤公司设备研发和技术说明。

4. 北京国威知识产权司法鉴定中心对涉案信息技术的鉴定结论证据

● 北京国威（2012）知司鉴字第 11 号司法鉴定意见书。

（二）法院对证据的认定情况

2003 年、2006 年，正丰公司与颇尔公司签订了《长期合作协议》，约定颇尔公司提供图纸委托正丰公司为其生产各种规格的不锈钢网孔管，同时明确了 TSAHF01026S 网孔管的技术开发费、115739 – 244 不锈钢网孔管的技术开发费及技术保密条款等。正丰公司专门成立开发小组进行网孔管系列产品的攻关并不断改进网孔管生产设备。2005 年 12 月正丰公司制定保密制度。长期经营中，正丰公司以网孔管系列产品形成了主要生产支柱并以颇尔公司为特殊客户发展了相对固定的客户群。

2005 年 1 月，王京良正式在正丰公司工作。同年 4 月，王京良受聘为正丰公司《流体过滤用不锈钢螺旋焊接网孔管》《流体热交换用无缝波纹钢管》企业标准的评审专家。2005 年 11 月以后，王京良分别担任正丰公司工程技术部经理、质检部经理、供销部副经理等职务。2008 年 1 月，王京良与正丰公司签订了《保守商业秘密和竞业限制制度》。2009 年 7 月至 8 月间，王京良与正丰公司员工张发到苏州、无锡等地出差调研。同年 8 月 29 日，王京良以请假名义自动离职，未办理辞职手续。之后，王京良经余志文介绍在网业公司和过滤材料公司从事网孔管生产技术指导工作并领取报酬，参与了有关生产设备的制造。

余志文曾在被告网业公司负责技术工作，2009 年 8 月，王京良、张发赴无锡，余志文代表网业公司接待过王、张二人。余志文了解王京良懂网孔管生产技术并介绍王京良到二被告公司解决有关生产难题。2011 年 1 月，过滤材料公司与颇尔公司签订合同为其生产 115739 系列不锈钢网孔管，此后陆续与颇尔公司发生网孔管业务。

一审法院委托北京国威知识产权司法鉴定中心进行鉴定。北京国威（2012）知司鉴字第 11 号司法鉴定意见书中鉴定意见载明：①原告螺旋焊接网孔管卷焊机技术资料所反映的技术秘点 1~6，到查新日（2012 年 5 月 14 日）为止，在国内外尚是不为公众所知的信息。②由于过滤材料公司卷焊机的特征 B1、B2 分别和正丰公司技术秘点 A1、A2 相同，因此过滤材料公司卷焊机包含了正丰公司卷焊机的核心技术秘点，或者说过滤材料公司卷焊机技术使用了正丰公司卷焊机的核心技术秘点 A1 和 A2。鉴定意见应作为本案的定案依据。

二审庭审中，上诉人网业公司向二审法院提出了网业公司基本信息、颇尔公司订单、2008 年 6 月 8 日货运单、2009 年 6 月 29 日货运单、顺风速运快递清单、无锡顺丰速运有限公司客户月结清单等 6 份新证据，以证明颇尔公司是网业公司的固有客户，正丰公司控告网业公司侵犯其客户信息没有事实依据。二审法院审查认为：上述证据的形成时间不属于民事诉讼证据规则规定的"新证据"，二审法院不予采信。

上诉人过滤公司提出以下 12 份新证据：证据 1~6 是产品介绍或宣传彩页，证明螺旋管产品已在市场上销售；证据 7 为网站上螺旋管产品的抓拍视屏；证据 8 是一张光盘，螺旋管的视屏证明其工作流程已公布于众；证据 9 是浙江某螺旋管机械的截屏图像；证据 10 是过滤公司的基本信息；证据 11 是买卖和收款收据；证据 12 是过滤公司设备研发和技术说明。法院审查认为上述证据并非新证据，其内容也不足以证明上述设备或产品与正丰公司的设备或产品是否相同，因而不予采信。

（三）评析

商业秘密是指不为公众所知悉，能为权利人带来经济利益，具有实用性并经权利人采取保密措施的技术信息和经营信息。商业秘密是一种无形财产权，任何以盗窃、利诱、胁迫等不正当手段获取他人商业秘密，或者擅自披露、使用或允许他人使用以上述手段获得的商业秘密的行为均构成侵权，严重的还可能构成侵犯商业秘密罪。现实中，因职工"跳槽"而引发的侵犯他人商业秘密的行为频繁发生，给权利人带来的损失无法估量。通过制裁侵权行为，震慑违法侵权企业或个人，保护权利人的无形财产权，维护正常的生产科研和经营秩序，应是此类案件所应达到的目的。从这个意义上说，本案的裁判具有普遍适用的价值。

本案原告正丰公司在商业秘密的认定、被告侵犯商业秘密行为的认定以及赔偿数额三方面所提出的证据均比较充分有力，被法院采信度较高。

原告对其技术信息和客户资料采取了严格充分的保密措施，包括与员工签订《保密制度》，其中特别明确了本案诉争技术点；网孔管产品的质量标准及技术指针在甘肃省兰州市质量技术监督局备案；《网孔管生产质量控制与安全》内部培训教材规定，生产车间未经允许不得有公司以外的人随便进入参观；与员工签订的《劳动合同书》及合同附件《保守商业秘密和竞业限制制度》，明确约定了员工在原告公司工作期间及离职后对公司应当承担的保守商业秘密义务，这对法院认定其自主研发的螺旋焊接网孔管卷焊机技术信息和与之相关的客户资料构成商业秘密起了很大作用。

而且，原告在以侵犯商业秘密为由向原审法院提起诉讼的同时还提出了证据保全和财产保全，这为后续针对本案所涉技术信息进行司法鉴定和赔偿数额计算提供了法院认可度较高的证据基础。具体地，司法鉴定时，是以公安局经侦支队取得的证据材料作为本案的鉴定材料；赔偿数额计算时，据税务部门出具的被告销售开票信息统计被告过滤材料公司与颜尔公司网孔管的销售额，用以确定赔偿额。

四、有关建议

为保护好企业的商业秘密，企业应建立健全保密制度并采取严格充分的保密措施。本案原告正丰公司对商业秘密保护的重视和采取了完善的保密措施是本案获胜的基础。

另外，在调查取证方面，应注意及时进行证据保全，以防止证据灭失。而且，为确定被告侵权获利情况，原告还可申请法院保全被告的财务会计账册，以此作为确定被告赔偿数额的依据。本案中，正是以税务部门出具的被告销售开票信息统计被告过滤材料公司与颇尔公司网孔管的销售额作为参考，来确定损害赔偿额的。这样的数据容易被法院认可，从而使得赔偿额的判定更为客观准确。

五、小贴士

本案原告的商业秘密管理与保护工作比较完善，建立规章制度，签署保密协议，特别是按月度发放保守商业秘密补偿费，虽然费用不多，但既起到了尊重并激励保守商业秘密人员的作用，在后期的保护中也是实施保密措施的重要证据，值得学习。

玉米品种属德农，被侵植物新品种

——北京德农种业有限公司与被告嘉祥县万丰种业有限公司侵犯植物新品种权纠纷案❶

> 德农种业诉万丰，侵犯植物新品种。
>
> 玉米品种九五八，许可权利归德农。
>
> 原告购买来取证，公证保全更主动。
>
> 证据来源有瑕疵，判赔太少白诉讼。

一、基本情况

原告北京德农种业有限公司（以下简称"德农公司"）向山东省济南市中级人民法院起诉被告嘉祥县万丰种业（以下简称"万丰公司"）有限公司侵犯其植物新品种权，索赔 20 万元。一审法院判赔 10 万元，后经二审法院审理得以维持。

二、案例要点

作为被许可人，原告通过权利人的授权书获得了以自己名义独立提起侵权诉讼的权利，并提交了权利使用许可费证据，从而有效地支持其赔偿主张。但原告对涉案侵权产品购买事实的取证方式不太妥当，应该采取公证保全的方式更为合适。

---

❶ 一审：济南市中级人民法院（2008）济民三初字第 61 号民事判决书；
二审：山东省高级人民法院（2008）鲁民三终字第 156 号民事判决书。

三、案例评析

（一）双方举证情况

1. 原告德农公司提交的证据

（1）权利证据

• 2008 年 1 月 1 日，河南省农业科学院粮食作物研究所（涉案玉米新品种"郑单 958"的品种权人，以下简称"品种权人"）出具授权书，授权德农公司以自己的名义行使"郑单 958"植物新品种权侵权纠纷诉讼权利（包括申请证据保全、诉前财产保全、起诉、撤诉、和解、反诉、执行、公证等），因诉讼活动依法产生的权利和义务，由德农公司享有和承担，品种权人放弃作为原告参与诉讼的权利，授权期限为 2008 年 1 月 1 日至 2008 年 12 月 31 日。

• 2000 年 11 月 10 日，涉案玉米新品种"郑单 958"经过国家农作物品种审定委员会审定通过，审定编号为 20000009 号。2002 年 1 月 1 日，获农业部授权，品种权号为 CNA20000053.5，品种权人为河南省农业科学院粮食作物研究所，品种权人已如期缴纳年费，至本案审理时涉案玉米新品种"郑单 958"处于有效的法律保护状态。

• 2001 年 5 月 26 日，品种权人与德农公司签订《"郑单 958"玉米杂交种子生产、销售许可合同》，许可使用费 200 万元，许可期限为 2001 年 1 月 1 日至 2010 年 7 月 1 日。

（2）侵权证据

• 山东博翰律师事务所出具的律师见证书（以下简称"律师见证书"）及所附证据实物（包括销售单据、散包装"郑单 958"玉米种子）1 份，律师李坤、宋兴臣的证人证言，用以证明万丰公司具有销售散包装"郑单 958"玉米种子的行为。

（3）赔偿证据

• （2007）郑黄证经字 2212 号公证书。证明德农公司分别于 2001 年 6 月 1 日、2001 年 7 月 2 日、2002 年 3 月 11 日，分 4 次向品种权人支付生产、销售许可费，共计 200 万元。

2. 被告万丰公司提交的证据

● 营业执照。表明万丰公司成立于2000年12月27日，注册资本为50万元，经营范围为代销包装的农作物种子（凭授权委托、合同、经营资格证明代销），万丰公司具有营业主体资格。

● 兖州市种子工作管理站出具的良种销售发票2张。证明玉米新品种"郑单958"是万丰公司从兖州市种子公司购得，为其代销的，万丰公司所售"郑单958"玉米种子有合法来源。

（二）法院对证据的认定情况

1. 法院对原告德农公司证据的认定

对于原告提供的主体证据和权利证据，双方无争议，法院予以认定。

对于原告提供的侵权证据（律师见证书及所附证据实物1份，律师李坤、宋兴臣的证人证言），法院认为，律师见证书在法律属性上属于"私证"，即民间证明的范畴，在法律上仅作一般的证人证言。律师李坤、宋兴臣的证人证言的证据效力应归类于《民事诉讼法》第63条第（4）项❶的规定，因此，对上述证据内容的真实性必须查证属实，才能作为认定事实的根据。被告对律师见证书中所附的被告出具的销售单据的真实性无异议，法院对其真实性予以确认，并据此认定如下事实：2008年2月23日，被告销售"郑单958""浚单20"玉米种子各5斤，"郑单958"2元/斤，"浚单20"3元/斤，共计25元，出具NO：0061529号嘉祥县万丰种业有限公司信誉卡1张。至于被告销售的是否为散包装玉米种子及律师见证书所附的证据实物是否为被告所销售等事实，因被告予以否认，原告又无其他有效证据予以佐证，法院不予认定。

对于原告提供的赔偿证据，经庭审质证，被告对上述证据的真实性无异议，法院对其真实性予以确认，并据此确认如下事实：原告分别于2001年6月1日、2001年7月2日、2002年3月11日，分4次向品种权人支付生产、销售许可费共计200万元。

---

❶ 此处应为2007年10月28日公布、2008年4月1日起施行的《民事诉讼法》第63条第1款第（4）项。

2. 法院对被告证据的认定

对于被告提供的营业执照、兖州市种子工作管理站出具的良种销售发票2张，经庭审质证，原告对第一份证据营业执照的真实性无异议，法院对其真实性予以确认。并据此确认如下事实，被告万丰公司成立于2000年12月27日，注册资本为50万元，经营范围为代销包装的农作物种子（凭授权委托、合同、经营资格证明代销）。由于原告对第二份证据销售发票的真实性、关联性均提出异议，法院认为，在被告仅提供2张未加盖单位公章的销售发票，而不能提供其他有效证据予以佐证的情况下，不能证明其所销售的涉案"郑单958"玉米种子有合法来源，对该份证据法院不予采信。

（三）评析

在本案中，对于赔偿经济损失数额的问题，原告只提供了其向品种权人交纳的使用费供法院参考，不能证明原告因被告的侵权行为而受到的损失或被告因此而获得的利益；法院根据涉案"郑单958"玉米新品种的商誉价值、被告的侵权规模、许可使用费的数额等因素，综合酌定赔偿数额，判赔10万元。

从本案的举证情况来看，存在以下问题值得讨论：

（1）原告的取证方式略有不妥

本案中，原告提供的侵权证据包括律师见证书及所附证据实物1份，律师李坤、宋兴臣的证人证言。律师见证书在法律属性上仅为一般的证人证言。律师李坤、宋兴臣的证人证言只是一般的视听资料证据，效力层级并不高。事实上，原告应该采取公证方式，固定侵权事实。公证的证据效力要比律师见证书、律师证人证言高，在认定被告侵权事实上能发挥更为重要的作用。

（2）被告证明种子销售具有合法来源的证据存在瑕疵

被告在证明自己所售"郑单958"玉米种子有合法来源，故不存在侵权事实时，举出的证据为兖州市种子工作管理站出具的良种销售发票2张。但是这2张发票并未加盖公章，导致法院对这2张发票不予采信，从而"不能提供有效证据证明其合法来源"。被告应该在诉讼中采取措施消除证据的瑕疵，比如拿出种子采购合同，或者到兖州市种子工作管理站请求出具盖有公章的情况说明等。

（3）原告的证据链不完整

原告在举证被告的侵权事实时，只有被告某一次销售的"郑单958"玉米种子的价格和数量（被告销售了"郑单958"玉米种子5斤，价格为2元/斤），不能充分反映出被告的侵权时间和侵权的次数。原告可以采取多次公证保全的方式（当然要考虑公证保全的成本）来反映被告的侵权次数、侵权地域等。而且，原告也可以举证自己的销售规模，以证明涉案种子的市场规模，并间接证明自己可能受到的损失。

四、有关建议

本案作为侵犯植物新品种权纠纷，至少有两个值得借鉴的地方：

首先，作为被许可人，特别是排他或普通许可中的被许可人，应当在许可合同或专门的授权书中一并要求权利人给予其独立提起侵权诉讼的权利，避免将来向侵权人发起诉讼时，诉讼主体资格受到质疑。本案中，德农公司通过授权书获得了以自己的名义行使"郑单958"植物新品种权侵权纠纷诉讼的权利（包括申请证据保全、诉前财产保全、起诉、撤诉、和解、反诉、执行、公证等）。

其次，作为被许可人，要保存好所有相关的使用证据。本案中，原告不仅出具了品种权人的授权书、许可合同等，还出具了向品种权人支付的权利使用许可费证据，权利使用许可费证据在赔偿问题中起到了重要作用。当然，这些证据都要真实可信，特别是来自第三人或与第三人相关的，必须有第三人的签章，否则很难认定其真实性、合法性。比如，本案中的被告，认为自己所售玉米新品种"郑单958"是被告从兖州市种子公司购得的，故具有合法来源，但提供的购买发票并无公章，无法认定其效力。

五、小贴士

本案原告证据的明显瑕疵是提交的律师见证书证明效力比较弱。

第三部分

混 战 篇

　　知识产权权利人在法院对先期证据不认同、直接证据无法取证、一审败诉的情况下，如何再次举证、间接取证、公证保全、维权和索赔，进而取得合适的赔偿额呢？本篇收集了24篇判赔率低于50%的知识产权维权案例，为权利人维权提供了一定的理论支持和丰富的实例支撑。

一如既往侵权案，二次被诉遭重判

——陈惟诚与瑞虹电子（昆山）有限公司、佛山市禅城区鑫宇商贸部侵犯实用新型专利权纠纷案❶

> 之前法院判败诉，瑞虹仍然在侵权。
>
> 原告再把被告讼，被告重复侵权犯。
>
> 没有证据证获利，仅有采证加保全。
>
> 专利有效期近满，多种因素酌情判。

一、基本情况

原告陈惟诚因与被告瑞虹电子（昆山）有限公司（以下简称"瑞虹公司"）、佛山市禅城区鑫宇商贸部侵犯实用新型专利权纠纷一案，向广东省佛山市中级人民法院提起诉讼，索赔 300 万元。

2011 年 6 月 16 日，一审法院判赔 55 万元，判赔率 18.33%；瑞虹公司不服一审判决提起上诉，2011 年 10 月 20 日，广东省高级人民法院判决维持原判。

二、案例要点

本案的主要关注点之一在于：原告陈惟诚曾以本案专利权起诉被告瑞虹公司侵犯其实用新型专利权，被告瑞虹公司属于判决停止侵权后的继续侵权行为，其持续侵权的主观恶意是法院判赔的重要依据。原告对于被告的继续侵权

---

❶ 一审：佛山市中级人民法院（2010）佛中法民知初字第 117 号民事判决书；二审：广东省高级人民法院（2011）粤高法民三终字第 446 号民事判决书。

行为，敢于再次提起诉讼，其维权意识和行动值得赞赏。

三、案例评析

（一）双方举证情况

1. 原告陈惟诚提交的证据

（1）权利证据

● 2002 年 3 月 1 日，陈惟诚向国家知识产权局申请名称为"封口导引式表面安装弹片"的实用新型专利，并于 2003 年 1 月 15 日被授予专利权，专利号为 ZL02206679.9。

● 2008 年 1 月 8 日，国家知识产权局对涉案专利出具的检索报告，认定本案专利的权利要求 1~5 具备新颖性和创造性。

● 2010 年 12 月 17 日，国家知识产权局专利复查委员会作出第 15795 号无效宣告请求审查决定书，维持涉案专利权有效，以证明涉案专利的专利权有效。

● 陈惟诚的专利缴费凭据，证明涉案专利处于有效状态。

（2）侵权证据

● 2010 年 6 月 1 日，一审法院根据陈惟诚的申请，到瑞虹公司处采取了证据保全措施，于现场扣押了被控侵权产品 1 批，型号分别为：RHC - CP - 33B02、RHC - CP - 21B01、RHC - CP - 75B01、RHC - CP - 50B01、RHC - CP - 63B01、RHC - CP - 63B03、RHC - CP - 39T01、RHC - CP - 26D01、RH - CP - 35D02。庭审过程中，陈惟诚放弃对型号为 RHC - CP - 75B01 的被控侵权产品的指控。双方均确认上述型号的被控侵权产品的技术特征相同。

● 陈惟诚曾以本案专利权起诉瑞虹公司侵犯其实用新型专利权。一审法院经审理后作出（2008）佛中法民知初字第 49 号民事判决，判决："一、瑞虹电子（昆山）有限公司于判决生效之日起立即停止生产、销售侵犯陈惟诚 ZL02206679.9 封口导引式表面安装弹片实用新型专利权的产品；二、瑞虹电子（昆山）有限公司于判决生效之日起立即销毁侵犯陈惟诚 ZL02206679.9 封口导引式表面安装弹片实用新型专利权的现存侵权产品；三、瑞虹电子（昆山）有限公司于判决生效之日起十日内赔偿陈惟诚经济损失人民币 50 万元；四、驳回陈惟诚的其他诉讼请求。"瑞虹公司不服该判决提出上诉。广东省高级人民法院经审理后作出（2009）粤高法民三终字第 268 号民事判决，维持原审判决。该判决书用以证明瑞虹公司不积极履行生效判决，并仍然侵犯陈惟诚涉案专利权，主观恶意十分明显。

2. 被告瑞虹公司提交的证据

被告瑞虹公司提供了以下主要证据，用以证明被控侵权产品采用的是陈惟诚在无效宣告程序及后续行政诉讼程序中放弃的技术方案，不构成对涉案专利的侵权：

• 2008 年 7 月 31 日，国家知识产权局专利复审委员会对涉案专利作出的第 12085 号无效宣告请求审查决定书。

• 针对第 12085 号无效宣告请求审查决定书提出行政诉讼，北京市第一中级人民法院（2008）一中行初字第 1693 号民事判决书，以及北京市高级人民法院（2009）高行终字第 812 号民事判决书。

（二）法院对证据的认定情况

1. 对原告陈惟诚提交证据的认定

（1）法院对原告陈惟诚提交的权利证据予以认定，确定原告陈惟诚持有名称为"封口导引式表面安装弹片"、专利号为 ZL02206679.9 的实用新型专利的专利权。

（2）法院对 RHC – CP – 33B02 等 8 种型号的被控侵权产品落入涉案专利权保护范围的事实予以认定。原、被告双方均确认上述型号的被控侵权产品的技术特征相同，且经法院对所有被控侵权产品一并进行技术对比，认定两者的技术特征相同，因此被控侵权产品均落入本案专利权的保护范围。

（3）法院依据原告陈惟诚提交的（2008）佛中法民知初字第 49 号民事判决书以及（2009）粤高法民三终字第 268 号民事判决书，认定被告瑞虹公司存在侵权主观恶意。

2. 对被告瑞虹公司提供证据的认定

被告瑞虹公司提供证据证明其产品不构成侵权，法院不予采信。

首先，国家知识产权局专利复审委员会作出的第 12085 号无效宣告请求审查决定书表明，授权公告日为 2002 年 4 月 10 日、专利权人为洪进富、专利号为 ZL01227419.4、名称为"防止电磁干扰的弹片结构"的实用新型专利的方案与涉案专利 ZL02206679.9 权利要求 1~4 保护的技术方案不同。第 12085 号无效宣告请求审查决定书及后续的北京市第一中级人民法院、北京市高级人民法院对国家知识产权局专利复审委员会作出的第 12085 号决定书所作决定的维持判决，不足以证明原告陈惟诚在无效宣告程序及后续行政诉讼程序中的陈述意见有修改或者放弃涉案专利权利要求 1 技术方案的意思表示。

其次，原告陈惟诚在一审、二审中均否认放弃了瑞虹公司所指的涉案专利权利要求 1 中的技术方案。

最后，授权公告日为 2002 年 4 月 10 日、专利权人为洪进富、专利号为 ZL01227419.4、名称为"防止电磁干扰的弹片结构"的实用新型专利公开的内容与被诉侵权的 ZL02206679.9 技术方案相比，二者之间存在实质内容上的区别。因此，被告瑞虹公司辩称被控侵权产品应用了原告陈惟诚放弃的技术方案的抗辩主张不能成立，法院不予采信。

（三）评析

二审法院判决指出："因陈惟诚没有提供证据证明瑞虹公司的获利情况及其因瑞虹公司的侵权行为所受到的损失，原审法院参考专利权的类型、侵权行为的性质和瑞虹公司在已经被先前判决停止侵权却继续实施侵权行为的情节、涉案专利权有效期临近届满以及权利人为制止侵权行为所支付的合理费用等因素，酌情确定瑞虹公司赔偿陈惟诚经济损失 550 000 元人民币并无不当。"可见，本案的判赔主要考虑了以下因素：①专利权的类型；②侵权行为的性质；③被告瑞虹公司在已经被先前判决停止侵权的情况下却继续实施侵权行为的情节；④涉案专利权有效期临近届满；⑤权利人为制止侵权行为所支付的合理费用等。

其中，最值得关注的是，本案被告瑞虹公司属于判决停止侵权后的继续侵权行为，其持续侵权的主观恶意是法院判赔的重要依据。在司法实践中，根据我国知识产权侵权损害赔偿制度的立法本意，法院既要充分体现知识产权侵权损害赔偿制度在救济权利方面的目的，也会关注损害赔偿制度在制裁侵权方面的特殊功能。因此，在坚持全面赔偿原则的同时，法院对于恶意侵权、重复侵权等严重侵权行为，通常会加大赔偿力度。因此，本案中原告对于被告的继续侵权行为，敢于再次提起诉讼的维权意识和行动也值得赞赏。

四、有关建议

（1）发现侵权行为，及时采取措施

原告陈惟诚曾以同一专利权起诉被告瑞虹公司侵犯其实用新型专利权，法院判决被告瑞虹公司停止侵权、排除妨碍、赔偿损失 50 万元。在本案中，法院直接根据生效判决书认定被告瑞虹公司存在已经被先前判决停止侵权却继续实施侵权行为的情节，主观恶意明显，对于最终判决较高赔偿数额起到了重要作用。故在实践中，一旦发现其他公司有侵权行为，应及时采取诉讼等法律手段，对其违法行为进行打击，以维护自身合法权益。

（2）善用保全手段，固定侵权事实

证据保全在法院判赔中的作用十分明显。在本案中，一审法院根据原告陈惟诚的申请，到被告瑞虹公司处采取了证据保全措施，于现场扣押了被控侵权产品 1 批，对于认定被告仍在继续实施侵权行为起到了关键作用。可见，在知识产权诉讼中，在搜集被告侵权证据时要善于运用保全手段，积极申请和争取法院保全对方生产、销售的被控侵权产品、专用模具等证据，如果有条件可以进一步申请保全对方会计凭证、销售合同等财务资料，以此作为向被告索赔数额的重要依据。

五、小贴士

本案的亮点在于专利权人申请法院直接到被控侵权人处进行证据保全，现场扣押被控侵权产品，善于运用证据保全手段。

原告采证型号多，被告侵权事实裸

—— 多玛两合有限公司诉林强与温州瓯宝五金有限公司侵犯专利权纠纷案❶

> 温州瓯宝被起诉，多玛两合外观权。
>
> 包装商标均显示，被告侵权事实勘。
>
> 一审二审意见同，法院判赔四八万。
>
> 如若证据型号多，证明侵权更好办。

一、基本情况

2007 年，多玛两合有限公司（以下简称"多玛公司"）向北京市第二中级人民法院起诉林强与温州瓯宝五金有限公司（以下简称"瓯宝公司"）侵犯其专利权，索赔数额为 100 万元，法院判赔数额为 48 万元。

瓯宝公司不服，提起上诉。2008 年，北京市高级人民法院公开审理后维持一审判决。

二、案例要点

本案诉求额较高，权利人提供的证据较充足，类型多，说理充分，法官采信度高。

---

❶ 一审：北京市第二中级人民法院（2007）二中民初字第 14446 号民事判决书；二审：北京市高级人民法院（2008）高民终字第 944 号民事判决书。

三、案例评析

（一）双方举证情况

多玛公司提交的证据有：

（1）权利证据，用以明确权利类型及权利有效

• 1999年1月15日，多玛公司向国家知识产权局申请"闭门器"外观设计专利，2000年6月21日获得授权，专利号为ZL99301533.6。

• 1999年5月6日，多玛公司向国家知识产权局申请"自动关门器"发明专利，2003年7月9日获得授权，专利号为ZL99801116.9。

（2）林强与瓯宝公司的侵权证据

• （2006）海证民字第7646号公证书，用以证明：①自林强处购买瓯宝公司制造并销售的302型闭门器，侵权产品上贴有"OUBAO"图文组合商标的标签；②自林强处购买瓯宝公司制造并销售的302型闭门器的合格证，302型闭门器的出厂日期为2006年7月10日，且印有"上海凯迪瓯宝五金有限公司"和"OUBAO"图文组合商标；③自林强处购买瓯宝公司制造并销售的302型闭门器的包装盒，印有"OUBAO"图文组合商标和"瓯宝"商标以及"中外合资温州瓯宝五金有限公司"。

• （2006）海证民字第7190号公证书，用以证明在域名为"oubao.com"的网站中，记载有瓯宝公司的产品手册，该产品手册显示，300型系列闭门器包括301、301D、302、302D、303、303D，共同使用相同的照片和设计图纸。

（3）律师函、道歉函、侵权产品销毁照片等证据，用以证明瓯宝公司侵权行为的主观故意

• 2004年5月12日，多玛公司致函瓯宝公司，该函称：多玛公司系涉案发明专利"自动关门器"的权利人，瓯宝公司制造、销售的300系列自动关门器侵犯了涉案发明专利权，要求瓯宝公司立即停止侵权行为。

• 2004年6月9日，瓯宝公司致函多玛公司，该函称：瓯宝公司承认其300型产品与前述专利相似，极有可能造成侵权，表示道歉，并将更改产品的外形。

● 2004 年 6 月 9 日后，瓯宝公司在多玛公司人员的监督下，销毁了 300 型产品，并拍摄了照片，照片中显示的轴承座的上表面上有"OUBAO"图文组合商标的钢印，以表明其 2004 年销毁的 300 型产品。

（4）林强与瓯宝公司的侵权行为对多玛公司造成的实际损失证据

●（2006）海证民字第 7646 号公证书，其中自林强处购买瓯宝公司制造并销售的 302 型闭门器的购买发票，单价为 110 元，以明确侵权产品的销售价格。

●（2006）海证民字第 7190 号公证书，载明了在域名为"oubao.com"的网站中，显示"上海凯迪瓯宝五金有限公司"和"版权所有 2006© 温州瓯宝五金有限公司"，并记载："瓯宝公司每年生产、销售达 150 万套闭门器，其中 80% 出口，且销售每年递增 30%。目前，瓯宝公司拥有 10 个系列 100 多种闭门器产品，产品使用寿命经试验可达 100 万次以上"，以证明被诉侵权人的销售规模。

（二）法院对证据的认定情况

原告多玛公司经国家知识产权局核准授予的涉案"闭门器"外观设计专利（专利号为 ZL99301533.6）和"自动关门器"发明专利（专利号为 ZL99801116.9），至本案审理时仍处于有效期内，受法律保护。任何单位或者个人未经专利权人许可，都不得实施其专利。

本案中，多玛公司指控侵权的产品是瓯宝公司生产、林强销售的 300 型系列闭门器，双方均认可 300 型系列闭门器产品包括 301、301D、302、302D、303、303D 六种型号，不包括 3302 型产品。多玛公司为取证的需要，在林强处购买的闭门器产品为 302 型和 3302 型两个产品。

根据法院查明的事实，多玛公司购买的闭门器 302 型产品的外观与多玛公司主张权利的外观设计专利构成相同外观设计，而且，该产品的技术方案落入了多玛公司主张权利的发明专利的保护范围，瓯宝公司生产的 300 型系列产品构成对多玛公司享有的外观设计专利权和发明专利权的侵犯。

瓯宝公司主张涉案 302 型产品是林强将瓯宝公司于 2004 年送给他的样品混装进一个包装盒卖给多玛公司的，其并未在 2004 年之后继续生产、销售，但林强并未向法院提供与公证购买产品对应的包装盒和产品合格证，也未提供与公证购买的涉案产品的包装盒及合格证对应的产品，瓯宝公司亦未就其主张提供相关证据；而且，涉案 302 型产品合格证记载的时间为 2006 年 5 月 29 日，2006 年 8 月 28 日瓯宝公司的网站中仍然显示 300 型系列闭门器的照片和设计图纸，瓯宝公司于 2004 年所销毁的产品与公证购买的涉案 302 型产品在有无 "OUBAO" 图文组合商标的钢印方面存在明显区别，故瓯宝公司所主张的公证购买的产品包装盒和产品合格证是林强混装的以及钢印商标不能作为再次开模制造的依据均缺乏事实和法律依据，法院不予支持。

（三）评析

原告多玛公司曾于 2004 年致函被告瓯宝公司警告其制造、销售的 300 系列自动关门器侵犯了涉案发明专利权，瓯宝公司承认侵权并销毁了 300 型产品，并拍摄了照片，照片中显示的关门器轴承座的上表面上有 "OUBAO" 图文组合商标的钢印。

多玛公司另于 2006 年从林强处公证购买了 300 型闭门器产品，将购买的闭门器与所销毁的产品进行对比后发现，前者的轴承座的上表面没有 "OUBAO" 图文组合商标的钢印，而后者的轴承座的上表面有 "OUBAO" 图文组合商标的钢印。此外，多玛公司还就瓯宝公司 2006 年网站上的内容作了公证，网站内容包括显示有 300 型系列闭门器的产品手册。

根据上述证据，法院认定多玛公司 2006 年从林强处购买的闭门器是瓯宝公司 2006 年生产的，而非其 2004 年生产的样品。这里，多玛公司 2004 年销毁产品时所拍摄的照片以及公证的网页内容为法院判定瓯宝公司持续侵权及侵权行为的主观故意提供了有利证据。

而且，多玛公司所公证的瓯宝公司网站上的内容能够显示其销售规模，从林强处购买的 302 型闭门器可反映其销售价格，结合一般市场利润率可推算出瓯宝公司因侵权行为所获得的利益，这些都为法院确定赔偿数额提供了参考依据。

四、有关建议

本案中，多玛公司虽然通过从林强处购买的闭门器轴承座上表面的"OUBAO"钢印以及瓯宝公司网站上闭门器的产品手册这些证据使法院最终认定了多玛公司 2006 年从林强处购买的闭门器是瓯宝公司 2006 年生产的，但此处也成了原被告双方争议的一个焦点。

如果多玛公司在 2006 年购买侵权产品时，能够从多地多处公证购买侵权产品，甚至购买到 300 系列中除 302 型之外的其他型号，则可以更有力地证明瓯宝公司的持续侵权行为及侵权行为的主观故意，从而较大程度地避免就所购买的侵权产品是否为 2004 年瓯宝公司生产的样品的争议，而且也能进一步证明被诉侵权产品的销售范围甚至销售规模。

五、小贴士

本案影响判赔额的关键证据亮点在于原告的律师函、道歉函、侵权产品销毁照片等证据，证明了被告明知可能已经侵权而继续实施侵权行为的主观故意。

釜底抽薪几解危，坚定不移终获赔

——IROPAAG（IROPA 股份公司）与慈溪市太阳纺织器材有限公司侵犯发明专利权纠纷案❶

> IROPA 股份要维权，大胆主张二百万。
>
> 太阳公司有妙招，釜底抽薪告无效。
>
> 原告自信再上诉，坚定不移权有效。
>
> 双方举证均不力，法定赔偿仅十万。

一、基本情况

IROPA 股份公司向浙江省宁波市中级人民法院诉称慈溪市太阳纺织器材有限公司（以下简称"太阳公司"）侵犯其发明专利权，索赔数额 200 万元。一审法院审理后认定被告的现有技术抗辩成立，故驳回原告的诉讼请求。

之后，IROPA 股份公司提起上诉，浙江省高级人民法院公开审理后撤销一审判决，判赔 10 万元。

二、案例要点

权利人提供被诉侵权人制造、销售被诉侵权产品的证据充分，但由于权利人未提供侵权所造成的损失或侵权行为所获得利润证据，故法院综合考虑被诉侵权人的生产规模、侵权性质等情节，判赔 10 万元，赔偿率为 5%。

---

❶ 一审：宁波市中级人民法院（2004）甬民二初字第 114 号民事判决书；二审：浙江省高级人民法院（2010）浙知终字第 130 号民事判决书。

三、案例评析

（一）双方举证情况

1. IROPA 股份公司提交的证据

（1）权利证据，用以明确权利类型及权利有效

• 1999 年 9 月 7 日，IROPA 股份公司向国家知识产权局申请名称为"探纱器"的发明专利，公开日为 2000 年 4 月 5 日，并于 2003 年 5 月 28 日被授予专利权，专利号为 ZL98803150.7，该专利的优先权日为 1997 年 12 月 17 日，国际申请日为 1998 年 12 月 17 日。

• 2004 年 5 月 19 日，某公司向国家知识产权局专利复审委员会提出涉案专利无效宣告的请求；2005 年 8 月 31 日，国家知识产权局专利复审委员会作出第 7469 号无效宣告请求审查决定，宣告涉案专利权利要求 1～7 无效，在涉案专利权利要求 8～14 的基础上维持该专利有效。

• IROPA 股份公司不服，向北京市第一中级人民法院提起行政诉讼；2007 年 12 月 20 日，北京市第一中级人民法院作出的（2006）一中行初字第 56 号行政判决，维持国家知识产权局专利复审委员会作出的第 7469 号无效宣告请求审查决定。

• IROPA 股份公司不服北京市第一中级人民法院作出的（2006）一中行初字第 56 号行政判决，向北京市高级人民法院提起上诉；2008 年 12 月 12 日，北京市高级人民法院作出（2008）高行终字第 260 号行政判决，撤销北京市第一中级人民法院（2006）一中行初字第 56 号行政判决，撤销国家知识产权局专利复审委员会第 7469 号无效宣告请求审查决定，责令国家知识产权局专利复审委员会重新就 ZL98803150.7 号发明专利权作出无效宣告请求审查决定。

• 2009 年 8 月 19 日，国家知识产权局专利复审委员会重新作出第 13806 号无效宣告请求审查决定，维持 ZL98803150.7 号发明专利有效。

（2）有关太阳公司侵权行为的证据

• 2003 年 7 月 15 日，公证保全购买太阳公司生产并销售的型号为 DCW-3 的储纬器，以明确被诉侵权人的侵权产品类型。

● 2003 年 12 月 12 日，公证保全上海市浦东新区新国际博览中心 "2003 上海国际纺织工业展" 五号馆 5B002 号展位（参展单位为太阳公司，太阳公司在该展位上展示了本案所涉的储纬器）进行拍照的照片以及太阳公司散发的宣传资料，以明确被诉侵权人的侵权产品类型。

（3）太阳公司的侵权行为对 IROPA 股份公司造成的实际损失证据

● 2003 年 7 月 15 日，公证购买启太阳公司生产并销售的型号为 DCW－3 的储纬器价格为 950 元，以证明被诉侵权人的侵权产品销售价格。

2. 太阳公司提交的证据

（1）先用权抗辩证据

● 太阳公司生产设备的购买依据、储纬器中绕纱盘的开模依据，以及储纬器总装图等证据，以证明太阳公司在涉案专利优先权日（1997 年 12 月 17 日）之前已经制造被诉侵权产品，并且仅在原有范围内继续制造，太阳公司就涉案专利享有先用权。

● 太阳公司的 ZL98118743.9 号专利证书。

（2）现有技术抗辩证据

● 浙江省宁波市中级人民法院作出的（2004）甬民二初字第 115 号民事判决书、法庭审理笔录、证据交换笔录及多灵有限公司（以下简称 "多灵公司"）提供的证据，多灵公司在涉案专利的优先权日（1997 年 12 月 17 日）之前已经制造、销售了型号为 DL121 的储纬器，且经浙江省宁波市中级人民法院比对，DL121 型储纬器中的探纱器与太阳公司制造、销售的 DCW－3 型储纬器中的探纱器技术特征全部相同，以证明太阳公司被诉侵权产品使用了在涉案专利优先权日（1997 年 12 月 17 日）之前的现有技术，不构成对涉案专利的侵权行为。

（二）法院对证据的认定情况

太阳公司享有的 ZL98118743.9 号专利，其申请日为 1998 年 8 月 31 日，在本案专利优先权日之后，不能作为先用权抗辩的证据。

太阳公司一审现有技术抗辩所依据的是（2004）甬民二初字第 115 号民事判决所认定的多灵公司针对涉案专利享有先用权这一事实，对于该部分事实，法院在该案二审中不予认定。故太阳公司在本案中提出现有技术抗辩已无事实依据。

太阳公司要证明其对涉案专利享有先用权，就必须证明太阳公司在涉案专利优先权日前已作好与涉案专利技术特征相同产品的生产准备。针对本案所涉产品，要作好工业产品的生产准备，首先应对产品进行设计并绘制相应图纸，其次应当依据相应设计图纸进行模具开发，然后才是生产和销售。本案中，太阳公司要证明其对涉案专利享有先用权，首先应提交的是设计图纸、开模证据或者涉案专利优先权日前生产、销售的产品实物。由于本案所涉产品为易损件，在产品实物无法提供的情况下，产品的设计图纸、开模证据将是主张先用权的最有力证据，本案一审中太阳公司虽提交了生产设备的购买依据、储纬器中绕纱盘的开模依据，以及储纬器总装图等证据，但上述证据均不能直接反映其探纱器的全部技术特征。本案一审证人证言所阐述的事实，因缺乏相关书证佐证，不足以证明在涉案专利优先权日前，太阳公司生产、销售的 DCW－3 型储纬器中已使用了与被控侵权产品相同的探纱器，故先用权抗辩不成立。

（三）评析

本案中，被告的现有技术抗辩证据和先用权抗辩证据均不够充分，因此均未被二审法院认可，故两种抗辩均不成立。

关于赔偿数额，由于 IROPA 股份公司未举证证明其因太阳公司侵权所造成的损失及太阳公司因上述侵权行为所获的利润，法院综合考虑涉案专利的类别、太阳公司生产规模、侵权性质等情节，以及 IROPA 股份公司为调查、制止侵权所支付的合理费用等因素，采用法定赔偿，酌定赔偿的数额为人民币10 万元。

四、有关建议

就被告来说，要证明其对涉案专利享有先用权，就必须证明在涉案专利申请日或优先权日前已作好与涉案专利技术特征相同产品的生产准备。所需提供的证据，至少要包括产品设计图纸，模具开发、生产和销售，实物产品证据等，否则很难被法院支持。

针对原告来说，应尽可能提供证据证明其因被告侵权所造成的损失，或者被告因侵权行为所获的利润，否则就只能走法定赔偿，在赔偿数额上与预期相差较多。

五、小贴士

本案侵权赔偿请求额较高但实际法院判赔额却较低的原因有二：一是专利权之前存在先用权抗辩诉讼；二是虽然该专利经过无效二审行政诉讼最终被维持有效，但国家知识产权局专利复审委员会曾作出过维持部分有效的结论。这两点一定程度上反映该专利的权利稳定性情况；在专利权人未举证证明其侵权损失和侵权人获利的情况下，法官酌定给予较低的法定赔偿。

拜耳农科愁何在，证多赔低真无奈

——拜尔农科股份有限公司诉上海托星国际贸易有限公司、吴万勇、浙江一同化工有限公司侵犯发明专利权纠纷案❶

> 拜耳农科愁何在，他人侵犯专利来。
>
> 积极举证证据多，判赔率低缘何在？
>
> 一同化工制造方，被控侵权不见外。
>
> 托星国际销售方，来源不清诉讼败。

一、基本情况

2008 年，原告拜尔农科股份有限公司（以下简称"拜耳公司"）因与被告上海托星国际贸易有限公司（以下简称"托星公司"）、被告吴万勇、被告浙江一同化工有限公司（以下简称"一同公司"）侵犯发明专利权纠纷案，向上海市第一中级人民法院提起诉讼，索赔 200 万元。法院审理后判赔 10 万元。

二、案例要点

权利人提供被诉侵权人经上海市农业委员会查处后的被控侵权产品，调查后的笔录等证据、网页证据等，以及被控侵权产品成分，以证明其落入专利保护范围，但权利人未提供有效证据证明其因侵权所造成的损失以及被诉侵权人因侵权获得的利益。法院根据专利权的类别、侵权的性质和情节以及专利许可费情况等因素，判赔 10 万元，赔偿率为 5%。

---

❶ 一审：上海市第一中级人民法院（2008）沪一中民五（知）初字第 134 号民事判决书。

三、案例评析

（一）双方举证情况

拜尔公司提交的证据有：

（1）权利证据，用以明确权利类型及权利有效

• 1988年6月11日，罗纳-普朗克农业化学公司向原中国专利局申请名称为"N-苯基吡唑衍生物杀虫剂"的发明专利，优先权日为1987年6月12日，并于1995年1月11日被授予专利权，专利号为ZL88103601.3。2003年4月9日，专利权人变更为拜尔公司；

• 2005年3月15日，国家知识产权局专利复审委员会（以下简称"专利复审委"）出具的第6951号无效宣告请求审查决定。该决定维持涉案专利权有效，在无效审查程序中，拜尔公司对涉案专利的权利要求进行修改，涉案专利的保护范围发生变化。

• 2006年12月20日，北京市高级人民法院作出的（2006）高行终字第178号行政判决书，认定在无效审查程序中对涉案专利的权利要求进行修改，未超出原权利要求的保护范围，符合无效宣告程序中对专利文件修改的要求，终审判决维持专利复审委第6951号无效决定。

（2）有关托星公司侵权行为的证据

• 中国标准出版社2006年7月出版的《农药标准汇编通用方法卷2006》中具有农药通用名称的国家标准，其中第82页载明：通用名称"氟虫腈"等，以证明涉案专利技术的通用名称。

• 化学工业出版社出版的《农药使用技术指南》一书第45页记载，水分散粒剂是一种农药新剂型。

• 化学工业出版社出版的《固体制剂》一书第90页记载，水分散性粒剂（WG或WDG）是在水中崩解和分散后使用的颗粒剂。

• 2007年10月，上海市农药检定所查获一同公司欲出口存放于上海思源物流有限公司的氟虫腈库存实物照片、《上海思源货运代理有限公司进仓单》《一同公司货物进仓通知》《上海易豪国际货物运输代理有限公司进仓通知书》

等证据。

- 《上海市产品质量检验抽样单》《检验报告》等证据，根据 Q/HZ -
JV023 - 2007 80% 氟虫腈水分散粒剂标准中含量测试方法抽样检测，该批产品
系 80.8% 的氟虫腈。

- 2007 年 10 月 10 日，上海市农业委员会向上海思源物流有限公司出具
的《证据登记保存通知书》，用以证明上海市农药检定所查获一同公司欲出口
存放于上海思源物流有限公司的氟虫腈，对涉案的 1 吨氟虫腈产品就地登记
保存。

- 2007 年 12 月，上海市农业委员会对一同公司出具的《封存通知书》，
对涉案的 1 吨氟虫腈产品实施封存。

- 2007 年 12 月，上海市农业委员会出具的一同公司和托星公司的《证据
询问通知书》《询问笔录》，用以证明：一同公司人员和托星公司的吴万勇承
认两公司间存在销售 1 吨氟虫腈，以及具体与吴万勇联系的事实；吴万勇在询
问笔录中还陈述：托星公司从 2007 年 9 月开始经营氟虫腈产品，以每吨 25 万
元的价格卖给一同公司 1 吨，双方没有签订购销合同。

- 一同公司营业执照复印件、托星公司工商机读资料以及其徐汇分公司
营业执照、吴万勇身份证明等证据。

- （2007）京证经字第 39384 号公证书，2007 年 12 月 3 日的网页公证保全，
以及 2008 年 4 月 17 日的网页公证保全，其证明：网址为 www. tuoxingchem. com 的
"上海托星国际贸易有限公司" 网站在 "推荐产品" 栏下的 "氟虫腈" 页面对
氟虫腈产品进行了介绍：氟虫腈是一种苯基吡唑类杀虫剂；通用名称：氟虫腈
（Fipronil）；化学名称：（RS）- 5 - 氨基 - 1 - （2，6 - 二氯 - 4 - 三氟甲基苯
基）- 4 - 三氟甲基亚磺酰基吡唑 - 3 - 腈；分子式：$C12H4Cl2F6N4OS$；剂型：
WP WDG FS。在 "联系我们" 页面显示：上海托星国际贸易有限公司、电话
02154245342、传真 02154245341、地址上海市天钥桥路 380 弄 20 号 15 层 C
室。经域名查询，上述域名的单位名称是 "上海托星国际贸易有限公司"、管
理人是吴万勇。

- （2008）京方圆内经证字第 13326 号公证书，对一同公司的网页公证保

全，以证明一同公司生产了被控侵权产品。

（3）托星公司的侵权行为对拜尔公司造成的实际损失证据

• （2007）京证经字第39384号公证书，2007年12月3日的网页公证保全，以及2008年4月17日的网页公证保全，证明网址为www.tuoxingchem.com的"上海托星国际贸易有限公司"网站的公司简介网页记载，托星公司创建于2005年10月，专业经营化工原料、化工中间体和农药类等产品的国内外贸易。该公司拥有自主外贸进出口权，运营资本额5 000万元。该公司正逐渐成长为国内最具成长力的进出口企业之一，2006年度实现进出口总值超1.5亿元，以证明托星公司的经营规模。

• 2007年12月，上海市农业委员会对一同公司、托星公司的询问笔录，吴万勇在询问笔录中还陈述：托星公司从2007年9月开始经营氟虫腈产品，以每吨25万元的价格卖给一同公司1吨，双方没有签订购销合同，以证明被控侵权产品的销售价格。

• 拜耳作物科学（中国）有限公司出具的许可费证明、价格证明等证据。

（二）法院对证据的认定情况

对于原告提供的专利说明书、专利登记簿副本、无效宣告请求审查决定书、行政判决书、《农药通用名称GB4839－1998》《农药使用技术指南》、（2007）京证经字第39384号公证书、（2008）京方圆内经证字第13326号公证书、《固体制剂》，原告代理人向本院申请调查令后向上海市农药检定所调取的查处三名被告经营氟虫腈产品的材料（库存实物照片、上海思源货运代理有限公司进仓单、一同公司货物进仓通知、上海易豪国际货物运输代理有限公司进仓通知书、上海市产品质量检验抽样单、检验报告、证据登记保存通知书、封存通知书、询问通知书、一同公司营业执照复印件、托星公司工商机读资料以及其徐汇分公司营业执照、吴万勇身份证明以及相关询问笔录）以及公证费、律师费发票等，经庭审举证、质证，法院予以确认。

原告为证明一同公司生产被控侵权氟虫腈提供了（2008）京方圆内经证字第14804号公证书，法院认为该公证书公证的一同公司网站内容并不能证明一同公司生产了被控侵权氟虫腈，故不予采用。原告为证明其损失提供了拜耳作物科学（中国）有限公司出具的许可费证明、价格证明，法院认为该些证据证明力不足，不予采信。

（三）评析

本案中，法院根据专利权的类别、托星公司侵权的性质和情节以及专利许可费情况等因素，酌情确定了赔偿数额，同时对于原告提供的公证费以及律师费依法给予了支持。根据权利人的请求以及具体案情，法院可以将权利人因调查、制止侵权所支付的合理费用计算在赔偿数额范围之内。其法律依据为《最高人民法院关于审理专利纠纷案件适用法律问题的若干规定》第 22 条❶"人民法院根据权利人的请求以及具体案情，可以将权利人因调查、制止侵权所支付的合理费用计算在赔偿数额范围之内"。只要权利人为调查、制止侵权行为所支付的各种开支具有合理性和必要性，并且已实际发生，都可以纳入赔偿范围。

实务中，有的原告提供相关票据或票证，法院要进一步判定其支出是否合理，并非直接以其载明的数额确定赔偿额。在相关联的案件中，对于原告为制止侵权行为而一并支付的合理费用，如果已在其他案件中确定或考虑过的，则不再重复计算。另外，为制止侵权行为所支付的合理开支并非必须要有票据一一予以证实，法院可以根据案件具体情况，在查明相关事实的基础上，考虑其他确实可能发生支出的因素，在原告主张的合理开支赔偿数额内，综合确定合理的数额。实务中对于律师费用作为合理开支的一部分，在确定损害赔偿数额时，如何判断其"合理性"，通常是原告要求支付律师代理费的，应当提供执业律师已实际收取费用的正规票据，法院根据当事人的请求，综合考虑其必要性、全部诉讼请求的支持程度、请求赔偿额和实际判赔额的比例等因素，参考国家司法行政部门规定的律师收费标准、实际判赔额和请求赔偿额的比例等因素合理酌定。

---

❶ 此处指本案审理时适用的、最高人民法院于 2001 年 6 月 22 日公布、2001 年 7 月 1 日起施行的该司法解释版本。现版本（法释〔2005〕号）措辞有所变化。

四、有关建议

　　法院认为，托星公司在其网站上许诺销售氟虫腈产品，并实际销售了该产品，且不能说明该产品有合法来源，其行为侵犯了原告的发明专利权，理应承担侵权责任。合法来源抗辩中对于来源的审查，通常是指合法地从被诉侵权产品的"直接上手"进货，以合理的价格购买，并能够提供相关票据。合法进货渠道以及相关票据的认定应当符合具体产品的交易惯例。交易主体出于相互信任或节约交易成本等多种因素的考虑，在实际交易中，可能存在经营行为不规范，订货、送货、收款等形式往往比较随意的情形，因此导致其提交的证明合法来源的证据难以准确、完整反映整个交易的情况。此时法院会认定合法来源抗辩不能成立。由于使用者或销售者对其合法来源抗辩所依据的事实负有证明责任，因此，在对产品的来源出现争议时，如果不规范的经营行为导致没有证据或证据不能形成完整证据链，由此直接造成的不利后果，应当由其自己承担。

宏晨巧施连环计，被告难敌公证力

——上海宏晨家庭用品有限公司与北京水宜生科技发展有限公司、上海百联集团股份有限公司、上海市第一百货商店侵犯外观设计专利权纠纷案❶

> 宏晨公司使连环，八个公证抵赖难。
> 侵权被告共有三，原告怒索一百万。
> 时长地域均取证，奈何理赔上线短。
> 根据旧法六五条，法院判赔五万元。

一、基本情况

原告上海宏晨家庭用品有限公司（以下简称"宏晨公司"）因与被告北京水宜生科技发展有限公司（以下简称"水宜生公司"）、被告上海百联集团股份有限公司、被告上海市第一百货商店侵犯外观设计专利权纠纷一案，向上海市第二中级人民法院提起诉讼，索赔100万元。2010年11月15日，一审法院判赔5万元。

二、案例要点

本案主要关注点在于：原告提交的证据中有8份涉及被控侵权产品的公证书，分别是在不同时间，针对不完全相同的经销商作出的公证保全。这不仅证明了被告水宜生公司的侵权事实，而且比起一两次公证，更能证明被告存在持续的、反复的和长时间的侵权行为，从而有助于获得相对较高的赔偿额。

---

❶　一审：上海市第二中级人民法院（2010）沪二中民五（知）初字第41号民事判决书。

三、案例评析

（一）双方举证情况

1. 原告宏晨公司提交的证据

（1）权利证据

● 2005 年 7 月 8 日，宏晨公司向国家知识产权局申请名称为"杯子（HVC002－55）"的外观设计专利，并于 2006 年 5 月 3 日被授予专利权，专利号为 ZL200530041259.X，至本案审理时该项专利权处于有效状态。

（2）侵权证据

● 公证保全：（2009）沪卢证经字第 2454 号和（2010）沪卢证经字第 227 号 2 份公证书，用以证明 2009 年 8 月 19 日和 2010 年 1 月 20 日，分别自上海市市百一店购买杯子 2 个，获得销售凭证、发票、照片等证据，以明确被控侵权产品。

● 公证保全：（2009）沪卢证经字第 2450～2453 号、2455 号及（2010）沪卢证经字第 226 号共计 6 份公证书，公证了自其他百货公司购买的被控侵权产品。

（3）赔偿证据

● 水宜生公司在《饮水与健康导报》及其公司网站 www.sysbj.com.cn 上，对被控侵权产品进行过的广告宣传，以明确被控侵权产品的销售范围。

2. 被告水宜生公司提交的证据

● 专利名称为"杯子（HVC001－30B）"、专利号为 ZL200530037512.X、申请日为 2005 年 6 月 8 日、公开日为 2006 年 3 月 22 日的外观设计专利；专利名称为"杯子（HVC001－30D）"、专利号为 ZL200530037510.X、申请日为 2005 年 6 月 8 日、公开日为 2006 年 3 月 22 日的外观设计专利；专利名称为"保温杯（SV－0550）"、专利号为 200430020902.X、申请日为 2004 年 3 月 16 日、公开日为 2004 年 12 月 15 日的外观设计专利。以证明被控侵权产品使用的是涉案专利申请日之前的现有设计，未落入涉案专利的保护范围，即被控侵权产品不构成对涉案专利的侵权。

（二）法院对证据的认定情况

法院对原被告提出的证据分别进行了审查，对双方的证据作出了相应的认定。

对于本案原告宏晨公司是否具有其所称的外观设计专利权，法院认为其是名称为"杯子（HVC002 – 55）"的外观设计的专利权人，专利号为ZL200530041259. X，专利申请日为2005年7月8日，授权公告日为2006年5月3日，该专利至本案审理时有效。

法院认可了原告所提出的以下公证材料：2009年8月19日和2010年1月20日，原告向上海市卢湾区公证处申请保全证据公证。同日，该公证处公证员会同原告的委托代理人赵中前往位于上海市南京东路某号的上海市市百一店，现场监督赵中购得被控侵权产品2个，并获得了销售凭证及发票；公证员对取证地点及所购实物进行了拍照，并对所购实物进行了贴封。随后，该公证处针对上述购买过程制作了（2009）沪卢证经字第2454号和（2010）沪卢证经字第227号2份公证书。此外，原告还申请上海市卢湾区公证处对其代理人在其他百货公司购买相同被控侵权产品的行为进行了保全证据公证，该公证处对此分别制作了（2009）沪卢证经字第2450～2453号、第2455号及（2010）沪卢证经字第226号共计6份公证书。

法院认为被控侵权产品与外观设计专利产品属于相同产品，经比对，被控侵权产品具有"杯把宽厚并与杯体圆滑过渡连接成一体""杯把的内孔形状如脚印"等原告外观设计专利的设计要点，其外观轮廓与原告外观设计专利相比在整体视觉效果上无实质性差异，从一般消费者的知识水平和认知能力出发，两者在杯身及杯底上装饰线条方面的细微差异对整体视觉效果不具有显著影响，因此，法院认定，两者构成近似设计。并且查明被告水宜生公司还在《饮水与健康导报》及其公司网站 www. sysbj. com. cn 上对被控侵权产品进行过广告宣传。

被告水宜生公司为证明其使用的是现有设计，提交了3份已经授权公告的外观设计专利文件：①专利名称为"杯子（HVC001 – 30B）"，专利号为ZL200530037512. X，申请日为2005年6月8日，公开日为2006年3月22日；

②专利名称为"杯子（HVC001-30D）"，专利号为ZL200530037510.X，申请日为2005年6月8日，公开日为2006年3月22日；③专利名称为"保温杯（SV-0550）"，专利号为200430020902.X，申请日为2004年3月16日，公开日为2004年12月15日。经比对，法院认定上述专利文件①记载的外观设计与被控侵权产品的外观在杯盖和杯把内孔的轮廓上存在差异，上述专利文件②记载的外观设计与被控侵权产品的外观在杯盖、杯把外形及杯把内孔轮廓上均存在差异，上述专利文件③记载的外观设计与被控侵权产品的外观在杯体、杯盖及杯把外轮廓构成的整体形状及杯把内孔轮廓方面均存在较大差异。基于以上原因，被告水宜生公司的现有设计抗辩不能成立。

同时，关于被告水宜生公司的被控侵权产品杯体外壳系从案外人处购进的抗辩理由，因其未提交相应的证据予以证明，法院对此不予采信。

（三）评析

本案是关于外观设计专利被侵权后的赔偿案件，在原告宏晨公司未证明其因此遭受的损失及被告由此获得的利益，也未提供确定的专利许可使用费数额的情况下，法院综合考虑被告侵权行为的性质、经营规模、给原告造成损失的合理范围、涉案侵权产品的合理利润等因素，酌定被告水宜生公司应承担赔偿原告经济损失及合理费用支出的具体数额。虽然法院最终根据《专利法》第65条只判赔了原告5万元，但在侵犯外观设计专利的相关案件中，判赔5万元已经属于相对较高的赔偿额。

原告提交的证据中涉及8份关于被控侵权产品的公证书，分别是在不同时间，针对不完全相同的经销商作出的公证保全。从这8份公证书中，不仅证明了被告水宜生公司的侵权事实，同时还证明了其侵权的范围较广（经销商不只一家）、侵权的时间持续长（多份公证书之间的时间间隔）。在原告不能证明自己因侵权遭受的损失和被告所获得的利益时，如果可以证明被告的侵权时间长、范围广，那么这些证据在很大程度上可以帮助原告方获得更高的侵权赔偿。

对于原告提出的被告在《饮水与健康导报》及其公司网站 www.sysbj.com.cn 上对被控侵权产品进行广告宣传这一证据，虽然没有经过公证，但最终被法院认可。这一证据不仅证明了被告的侵权事实，同时也证明被告侵权的范围较广（在网络和报纸上都做过宣传），对取得较高的赔偿起到了一定的作用。

不过，需要注意的是，原告提交 8 份公证书均是上海同一公证处作出的，由于判决书对其他公证书的保全情况未作详细描述，无法确定公证保全的地点具体在哪里，但应该不会超出上海的范围。如果被告生产销售侵权产品的地域还延及其他省市，那么保全公证最好不要局限于一地，这样才能体现侵权规模，尤其是侵权地域的广泛性，从而更好支持法院作出较高的判赔数额。

四、有关建议

本案中，原告对于被告水宜生公司的被控侵权行为提交了 8 份公证书，是最为值得关注的一点，同时也带来一些启示。

首先，公证保全可以跨越较长时间，当然，从第一次公证保全到提起诉讼的时间间隔要控制在 2 年诉讼时效之内。本案原告在 2009 年和 2010 年（至少在 2009 年 8 月 19 日和 2010 年 1 月 20 日）分别进行了数次公证保全，显然比一两次公证更能证明被告存在持续的、反复的和长时间的侵权行为。

其次，原告的公证保全可能都是在上海进行的。如果在多地均有侵权行为，建议原告应当在多地进行公证，这不仅更充分证明被告侵权范围广，而且还能选择不同的法院进行诉讼。届时，原告可以了解何地的法院对类似的案件判赔数额较大，从而选择相关法院进行诉讼。

最后，虽然原告的 8 份公证书可以证明被告侵权时间长，但是建议公证时还是要进行一定的评估，不能盲目公证，尤其要避免公证费用超过赔偿金额的情形发生。

五、小贴士

本案提交证据的亮点在于多份侵权产品销售的公证书，说明侵权时间持续较长，从而法院给予了较高的外观设计专利侵权判赔额。

证据还需求保全，判赔额多不犯难

——广州市兆鹰五金有限公司与开平市旭浪五金塑料制品有限公司、开平市腾发贸易有限公司侵犯实用新型专利权纠纷案❶

> 烽火连三月，兆鹰索万金。
>
> 原告证据多，为何不能依。
>
> 公证与保全，二者皆缺失。
>
> 只赔八万元，赔率真是低。

一、基本情况

2009 年 7 月 14 日，原告广州市兆鹰五金有限公司（以下简称"兆鹰公司"）诉被告开平市旭浪五金塑料制品有限公司（以下简称"旭浪公司"）、被告开平市腾发贸易有限公司（以下简称"腾发公司"）侵犯实用新型专利权纠纷案，向广东省江门市中级人民法院提起诉讼，索赔 100 万元，法院判赔 8 万元。

兆鹰公司、旭浪公司不服一审判决，于 2009 年 9 月 2 日向广东省高级人民法院提起上诉，广东省高级人民法院判决驳回上诉，维持原判。

二、案例要点

权利人提供经查处后的侵权产品证据，以证明被诉侵权人生产、销售侵权产品；提供查处的侵权产品数量等证据，以证明被诉侵权产品的销售规模等。

---

❶ 一审：江门市中级人民法院（2009）江中法知初字第 106 号民事判决书；二审：广东省高级人民法院（2010）粤高法民三终字第 344 号民事判决书。

被诉侵权人提出被控侵权产品使用涉案专利申请日之前现有技术的证据，法院虽不予支持，但是由于权利人没有提供被诉侵权人共同生产侵权产品证据、获利证据、生产销售产品数量证据，法院认为证据不足，判赔额低，仅判赔 8 万元，赔偿率为 8%。

三、案例评析

（一）双方举证情况

1. 兆鹰公司提交的证据

（1）权利证据，用以明确权利类型及权利有效

• 2002 年 4 月 12 日，兆鹰公司向国家知识产权局申请名称为"一种水烟筒"的实用新型专利，并于 2003 年 2 月 26 日被授予专利权，专利号为 ZL02226804.9，实用新型专利证书编号为第 540245 号。

• 2009 年 8 月 28 日，旭浪公司对涉案专利向国家知识产权局专利复审委员会提出无效宣告请求，后因旭浪公司对国家知识产权局专利复审委员会发出的口头审理通知书在规定的期限内未作答复，并且未参加口头审理，其无效宣告请求视为撤回。

• 2009 年 11 月 17 日，腾发公司对涉案专利向国家知识产权局专利复审委员会提出无效宣告请求；2010 年 4 月 23 日，国家知识产权局专利复审委员会作出的无效宣告请求审查决定书，维持涉案专利的专利权有效。

• 兆鹰公司的专利缴费凭据，以证明涉案专利处于有效状态。

（2）有关旭浪公司侵权的证据

• 2009 年 8 月 5 日，证据保全：在江门海关的协助下，查封、扣押腾发公司报关的被控侵权产品 1 批（水烟筒 374 箱，货值 35 904 美元）。

• 2010 年 3 月，兆鹰公司接江门海关通知，旭浪公司和腾发公司出口 1 个集装箱的被控侵权产品。

（3）旭浪公司以及腾发公司的侵权行为对兆鹰公司造成的实际损失证据

• 2009 年 9 月，江门海关查扣旭浪公司以及腾发公司生产、销售的作为涉案侵权产品配件的水烟筒 1 批（1 个集装箱，集装箱号为 YMLU3152891）。

旭浪公司以及腾发公司能够将作为配件的水烟管软管单独发一个集装箱到境外，以证明被控侵权产品水烟筒的销售数量大。

• 旭浪公司于 2001 年 10 月 4 日登记成立，注册资本为人民币 50 万元，经营范围为生产、销售金属制品、塑料制品，以证明其生产规模大。

• 腾发公司于 2000 年 3 月 14 日登记成立，注册资本人民币 510 万元，经营范围：经营和代理各类商品及技术的进出口，以证明其生产规模大。

• 旭浪公司以及腾发公司在世界若干地方设置了专门的销售店，其产品销售量仅排在兆鹰公司的专利产品之后。

2. 旭浪公司提交的证据

旭浪公司提交以下证据，以证明被控侵权产品不构成对涉案专利的侵权行为：

• 以公开号为 435088、公开日为 2001 年 5 月 1 日的台湾专利作为优先权的，向国家知识产权局申请的申请号为 01249775.4 的专利：该专利因没缴纳年费已终止，为现有技术，以证明被控侵权产品使用的是上述专利，为涉案专利申请日之前的现有技术，未落入涉案专利的保护范围。

（二）法院对证据的认定情况

（1）2002 年 4 月 12 日，兆鹰公司向国家知识产权局申请名为"一种水烟筒"的实用新型专利。2003 年 2 月 26 日，国家知识产权局核准授予该实用新型专利权，专利号为 ZL02226804.9，同时颁发了编号为第 540245 号的实用新型专利证书并于当天授权公告。兆鹰公司按期缴纳了专利年费，该专利至本案审理时处于授权有效状态。

（2）诉讼中，根据兆鹰公司的财产保全和证据保全申请，法院于 2009 年 8 月 5 日在江门海关的协助下，查封、扣押腾发公司报关的被诉侵权产品 1 批（水烟筒 374 箱，货值 35 904 美元），并提取、扣押水烟筒样品 1 套。

（3）被诉侵权产品由旭浪公司生产、腾发公司代理出口。

（4）旭浪公司于 2001 年 10 月 4 日登记成立，注册资本人民币 50 万元，经营范围：生产、销售：金属制品、塑料制品。

腾发公司于 2000 年 3 月 14 日登记成立，注册资本人民币 510 万元，经营范围：经营和代理各类商品及技术的进出口。

（5）兆鹰公司作为名称为"一种水烟筒"、专利号为 ZL02226804.9 的实用新型专利权人，依法享有相应的权利并受法律保护。因被诉侵犯专利权行为发生在 2009 年 10 月 1 日以前，本案应适用修改前即 2000 年 8 月 25 日修正、2001 年 7 月 1 日施行的《专利法》。

被诉侵权产品与兆鹰公司专利产品"水烟筒"为同类产品。通过庭审技术对比，被诉侵权产品与兆鹰公司专利的技术方案相同，被诉侵权产品的技术特征完全覆盖兆鹰公司专利权的保护范围。旭浪公司、腾发公司辩称被诉侵权产品与兆鹰公司专利的技术方案不相同，与事实不符，法院不予采纳。旭浪公司辩称其依法享有先用权，不构成专利侵权，因其提交的证据未能证明其在涉案专利申请日前已经制造相同产品或者已经作好制造的必要准备，并且仅在原有范围内继续制造，故法院不予采纳。

（三）评析

原告兆鹰公司在诉讼中提出的证据很多，包括：① 法院于 2009 年 8 月 5 日在江门海关协助下，查封、扣押腾发公司报关的被诉侵权产品 1 批（水烟筒 374 箱，货值 35 904 美元），并提取、扣押水烟筒样品 1 套。② 2009 年 9 月，江门海关查扣腾发公司和旭浪公司生产、销售的作为涉案侵权产品配件的水烟筒 1 批（1 个集装箱，集装箱号为 YMLU3152891）。腾发公司和旭浪公司能够将作为配件的水烟管软管单独发一个集装箱到境外，其侵权产品水烟筒的销售数量之大可见一斑。③ 2010 年 3 月，兆鹰公司接江门海关通知，腾发公司和旭浪公司又出口 1 个集装箱的侵权产品。④ 腾发公司和旭浪公司在世界若干地方设置了专门的销售店，其产品销售量仅排在兆鹰公司的合法产品之后。

以上证据中仅有一审时使用的证据①是经过证据保全并能确切反映被诉侵权产品的数量，法院予以认定。其他证据均未经过公证与保全，法院不能依证据②和证据③认定集装箱中装有被控侵权产品水烟筒，亦不能确定数量；也无法认定证据④是否属实，即使属实亦无法认定店中是否有销售侵权产品及销售数量。正因为证据②～④的不完善，法院则主要以证据①来确定赔偿数额，造成赔偿数额较低的不利后果。

四 、 有关建议

经过公证机构保全的证据，其证明力高于其他一般证据，人民法院应当直接予以采证。这是因为保全证据公证文书不同于一般的书证，而是一种经过"法定程序公证证明"的特殊的书证。保全证据公证是公证机构依照法定程序，对相关法律行为、法律事实和文书的真实性、合法性进行的证明，具有法律所确认的效力，只有当"有相反证据足以推翻公证证明时"，才能作为特例除外。

因此，当事人在提供证据时，应注意对证据进行保全公证，侵权产品由公证人员封存并拍照，以加大法院对证据采信的力度。

此外，原告还可申请法院保全被告的财务会计账册，经独立的第三方审计后，以审计结论确定被告的侵权获利情况，以此作为确定被告赔偿数额的依据。

五 、 小贴士

本案原告进行了知识产权海关备案并经海关实际查扣了涉嫌侵权的产品。知道利用知识产权保护的海关执法措施，实属难得。但遗憾的是，在收集海关查扣涉嫌侵权产品的证据时考虑得不够周全，未能对该查扣产品进行公证保全，使得法院未采信该关键证据，影响了其判赔数额。采取海关查扣与公证保全相结合的手段进行证据固定是比较好的证据收集方式。

广华做被告，银光权被侵

——刘耀军与被上诉人广州市银光电子工业有限公司侵犯外观设计专利权纠纷案❶

广华做被告，银光权被侵。

被告言公知，证据未提及。

判定必侵权，范围落权利。

侵权产品少，判赔额度低。

一、基本情况

2010 年 8 月 6 日，上诉人刘耀军因与被上诉人广州市银光电子工业有限公司（以下简称"银光公司"）侵犯外观设计专利权纠纷案，向广东省高级人民法院提起上诉。本案中权利人索赔 100 万元，法院最终判赔 4.5 万元。

二、案例要点

《专利法》第 65 条中规定："侵犯专利权的赔偿数额按照权利人因被侵权所受到的实际损失确定；实际损失难以确定的，可以按照侵权人因侵权所获得的利益确定。权利人的损失或者侵权人获得的利益难以确定的，参照该专利许可使用费的倍数合理确定。"本案中，权利人没有提供有效的权利人损害或者侵权人获利的证据，导致整体赔偿额度较低。

---

❶ 一审：东莞市中级人民法院（2009）东中法民三初字第 79 号民事判决书；二审：广东省高级人民法院（2009）粤高法民三终字第 400 号民事判决书。

三、案例评析

（一）双方举证情况

银光公司原名为"广州市银光电子工业公司"，2005年8月2日经核准变更为现名。银光公司于2002年1月28日向国家知识产权局申请一种名为"收音机（PR－888型）"的外观设计专利，于2002年8月7日获得授权，专利号为ZL02321611.5，有效期自2002年8月7日至2012年8月6日，至本案审理时处于有效状态。该专利由立体图、主视图、后视图、左视图、右视图、俯视图、仰视图共7幅图组成：立体图由提手和竖扁平立方体组成；主视图为一横向长方形，上有一长条形提手，右边上方有一竖立小长方形，大长方形内左侧为一六边形，该六边形整体呈正方形，右上侧和右下侧两边较短，长方形右侧内上为正方形，下为并列的四个小圆，小圆右侧为上下两个小长方形；右视图为一宽长方形，宽长方形上方伸出一竖立的窄长方形，宽长方形左上方和窄长方形的连接处有一圆形。

东莞市常平广华塑胶电子厂成立于2004年11月5日，注册资金为60万元，经营范围为加工塑胶制品及电子产品，经营者为本案上诉人（原审被告）刘耀军。

2008年9月2日，广东省工商行政管理局根据投诉对东莞市常平广华塑胶电子厂的生产经营场所进行检查，现场查扣涉嫌侵犯他人注册商标专用权的"RISING"牌收音机7530台，其中RS－3040型260箱，RS－3060型242箱，每箱15台。2008年10月31日，广东省工商行政管理局作出粤工商总处字[2008]第657号行政处罚决定书，对刘耀军侵犯他人注册商标专用权的行为进行了处罚。银光公司主张广东省工商行政管理局查扣的前述产品即为本案的被控侵权产品，申请原审法院调取上述产品。原审法院对银光公司的申请予以准许，遂到广东省工商行政管理局调取。后该局于2009年6月23日回函，将现场检查笔录、询问（调查）笔录及查扣的侵权产品照片寄至原审法院，并称查扣的侵权产品已于结案后依法悉数销毁，未能提供。上述照片显示被查扣的侵权产品即被控侵权收音机为两种型号，一种为RS－3040型，另一种为

RS－3060 型。其中，RS－3040 型收音机的主视图为一横向长方形，上有一长条形提手，右边上方有一竖立小长方形，大长方形内左侧为一六边形，该六边形整体呈正方形，右上侧和右下侧两边较短，长方形右侧内上为正方形，下为并列四个小圆，小圆右侧为上下两个小长方形。RS－3060 型收音机主视图也为一横向长方形，上有一长条形提手，右边上方有一竖立小长方形，大长方形内左侧为一六边形，该六边形整体呈正方形，右上侧和右下侧两边较短，长方形右侧内上为正方形，下为并列四个小长方形。银光公司主张 RS－3040 型收音机的外观与涉案外观设计专利完全相同，落入该专利保护范围；RS－3060 型收音机的外观与涉案外观设计专利整体相似，落入该专利保护范围。刘耀军主张是受广东省博罗县一家工厂委托生产上述产品，但未向原审法院提供证据证实。

除起诉状诉称的事实理由外，庭审中，银光公司当庭提交"QIMIAO"牌收音机一台，主张是刘耀军生产，且侵犯涉案专利权。该收音机背后附有一份"广州市安帝商务顾问有限公司"于 2009 年 5 月 22 日出具的说明，内容为："此样机是我公司受'RISING'合法商标持有人'阿联酋佳德利电子有限公司'委托取证，于 2008 年 8 月 26 日在'东莞市常平广华塑胶电子厂'取得的，后我司根据'阿联酋佳德利电子有限公司'的授权向省工商局投诉，省工商局已对侵权产品依法进行查处。"刘耀军否认该收音机是其生产。

二审诉讼期间，刘耀军提供了下列证据：①申请日为 2000 年 9 月 29 日、名称为"收音机（HY－802）"、专利号为 00329465.X 的外观设计专利权，拟证明被控侵权产品使用的是该外观设计，而不是银光公司本案外观设计专利。②2008 年 5 月 8 日东莞市常平广华塑胶电子厂与博罗聂氏电子塑胶制品厂签订的《委托加工合同》1 份。③博罗聂氏电子塑胶制品厂外发物料清单 1 份。上述两份证据拟证明刘耀军组装的产品有合法来源。④名称为"多功能收音机（B）"、专利号为 95307190.1 外观设计专利权，拟证明外观设计产品一个主视图并不能确定其他视图的形状。⑤企业机读档案登记资料 1 份，拟证明博罗聂氏电子塑胶制品厂合法存在。银光公司认为刘耀军提供的上述证据已经超过举证期限，不属于新证据。

（二）法院对证据的认定情况

虽然银光公司因客观原因未能直接提交被控侵权产品进行对比，但广东省工商行政管理局提供了被控侵权产品的照片，仍可作为对比依据。将涉案专利与被控侵权产品进行对比，型号为 RS－3040 的收音机的立体图、主视图与该专利完全一致，从整体外观来考虑，其后视图、左视图、右视图、俯视图、仰视图也应相同；型号为 RS－3060 的收音机主视图虽然与涉案专利略有不同，但区别细微。根据整体观察、重点对比、综合判断的原则，考虑到一般消费者在购买收音机时施以的注意力程度，型号为 RS－3040 的收音机外观与涉案专利相同，型号为 RS－3060 的收音机外观与涉案专利相似，二者均落入该专利的保护范围。刘耀军生产制造的被控侵权收音机落入涉案专利的保护范围，构成了对该专利专利权的侵犯，依法应承担相应的法律责任。刘耀军主张受他人委托加工生产被控侵权产品，但未向法院加以证实，法院对其该项主张不予认定。至于赔偿数额，银光公司未证明其因被侵权所受到的损失或者刘耀军因侵权所获得的利益，因此法院根据本案实际情况酌情确定赔偿数额。在确定该数额时，主要考虑以下因素：①刘耀军被查扣的被控侵权收音机的数量为 7530 台，其自认每台出厂价为 26 元，共价值 195 780 元；②银光公司主张涉案专利产品市场售价约为每台 55 元，利润约为 20%，具有合理性；③东莞市常平广华塑胶电子厂成立时间较长，注册资本达 60 万元，生产规模较大；④刘耀军生产被控侵权产品的性质为营利行为；⑤银光公司因本案维权而需要实际支付的合理费用。综合考虑上述因素，一审法院酌定刘耀军赔偿银光公司经济损失 9 万元。对于超过该数额部分，不予支持。综上所述，一审法院判决：刘耀军立即停止侵权，赔偿银光公司经济损失 9 万元。

刘耀军不服一审判决提起上诉。二审法院认为：刘耀军在二审诉讼期间提供的名称为"收音机（HY－802）"、专利号为 00329465.X 的外观设计专利权，其申请日早于银光公司本案专利申请日，因此，属于现有设计。该外观设计有 4 张视图，其主视图显示该收音机是一横向长方形，上有一竖起的长条形把手，正面分左右两边，左上角有一小长方形，左边主要位置为一圆形喇叭网，右边上方为正方形，右边下方为四个圆形按钮一字形排列。而本案被控侵权产品的照片显示，其正面右边是近似正方形的六边形，RS－3040 收音机把手的两边由下向上倾斜，RS－3060 收音机没有把手。根据整体观察、综合判断的原则，将被控侵权产品 RS－3040、RS－3060 的照片与第 00329465．X 号外观设计专利图片相对，两者差别较大，既不相同，也不相近似。因此，刘耀军认为被控侵权产品使用了现有设计，没有使用银光公司本案外观设计专利，依据不充分，法院不予支持。

刘耀军认为其是受博罗聂氏电子塑胶制品厂的委托组装收音机的，并提供 2008 年 5 月 8 日东莞市常平广华塑胶电子厂与博罗聂氏电子塑胶制品厂签订的《委托加工合同》、博罗聂氏电子塑胶制品厂外发物料清单、企业机读档案登记资料来支持其主张。但是，刘耀军提供的上述证据没有显示其所组装的收音机产品的任何整体外观，法院无法比对其整体外观是否与本案被控侵权产品收音机照片所显示的外观相同或相似。刘耀军认为其组装的收音机有合法来源的抗辩理由不成立。

由于被控侵权产品实物已经被广东省工商行政管理局依法悉数销毁，专利权人银光公司已经不可能再提供被控侵权产品实物，但是，广东省工商行政管理局在查扣被控侵权产品时进行了拍照，这些照片能够比较清晰地反映被控侵权产品的主要外观，刘耀军亦没有否认照片中的产品是其制造的。因此，一审法院在没有被控侵权产品实物的情况下，用被控侵权产品的照片与银光公司本案外观设计专利权的保护范围进行比对，并无不妥。本案中，因银光公司被侵权所遭受的损失、刘耀军因侵权所获得的利益均难以确定，也没有专利许可使用费可以参照，因此，一审法院综合考虑被广东省工商行政管理局查扣的收音机数量、银光公司制造专利产品的利润、东莞市常平广华塑胶电子厂侵权时间及规模、银光公司合理的维权费用等因素酌定刘耀军赔偿银光公司经济损失是正确的。但是，由于被控侵权产品 RS－3060 型号收音机没有侵犯银光公司本案外观设计专利权，因此，在酌定赔偿数额时应予以减少。二审法院综合考虑上述各种因素，确定刘耀军应赔偿银光公司经济损失 4.5 万元。

（三）评析

本案中权利人通过举证，证明了被告实施的行为构成对外观设计专利权的侵害，从而使法院在侵权行为的定性方面支持了权利人的主张。虽然权利人主张的是两种被控侵权产品均侵犯了其专利权，二审法院最终只认定了其中一种被控侵权产品侵权，但从总体而言，权利人在侵权行为定性方面的举证还是值得肯定的。比如，在被控侵权产品已经灭失，无法向法院提交侵权产品实物的情况下，权利人通过向法院提供工商行政机关查处侵权行为时留存的照片的方式，实现了固定侵权产品的举证责任，这一点值得借鉴。但是，在赔偿数额方面，权利人的举证与其索赔数额明显脱钩。《最高人民法院关于审理专利纠纷案件适用法律问题的若干规定》第 20 条、第 21 条规定了损害赔偿数额的确定方法，权利人应当结合上述规定提交证据，并结合自己已经或者能够提交的证据，对损害赔偿的数额有一个合理的预估。而本案中，权利人有关 100 万元赔偿额的主张，明确缺乏证据的支持。即使权利人提供了部分证据，但是，结合权利人提供的工商行政机关查处的证据材料，从被告被查扣的被控侵权收音机的数量、总价值以及权利人自己产品的售价、利润率等方面综合判断，权利人主张的赔偿数额也是明显过高的，因而难以得到法院的全额支持。

四、有关建议

一方面，权利人不能忽视侵权行为定性方面的举证，因为这是诉讼主张最终获得支持的基础；另一方面，在损害赔偿数额方面，权利人也必须尽可能地提供证据加以证明。在损害赔偿数额难以确定的情况下，当事人提出的诉讼主张必须控制在合理的范围内。盲目地提出高额索赔请求，往往难以得到法院的支持。而从被控侵权人的角度而言，举证的重点仍然是被控侵权行为是否侵权，比如本案中被告提交的现有技术抗辩方面的证据。因为就专利侵权案件而言，权利人所主张的专利权的"含金量"如何，也会在很大程度上影响法官对损害赔偿数额的自由心证。当然，如果被告能够在获利方面积极举证，也有助于法院在酌定损害赔偿数额时，降低最终的赔偿数额。

哈廷诉永贵，主题引纠纷

——哈廷电子有限公司及两合公司诉浙江永贵电器股份有限公司等侵犯发明专利权纠纷案❶

> 哈廷诉永贵，侵犯专利权。
>
> 主题引纠纷，二者对着干。
>
> 一审二审后，法院定侵权。
>
> 原告举证少，赔偿七十万。

一、基本情况

哈廷电子有限公司及两合公司（以下简称"哈廷公司"）是名称为"固定框架"的发明专利（以下简称"涉案专利"）的专利权人。哈廷公司认为浙江永贵电器股份有限公司（以下简称"永贵公司"）制造、销售的电连接器产品落入了涉案专利独立权利要求 1 的保护范围，侵犯了哈廷公司的发明专利权，应当依法承担停止制造、销售和许诺销售侵犯涉案专利权的产品以及赔偿经济损失约 1500 万元。

一审和二审法院认定永贵公司制造、销售的电连接器产品构成侵权，判决赔偿原告经济损失 70 万元。

二、案例要点

如何科学合理地划分技术特征，特别是权利要求前序部分的主题名称是否

---

❶　一审：北京市第一中级人民法院（2011）一中民初字第 6050 号民事判决书；二审：北京市高级人民法院（2014）高民终字第 2044 号民事判决书。

属于技术特征，是否对权利要求具有限定作用，在理论及实务界一直存在争议。本案首先对技术特征的划分标准进行了有益尝试，从本领域技术人员的角度，将专利技术特征的划分与实现发明整体技术效果的各技术环节相联系。此外，本案还准确地界定了主题名称的限定作用，认为主题名称本身并不属于解决技术问题的必要技术特征。在确定权利要求的保护范围时，权利要求中记载的主题名称应当予以考虑，但实际的限定作用应当取决于该主题名称对权利要求所要保护的技术方案本身产生了何种影响。

三、案例评析

（一）双方举证情况

哈廷公司提交的证据有：

（1）权利证据，用以明确权利类型及权利有效

● 发明专利说明书：证明涉案专利保护范围。

● 专利登记簿副本、专利年费缴费收据：证明涉案专利有效。

（2）侵权证据，用以证明侵权行为

● 公证书1：2010年5月31日，北京市方正公证处作出（2010）京方正内经证字第05319号公证书（以下简称"第5319号公证书"），载明：上海汤普逊商标代理有限公司受哈廷公司委托，以"北京TMS科技有限公司"的名义通过希格诺公司购买了永贵公司的相关产品。将上述货物开箱后，取得了均显示有"浙江天台永贵电器有限公司"字样的发货清单、总装箱单、装箱单、产品质量证明书、合格证共计8张。以上清单显示的产品（以下简称"被控侵权产品"）中：序号3、4、5、6的铰接框没有与之配套的罩组件和基座组件，序号23的基座没有与之配套的罩组件，序号30的罩组件没有与之配套的基座（以下简称"被控侵权产品A"）；以上清单显示的其他产品（以下简称"被控侵权产品B"）均能相互配套而组装成完整的电连接器产品。

● 公证书2：2011年2月15日，根据北京市中咨律师事务所的委托代理人的网上保全证据申请，北京市求是公证处作出（2011）京求是内民证字第0995号公证书（以下简称"第995号公证书"），就 www.yonggui.com 网址的

"产品中心"进行保全。经对比，该网站上显示的铰接框组件、接插件系列和
A 系列重载外壳，分别与涉案专利权利要求限定的固定框架、接插连接模块和
接插连接壳体的技术特征对应且相同。

　　● 公证书 3：2010 年 5 月 24 日，上海市东方公证处作出（2010）沪东证
经字第 4217 号公证书（以下简称"第 4217 号公证书"），在上海市龙阳路
2345 号上海新国际博览中心 E5 展厅内标有"浙江天台永贵电器有限公司"的
展位内取得了产品宣传册 1 本。在该产品宣传册的第 56 页，显示的铰接框组
件的型号及订货号与第 5319 号公证书所附清单上列明的铰接框组件的型号及
订货号一致；在该产品宣传册的第 58～61 页，显示了 M3～M12 插头体/插座
体，与第 5319 号公证书所附清单上列明的插头体和插座体的型号及订货号
一致。

　　（3）合理开支证据

　　● 购买被控侵权产品的费用：哈廷公司购买被控侵权产品的费用为18 052
元。

　　● 公证费：显示公证内容为（2010）沪证内经字第 4217 号的发票 1 张，
费用为 4000 元；显示公证内容为（2010）沪证内经字第 7274～7279 号的发票
1 张，费用为 6000 元；盖有北京市求是公证处财务专用章的公证费发票共 4
张，共计 6000 元。

　　● 翻译费：盖有中国对外翻译出版公司财务专用章的发票 2 张，共计
633 元。

　　● 律师费：哈廷公司主张其为本案支付的律师费为 125 100 元。哈廷公司
提交了一份标题为"INVOICE"的外文文件并提供了中文翻译件，外文文件其
上显示有"RE：Harting V. Yonggui""INVOICE No：10300033""ISSUE
DATE：Nov 10，2010""Attorney：125100.00"等字样，相应的中文为"事
项：哈廷 V 永贵""账单编号：10300033""日期：2010 年 11 月 10 日""律
师费：125100.00"。

　　（二）法院对证据的认定情况

　　在本案一审诉讼中，经哈廷公司申请，一审法院于 2011 年 4 月 18 日作出

（2011）一中民初字第 6050 号民事裁定书，依法对永贵公司 2009 年 3 月 10 日至 2011 年 3 月 10 日与生产、销售被控侵权产品有关的财务会计账目以及被控侵权产品的出、入库凭证和销售凭证等财务资料进行了保全。后经哈廷公司与永贵公司共同协商，一审法院选定中审亚太公司为本案的司法审计机构，审计费为 350 000 元。2011 年 7 月 11 日，一审法院委托中审亚太公司根据上述保全的财务资料，对永贵公司生产、销售被控侵权产品的经营获利情况进行财务审计。2011 年 7 月 31 日，中审亚太公司作出中审亚太鉴字〔2011〕010583 号司法会计鉴定意见书（以下简称"10583 号鉴定意见书"），认为由于部分财务材料欠缺，被控侵权产品的生产量和生产成本（销售成本）不能确定，对被控侵权产品所实现的利益无法发表鉴定意见，但被控侵权产品的销售量及销售收入能够检验，并形成主要鉴定意见如下：2009 年 3 月 10 日至 2011 年 3 月 10 日，永贵公司销售铰接框收入 1 375 506.28 元，销售插头体、插座体收入 1 524 779.41 元，销售罩组件、基座组件收入 5 645 636.47 元，含有上述铰接框组件的连接器总成销售收入 0 元。

一审法院认为：就独立权利要求 1 而言，其技术特征为：①固定框架，其用于固定接插连接模块和装入接插连接壳体或拧紧在壁板上，固定框架相互面对面的壁板即侧壁上的凹槽做成各个方向都封闭的孔，该固定框架包括两个相互铰接的半框，垂直于框架侧壁分开，铰链这样地设置在固定框架的紧固端上，使得在固定框架拧紧在固定面上时框架体的方向调整成这样，使固定框架的侧壁垂直于固定面；②接插连接模块，其装入固定框架，其上的固定装置与固定框架侧壁上的凹槽共同作用，并具有一个通过固定装置的与固定框架的形状贴合的连接；③接插连接壳体，其可装入固定框架。

一审法院认为被控侵权产品落入了涉案专利保护范围内。哈廷公司未提交证据证明其因被侵权所受到的实际损失，且其主张的永贵公司因侵权所获得的利益缺乏足够的事实依据，司法审计亦无法审计出永贵公司的侵权获利，哈廷公司亦未提交可供参考的本专利的专利许可使用费的证据。考虑到涉案专利权为发明专利且应用领域较为广泛，并综合考虑永贵公司侵权的持续时间和范围等因素，酌定永贵公司赔偿哈廷公司经济损失 700 000 元。哈廷公司购买被控侵权产品的费用、公证费以及翻译费共计 34 685 元，对上述合理支出予以确认。对哈廷公司主张的 125 100 元的律师费予以确认。

二审法院认为：涉案专利权利要求 1 前序部分中，主题名称为"用来固定接插连接模块和装入接插连接壳体或拧紧在壁板上的固定框架"，接插连接模块和接插连接壳体系涉案专利前序部分的特征，该两个技术特征在确定专利保护范围时应予考虑，但实际限定作用在于该两个特征对于技术方案产生了何种影响。其中，插接连接模块对涉案专利的保护范围具有限定作用，而接插连接壳体仅在主题名称中出现，未在前序部分及特征部分出现，而且也未对专利技术方案产生任何影响，因此，接插连接壳体对专利权利要求 1 的保护范围没有限定作用。二审法院将涉案专利权利要求 1 拆分为四个技术特征，认为被控侵权产品中均具有上述四个技术特征并一一对应，构成相同技术特征。因此，被控侵权产品构成相同侵权，落入涉案专利权利要求 1 的保护范围。

对于请求的赔偿数额和合理费用，二审法院对技术特征进行了重新划分，但维持了一审法院的侵权结果认定。

（三）评析

本案中，原告所提交的证据主要有三部分：一是证明原告据以主张权利的基础，即其专利权合法有效的证据；二是公证购买被控侵权产品的证据，即用于证明被告生产、销售的被控侵权产品落入涉案专利保护范围的证据；三是合理支出的证据。原告没有提交用于证明其索赔 1500 万元损害赔偿的直接证据，而是在一审审理期间向法院申请证据保全。法院依法对永贵公司 2009 年 3 月 10 日至 2011 年 3 月 10 日与生产、销售被控侵权产品有关的财务会计帐目以及被控侵权产品的出、入库凭证和销售凭证等财务资料进行了保全。然而，由于财务账册及相关凭证不完整，导致审计的结果未能对原告索赔数额给予良好的证据支持，因此，法院只能根据审计结果，考虑到涉案专利权为发明专利且应用领域较为广泛，并综合考虑具体情况以及永贵公司侵权的持续时间和范围等因素，酌定永贵公司赔偿哈廷公司经济损失 700 000 元。支持率仅有 4.7%，难谓理想。

四、有关建议

本案原告得到的赔偿数额较低，关键在于举证不够，虽然法院应原告申请对被告的财务资料进行了保全，但审计公司的鉴定意见书无法显示被告因侵权获利的数字，因而法院采用了法定赔偿。由此可见，在专利侵权诉讼中，也不能一味地靠法院采取证据保全以获得赔偿证据支持。原告起诉时应当尽可能搜集原告损失或被告获利的相关证据，并按照该证据确定索赔的数额。在没有一定证据支持的情况下，盲目提出高额的索赔，往往事与愿违，而且还得支付高额的诉讼费。

大宝天天见，大宝法院见

——北京大宝化妆品有限公司与北京市大宝日用化学制品厂、深圳市碧桂园化工有限公司侵害商标权及不正当竞争纠纷提审案❶

大宝日化用"大宝"，大宝公司不同意。

一审二审均认定，日化碧桂非恶意。

再审法院则改判，保护商标人利益。

索赔数额五百万，判赔比例十之一。

一、基本情况

2011 年 6 月 2 日，北京大宝化妆品有限公司（以下简称"大宝化妆品公司"）诉北京市大宝日用化学制品厂（以下简称"大宝日化厂"）与深圳市碧桂园化工有限公司（以下简称"碧桂园公司"）侵害注册商标专用权和不正当竞争纠纷案，索赔数额 500 万元，经最高人民法院公开审理，判赔数额 50 万元。

二、案例要点

通过充分提供有关商标知名度的证据，辅之以在先生效判决，使法官对权利人的实际损失产生内心确信，从而按照法律规定的法定赔偿的上限确定赔偿数额。

---

❶　一审：北京市第二中级人民法院（2010）二中民初字第 10235 号民事判决书；二审：北京市高级人民法院（2011）高民终字第 983 号民事判决书；再审：最高人民法院（2012）民提字第 166 号民事判决书。

三、案例评析

（一）双方举证情况

（1）大宝化妆品公司权利证据，用以明确权利类型及权利有效

• 1987 年 6 月 10 日注册取得第 289940 号"大宝牌"文字加图形商标，核定使用商品为第 3 类的香水、发蜡、香粉蜜、抗皱奶液、香粉、睫毛膏、粉刺露、祛斑增白露、皮肤增白露、生发露灵、爽脚粉、卸妆油、脱毛露、眼角皱纹蜜。

• 1987 年 6 月 1 日注册取得第 289949 号"大宝牌"文字加图形商标，核定使用商品为第 3 类的洗面粉。

• 1988 年 6 月 20 日注册取得 316873 号"大宝牌"文字加图形商标，核定使用商品为第 3 类的洗面奶、止痒露、浓眉灵、睫毛生长灵。

• 1988 年 7 月 10 日注册取得第 318141 号"大宝牌"文字加图形商标，核定使用商品为第 3 类的养发香波。

• 1989 年 5 月 20 日注册取得第 348829 号"大宝"文字加图形商标，核定使用商品为第 3 类的化妆品。

• 1989 年 5 月 20 日注册取得第 348830 号"大宝牌"文字加图形商标，核定使用的商品为第 3 类的化妆品。

• 1989 年 5 月 30 日注册取得第 349400 号"大宝"文字加图形商标，核定使用的商品为第 3 类的香波、洗面粉。

• 1990 年 5 月 30 日注册取得第 520346 号"大宝"文字加图形商标，核定使用的商品为第 3 类的肥皂、香皂及其他人用洗洁物品、洗衣用漂白剂及其他物料、化妆品。

• 1990 年 5 月 30 日注册取得第 520347 号"大宝牌"文字加图形商标，核定使用的商品为第 3 类的肥皂、香皂及其他人用洗洁物品、洗衣用漂白剂及其他物料、化妆品。

• 1993 年 9 月 28 日注册取得第 659310 号"Dabao"文字商标，核定使用的商品为第 3 类的增白香粉蜜、抗皱增白奶液、皮肤增白露、粉刺露、洗面

奶、香粉、粉饼、祛斑霜、粉底霜、麦饭石美容霜、速消眼角皱纹蜜、眼袋霜、沙棘防晒霜、沙棘营养霜、胎素美容霜、矿泉浴液、四肢脱毛露、腋下脱毛露、浓眉露、睫毛露、生发露、沐浴液、增白粉蜜、防皱霜、香水、减肥霜、丰乳霜、浴液、面膜、营养喷发胶、丝素洗发护发剂、护发素、营养摩丝、香波、珍珠膏、紧肤水。

● 1995 年 4 月 7 日注册取得第 738399 号"大宝"文字加图形商标，核定使用的商品为第 3 类的肥皂、香皂及其他人用洗洁物品、洗衣用漂白剂及其他物料、去污粉、化妆品（不包括动物用化妆品）、研磨用材料及其制剂、香料、精油、牙膏、牙粉、熏料、动物用化妆品。

● 1995 年 4 月 7 日注册取得第 738400 号"Dabao"文字商标，核定使用的商品为第 3 类的肥皂、香皂及其他人用洗洁物品、洗衣用漂白剂及其他物料、去污粉、化妆品（不包括动物用化妆品）、研磨用材料及其制剂、香料、精油、牙膏、牙粉、熏料、动物用化妆品。

上述注册商标均处于有效期内。

（2）有关大宝日化厂与碧桂园公司侵权行为证据

根据大宝化妆品公司提交的公证书显示，2009 年 8 月 29 日至 2010 年 1 月 19 日期间，在乌鲁木齐市、深圳市、汕尾市、重庆市等地的商场、超市、购物中心等场所销售有大宝日化厂与碧桂园公司联合出品的"SOD 蜜""洗发露""沐浴露""花浴露""护手霜""内衣洗护液""羽绒服干洗/护理剂组合装"等产品，上述产品上均带有"大宝日化"或"DABAO RIHUA"字样，并同时使用了大宝日化厂的"贝贝熊"文字加图形注册商标；碧桂园公司在其网站上（网址：www. szbgy. com. cn）展示了其与大宝日化厂联合生产的标有"大宝日化"字样的多种产品；大宝日化厂在其网站上（网址：www. dabaorihua. com）使用了"大宝日化"字样，并展示了该厂生产的标有"大宝日化"字样的包括涉案产品在内的多种产品。2010 年 2 月 21 日，大宝化妆品公司致函大宝日化厂，要求该厂停止使用"大宝"字号以及带有"大宝""Dabao"字样的所有标识，并收回已投入到市场中的所有产品。一审审理期间，大宝日化厂称，其于 2010 年 1 月起已停止在其产品及网站上使用"大宝日化"或"DABAO

RIHUA"字样。

（二）法院对证据的认定情况

根据在案证据可以证明，大宝化妆品公司是"大宝牌"文字加图形、"大宝"文字加图形与"Dabao"文字的注册商标专用权人，享有该系列注册商标在核定使用商品上的专用权和禁用权。根据查明的事实，大宝日化厂与碧桂园公司生产、销售的涉案产品与大宝化妆品公司"大宝"系列注册商标核定使用的商品属于同类商品，该类商品包括 SOD 蜜等在内的化妆品及洗涤类产品。大宝日化厂与碧桂园公司在共同生产的产品，以及在各自网站宣传展示的产品上均使用了"大宝日化"及汉语拼音"DABAO RIHUA"标识，当事人各方对此没有异议。由于大宝日化厂与碧桂园公司分别属于独立的权利主体，因而就其各自的行为性质而言应有所区别，即对于大宝日化厂而言，其上述使用"大宝日化""DABAO RIHUA"标识的行为，属于突出使用其企业字号的行为。对于碧桂园公司而言，虽然"大宝"并非其企业字号，但因上述标识中的"大宝"具有区别商品来源的作用，故碧桂园公司上述使用"大宝"标识的行为，属于商标意义上的使用行为。大宝日化厂成立时将"大宝"作为企业字号不具有恶意是各方当事人均认可的事实，因而不能简单地以该字号晚于"大宝"系列商标注册的时间为由，否认大宝日化厂使用"大宝"字号的合理性。但承认大宝日化厂使用"大宝"字号的合理性，并不意味着大宝日化厂与碧桂园公司在相关产品上突出使用"大宝日化""DABAO RIHUA"标识的行为也具有合理性。至于该"突出使用"行为是否具有合理性，应以其是否侵入大宝化妆品公司"大宝"系列注册商标核定使用商品的保护范围为限。

大宝日化厂与碧桂园公司是否侵害大宝化妆品公司的注册商标专用权，应以其突出使用"大宝日化""DABAO RIHUA"标识是否具有恶意为基础；而判断是否具有恶意的标准，直接与"大宝"系列注册商标知名度相关。鉴于"大宝"系列注册商标显著性较强，特别是通过多年的广告宣传，其广告语"大宝明天见 大宝天天见"使消费者耳熟能详，已经具有了较高的知名度，只要提到"大宝"，消费者就会将其与大宝化妆品品牌联系在一起。从大宝日化厂与碧桂园公司共同生产、销售的 SOD 蜜等化妆品与洗涤类产品的包装上看，

"大宝日化"字样在前且明显,大宝日化厂的"贝贝熊"注册商标在背面且很小,因"大宝日化"中的"大宝"字样具有区别商品来源的作用,故大宝日化厂与碧桂园公司突出使用"大宝日化"标识,明显具有攀附"大宝"系列注册商标商誉的恶意,易使相关公众对其商品来源产生混淆误认,或者认为不同的生产者之间具有关联关系。当然,如果说大宝化妆品公司在SOD蜜等化妆品品牌上享有较高的知名度是不争的事实,那么洗涤类产品对大宝化妆品公司而言尚没有知名度也是客观事实。但由于大宝化妆品公司在洗涤类产品上也注册了"大宝"系列商标,因而此类产品是否具有知名度,不影响对大宝化妆品公司注册商标专用权的保护。根据《商标法》规定,注册商标并不以实际使用为前提,一旦商标获得注册,《商标法》即为商标权人预留了使用的空间。在注册商标存续期间,即使商标权人未实际使用,不存在现实的市场混淆,也不允许他人在相同商品上使用相同商标或者标识,否则会导致《商标法》为商标权人预留的使用空间受到侵害。

（三）评析

本案经过一审、二审以及再审程序,其间出现以下争议焦点:大宝日化厂与碧桂园公司突出使用"大宝日化""DABAO RIHUA"的行为是否具有恶意并构成侵权以及恶意是否是认定损害赔偿的条件。根据《最高人民法院关于审理商标民事纠纷案件适用法律若干问题的解释》第1条规定,将与他人注册商标相同或者相近似的文字作为企业的字号在相同或者类似商品上突出使用,容易使相关公众产生误认的,属于《商标法》第57条规定的给他人注册商标专用权造成其他损害的行为。因此,合理使用字号并不构成侵犯注册商标专用权的行为。恶意正是判断是否属于突出使用的主观要件。本案中,大宝日化厂享有"大宝"这一字号的合法权益,因此,其使用行为是否属于上述司法解释规定的情形,应当以是否具有恶意为基础。再审法院根据对案件事实的认定,认为大宝日化厂突出使用"大宝"字号具有攀附恶意,构成侵权。如上所述,恶意是判断侵权成立与否的要件,并非决定赔偿责任的要件。本案中,一审和二审法院均认为大宝日化厂及碧桂园公司突出使用"大宝日化""DABAO RIHUA"的行为不具有主观过错,因此不需要承担赔偿责任。但再审法院认为，一审、二审法院认为大宝日化厂与碧桂园公司不具有主观恶意，不应承担赔偿责任不当。

本案中，由于大宝化妆品公司未提交因被侵权所遭受损失以及大宝日化厂与碧桂园公司因侵权获利的证据，因此，法院采取法定赔偿的方式确定赔偿数额。而侵权赔偿原则在于填平，即通常赔偿数额应当与损失相当，以此弥补权利人因侵权遭受的损失。本案中，由于大宝化妆品公司注册商标的知名度集中于化妆品，因此，其能够发生的实际损失也主要限于 SOD 蜜等化妆品系列。法院根据本案的具体情况，酌定赔偿数额为 50 万元。

四、有关建议

已经注册的商标具有知名度是认定侵权人是否具有攀附意图的客观方式，因此，商标权利人应当在诉讼过程中提交注册商标知名度的证据。本案适用2001 年修改的《商标法》审理，根据该法律规定，法定赔偿的上限为 50 万元。本案中，大宝化妆品公司索赔 500 万元，判赔 50 万元，赔偿率为 10%。本案赔偿数额达到了法定赔偿的上限，是有赖于大宝化妆品公司提供了在先生效的判决及大宝注册商标的知名度证据等间接的证据，促使法官对大宝化妆品公司的实际损失产生内心确信。但是，如果大宝化妆品公司在诉讼过程中提交有关侵权损失的证据，或者提供大宝日化厂和碧桂园公司生产销售侵权产品的持续时间、规模和销售数额等数据，法院则能够根据在案证据超过法定赔偿的限额酌情确定实际损失以及赔偿数额，有可能大大提高判赔数额。本案的启示在于，在知识产权侵权诉讼案件中，如何提高侵权赔偿数额、加大知识产权保护力度，有赖于当事人尤其是权利人提供充分完备的证据。

侵权焦点在销售，原告理由不充分

——环球股份有限公司与青岛际通文具有限公司、青岛际通铅笔有限公司、青岛永旺东泰商业有限公司侵犯商标专用权纠纷案❶

> 环球公司商标权，诉讼际通和永泰。
>
> 原告取证又公证，际通侵权实难赖。
>
> 永泰合理干销售，侵权责任排除外。
>
> 本案索赔十五万，法院判赔五万财。

一、基本情况

环球股份有限公司（UNIVERSAL S. P. A.，以下简称"环球公司"）与青岛际通文具有限公司（以下简称"际通文具"）、青岛际通铅笔有限公司（以下简称"际通铅笔"）、青岛永旺东泰商业有限公司（以下简称"永旺东泰"）侵犯商标专用权纠纷一案，环球公司、际通文具和际通铅笔不服山东省青岛市中级人民法院（2011）青知民初字第 245 号民事判决，向山东省高级人民法院提起上诉。山东省高级人民法院经审理作出（2013）鲁民三终字第 32 号民事判决，终审判决驳回上诉，维持原判。本案索赔 15 万元，判赔 5 万元。

二、案例要点

原告就侵权行为的存在提供了充分证据，获得法院支持，但其未能提交证据证明侵权人获利或权利人损失，因此，只能由法院酌定赔偿数额，其索赔额

---

❶　一审：青岛市中级人民法院（2011）青知民初字第 245 号民事判决书；二审：山东省高级人民法院（2013）鲁民三终字第 32 号民事判决书。

难以得到法院全额支持。

三、案例评析

（一）双方举证情况

1. 环球公司提交的证据

（1）权利证据，用以明确权利类型及权利有效

• 环球公司为 G728061 号 "CARIOCA" 注册商标的商标权人，核定使用商品为第 16 类，包括书写工具、绘图用具、纸、纸板和不属别类的纸和纸板制品、印刷品、照片、文具等。注册有效期自 2010 年 1 月 7 日至 2020 年 1 月 7 日。

（2）签订专利许可协议，明确际通文具被许可的年限及范围

• 2003 年 8 月 16 日，际通文具（甲方）与环球公司（乙方）共同签订《合资经营企业协议》，约定双方共同出资成立合营企业，即青岛利通文具有限公司，在青岛从事文具及相关产品（以下称 "许可产品"）的生产、销售和开发。其中，合同第五条 "专利许可" 约定：乙方同意向合营企业转让下列独家许可，其第（2）项即为商标独占许可——依据本协议的专利许可协议，用乙方商标销售许可产品。第六条 "产品销售" 约定：甲乙双方共同负责销售许可产品。通过乙方世界销售系统销售的产品初期销售量为总产量的100%。同时，甲方将协助合营企业通过中国的外贸公司出口许可产品。许可产品也可以在中国市场出售。

• 2 份授权书，以中、英文同时书写，并经环球公司代表人 QUERCIOLI ENRICO 先生署名，落款日期分别为 2007 年 10 月 24 日和 2008 年 1 月 1 日。该 2 份授权书中文部分内容相同，均为：意大利 UNIVERSAL SPA 公司在此授权青岛际通文具有限公司使用其 "Carioca" 和 "Unix" 品牌在中国境内销售其铅笔、水彩笔与圆珠笔；而英文部分，一份有 "for year 2007" 字样，另一份有 "for year 2008" 字样。

• 环球公司同时向法庭提交了经公证的环球公司主体情况证明文件。

（3）被告侵权行为证据

● 青岛市市中公证处（2010）青市中经证字第 002349 号公证书。2010 年 12 月 1 日，青岛市市中公证处为以下公证行为出具了该公证书：2010 年 11 月 8 日 9 时 45 分，青岛利通文具有限公司（以下简称"利通公司"）的委托代理人肖晓莉与公证员付强、公证人员李绿来到青岛市市南区香港中路 72 号"JUSCO"商场二层卖场，肖晓莉购买了"好乐星 36 色细尖水彩笔" 1 盒、"好乐星 20 色超长水彩棒" 1 盒、"好乐星 12 色珍宝大水彩笔" 1 盒、"好乐星旋转彩虹大蜡笔" 1 支，并取得发票号为 30953860 的青岛市商品销售发票 1 张，随后肖晓莉将上述商品及发票交给公证员。购买行为结束后，肖晓莉在公证处对上述商品及发票进行了拍照，并由公证员对上述商品及发票进行了封存，李绿就此过程制作了《工作记录》。

在公证处封存的商品中，品名为"36 色盒装细尖水彩笔"的商品内装水彩笔笔杆上可见金色"CARIOCA"及 UNIVERSAL 图文标志，外包装上可见"好乐星"及图形等商标，生产日期注明为 2010 年 6 月 9 日，并标明由际通文具总经销，际通铅笔生产。销售单价为 48.60 元人民币。

2. 际通文具提交的证据

二审中，际通文具为证明其实际获利情况，提交了 3 份订货单，主张 2010 年其向永旺东泰提供的涉案被控侵权产品，进价总共 600 余元，产品数量和价格很低。

3. 永旺东泰提交的证据

永旺东泰提交了际通文具提供的授权书，证明销售的涉案商品由际通文具提供，且其尽到了审慎注意义务。

（二）法院对证据的认定情况

（1）关于环球公司的诉讼主体资格和权利

法院查明，环球公司为 G728061 号"CARIOCA"注册商标的商标权人，核定使用商品为第 16 类，包括书写工具、绘图用具、纸、纸板和不属别类的纸和纸板制品、印刷品、照片、文具等。注册有效期自 2010 年 1 月 7 日至 2020 年 1 月 7 日。

环球公司提交了经公证的环球公司主体情况证明文件和 QUERCIOLI ENRICO 先生签署的授权委托书。一审法院认为，根据环球公司主体证明文件记载，QUERCIOLI ENRICO 先生为环球公司代表人，具有所有按照法律和章程授予的权力，包括公司代表权、出庭权等，因此，其有权代表环球公司在授权委托书上签字。二审法院进一步认为，QUERCIOLI ENRICO 代表环球公司签署授权委托书，授权委托代理人代理本案诉讼符合其代表人权限，是环球公司的真实意思表示，亦不违反中国法律规定。

（2）关于被告的侵权行为认定

法院认为，根据已查明的事实，际通文具获得的授权仅限于销售行为，即环球公司授权书（中英文）仅授权际通文具有权使用"CARIOCA"品牌在中国境内销售其铅笔、水彩笔与圆珠笔，并未授权其使用"CARIOCA"品牌进行生产；而际通文具在 2010 年销售被控水彩笔，亦超出环球公司授权期限。际通文具虽主张环球公司对其销售行为的授权没有期限，但其分别于 2007 年、2008 年获取环球公司两份授权书说明环球公司是按年度进行授权的，故际通文具的上述主张与事实不符。法院依据两份授权书英文内容认定际通文具获得授权的期限应为 2007 年、2008 年两年。际通文具和际通铅笔关于其生产、销售被控水彩笔有环球公司合法授权的主张缺乏证据支持，不能成立，法院不予支持。环球公司主张，由际通文具销售、际通铅笔生产的被控水彩笔侵犯了其"CARIOCA"注册商标专用权，得到法院支持。

法院查明，在永旺东泰处公证购买的涉案 36 色细尖水彩笔的内装笔杆上可见金色"CARIOCA"及 UNIVERSAL 图文标志，系使用了与环球公司注册商标基本相同的商标标识。该商品标明系由际通铅笔生产、际通文具总经销。环球公司据此主张际通文具、际通铅笔、永旺东泰共同侵犯了其注册商标专用权，依法应当停止侵权并连带赔偿损失。

（3）关于赔偿责任

在双方当事人均未提交证据证明侵权人获利或权利人损失的情形下，一审法院综合考虑涉案商标的知名度，侵权行为的性质、持续时间以及际通文具、际通铅笔的侵权主观恶意等因素，在法律规定的范围内依法行使自由裁量权，确定本案赔偿数额为 5 万元。

际通文具提交了 3 份订货单用于主张，2010 年其向永旺东泰提供的涉案被控侵权产品，进价总共 600 余元，产品数量和价格很低，实际获利低。经庭审质证，环球公司对该 3 份订货单的真实性没有异议，但是认为该份证据与本案没有关联性，不能反映出本案被控侵权产品。法院认为，因该 3 份订货单上未列明涉案 "36 色细尖水彩笔" 产品，其与本案缺乏关联性，故不予采信；且仅凭该 3 份订货单亦无法证明际通文具全部侵权获利。

永旺东泰提交了相应的证据证明其销售的涉案侵权产品有合法来源，而环球公司没有提交其 "CARIOCA" 商标具有较高知名度的证据，不能证明永旺东泰知道或应当知道其销售的涉案产品侵权。故永旺东泰销售不知道是侵犯他人注册商标专用权的产品，该产品系通过真实的市场交易获取且存在真实供货人，永旺东泰依法得以免除赔偿责任。

（三）评析

本案中，环球公司主张际通文具、际通铅笔侵犯其注册商标专用权的诉讼请求虽然得到法院的支持，但因其并未提交证据证明其因涉案被控侵权行为所受到的损失，亦无证据证明际通文具、际通铅笔销售侵权商品的数量及侵权所得等，因此其主张的 15 万元赔偿没有被法院支持。但是，原告提供的授权协议等证据，能够证明际通文具、际通铅笔是在明知原告商标权的情况下实施的侵权行为，主观上具有故意；而且，际通文具、际通铅笔在环球公司产品的包装物上添加自己企业字号和商标的行为、将自己标注为产品经销商和生产商的行为，破坏了环球公司 "CARIOCA" 注册商标的识别功能，割裂了环球公司 "CARIOCA" 注册商标所对应的市场主体，容易使相关消费者误认为被控水彩笔系来源于际通文具、际通铅笔，或者认为际通文具、际通铅笔与环球公司存在关联关系，这对于原告商标权的损害，显然比单纯地生产销售使用原告商标的商品的行为所造成的损害尤甚，因此，法院在酌定赔偿数额时，也会将其作为确定赔偿数额的依据之一。

永旺东泰拥有际通文具提供的授权书，其行为属于销售不知道是侵犯他人注册商标专用权的产品，该产品系通过真实的市场交易获取且存在真实供货人，永旺东泰依法得以免除赔偿责任。

四、有关建议

销售者只有在具有主观过错的情形下，才承担赔偿责任。即如果商标权人没有证据证明销售者知道其行为侵权，并且销售者能够提供合法正规的进货票据或合同证明涉案商品是通过真实的市场交易获得的，能够说明真实的供货商，则销售者可以免除赔偿责任。因此，商标权人在对销售者提出主张时，必须考虑上述要件是否满足，否则相关诉讼主张就难以得到法院支持。本案中，环球公司不服一审判决，请求二审法院改判永旺东泰应承担赔偿责任，改判被上诉人永旺东泰、际通文具和际通铅笔赔偿环球公司经济损失15万元，但因为未能提供其"CARIOCA"商标具有较高知名度的证据，也未能提交证据显示永旺东泰在主观上构成明知或应知，因此，其提出永旺东泰应承担赔偿责任的上诉请求未能得到法院支持。

钟书先生著作权，夫人杨绛终维权

——杨季康与中贸圣佳国际拍卖有限公司、李国强侵害著作权及隐私权纠纷案❶

> 钟书先生生前信，著作权利屡被侵。
>
> 杨绛先生提诉讼，拍卖公司上诉拼。
>
> 继子继女继承权，二审判定不合法。
>
> 法律救济有禁令，最终判赔二十万。

一、基本情况

2013 年 6 月 13 日，原告杨季康（笔名杨绛）因与被告中贸圣佳国际拍卖有限公司（以下简称"中贸圣佳公司"）、被告李国强侵害著作权及隐私权纠纷案，向北京市第二中级人民法院提起诉讼，索赔 65 万元。法院经审理判赔 20 万元。

原审被告中贸圣佳公司不服一审判决，2014 年 3 月 11 日向北京市高级人民法院提起上诉。二审法院终审判决驳回上诉，维持原判。

二、案例要点

通过申请临时禁令等程序上的救济手段，预防侵权行为的发生和损害后果的扩大。通过对行为性质和损害程度的证明，影响法院酌定数额的确定。本案中，在难以证明损失的具体数额的情况下，法院综合当事人的举证，酌定 20

---

❶ 一审：北京市第二中级人民法院（2013）二中民初字第 10113 号民事判决书；二审：北京市高级人民法院（2014）高民终字第 1152 号民事判决书。

万元的赔偿数额，赔偿率达 30.8%。

三、案例评析

（一）双方举证情况

1. 杨季康提交的证据

（1）权利证据，用以明确权利、权属关系及权利范围

● 钱钟书（已故）与杨季康系夫妻，二人育有一女钱瑗（已故）。钱瑗于 1974 年 5 月 4 日与第二任丈夫杨伟成结婚，婚内有继子继女各 1 人：继子杨宏建，1954 年 1 月 11 日出生；继女杨敏，1956 年 1 月 16 日出生。钱瑗于 1997 年 3 月 4 日病故；钱瑗继子杨宏建、继女杨敏在钱瑗与杨伟成结婚时均已成年。钱钟书于 1998 年 12 月 19 日病故，其唯一继承人为杨季康，杨季康依法有权主张涉案钱钟书的相关权利，杨季康、杨伟成依法有权主张涉案钱瑗的相关权利。

● 杨伟成于 2013 年 6 月 1 日出具的书面说明，表示"钱瑗的继子女与钱瑗不存在抚养关系，对钱瑗遗产不享有继承权"，并"同意由钱瑗的母亲杨季康申请法院采取诉前禁令和起诉方式追究中贸圣佳拍卖国际有限公司、李国强及相关单位和人员的侵权行为（包括侵犯著作权和隐私权）"，以证明杨季康依法有权单独主张涉案钱瑗的相关权利。

● 中贸圣佳公司作为拍卖人、李国强作为委托人，举办了"也是集——钱钟书书信手稿"公开拍卖活动及相关公开预展、公开研讨等活动，刻制拍品电子版照片的光盘 1 张，包含的 5 个文件夹中的书信手稿（电子版照片）内容分别为：《钱钟书致李国强书信信封》（7 页）、《钱钟书致李国强钢笔书信》（3 封）、《钱钟书致李国强毛笔手稿》（65 封）、《杨绛致李国强书信》（13 封）、《钱瑗致李国强（燕莹夫人）书信》（6 封），以明确主张权利的涉案书信拍品的具体范围。

（2）有关中贸圣佳公司的侵权行为的证据

● 网页打印件，2013 年 5 月间，中贸圣佳公司网站首页刊登的 2013 春季拍卖会拍卖公告，公告显示其将于 2013 年 6 月 21 日下午 13：00 在北京万豪

酒店拍卖"也是集——钱钟书书信手稿",预展时间为 2013 年 6 月 18 日至 6 月 20 日,拍品主要包括钱钟书、杨绛、钱瑗书信及手稿等共计 110 件作品。

● 2013 年 5 月间,中贸圣佳公司网站中登载的新华网、人民网、《光明日报》、中国日报网、中国作家网、《东方早报》《京华时报》、搜狐网等多篇媒体报道,其中介绍了"也是集——钱钟书书信手稿"公开拍卖活动、相关专家参与的鉴定活动等以及拍品中部分书信手稿的细节内容,并介绍称钱钟书手稿如此大规模公之于世尚属首次。

● 2013 年 5 月 27 日,杨季康委托律师向中贸圣佳公司寄发的律师函。

● 2013 年 6 月 3 日,北京市第二中级人民法院就杨季康请求责令中贸圣佳公司及李国强立即停止侵害著作权的行为的诉前申请的裁定,该裁定的内容为:中贸圣佳公司在拍卖、预展及宣传等活动中不得以公开发表、展览、复制、发行、信息网络传播等方式实施侵害钱钟书、杨季康、钱瑗写给李国强的涉案书信手稿著作权的行为。

● 2013 年 5 月 27 日,向中贸圣佳公司寄发的律师函。

● (2013)东方内民证字第 4999 号公证书。2013 年 6 月 6 日,网页公证保全,用以证明中贸圣佳公司网址为 http://zmsj. artron. net/的页面上有:2013 年 6 月 6 日发布的《关于停止"也是集——钱钟书书信手稿"公开拍卖活动的决定》一文显示"现决定停止 2013 年 6 月 21 日'也是集——钱钟书书信手稿'的公开拍卖";多篇报道文章,包括其中介绍了涉案公开拍卖活动、鉴定活动以及拍品中部分书信手稿的细节内容,并有部分文章以附图形式展示了相关书信手稿全文。

● (2013)京东方内民证字第 5373 号公证书。2013 年 6 月 17 日,网页公证保全,用以证明"明德读书堂"的博客网址为 http://blog. tianya. cn/blog-ger. blog_ main. asp blogid =206048 的页面。

● 中贸圣佳公司举行 2013 年春季文物艺术品拍卖会,向北京市文物局进行了请示并向北京市文物局提交的拍品清册。

● 北京市文物局于 2013 年 5 月 27 日作出的《关于中贸圣佳国际拍卖有限公司 2013 年春季文物艺术品拍卖会文物标的审核的批复》(以下简称"批

复"），根据该批复上述涉案书信等拍品均不属于文物监管范围。

（3）有关李国强的侵权行为的证据

• 李国强曾担任《广角镜》月刊总编辑。钱钟书与李国强于 1979 年相识后，钱钟书、杨季康及钱瑗与李国强通信频繁，三人曾先后致李国强私人书信百余封，该信件本由李国强保存的证据。

• 杨秀康知悉涉案书信将被公开拍卖后，2013 年 5 月 27 日，向李国强寄发的律师函。

2. 中贸圣佳公司提交的证据

（1）中贸圣佳公司证明其履行了对拍品的审查义务以及涉案拍品属于合法拍卖标的的证据

• 中贸圣佳公司就涉案拍卖活动与委托人签署的《委托拍卖合同》复印件及委托人的护照签名页复印件。合同显示委托人为 Frank L. Wang，合同签订日期为 2013 年 4 月 20 日，拍品的内容包括：钱钟书信札 61 封（毛笔）、钱钟书也是集书信手稿、钱钟书和杨绛书信 1 册、钱钟书题字 7 件、杨绛书法条幅 1 件、钱钟书和杨绛签名书 3 本、佚名山水画 1 幅（钱钟书题）。

•《中国文物艺术品拍卖企业自律公约》《文物艺术品拍卖规程》《中贸圣佳国际拍卖有限公司业务规则》等相关行业规范和业务规则证据。上述证据规定拍卖公司可以对拍品进行鉴定，并应制作拍卖图录、发布拍卖公告、进行标的预展等活动；委托人应就拍卖标的所享有的所有权或处分权、不侵犯第三人合法权益、不违反法律法规的规定等予以保证。

（2）涉案拍品不涉及个人隐私的证据

• 2013 年 11 月 9 日凤凰网刊登的《李国强谈公开杨绛信笺：先生永远不再会信任我》报道一文，该文记载李国强表示"真正有私密和敏感的信，我很多年前已经烧掉了，没有烧掉的，我以后死了，也会捐出去的，不会永远是我的"。

（3）涉案书信拍品均已在先公开发表的证据

• 2008 年 11 月《香港各界文化促进会 7 周年纪念特刊》（以下简称《特刊》）。该刊登载的《配合国内权威学术机构活动 纪念国学大师钱钟书逝世十周年》一文记载："本会理事长李国强将以其所藏大批钱钟书、杨绛及其女儿钱瑗珍贵手稿、信笺，配合内地学术机构的纪念活动"，并以附图形式刊发了钱钟书书信手稿 13 封、杨绛书信手稿 4 封。其中在钱瑗去世之际杨季康写给李国强的一封信中提到"近有不肖之徒，因钟书久病，无视著作权法，不择手段，攫获大量钱钟书书札墨宝等，擅出传记多种，向我们身上泼脏水。你手中的书稿信札等务请妥为保藏，勿落此辈人手"。

3. 李国强证人郑敏强提交的证据

• 关于李国强已将涉案书信手稿等文件转让给案外人叶常春，证人郑敏强出具的证言。郑敏强称：其在香港各界文化促进会任职，经常在李国强家中办公。2013 年 4 月期间，郑敏强在李国强家中工作时遇到案外人叶常春等人正在对李国强收藏的书信手稿等文件资料进行拍照，事后李国强告知郑敏强其已将涉案书信手稿转让给了叶常春，并于 2013 年 4 月 21 日晚进行了转让交付。2013 年 4 月 24 日，郑敏强帮李国强将叶常春交来的交易款港币 50 万元分批次存入李国强在香港汇丰银行有限公司开设的个人账户。后李国强表示因交易时匆忙未作登记，故需要叶常春提供交易信札文献资料数据底本，并希望向叶常春购回有关物品，因此叶常春在 2013 年 6 月 10 日通过电子邮件（chunmeiart2010@gmail.com）把有关书画的数码图片传到郑敏强电子邮箱中（mike_mch@hotmail.com）再转发给李国强，由于邮件保存时间有限，有关数码图片的链接目前已无法下载并提供。2013 年 8 月 6 日及 14 日，叶常春两次通过上述邮件方式发送文件给郑敏强要求其转交李国强，文件内容均系指导李国强如何在本案中进行答辩。

• 郑敏强提交的叶常春的名片、叶常春发给郑敏强的 3 封电子邮件打印件以及香港汇丰银行有限公司交易通知书复印件 3 份。

（二）法院对证据的认定情况

（1）关于书信的权利证明以及归属证明

原告杨季康认为其作为钱钟书的继承人，并作为钱瑗的继承人之一，在钱瑗的另外一位继承人即其配偶杨伟成出具说明同意其单独起诉的情况下，有权对本案涉及的侵权行为提起诉讼。

被告中贸圣佳公司认为，杨伟成出具的说明不足以证明杨伟成系钱瑗涉案著作权的二继承人之一，不能排除两位继子女可依照法定继承或受遗赠而享有继承权，更不能证明杨季康可以就全部涉案权益提起诉讼。

对此，两审法院认为：钱钟书、杨季康、钱瑗分别对各自创作的书信作品享有著作权，应受我国《著作权法》保护。钱瑗、钱钟书相继去世后，根据《著作权法》的相关规定，杨季康、杨伟成作为钱瑗的继承人，有权依法继承钱瑗著作权中的财产权，依法保护其著作权中的署名权、修改权和保护作品完整权，依法行使其著作权中的发表权。鉴于杨伟成书面表示同意杨季康单独在本案中主张相关权利，故杨季康依法有权主张涉案钱瑗的相关权利。同时杨季康有权依法继承钱钟书著作权中的财产权，依法保护其著作权中的署名权、修改权和保护作品完整权，依法行使其著作权中的发表权。本案中，在钱瑗与杨伟成结婚时，杨伟成的子女均已成年，且在案证据不能证明钱瑗与其继子女之间形成扶养关系，根据《继承法》的相关规定，钱瑗的继子女对钱瑗的遗产并不享有继承权。

（2）关于两被告的侵权行为

原告得知被告中贸圣佳公司将对涉案的多件钱钟书等人的私人书信进行公开拍卖的消息后，及时发出律师函进行警告，并通过公证机构对上述事实进行公证。根据该公证书记载，中贸圣佳公司网站中于 2013 年 6 月 6 日发布的《关于停止"也是集——钱钟书书信手稿"公开拍卖活动的决定》一文显示"现决定停止 2013 年 6 月 21 日'也是集——钱钟书书信手稿'的公开拍卖"。由此证明了被告的侵犯原告著作权、隐私权的行为。

被告中贸圣佳公司辩称其履行了对拍品的审查义务以及涉案拍品属于合法拍卖标的，提交了其就涉案拍卖活动与委托人签署的《委托拍卖合同》复印件及委托人的护照签名页复印件，但未提交原件。因此法院认为中贸圣佳公司作为拍卖人未能举证证明其履行了《拍卖法》规定的与委托人签订委托拍卖合同、查验委托人提供的身份证明、要求委托人提供与著作权和隐私权相关的其他资料等法定义务，主观上存在过错，对因拍卖涉案标的侵害他人著作权、隐私权的行为应承担相应的侵权责任。

在权利人的实际损失和侵权人的违法所得均无法确定的情况下，法院根据涉案书信的知名度和影响力、中贸圣佳公司的过错程度及侵权行为的时间、规模、性质、情节等因素酌定 10 万元的著作权侵权赔偿，并根据两被告的过错程度、侵害手段、场合、行为方式、侵权行为所造成的后果以及侵权人承担责任的经济能力等因素酌情确定 10 万元的精神损害抚慰金。两者相加共赔偿 20 万元，判赔率达到 30.8%。

（三）评析

本案涉及我国已故著名作家、文学研究家钱钟书先生及我国著名作家、翻译家、外国文学研究家杨季康女士，案件处理受到了社会的广泛关注。本案也涉及多个法律问题，例如，私人书信是否属于著作权的保护客体，隐私权与著作权如何协调等。原告在举证过程中，不仅充分证明了其所享有的诉讼主体资格以及主张权利的具体范围，而且突出重点地证明了相关侵权行为涉及的书信作品的性质与内容，以及该侵权行为一旦实施所可能造成的无可挽回的损害后果，因此，获得了法院对其临时禁令申请的支持，成为全国法院作出的首例涉及著作人格权的临时禁令，也是 2012 年修订的《民事诉讼法》实施后首例针对侵害著作权行为作出的临时禁令，对于后续同类案件的审理具有指导作用和意义。被告中贸圣佳公司虽然也提交了相关证据，希望借此证明其已经尽到了相关的注意义务和审查义务，但其提交的证据不能证明其已经尽到了著作权与隐私权方面的审查义务，所以，最终仍被法院认定需要承担相应的民事责任。而在赔偿数额方面，各方均没有提供确实有效的证据证明侵权行为造成损失的具体数额，而只能通过法院的酌定，最终确定赔偿数额，因而难以达到当事人预期的赔偿额度。

四、有关建议

在侵权行为造成的实际损失数额难以确定的情况下，应当尽可能地对侵权行为的性质和其可能造成的损害的严重程度加以证明，进而使法院在酌定赔偿数额时，能够充分考虑侵权行为的损害程度酌定赔偿数额，使赔偿数额能够在最大程度上填补侵权行为造成的损害。对于行为性质和损害程度的证明，如果不能对行为本身进行直接的证明，则可以考虑从侵权行为涉及的当事人的知名度、影响力等角度入手，间接证明其可能造成的损害的程度。同时，应当认识到事先预防优于事后救济。在单纯依靠金钱赔偿不足以弥补损失时，可以考虑申请临时禁令等诉讼程序上的救济措施，及时制止侵权行为的发生和损害范围的扩大。

五、小贴士

本案亮点是原告申请临时禁令的程序救济手段，预防了侵权行为的发生和损害后果的扩大。

咸蛋超人起纷争，争议焦点在合同

——圆谷制作株式会社著作权纠纷案❶

咸蛋超人的作者，状告圆谷株式社。

争议焦点在合同，真实有效的审核。

客观关联和合法，域外鉴定需符合。

鉴定结论的采信，参照中国之法则。

一、基本情况

2013 年 9 月 29 日，再审申请人圆谷制作株式会社、上海圆谷策划有限公司因与被申请人辛波特、采耀版权有限公司（以下简称"采耀公司"）等著作权纠纷一案，向最高人民法院提起再审请求，索赔 140 万元。本案最终判赔 40 万元并支付合理费用 101 930 元。

二、案例要点

法院不是将鉴定结论直接作为裁判的依据，具体案件中对案件事实的实质性审查判断，仍是法官采信鉴定结论与否的前提。中国法院对涉及外国鉴定机构出具的鉴定结论能否采信，应当按照中国的相关法律进行审查。

三、案例评析

（一）双方举证情况

辛波特、采耀公司提交的证据有：

---

❶ 二审：广东省高级人民法院（2010）粤高法民三终字第 63 号民事判决书；再审：最高人民法院（2011）民申字第 259 号民事裁定书。

（1）权利证据，用以明确权利类型及权利有效

• 1976年3月4日的合同（简称《1976年合同》），主要内容如下：圆谷制作与企业有限公司 向采耀公司总裁辛波特就下列条款、期限和条件进行授权。

• 1996年7月23日的《致歉信》。该信系圆谷皋之子圆谷一夫向辛波特发出。内容是："这封信旨在澄清根据1976年3月4日圆谷皋和采耀公司总裁辛波特签订的《授权合约》，您在无限期内，在授权区域包括泰国，独家拥有在所有媒介包括家庭录像，利用特定财产包括咸蛋超人系列和詹伯格艾斯系列的权利。圆谷制作株式会社认识到其实施1989年9月与UM公司签署的在世界范围内的分销和授权代理合同时，没有将上述已授予采耀公司的权利排除在外，这完全是无意识的错误。圆谷制作株式会社在此对于其犯的，尽管是无心的错误，带来的麻烦和对您在泰国企业界的诚信和信誉的损害表示遗憾。我们希望这封澄清信能有助于恢复您在泰国的诚信和信誉。我们还对您声明我方已与UM公司及在泰国的一些被授权方间达成的合同在期满前有效，而不控诉我方在泰国的被授权方、UM公司及圆谷制作株式会社感到感激。本着诚意，为了与您保持业务关系，我们希望与您保持紧密而全面的交往。"

• 2002年1月15日，辛波特签署《授权书》，将《咸蛋超人》《超人赛文》《超人重现（超人杰克)》《超人艾斯》《超人泰罗》的版权，授予采耀公司从2002年1月15日起之后的6年内在中华人民共和国境内，独家使用上述影片，可出于任何商业目的以任何形式，进行授权和商品化的权利及转分权和/或安排任何和所有与咸蛋超人人物相关的商务交易，以及可以根据需要注册版权和/或商标。

• 锐视公司系辛波特、采耀公司在中国的唯一授权公司。

（2）有关圆谷公司侵权行为的证据

• 公证保全。2005年8月22日，锐视公司就其于广州购书中心处购买使用涉案作品的VCD及支付90元进行了公证保全。

（3）锐视公司支付的合理费用

2005年12月31日和2006年6月27日，分别支付广东法制盛邦律师事务

所 8.9 万元、1.1 万元，分别支付公证费 1540 元、公证费 300 元。

（二）法院对证据的认定情况

一审法院对《1976 年合同》的真实性不予确认，主要理由如下：①合同的签订方身份存在多处与事实不符的情况。首先，辛波特、采耀公司提交的《1976 年合同》的一方当事人的名称为 TsuburayaProd. andEnterprisesCo，Ltd.（辛波特、采耀公司提交的翻译件对应的中文名称为圆谷制作株式会社与企业有限公司）是否一个真实存在的法律实体，辛波特、采耀公司没有提出相应的合法注册资料予以证实。其次，该合同有圆谷皋的英文签名及汉字印章，以及圆谷企业株式会社的公章，但实际著作权人是圆谷制作株式会社。合同签署方对于自身名称的表述以及盖章等重大事项上存在与事实不符的情况，与常理相悖。②从该合同的具体内容来看，该合同对包括《巨人对詹伯 A》以及《哈卢曼和 7 个奥特曼》在内的 9 部影片的权利归属进行了划分。辛波特认为这两部影片实际上是其投资制作的，权利应归属于辛波特；圆谷制作株式会社经营陷入困境时，辛波特给予了圆谷制作株式会社巨大的支持；1974 年、1975 年圆谷制作株式会社将该 2 部影片许可他人播映，造成混乱，圆谷皋为了表示感恩以及理顺纠纷的情况下，签署了 1976 年的合同。如果诚如辛波特所述，两部电影的著作权应属于辛波特，但辛波特却在该合同中将自己享有著作权的影片供对方进行权属的区域划分，并且还向对方支付了"独占专用权金额"，其主张在逻辑上存在矛盾之处。该合同仅提及圆谷皋收到了独占专用权金额，却没有关于合同的对价、付款方式、付款期限等必备条款。难以认定该合同成立且生效。③辛波特主张权利是在签订合同 20 年之后，《致歉信》也仅提及辛波特对"咸蛋超人系列"以及"詹伯特艾斯"系列的权利，并非对《1976 年合同》的全面追认，且在影片名称上亦与合同中的名称不一致。在圆谷皋已去世的情况下，难以对其真实意思表示进行核实。④从涉案影片著作权案件在国外法院审理情况看，泰国最高法院采信的鉴定报告，是泰国警察总署作出的。该鉴定报告认为，《1976 年合同》中两处的"prod. and"与同行的其他字体相比对，打印的水平线不一致，不是同一时间打印。结合前文对合同中存在诸多不符合逻辑及情理的疑点分析，该鉴定报告的结论是客观真实的，可以作为证据予以采信。《致歉信》虽然是真实的，但不足以印证《1976年合同》的客观真实性。

二审法院认为《1976年合同》系辛波特和圆谷制作株式会社的真实意思表示，属于合法有效的合同，具有法律约束力，主要理由如下：首先，圆谷制作株式会社提交的泰国法院判决及鉴定结论，不足以反驳《1976年合同》的真实性；其次，本案双方当事人对《致歉信》的真实性均无异议，该《致歉信》佐证了《1976年合同》真实存在的结论；再次，尽管《1976年合同》存在一些矛盾之处，但圆谷制作株式会社对该合同提出的种种疑点并不足以否定该合同的真实性，不能得出该合同为虚假的结论。

（三）评析

优势证据决定着裁判方向，在证据链条中某一环节的证据缺失将导致整个证据体系的无效。本案核心焦点在于对《1976年合同》真实性、有效性的认定。对此，辛波特与采耀公司提出了《致歉信》加以佐证。圆谷制作株式会社与辛波特此前分别在日本和泰国发生了关联纠纷，其中，日本终审裁决认定《1976年合同》真实有效，对辛波特与采耀公司有利；泰国最高法院终审判决采信由泰国警察总署证据检验处处长任命的7名专家组成的文件审核委员会出具的鉴定意见，对《1976年合同》真实不予确认，并撤销了一审判决，该判决对圆谷制作株式会社有利。因此，如何认定泰国鉴定机构的鉴定意见成为案件审理的关键，这也是圆谷制作株式会社证据链条的关键一环。二审法院认为，一审法院直接认定泰国鉴定机构的鉴定结论，缺乏法律依据，确认了《1976年合同》的真实性。根据民事诉讼法"谁主张、谁举证"的原则，虽然圆谷制作株式会社、上海圆谷策划有限公司主张《1976年合同》系伪造，但也仅是认为该合同中圆谷皋的签名与其在其他合同中的签名字体、笔迹风格不同，合同中圆谷企业株式会社的公章与其在日本政府登记的公章存在差异等，并没有提供进一步的证据。二审法院在排除国外鉴定机构鉴定结论的基础上，以双方当事人均认可的《致歉信》为基础，从优势证据出发认定了《1976年合同》的有效性，最高人民法院对此亦予认同。

从本案的裁判看，当事人如果希望得到对自己有利的结果，还是应当积极地提供证据对自己的事实主张加以证明，否则单纯地对对方当事人提交的证据提出质疑，有时是难以得到法院支持的。

四、有关建议

本案主要涉及域外鉴定机构鉴定结论的采信及请求承认、执行国外法院生效判决的程序问题。随着全球经济一体化的加速，在涉外案件中当事人提交国外鉴定结论的情况越来越多。不论国内鉴定机构出具的鉴定结论，还是国外鉴定机构出具的鉴定结论，均属证据的一种形式。而作为具有重要诉讼价值的鉴定结论，必须符合证据的"三性"要求，即客观性、关联性和合法性。对于鉴定程序合法，当事人没有异议的鉴定结论，原则上可以作为法院认定案件事实的依据。但是，这并不意味着法院会简单地将鉴定结论直接作为裁判的依据，具体案件中对案件事实的实质性审查判断仍是法官是否采信鉴定结论的前提，否则无异于将对案件事实的审查权"拱手相让"于鉴定机构。中国法院对涉及外国鉴定机构出具的鉴定结论能否采信，应当按照中国的相关法律进行审查。本案中，在当事人对该鉴定结论提出合理质疑，并有证据佐证的情况下，二审法院未采信泰国警察总署出具的鉴定结论是正确的。

五、小贴士

本案的关键问题是对域外鉴定材料的证据采信问题。

优酷土豆侵权，三元影视不满

——上海三元影视有限公司与上海全土豆文化传播有限公司、合一信息技术（北京）有限公司侵犯著作财产权纠纷案❶

> 《三进山城》三六集，版权属于三元记。
>
> 优酷土豆叫合一，未经许可播剧集。
>
> 由于证据未采纳，一审二审判赔低。
>
> 起诉之前要评估，提高证据的效力。

一、基本情况

上海三元影视有限公司（以下简称"三元公司"）因与上海全土豆文化传播有限公司（以下简称"全土豆公司"）、合一信息技术（北京）有限公司（以下简称"合一公司"）侵害其作品信息网络传播权纠纷一案，向上海市第一中级人民法院起诉，索赔1260万元；一审法院判赔40万元，判赔率3.2%。上诉后，2013年12月20日，上海市高级人民法院经审理后维持原判。

二、案例要点

本案主要关注点在于：原告诉求额较高，但判赔率很低。原因主要在于权利人提供的赔偿证据本身存在瑕疵，未被法官采信；同时，一些支持赔偿的具有重要参考作用的证据在二审才提交，也影响了赔偿数额的确定。

---

❶ 一审：上海市第一中级人民法院（2013）沪一中民五（知）初字第50号民事判决书；二审：上海市高级人民法院（2013）沪高民三（知）终字第133号民事判决书。

三、案例评析

（一）双方举证情况

1. 原告三元公司提供的主要证据

（1）权利证据

2012 年 6 月 11 日，经原告申报，36 集电视剧《三进山城》获得由上海市文化广播影视管理局颁发的国产电视剧发行许可证，许可证编号为甲第 216 号。该电视剧每集剧末显示"本作品所有版权归属单位上海三元影视有限公司"。

（2）侵权证据

2012 年 7 月 14 日、8 月 21 日、10 月 16 日，三元公司分别委托代理人向上海市徐汇公证处、上海市东方公证处申请证据保全，获得了全土豆公司所属"土豆网"、合一公司所属"优酷网"未经许可播放电视剧《三进山城》的证据。

（3）赔偿证据

在一审中，三元公司提供了以下赔偿证据：

• 2011 年 10 月 8 日，其与案外人环球影视音像发行有限公司（以下简称"环球影视"）签订的涉案电视剧《网络版权独占专有授权合同》及双方于 2012 年 7 月 13 日签订的终止前述授权合同的《合同书》，以证实因全土豆公司与合一公司的侵权行为，三元公司与案外人终止了合同，并遭受了 1260 万元人民币的经济损失。

• 中国广播电视协会出具的关于 2011 年至 2012 年国产电视剧网络传播权独家授权的每集（45 分钟）平均成交价在 50 万元以上的证明。

在二审中，三元公司还向法院提交了如下证据：

• 环球影视关于吴婕玲系其员工的证明、吴婕玲与广州市世盛仓储服务有限公司 2012 年 3 月 10 日签订的租赁合同复印件、广州市世盛仓储服务有限公司出具的环球影视在广州市白云区棠溪岗贝路草花岭 130 号之一 3 楼 304 办公的证明，目的是证明环球影视在广州有经营地，三元公司与环球影视签订的信息网络传播权授权合同是真实的。

● 三元公司与山东广播电视台等签订的 6 份涉案作品著作权许可合同以及相关的业务凭证、发票、银行业务回单等，以证明涉案作品许可给电视台所获得的许可费，请求本案赔偿金额以此确定。

2. 被告提供的主要证据

被告向原审法院提交的（2012）京方圆内经证字第 33383 号公证书，系从搜库网（www.soku.com）搜索的涉案电视连续剧的播放情况。

（二）法院对证据的认定情况

对于原告提供的权利证据和侵权证据，双方无争议，法院均予以认定。

对于原告提供的赔偿证据，法院均未采纳，理由如下：

（1）鉴于所列环球影视地址、办公传真均系广州市内，非环球影视在香港的注册地址，且原告亦无证据证实该公司在广州设立有办事机构，或双方依约实际支付了合同款项等，故该《网络版权独占专有授权合同》及《合同书》的真实性存疑，一审法院不予采信。

（2）对原告提供的中国广播电视协会出具的关于 2011 年至 2012 年国产电视剧网络传播权独家授权的每集（45 分钟）平均成交价在 50 万元以上的证明，鉴于该证明属于证人证言，根据《民事诉讼法》第 72 条的规定，"凡是知道案件情况的单位和个人，都有义务出庭作证……"，因该协会仅提供书面证明，有关个人未能出庭作证，且没有表明与本案系争电视剧的价值有何必然联系，故一审法院对该证据亦不予采信。

（3）三元公司未提供吴婕玲与广州市世盛仓储服务有限公司签订的租赁合同的原件以供核对，故对该合同的真实性，二审法院难以认可；且该合同签订时间为 2012 年 3 月 10 日，亦难以证明环球影视自 2011 年 3 月起即在广州市白云区棠溪岗贝路草花岭 130 号之一 3 楼 304 办公。广州市世盛仓储服务有限公司出具的证明为证人证言，其并未出庭作证并接受法庭及各方当事人的质询，对其证明效力二审法院也不予认可。

（4）关于三元公司与山东广播电视台等签订的 6 份涉案作品著作权许可合同以及相关的业务凭证、发票、银行业务回单等证据，二审法院认为，本案全土豆公司、合一公司行为所涉及的是信息网络传播权，而此6份合同的标的并非信息网络传播权或并非仅包含信息网络传播权，因所涉及的权利内容不同、作品传播渠道不同，导致涉案作品的传播范围、受众数量、营利模式等都有所区别。三元公司就涉案作品许可电视台播放所获得的许可费，与三元公司就涉案作品信息网络传播权对外许可所可能获得的许可费，两者之间不能等同、难以类比，因而二审法院对该组证据的关联性不予认可。

对于被告提供的证据，因系从搜库网（www.soku.com）搜索涉案电视连续剧的播放情况，法院认为与本案讼争的两被告在土豆网、优酷网上播放涉案电视剧的事实不具有关联性，故一审法院不予采信。

（三）评析

本案的判赔率低，其主要原因在于法院对原告提供的赔偿证据均未予以采纳，其原因主要有两点。

（1）证据本身有瑕疵

①合同的真实性存疑。原告与环球影视签订的合同所列环球影视的地址、办公传真均系广州市内，而其注册地为香港，注册地址和经营地址不符，且原告亦无证据证实该公司在广州设立有办事机构，因此法院对该证据的真实性不予认可。这份合同本是支持赔偿主张的重要证据，结果因合同主体的地址和传真而未被认定。在签订合同时，当公司的注册地址和经营地址不一致时，应同时注明注册地和实际经营地，避免给对方质疑合同的真实性提供机会。

②关于证人证言的真实性的认定。证人证言是一种证据的形式，如果证人未出庭作证，则该证人证言的证明力较弱，需要与其他证据进行佐证证明待证事实。如果待证事实仅有证人证言，在证人未出庭作证，加之对方不予认可、没有其他证据佐证的情况下，一般会影响到法院对该证人证言的认定。可见，提交证人证言，需要充分考虑证人是否愿意出庭作证，否则会影响甚至丧失证据的效力。

③合同未提供原件查证。当事人向人民法院提供证据，应当提供原件或原物。复印件的证明力较弱，在对方否认且无其他证据佐证的情况下，其真实性一般难以得到认定。三元公司未提供吴婕玲与广州市世盛仓储服务有限公司签

订的租赁合同的原件以供核对，故对该合同的真实性法院难以认可。

（2）提交的证据不恰当

首先，证据应当在一审举证期限内提交。根据《最高人民法院关于民事诉讼证据的若干规定》的相关规定，只有属于一审庭审结束后新发现的证据以及当事人在一审举证期限届满前申请人民法院调查取证未获准许，二审法院经审查认为应当准许并依当事人申请调取的证据才属于二审程序新的证据。其次，证据的采信需要符合真实性、关联性和合法性，三个要素缺一不可。其中，证据的关联性，指的是作为证据内容的事实与案件事实之间存在某种联系。关联性是实质性和证明性的结合。关联性不涉及证据的真假和证明价值，其侧重的是证据与证明对象之间的形式性关系，即证据相对于证明对象是否具有实质性，以及证据对于证明对象是否具有证明性。本案中，三元公司与山东广播电视台等签订的 6 份涉案作品著作权许可合同以及相关的业务凭证、发票、银行业务回单等证据既不属于"新的证据"，也与本案案情无关。需要指出的是，如果此组证据能够在一审时提交，即使关联性不被认可，在影响一审法院确定赔偿数额时仍会有重要的参考作用。

四、有关建议

从本案判决原告相对惨痛的教训，可以给我们以下启示。

（1）起诉前要谨慎评估所提交证据的法律效力

本案中原告提交的支持高额赔偿的关键证据，在真实性、合法性或关联性上，都受到了质疑，最终未被一审、二审法院采信。因此，原告在提起诉讼前，要谨慎评估所提供证据的效力如何，如果存在瑕疵，应当收集和提供相应的证据来消除疑点，支持采信。比如，本案中原告提交的与环球影视签订的合同，由于合同主体信息和登记信息不一致，未被一审法院采信，原告在二审时才提供证据试图消除这一瑕疵。如果在一审中就提交相关证据（当然也要符合法律要求），可能在法律效果上更好。

（2）影响赔偿的重要证据最好尽早收集并在一审期间提交

通常情况下，对于一审确定的赔偿数额，特别是根据法定赔偿确定的赔偿数额，在二审审理期间如果没有新的证据，通常二审不会予以改判。因此，如果能够收集到与赔偿相关的证据，应当在一审审理期间提交。即便该证据与原告损失或被告获利等没有直接关系，法院在采用法定赔偿时，需要综合考虑侵权情节、侵权时间、被告主观恶意等其他因素，同时也会参考这些证据。本案中，三元公司与山东广播电视台等签订的6份涉案作品著作权许可合同以及相关的业务凭证、发票、银行业务回单等证据确实可以作为原告损失的间接证据，但是，由于该证据存在提交时间晚，不属于新的证据，与本案关联性差等相关问题，因此未被法院采信。

五、小贴士

本案提交的证人证言、与第三人签署的授权许可合同等资料都未能得到法院采信，提醒权利人在证据收集上要充分考虑各项证据的证据链和证明力，不打无准备之仗。

原告证据有欠缺，被告赔付未全额

——北京科学技术出版社有限公司与北京晟软在线科技有限公司侵犯著作权纠纷案

> 北京科技出版社，追究晟软侵权责。
> 原告证据有九个，图书涉及多作者。
> 被告提供打印件，证明其已停侵权。
> 法院确认六证据，依法判定赔偿额。

一、基本情况

北京科学技术出版社有限公司（以下简称"北京科技出版社"）因与北京晟软在线科技有限公司（以下简称"晟软公司"）侵犯著作权纠纷一案，向北京市海淀区人民法院起诉，索赔45万元。2013年12月17日，法院判赔10万元，判赔率22.22%。

二、案例要点

本案主要关注点在于：原告诉求赔偿额较高，虽然也获得相对较高的赔偿，但是原告对部分图书提供的证据不足以支持其享有信息网络传播权，并且原告在提供赔偿证据时还是存在一些欠缺，因此不能得到全额支持。

三、案例评析

（一）双方举证情况

1. 原告北京科学技术出版社提供的主要证据

（1）权利证据

- 北京科技出版社与杨力签订的《图书出版合同》，双方约定合同有效期为 10 年，在合同有效期内北京科技出版社对《中国疾病预测学》享有信息网络传播权及转授权的权利；杨力于 2013 年出具证明称该授权为专有出版权和独家信息网络传播权，该书全文 771 000 字。

● 北京科技出版社与杨力签订的《图书出版合同》，双方约定合同有效期为 10 年，在合同有效期内北京科技出版社对《中国运气学》享有信息网络传播权及转授权的权利；杨力于 2013 年出具证明称该授权为专有出版权和独家信息网络传播权，该书全文 714 000 字。

● 北京科技出版社与杨力签订的《图书出版合同》，双方约定合同有效期为 10 年，在合同有效期内北京科技出版社对《杨力养生 23 讲》享有出版、发行电子版的权利；杨力于 2013 年出具证明称该授权为专有出版权和独家信息网络传播权，该书全文 180 000 字。

● 北京科技出版社与杨力签订的《图书出版合同》，双方约定合同有效期为 10 年，在合同有效期内北京科技出版社对《杨力抗衰老 36 计》享有在全球范围内以图书形式独家出版发行上述作品之中文简体字版本的专有使用权及出版、发行电子版的权利；杨力于 2013 年出具证明称该授权为专有出版权和独家信息网络传播权，该书全文 205 000 字。

● 北京科技出版社与杜杰慧签订的《图书出版合同》，双方约定合同有效期为 10 年，在合同有效期内北京科技出版社对《中国农历养生法》享有在全球范围内以图书形式独家出版发行上述作品之中文简体字版本的专有使用权及出版、发行电子版的权利，该书全文 300 568 字。

● 北京科技出版社与路卫兵签订的《图书出版合同》，双方约定合同有效期为 10 年，在合同有效期内北京科技出版社对《最历史》享有在全球范围内以图书形式独家出版发行上述作品之中文简体字版本的专有使用权及出版、发行电子版的权利，该书全文 237 568 字。

● 北京科技出版社与石永青签订的《图书出版合同》，双方约定合同有效期为 10 年，在合同有效期内北京科技出版社对《名医珍藏秘方大全》享有在全球范围内以图书形式独家出版发行上述作品之中文简体字版本的专有使用权及电子版图书的出版、发行的权利，该书全文 470 000 字。

● 北京科技出版社与刘凤奎、刘贵建签订的《图书出版合同》，双方约定合同有效期为 10 年，在合同有效期内北京科技出版社对《临床检验与诊断思路》享有在全球范围内以图书形式独家出版发行上述作品之中文简体字版本的专有使用权及电子版图书的出版、发行的权利，该书全文 9 700 000 字。

● 北京科技出版社与 DangerSpotBooksLtd 签订合同，约定 DangersSpot-series5titles 作为《牛皮兔亨利的危险书》的著作权人，授予北京科技出版社在中国大陆出版发行 5 册本书的独家权利，合同期限为 5 年。同时声明未经著作权人书面同意，出版方不得转让任何版权，未经本合同明确规定的权利都归著作权人所有，该书全文 80 000 字。

（2）被告侵权证据

经北京市国立公证处公证被告公司经营网站刊登并可下载的涉案图书。

（3）赔偿证据

北京科技出版社提交了其为本次诉讼支出的公证费发票，数额为 3000 元。

2. 被告晟软公司提供的主要证据

晟软公司提交了一份其删除涉案图书的下载情况及删除情况的后台操作记录的网页打印件，以证明其已停止侵权。

（二）法院对证据的认定情况

1. 对原告北京科技出版社提交的证据予以采信的情况

（1）法院对原告北京科技出版社提交的部分权利证据予以认定，确定原告对《中医疾病预测学》《中医运气学》《杨力养生 23 讲》《杨力抗衰老 36 计》《中国农历养生法》《最历史》享有的相应著作权和信息网络著作权。

（2）法院根据原告科技出版社在北京市国立公证处申请对晟软公司经营的 www.doc88.com 网站进行公证取证的证据，认定被告晟软公司对原告北京科技出版社具有侵权行为。

（3）法院根据原告科技出版社提交的公证费发票，对原告提供证据的真实性的认定。

2. 对原告北京科技出版社提交的证据不予采信的情况

（1）对于《名医珍藏秘方大全》《临床检验与诊断思路》两书，法院认为该两种图书的作者并未授予北京科技出版社独家的信息网络传播权，北京科技出版社对该两种图书的权利主张依据不足。

（2）对于《牛皮兔亨利的危险书》，由于授权主体涉及国外企业，缺乏相应的使领馆的认证及公证认证程序，且合同中明确约定权利授予需经明确许可，未经许可的权利由权利人保有，故北京科技出版社对《牛皮兔亨利的危险书》的权利并未涉及互联网或电子图书方面的领域，对北京科技出版社诉称晟软公司侵犯其著作权，法院不予采信。

3. 被告晟软公司提供的停止侵权证据，法院不予采信

被告晟软公司提交了一份其删除涉案图书的下载情况及删除情况的后台操作记录的网页打印件，法院认定被告提交的证据不足以证明已停止侵权。

（三）评析

本案原告针对 9 本图书提起了侵权诉讼，但法院最终只确认了 6 本图书的侵权，并且判赔率只有 22.22%，主要原因如下。

（1）原告对《名医珍藏秘方大全》《临床检验与诊断思路》《牛皮兔亨利的危险书》不享有信息网络传播权

著作权也称版权，其权利内容丰富，包括署名权、发表权、复制权、发行权、改编权、信息网络传播权等很多权利内容，信息网络传播权只是著作权权利内容的一部分。本案中，被告晟软公司作为网络空间服务提供者，在其经营的网站 www.doc88.com 网站上提供电子图书下载服务。显然，被告的此种行为属于受著作权人享有的信息网络传播权所控制的行为。原告要主张被告侵犯信息网络传播权，前提是其必须享有涉案图书的信息网络传播权。

但是，2006 年原告北京科技出版社与石永青签订了《图书出版合同》中，北京科技出版社对《名医珍藏秘方大全》享有在全球范围内以图书形式独家出版发行上述作品之中文简体字版本的专有使用权及电子版图书的出版、发行的权利，显然，该出版合同未授权原告信息网络传播权。对《临床检验与诊断思路》和《牛皮兔亨利的危险书》，原告同样未取得信息网络传播权。其中，《牛皮兔亨利的危险书》一书由于授权主体涉及国外企业，原告提供的证据还缺乏相应的使领馆的认证及公证认证程序。

（2）原告提供的赔偿证据十分有限

法院判决指出："由于原被告双方均未证明涉案图书的损失或获利情况，本院将依据涉案图书的知名度、字数、传播范围、侵权情节等因素综合酌定赔偿数额。"本案中，原告提供的赔偿证据只有其为本次诉讼支出的公证费发票，数额为 3000 元。显然，原告为支持其较高的赔偿数额，仅仅提供权利证据及公证费发票是远远不够的。作为出版社，原告完全可以提供涉案图书的销售数量、销售利润或者涉案图书的读者评价（比如当当网上的读者评论）等，从而为法院计算或确定赔偿额提供坚实的支持。

四、有关建议

从本案反映出来的情况，可以得到如下启示。

（1）作品使用人要关注信息网络传播权的取得

在互联网环境下，作品的网络传播越来越普遍。无论是出版社还是其他作品使用人，都要关注在取得著作权许可时，是否要一并取得信息网络传播权，以更好地为将来网络维权提供支持。否则，就会像本案一样，虽然被告对《名医珍藏秘方大全》等部分图书存在网络传播行为，并且会影响原告的图书销售，但其侵权主张却因未取得著作权人的信息网络传播权，而无法得到法院的支持。

（2）原告应当积极保留和提供支持赔偿的相关证据

为了支持较高的赔偿主张，原告如果仅仅证明自己享有相关的权利，并不足够，还必须积极提供相关的赔偿证据。即使是寄希望于法院采用法定赔偿，也要提供足以证明原告损失或被告获利的间接证据，如被告的浏览量、下载量等，来尽量支持其赔偿主张，使法院作出的赔偿数额能够更接近原告的赔偿主张。本案中，原告应当说有能力提供涉案图书的销售数量、销售利润或者涉案图书的读者评价（比如当当网上的读者评论），但原告仅仅提供了一张公证费发票，在此情况下，法院只能在法定赔偿范围内酌情确定赔偿数额。

版式设计有纷争，著作权里属派生

——吉林美术出版社与长春欧亚集团股份有限公司欧亚商都、海南出版社
有限公司侵害著作权纠纷申请再审案❶

> 出版社间纠纷起，吉林美术告海南。
>
> 版式设计有争议，海南出版属侵权。
>
> 版式设计属派生，还是源自著作权。
>
> 驳回再审最高院，最终判赔四八万。

一、基本情况

2013 年 1 月 29 日，再审申请人海南出版社有限公司因与被申请人吉林美
术出版社、长春欧亚集团股份有限公司欧亚商都著作权侵权纠纷案，向最高人
民法院申请再审，最高人民法院裁定驳回再审申请，最终判赔数额 48 万元。

二、案例要点

版式设计不能脱离著作权进行单独衡量，版式设计不是单独计算的费用，
较难确定具体赔偿金额，因此多适用法定赔偿方式，由法院酌定赔偿数额。

三、案例评析

（一）双方举证情况

吉林美术出版社提交的证据有：

---

❶　二审：吉林省高级人民法院（2011）吉民三知终字第 37 号民事判决书；再审：最高人民法院
（2012）民申字第 1150 号民事裁定书。

（1）权利证据，用以明确权利类型及权利有效

儿童类图书《儿童剪纸大全》《儿童学画大全》《学前三百字》《儿童描红大全》，每本书都含有版心等6~10个版面布局因素，该社享有版式设计专用权。

（2）有关海南出版社有限公司侵权行为的证据

海南出版社有限公司的《剪纸大全》《描红大全》《学画大全》《学前三百字》在版式设计方面与吉林美术出版社相对应图书的版式设计除在个别版式设计元素上作微小改动外，基本一致。

（二）法院对证据的认定情况

（1）关于吉林美术出版社就涉案图书是否享有版式设计专用权的问题

本案中，吉林美术出版社在主张其享有涉案图书版式设计专用权时，提出了每本书所包含的6~10个版式设计的诸多元素。法院认为，尽管吉林美术出版社主张的版式设计中部分涉及图书内容和方法，但绝大部分是版式设计的内容，故吉林美术出版社已经初步完成了涉案图书享有版式设计专用权的举证责任。海南出版社有限公司虽主张吉林美术出版社涉案图书的版式设计仅仅是上下左右简单的行业通用的排版方式，但其既未提交在涉案图书出版之前公开出版的相同或基本相同版式设计的其他图书，也未提交行业通用的排版方式的相关规定以及其他能证明其主张的证据。海南出版社有限公司主张吉林美术出版社的版式设计没有版式设计专用权和独创性的理由不能成立，法院不予支持。

（2）关于海南出版社有限公司是否侵犯了吉林美术出版社涉案图书的版式设计专用权

本案中，海南出版社有限公司出版的《剪纸大全》《描红大全》《学画大全》《学前三百字》在版式设计方面与吉林美术出版社相对应图书的版式设计除在个别版式设计元素上作微小改动外，基本一致，构成对吉林美术出版社版式设计的使用，侵犯了吉林美术出版社的版式设计专用权。

（3）关于二审法院判决海南出版社有限公司赔偿吉林美术出版社48万元经济损失并承担消除影响的民事责任是否适当

《著作权法》第47条规定，未经出版者许可，使用其出版的图书、期刊

的版式设计的，应当根据情况，承担停止侵害、消除影响、赔礼道歉、赔偿损失等民事责任。海南出版社有限公司侵犯了吉林美术出版社涉案图书的版式设计专用权，应当承担民事责任。二审法院以消除影响的侵权责任并非仅适用于侵害著作人身权为由而判决海南出版社有限公司承担消除影响的侵权责任并无不妥。海南出版社有限公司关于其即便构成侵权也没有对吉林美术出版社造成不良影响，没有侵犯吉林美术出版社的人身权利，原审法院判决消除影响属适用法律错误的主张无法律依据，二审法院不予支持。

本案中，吉林美术出版社未提交权利人的实际损失或侵权人的违法所得的证据，海南出版社有限公司虽然提交了《图书期刊印刷委托书》《印刷合同》等证据材料以证明其违法所得，但上述证据材料即便人民法院予以采纳也只能证明被控侵权图书一次印数，并不能证明实际印次和印数，故二审法院考虑本案所涉作品类型、侵权行为性质、后果等情节综合确定海南出版社有限公司赔偿吉林美术出版社经济损失48万元并无明显不妥，海南出版社有限公司主张即便其构成侵权赔偿数额过高以及原审法院不应适用法定赔偿的申请再审理由不成立，法院不予支持。

（三）评析

本案中，海南出版社有限公司侵犯了吉林美术出版社涉案图书的版式设计专用权，应当承担民事责任。对于未经出版者许可，使用其出版的图书、期刊的版式设计的侵权行为，《著作权法》第47条规定应当根据情况，承担停止侵害、消除影响、赔礼道歉、赔偿损失等民事责任。版式设计专用权是从著作权派生出来的，不能独立于作品和著作权，其并非出版者的邻接权，著作权法将其界定为专有的使用权，出版者有权许可他人使用，也有权禁止他人使用。针对版式设计所发生的侵权行为，应具体根据侵犯的程度来进行判定具体的民事责任。对于停止侵害行为而言，需要考虑侵犯版式设计的行为的程度。由于版式设计专用权的保护范围较小，因此，因侵犯版式设计专用权而将图书销售停止的请求较难得到支持。著作权中的版式设计一般仅表现为专有复制权，并不包含相关的精神权利，通常也不包含人身权利的因素，权利人想要通过法律手段得到精神赔偿也难以得到支持。本案中，法院以消除影响的侵权责任并非仅适用于侵害著作人身权为由判决被告承担消除影响的侵权责任，并无不妥。对于赔偿损失的计算而言，在主张权利人的损失、侵权人的获利情况下，能构成和版式设计权直接相关的一般是版式设计的费用，但版式设计不能脱离著作权进行单独衡量，版式设计不单独计算费用，因此较难确定具体赔偿金额，实务中多适用的是法定赔偿。在具体案例处理中，也有参照国家版权局《出版文字作品报酬规定》乘以适当倍数后酌情确定赔偿损失的数额。

四、有关建议

判断原告是否享有版式设计专用权是审理版式设计专用权侵权纠纷的难点。法院在判断出版者是否享有版式设计专用权时，应由原告对版式设计是否系其独立创作进行举证或者说明。在判断版式设计专用权保护范围时，还应考虑版式设计专用权和设计空间的关系。最高人民法院在驳回申请再审的裁定中明确，图书和期刊的出版者对其出版的图书、期刊独立进行智力创作的版式设计，应受《著作权法》第 36 条的保护，禁止其他人未经许可擅自原样复制，或者很简单的、改动很小的复制以及变化了比例尺的复制。最高人民法院在本案驳回申请再审的裁定中对版式设计专用权的分析认定对此类案件的审理有一些借鉴意义。

五、小贴士

本案经过三审，虽然海南出版社有限公司二审中对判赔额提出了异议，但仍被判赔偿 48 万元。对于版式设计专用权而言赔偿数额不低，表明一审的判赔额高低起主导作用，一审提交证据时一定要充分准备、全面考虑，特别要关注到损害赔偿证据。

网络小说"永生"权，状告纵横非法传

——上海玄霆娱乐信息科技有限公司与北京幻想纵横网络技术有限公司侵害作品信息网络传播权纠纷案❶

> 网络小说叫永生，玄霆公司有版权。
>
> 索要一千二百万，状告纵横非法传。
>
> 法定上限五十万，除非是个大案件。
>
> 最终赔付三百万，二审维持一审判。

一、基本情况

原告上海玄霆娱乐信息科技有限公司（以下简称"玄霆公司"）因与被告北京幻想纵横网络技术有限公司（以下简称"幻想纵横公司"）侵害作品信息网络传播权纠纷一案，向上海市第二中级人民法院起诉，索赔经济损失 1200 万元，合理费用 51 500 元。一审法院判赔经济损失 300 万元，合理费用 3 万元，判赔率 25.14%。幻想纵横公司上诉后，2014 年 9 月 29 日，上海市高级人民法院判决驳回上诉，维持原判。

二、案例要点

原告诉求赔偿金额较高，获赔数额也相对较高，并且突破了法定赔偿的上限，其中最主要的原因不仅在于涉案作品的经济价值较高，被告侵权的主观恶意明显，更在于被告自己提交的证据显示，其从案外人中国移动通信集团浙江

---

❶ 一审：上海市第二中级人民法院（2013）沪二中民五（知）初字第 191 号民事判决书；二审：上海市高级人民法院（2014）沪高民三（知）终字第 78 号民事判决书。

有限公司移动阅读基地处所获收益分成达 173 万余元，被告仅该一项获利就已超过我国《著作权法》规定的法定赔偿数额的上限 50 万元。

三、案例评析

（一）双方举证情况

1. 原告玄霆公司提交的主要证据

（1）权利证据

• 上海市第一中级人民法院（2011）沪一中民五（知）终字第 136 号民事判决书。该判决书认定，涉案文字作品《永生》是由案外人王钟以"梦入神机"的笔名创作完成的。2012 年 5 月 4 日，上海市第一中级人民法院作出该判决，判决维持上海市浦东新区人民法院（2010）浦民三（知）初字第 424 号民事判决书第五项，即王钟创作的《永生》著作权（除法律规定不可转让的权利以外）归上海玄霆娱乐信息科技有限公司所有。原告玄霆公司提交该判决书以证明其是涉案作品《永生》的著作权人。

（2）被告侵权证据

• （2010）沪卢证经字第 1735 号公证书。该公证书记载，在纵横中文网以及纵横中文网邪月、梦入神机的新浪微博上有关于王钟（梦入神机）从起点中文网转投纵横中文网过程及讨论的帖子。

• （2013）沪卢证经字第 2597 号公证书。该公证书记载，《永生》作品位列纵横中文网搜索排行榜第一位，该网站上载有《永生》作品的全部章节可供阅读，中国移动阅读基地上有《永生》作品可供手机阅读，点击次数分别为××××××××次和×××××××次。在庭审中，被告自认其在纵横中文网上提供《永生》作品供阅读的时间是自 2010 年 7 月 18 日至 2013 年 11 月。原告亦确认至庭审时被告已经停止了在纵横中文网上传播《永生》作品的行为。至庭审时，中国移动阅读基地上仍然有《永生》作品供手机用户阅读，但原、被告双方均确认中国移动通信集团浙江有限公司已经将《永生》作品自 2012 年 11 月之后收取的信息费用全部转付给了原告。

• 被告与该案外人的《合作协议》原件以及畅听网（www.ting85.com）

网络小说『永生』权状告纵横非法传

上相关网页的打印件，以证明被告还实施了授权案外人上海畅声网络科技有限公司使用《永生》作品的行为。

（3）赔偿证据

● "起点用户订阅 VIP 章节的收费标准"网页打印件以及纵横中文网和中国移动阅读基地上《永生》作品的点击数证据，以证明原告因被告侵权所受到的损失以及被告的侵权获利。

● 律师费及公证费发票，共计金额为 51 500 元，其中律师费 5 万元，公证费 1500 元，以证明其为本次诉讼支出的合理费用。

2. 被告幻想纵横公司提交的主要证据

●《手机阅读内容合作协议》。2010 年 11 月 10 日，被告（乙方）与案外人中国移动通信集团浙江有限公司（甲方）签订了《手机阅读内容合作协议》，约定："乙方自愿参与手机阅读业务，并成为甲方手机阅读基地的 CP（内容提供商），按本协议约定向甲方授予版权及相关权利……""乙方同意按本协议的约定将授权书所列的作品（包括其封面图片）的信息网络传播权许可给甲方使用。""甲、乙双方以乙方提供的作品在手机阅读平台上产生的实收信息费为基础进行结算，对乙方授权甲方的作品甲方按实收信息费收入的 40% 向乙方支付使用费……""本协议项下的甲自 2010 年 11 月 10 日开始，合作期限为贰年"。在该协议所附授权作品目录中包括本案系争《永生》作品。

● 被告公司职员与中国移动阅读基地工作人员之间的往来沟通电子邮件以及被告在中国移动阅读基地账户信息打印件，以证明其已经及时停止了就《永生》作品的对外授权行为。

●《永生作品在中国移动阅读基地收入明细》。结算时间自 2010 年 11 月至 2012 年 10 月，总收入金额共计 1 737 002.12 元，以证明被告就《永生》作品与中国移动阅读基地合作后的获利金额。

（二）法院对证据的认定情况

法院根据双方提交的证据，结合庭审记录和相关调查等情况，确认了以下主要事实。

（1）鉴于（2011）沪一中民五（知）终字第 136 号民事判决书已经确认

《永生》作品的著作权（除法律规定不可转让的权利以外）归原告所有，被告自2010年7月18日至2013年11月在纵横中文网上传播《永生》作品的行为，构成未经著作权人许可通过信息网络向公众传播其作品的著作权侵权行为。

（2）根据本案相关证据以及生效判决，可以认定被告未经许可实施将《永生》作品的信息网络传播权，授权中国移动通信集团浙江有限公司以及上海畅声网络科技有限公司使用的行为构成侵害原告的信息网络传播权的行为。

（3）一审法院向中国移动通信集团浙江有限公司发公函要求其提供自2010年11月10日至2012年10月，该公司与被告之间关于《永生》小说作品的授权合同及该公司基于《永生》小说作品支付给北京幻想纵横网络技术有限公司的所有收益分成（包括但不限于《永生》小说的单独付费订阅及"书包"付费订阅中涉及《永生》的部分）。该公司回函确认上述授权合同的真实性并确认收益分成为1 737 002.11元。

（三）评析

本案原告就单独一件作品，即提出了高达1200万元人民币的巨额赔偿。虽然原告提供了较多的证据，但是，在法院看来，本案中没有证据证明原告因被告侵权所受到的实际损失以及被告的侵权获利。因此，最终法院是依据《著作权法》及其司法解释的有关规定，根据原、被告提交的证据材料，综合考虑本案中原告作品的实际价值，被告的侵权行为方式、侵权持续时间、侵权损害后果，被告从案外人中国移动通信集团浙江有限公司处的获利分成收入等因素，酌情确定赔偿数额。其中，影响法院在法定赔偿最高限额之上作出赔偿300万元经济损失的因素，主要包括以下几点。

（1）涉案作品的经济价值较高

法院认为，原告《永生》作品的总字数超过500万字，在纵横中文网的搜索排行榜上位列第一，点击数超过2亿次，该作品具有较高的经济价值。可见，对于网络作品而言，作品字数以及阅读点击数量，对于赔偿数额有重要影响。

（2）被告侵权的主观恶意明显

法院认为，被告自2010年7月《永生》作品涉讼以来，在明知该作品著作权权属存在争议的情况下，持续在纵横中文网上传播该作品以及将该作品的信息网络传播权对外进行授权营利，即使在生效判决确认该作品著作权归属于原告后，仍然没有立即停止前述行为，侵权方式多样、侵权持续时间较长，侵权主观恶意明显。可见，继续侵权的主观恶意，对于法院酌定较高数额的赔偿，仍然有其重要影响。

（3）被告自证其获利超过法定赔偿上限 50 万元

被告自己提交的证据《永生作品在中国移动阅读基地收入明细》，已经表明其从案外人中国移动通信集团浙江有限公司移动阅读基地处所获收益分成收入达 173 万余元，该获利已经超过了《著作权法》规定的法定赔偿数额的上限 50 万元。法院将其作为确定赔偿数额的重要参考。

四、有关建议

一是要根据具体案情敢于提出高于法定赔偿上限的赔偿诉请。通常情况下，适用法定赔偿规则，赔偿数额一般不会高于法定赔偿的上限 50 万元。但知识产权案件中损害赔偿数额的确定，还是应当依据优势证据标准认定损害赔偿事实。对于难以证明侵权受损或侵权获利的具体数额，如果有证据证明前述数额明显超过法定赔偿最高限额的，应当综合全案的证据情况，在法定最高限额以上合理确定赔偿额。因此，在证据扎实充分的情况下，应当敢于提出相应的赔偿请求。

二是要善于利用巨额赔偿诉请给被告施加自证获利的压力。在法院判决之前，被告无法预测法院是否会采纳原告的主张，因而承受着巨大的诉讼压力，通常会主动向法院提交与其获利相关的证据。虽然法院最终可能不会全额支持原告的诉讼请求，但被告的获利情况就有了相应的证据支持，这对于赔偿数额的最终确定，是有较大帮助的。

五、小贴士

本案通过网络点击量、搜索排行榜等数据证明作品的经济价值巨大，利用被告提交的证据证明获利超出法定上限是判赔额的关键。

微软视窗拥版权，合众导航有侵权

——微软公司与北京合众思壮科技股份有限公司侵害计算机软件著作权纠纷案❶

微软视窗有版权，合众思壮被诉讼。

原告取证买导航，侵权软件嵌其中。

购买网站齐公证，证明被告侵权广。

获得较高赔偿额，年度营收起大用。

一、基本情况

原告微软公司因与被告北京合众思壮科技股份有限公司（以下简称"合众思壮公司"）侵害计算机软件著作权纠纷一案，向北京市第一中级人民法院起诉，一审法院判赔经济损失 1 821 492 元，合理费用 112 275 元。合众思壮公司上诉后，北京市高级人民法院判决驳回上诉，维持原判。

二、案例要点

原告诉求赔偿金额较高，获赔数额也相对较高，并且突破了法定赔偿的上限。原告通过一系列的公证购买过程，固定了被告生产销售的侵权产品，证明被告生产销售多个型号的侵权产品，较好地证明了被告侵权行为的范围之广。从被告处获得相关年报资料，并进而将被告的年度收入与被控侵权产品建立起对应关系，是较好地证明被告获利的有效途径。

---

❶ 一审：北京市第一中级人民法院（2011）一中民初字第 12617 号民事判决书；二审：北京市高级人民法院（2013）高民终字第 2263 号民事判决书。

三、案例评析

(一) 双方举证情况

1. 原告提交的主要证据

(1) 权利证据

• 美国版权局 TX7 – 261 – 726 号登记证书,用以证明作品"Windows CE 6.0"的作者及版权申请者均为微软公司,作品完成时间为 2006 年,于 2006 年 9 月 15 日在美国第一次出版。

(2) 被告侵权证据 (6 份公证书)

2011 年 4 月 18 日,申请人北京市中诚友联律师事务所(以下简称"中诚友联律师事务所")的工作人员与中华人民共和国北京市海诚公证处(以下简称"海诚公证处")的公证人员共同前往位于北京市海淀区中关村的 E 世界电子商城 B2036 号摊位。在公证人员的监督下,中诚友联律师事务所的工作人员购买并提取了"任我游"GoU1450E 型、1300 型、1360T 型、1450T 型汽车导航仪各 2 台,共支付购买费用 9320 元人民币。相关发票显示 GoU1300 型汽车导航仪的单价为 790 元人民币,GoU1450E 型汽车导航仪的单价为 1410 元人民币,GoU1360T 型汽车导航仪的单价为 940 元人民币,GoU1450T 型汽车导航仪的单价为 1520 元人民币。海诚公证处对上述购买过程进行了公证,对所购汽车导航仪进行了封存,并制作了(2011)京海诚内民证字第 04036 号公证书(以下简称"第 04036 号公证书")。

2011 年 4 月 18 日,申请人中诚友联律师事务所的工作人员与海诚公证处的公证人员共同前往位于北京市海淀区中关村的鼎好电子商城 S2839 号摊位。在公证人员的监督下,中诚友联律师事务所的工作人员购买并提取了"任我游"GoU1450 型汽车导航仪 2 台、1400 型汽车导航仪 2 台、1300E + 型汽车导航仪 1 台,共支付购买费用 8240 元人民币。相关票据未显示上述汽车导航仪的单价。海诚公证处对上述购买过程进行了公证,对所购汽车导航仪进行了封存,并制作了(2011)京海诚内民证字第 04035 号公证书(以下简称"第 04035 号公证书")。

2011 年 4 月 18 日，申请人中诚友联律师事务所的工作人员与海诚公证处的公证人员共同前往位于北京市海淀区中关村的海龙电子城 2079A 号摊位。在公证人员的监督下，中诚友联律师事务所的工作人员购买并提取了"任我游"GoU1300T 型、1300E 型、1400E 型、1360E 型、1300L 型汽车导航仪各 2 台、1300E + 型汽车导航仪 1 台，共支付购买费用 15 700 元人民币。相关收据显示 GoU1300E 型、1300T 型、1300E + 型汽车导航仪的单价均为 1500 元人民币，GoU400E 型汽车导航仪的单价为 1700 元人民币，GoU1300L 型汽车导航仪的单价为 850 元人民币，GoU1360E 型汽车导航仪的单价为 1550 元人民币。海诚公证处对上述购买过程进行了公证，对所购汽车导航仪进行了封存，并制作了（2011）京海诚内民证字第 04034 号公证书（以下简称"第 04034 号公证书"）。

2011 年 4 月 20 日，申请人中诚友联律师事务所的工作人员与海诚公证处的公证人员共同前往位于北京市海淀区海淀南路 30 号中国航天精密大厦 419 室的北京双成世纪科技有限公司。在公证人员的监督下，中诚友联律师事务所的工作人员购买并提取了"任我游"GoUC520 型、C400 型、C520E 型、C400E 型、1360 型汽车导航仪各 2 台，共支付购买费用 18 438 元人民币。相关发票显示上述汽车导航仪的单价均为 1843.8 元人民币。海诚公证处对上述购买过程进行了公证，对所购汽车导航仪进行了封存，并制作形成了（2011）京海诚内民证字第 04037 号公证书（以下简称"第 04037 号公证书"）。

2011 年 7 月 18 日，在海诚公证处公证人员的监督下，申请人中诚友联律师事务所的工作人员将经海诚公证处封存的 17 台"任我游"汽车导航仪（包括 GoU1300 型、GoU1300E 型、GoU1300E + 型、GoU1300L 型、GoU1300T 型、GoU1360 型、GoU1360E 型、GoU1360T 型、GoU1400 型、GoU1400E 型、GoU1450 型、GoU1450E 型、GoU1450T 型、GoUC400 型、GoUC400E 型、GoUC520 型、GoUC520E 型各 1 台）拆封并进行拍照，后再次进行封存，并制作了（2011）京海诚内民证字第 04910 号公证书（以下简称"第 04910 号公证书"）。

2011 年 6 月 27 日，申请人中诚友联律师事务所的工作人员在海诚公证处

微软视窗拥版权

合众导航有侵权

公证人员的监督下，对 GoU1300L 型汽车导航仪通过 Dependency Walker 软件进行分析。海诚公证处对上述过程进行了公证，并于 2011 年 6 月 30 日出具了（2011）京海诚内民证字第 04529 号公证书（以下简称"第 04529 号公证书"）。微软公司认为该分析结果显示被检验的汽车导航仪中安装了 Windows CE 软件。微软公司还提交了 Dependency Walker 软件的英文介绍及译文。

（3）其他证据

微软公司提交了该公司《标准合同》中的部分条款内容，用以证明微软公司交付的嵌入式系统需要有正版标签（真品证书），正版标签需要不可去除地粘贴在产品上。

合众思壮公司认可上述 6 份公证书的真实性、合法性；对于《标准合同》中的部分条款内容的真实性、合法性、关联性均表示质疑，认为该证据属于微软公司内部文本，没有约束力，该证据与本案没有关联性。

2. 被告提交的证据

合众思壮公司提交了以下 5 份证据。

（1）正崴精密工业股份有限公司（以下简称"正崴公司"）发送给合众思壮公司的 3 份信函及翻译件。3 份信函分别针对 4.3 寸导航仪、不带 CMMB 电视功能的 5 寸导航仪、5 寸导航仪。3 份信函中列有印刷电路板组件、外壳、扬声器、蓄电池等硬件设备的价格及总价。备注栏中载有"一经价格确认，WIN CE 使用费用将包括在单价中"字样。3 份信函中均无任何签章。

（2）经公证认证的正崴公司于 2011 年 11 月 21 日出具的《声明书》及附件。《声明书》载明："本公司声明后附之正崴精密工业股份有限公司台北县政府营利事业登记证、代工及 PCBA 供货商证明书及其相关供货证明所付文件为本公司所签署，且真实无讹。"附件包括：

a. 正崴公司营利事业登记证。该登记证显示正崴公司成立于 1986 年，住所地为台湾地区台北县土城市中山路 18 号。

b. 正崴公司出具的《代工及 PCBA 供货商证明书》。该证明书载明："本公司受北京合众思壮科技股份有限公司委托代工生产型号为 GOU1300、GOU1300L、GOUC400、GOU1450、GOU1360、GOU1360T（1360＋TMC）、

GOU1400、GOUC520、GOU1560、GOU2560 之便携式导航设备（Personal Navigation Device）（以下简称"PND"）。以上 PND 内含的印刷电路板组合（Print circuit Board Assembly）包含已烧录在印刷电路板组合的操作系统 Microsoft WinCE 6.0 均由正崴精密工业股份有限公司向鸿海精密工业股份有限公司网通事业群（CNSBG）采购。PND 型号 GOU1300、GOU1300L、GOUC400、GOU1450、GOU1360、GOU1360T、GOU1560 对应的'印刷电路板组合物料号'为：T77N153T06；PND 型号 GOU1400、GOUC520 对应的'印刷电路板组合物料号'为：T77N153T05；PND 型号 GOU2560 对应的'印刷电路板组合物料号'为：T77N153T03、T77N178T01。"

c. 鸿海精密工业股份有限公司（以下简称"鸿海公司"）于 2011 年 11 月 30 日出具的《证明书》及附件。该证明书载明："兹证明本公司前于 2010 年 4 月 20 日至 2011 年 10 月 31 日交付贵公司之 PND PCBA 产品，型号为 T77N153T03、T77N153T05、T77N153T06、T77N178T01，客户编码为 BAM4571，共计 248 040 件，明细如附件。本公司随货检附之 248 040 件 Microsoft WinCE Label 为本公司经合法授权向 Microsoft 代理商台湾联强国际股份有限公司购买取得。"

（3）合众思壮公司《2011 年年度报告》节选（即第 22～23 页）。

（4）发件人为"hong. ze @ unistrong. info 代表泽红［hong. ze @ e－gpscom. com］"，收件人为"yf. han；hh. huang；geng. lin"的电子邮件打印页及载明"合众思壮公司给正崴公司"的订单。该订单系打印件，其上没有任何签章。

（5）正崴公司出具的电子发票打印页，其上没有任何签章。

上述证据中，证据（1）（2）（3）（4）（5）用以证明合众思壮公司产品中的 Windows CE 6.0 软件由正崴公司从鸿海公司处采购，鸿海公司从微软公司在台湾地区的代理商台湾联强国际股份有限公司（以下简称"联强公司"）处购买，合众思壮公司与正崴公司订单确认的时间为 2010 年 4 月 2 日。故合众思壮公司产品中的 Windows CE 6.0 软件来源合法，未侵犯微软公司的著作权。证据（3）用以证明合众思壮公司 2011 年年度便携导航仪产品收入仅为 77 338 300 元，比 2010 年下降 56.04%，并非微软公司在起诉状中计算的数额。

微软公司向法院提交了微软（中国）有限公司于 2011 年 7 月 4 日出具的《价格证明》，用以证明 Windows CE 6.0 软件的单价为 23 ~ 122 元人民币。合众思壮公司认可上述证据的真实性，但认为该证明出具的主体为微软（中国）有限公司，对其效力不认可，且软件的价格应当依订购数量的增长而下降。

另外，为证明为本案支出的合理费用，微软公司向法院提交以下证据：①微软公司与中诚友联律师事务所签订的《法律服务委托协议》，用以证明微软公司为本案向中诚友联律师事务所支付律师费 200 000 元人民币；②微软公司与中联知识产权调查中心签订的《合同》，用以证明微软公司为本案取证支付 50 000 元人民币；③公证费发票，用以证明微软公司为第 04034 号公证书、第 04035 号公证书、第 04036 号公证书、第 04037 号公证书、第 04529 号公证书、第 04910 号公证书、第 04039 号公证书支付公证费 10 000 元人民币；④公证购买汽车导航仪的票据，用以证明微软公司为本案支付公证购买汽车导航仪的取证费 51 698 元人民币；⑤付款单位为中联知识产权调查中心的 Dependency Walker 软件介绍翻译费票据，用以证明微软公司为翻译 Dependency Walker 软件英文介绍支付翻译费 577 元人民币。合众思壮公司对上述证据的真实性、合法性无异议，但认为公证费发票、公证购买汽车导航仪的票据、Dependency Walker 软件英文介绍翻译费票据显示的付款单位并非微软公司，故不认可其关联性。

（二）法院对证据的认定情况

法院根据双方提交的证据，结合庭审记录和相关调查等情况，确认了以下主要事实：

微软公司主张权利的 Windows CE 6.0 软件发表于美国，微软公司对上述软件享有计算机软件著作权，因此，其著作权受《计算机软件保护条例》的保护。

原告公证购买的共 16 个型号的导航仪的包装上均载有"制造商：北京合众思壮科技股份有限公司"或"制造商：合众思壮"或"合众思壮"及"任我游汽车导航"字样；汽车导航仪本体上均贴有两个标签，一标签载有产品名称、型号、规格及"北京合众思壮科技股份有限公司""任我游汽车导航"

字样，另一标签载有型号及"台湾设计，正崴制造"字样。合众思壮公司网站 www. unistrong. com 上的网页内容表明合众思壮公司的"任我游"汽车导航仪共有 17 个型号，销售网络极其广泛，销售数量极大。

根据查明事实，合众思壮公司在生产、销售 GoU1300 型等系列汽车导航仪过程中使用了微软公司的 Windows CE 6.0 软件，该行为属于对 Windows CE 6.0 软件的复制、发行行为。微软公司作为 Windows CE 6.0 软件的著作权人质疑合众思壮公司在生产、销售 GoU1300 型等系列汽车导航仪过程中未经其授权复制、发行了 Windows CE 6.0 软件，对此，合众思壮公司应当举证证明其复制、发行 Windows CE 6.0 软件有合法授权。从合众思壮公司提交的证据来看，证据（1）（4）（5）均为打印页，并无任何签章，微软公司对其真实性均提出质疑，故不应予以采信。

合众思壮公司的《2010 年年度报告》《2011 年年度报告》均显示其汽车导航产品为其主营业务，合众思壮公司虽称其生产的 GoU1300 型等系列汽车导航仪系委托正崴公司生产，但却未能提交双方之间签署的委托合同，有悖于商业惯例；即使结合微软公司公证购买的汽车导航仪产品上均贴有"台湾设计，正崴制造"标签这一事实，认定上述证据属实，但该证据不能证明鸿海公司向正崴公司提供的 Windows CE 6.0 软件确系联强公司向鸿海公司提供。虽然微软公司曾表示联强公司是其在台湾地区的三家授权代理商之一，但在案证据尚不能证明联强公司确向鸿海公司销售过 Windows CE 6.0 软件，故在案证据尚不能证明合众思壮公司复制、发行 Windows CE 6.0 软件有合法授权。合众思壮公司未经授权复制、发行了 Windows CE 6.0 软件，依法应当承担相应的法律责任。微软公司要求合众思壮公司停止侵权的诉讼请求，有事实和法律依据，依法应予支持。

合众思壮公司的《2010 年年度报告》中载明该公司主营业务包括"GIS 数据采集产品和高精度测量产品""车载导航产品""系统产品"。其中"车载导航产品"2010 年的"营业收入"为 175 913 700 元人民币，位列上述三项主营业务营业收入之首。

微软公司与中联知识产权调查中心签订的《合同》显示微软公司委托中

微软视窗拥版权

合众导航有侵权

联知识产权调查中心对合众思壮公司侵犯微软公司软件著作权的行为进行调查，获取并固定相关证据。

（三）评析

作为嵌入在导航仪产品中的计算机软件，要证明侵权行为的存在，有相当大的难度。本案中，原告通过一系列的公证购买过程，固定了被告生产销售的侵权产品，证明被告生产销售多个型号的侵权产品。同时，对被告网站的公证，进一步证明了被告生产销售的侵权产品数量和种类之多。上述证据综合在一起，较好地证明了被告侵权行为的范围之广。

在损害赔偿数额方面，原告提供了自己产品的相关定价情况，从一个方面印证了被告获利的可能性。而本案能够判决较高赔偿数额的关键，在于被告的年度报告。在该报告中明确列明了被告的年度营业收入，而与本案相关的侵权产品又是居于被告主营业务收入排名第一的产品，因此，法院能够据此判决较高的赔偿数额。

与此同时，本案判赔数额之高，也是与被告侵权行为的性质密切相关的。作为一种与硬件产品配合使用的嵌入式计算机软件，其对于整个产品功能的发挥起着至关重要的作用。但在侵权取证方面，其难度又是较之于其他计算机软件侵权案件的取证明显困难的。因此，在难以准确确定损害赔偿所得情况下，为了加大知识产权保护力度，法院在酌定损害赔偿数额时，也会给予较高的赔偿数额。

四、有关建议

要想获得高额的赔偿，最根本的是侵权行为的确造成了相应的损失，但如何证明该损失的存在，又是需要权利人通过一系列证据予以证明的。权利人的举证不是通过一次偶然的公证购买行为就能够证明侵权行为的普遍而广泛存在的，如果权利人能够通过持续而广泛的取证，证明被控侵权产品数量之多、类型之广，当然会有助于赔偿数额的提高。同时，从被告处获得相关年报资料，并进而将被告的年度收入与被控侵权产品建立起对应关系，也是较好地证明被告获利的有效途径。此外，对于新类型的知识产权侵权案件，不妨主张相对较高的赔偿数额，毕竟在相关领域没有在先案例，法院的判赔数额不会受在先案例所确立的赔偿尺度的束缚。

五、小贴士

本案原告通过一系列的公证购买过程，固定了被告生产销售的侵权产品，证明被告生产销售多个型号的侵权产品；判决较高赔偿数额的关键，在于被告的年度报告。

AUTOCAD 盗版使用，徐州徐轮侵权被讼

——欧特克公司诉徐州徐轮橡胶有限公司计算机软件著作权权属纠纷案❶

软件著作权起纠纷，欧特克控告徐轮。

AUTOCAD 名璀璨，控诉被告故意犯。

未经权利人许可，复制盗版并使用。

一审二审判决同，赔偿损失二十万。

一、基本情况

原告欧特克公司（AUTODESK，INC）因与被告徐州徐轮橡胶有限公司（以下简称"徐轮橡胶"）侵犯计算机软件著作权纠纷案，向江苏省徐州市中级人民法院提起诉讼，索赔50万元；一审法院经审理后判赔20万元。

欧特克公司（AUTODESK，INC）、徐州徐轮橡胶有限公司均不服一审判决，于2013年12月19日向江苏省高级人民法院提起上诉。江苏省高级人民法院经审理，判决驳回上诉，维持原判。

二、案例要点

本案主要关注点在于：权利人提供其权利证明，明确首次出版时间；提供证据保全资料，用以证明被诉侵权人的侵权行为，明确侵权规模、软件安装数量；提供购买发票以及采购合同，用以证明软件销售价格。由于权利人并不能具体证明实际损失及被诉侵权人因侵权获得的利润，法院结合权利人提供的证

---

❶ 一审：徐州市中级人民法院（2013）徐知民初字第24号民事判决书；二审：江苏省高级人民法院（2013）苏知民终字第0222号民事判决书。

据，最终判赔 20 万元，赔偿率为 40%。

三、案例评析

（一）双方举证情况

1. 欧特克公司提交的证据

（1）权利证据，用以明确权利、权属关系及权利范围

• 欧特克公司享有 AutoCAD2008/2009/2010/2011/2012 计算机软件的著作权，其中 AutoCAD2008 首次出版时间为 2007 年 3 月，首次出版国家为美国；AutoCAD2009 首次出版时间为 2008 年 3 月，首次出版国家为美国。中国和美国均系《保护文学和艺术作品伯尔尼公约》的成员国，涉案 AutoCAD 系列软件首次发表地是美国，根据《保护文学和艺术作品伯尔尼公约》所确定的"国民待遇"原则和中国有关的法律规定，以证明欧特克公司就涉案 AutoCAD 软件在中国享有软件著作权。

（2）有关徐轮橡胶的侵权行为的证据

• 徐轮橡胶的企业注册基本资料，徐轮橡胶注册资本 10 000 万元人民币，主要经营工程子午胎及其他高性能轮胎的研发、生产与销售等业务。

• 江苏省徐州市中级人民法院证据保全：徐轮橡胶现有计算机 213 台，服务器 5 台，抽查的 20 台计算机中有 6 台安装了 AutoCAD 系列软件，其中 AutoCAD2008 计算机软件 5 套，AutoCAD2009 计算机软件 1 套。

（3）获评称号等证据，以证明徐轮橡胶的侵权行为的主观故意

• 徐轮橡胶获评"徐州市贾汪区创新型企业"称号。

• 徐轮橡胶获评"2011 年度知识产权工作先进企业"称号。

（4）徐轮橡胶的侵权行为对欧特克公司造成的实际损失证据

• 2008 年 4 月，苏州怡天电子科技有限公司出具的一份江苏省增值税专用发票，显示艾飞克机电技术（苏州）有限公司以每套 29 000 元的价格购买了 AutoCAD2008 软件，购买数量为 1 套，以证明涉案 AutoCAD 软件的销售价格。

• 2008 年 9 月 11 日，鹿岛（上海）工程有限公司与上海科尼信息技术有

限公司签订的一份软件产品采购合同，约定以每套 22 600 元的价格购买 Auto-CAD2009 中文版软件，购买数量为 1 套，以证明涉案 AutoCAD 软件的销售价格。

2. 徐轮橡胶提交的证据

（1）涉案软件来源于电脑转让方案外人徐州徐工轮胎有限公司，其并不知道转让方涉案软件来源的证据

● 《房屋租赁协议》，记载乙方（徐州徐工轮胎有限公司）自 2013 年 1 月 1 日起租赁甲方（徐轮橡胶）位于徐州工业园区徐轮路 1 号办公大楼的办公用房约 200 平方米、金海分厂的厂房半跨面积约 4000 平方米。

● 发票 2 份，徐州徐工轮胎有限公司曾向徐轮橡胶支付租金两笔共计 48 万元。

● 照片 2 张，显示在"徐轮橡胶警务室"的牌匾左下方，有"徐州徐工轮胎有限公司"牌匾。

● 《关于转让办公用品的会议纪要》，证明徐轮橡胶的电脑系从徐州海鹏轮胎有限公司受让而来。该纪要没有加盖单位印章，系复印件。

（2）涉案软件安装数量的证据

● 《关于徐州中院证据保全电脑数量及软件安装情况核实表》，载明"徐工轮胎"的电脑中只安装了 1 套 AutoCAD2009 软件，徐轮橡胶电脑中安装了 27 套 AutoCAD 软件。

（二）法院对证据的认定情况

欧特克公司享有 AutoCAD2008/2009/2010/2011/2012 计算机软件的著作权。

徐轮橡胶现有计算机 213 台，服务器 5 台。经调查发现，抽查的 20 台计算机中有 6 台安装了 AutoCAD 系列软件，其中 AutoCAD2008 计算机软件 5 套，AutoCAD2009 计算机软件 1 套。徐轮橡胶在经营场所内计算机上安装涉案软件，目的在于实现、运用软件的功能，属于商业性使用，且该使用行为并未取得授权，故本案中，徐轮橡胶商业性使用了欧特克公司享有著作权的 AutoCAD 系列计算机软件，侵害了欧特克公司的著作权。

根据查明的事实，徐轮橡胶使用的电脑安装了欧特克公司享有著作权的涉案软件，用于公司经营活动。徐轮橡胶未能提供证据证明该软件系正版软件，其辩称该软件系其购买电脑时由转让方一并提供、转让方是从网上下载了该软件，对此亦未能提供充分的证据予以证明。

根据抽查结果和抽查计算机数量与徐轮橡胶所有计算机总数的比例，可推定徐轮橡胶经营场所内的的计算机安装了 AutoCAD2008 软件 53 套，AutoCAD2009 软件 11 套。

欧特克公司不能具体证明软件成本、利润，故尽管欧特克公司在诉讼中提供的销售合同及相应履行依据真实有效，但却无法充分体现其所受损失。徐轮橡胶是侵权软件的最终用户，且其只是将涉案软件作为一种设计工具使用，并非从中直接获取经营利益，故徐轮橡胶的违法所得亦不能确定。法院将综合徐轮橡胶的企业规模、侵权软件数量、使用涉案软件的商业目的、主观故意状态以及欧特克公司为制止侵权行为所支出的合理费用等因素，酌情判定徐轮橡胶赔偿欧特克公司的数额。

徐轮橡胶二审新证据《房屋租赁协议》、发票、照片、《关于徐州中院证据保全电脑数量及软件安装情况核实表》等证据即使真实，也仅能证明徐州徐工轮胎有限公司租赁了徐轮橡胶部分房屋，而不能证据一审法院现场勘验电脑包括了徐州徐工轮胎有限公司使用的电脑，故该证据不能达到徐轮橡胶的证明目的；且其中的《关于徐州中院证据保全电脑数量及软件安装情况核实表》系徐轮橡胶和案外人徐州徐工轮胎有限公司在二审期间自行制作，其真实性难以认定。

徐轮橡胶二审新证据《关于转让办公用品的会议纪要》系复印件，在无其他证据相佐证的情况下，其真实性不能确认；且即使属实，根据纪要的内容，转让的仅是电脑等办公用品，并未明确设计软件。因此，对此份证据不予认可。

（三）评析

本案中，徐轮橡胶未经软件著作权人许可，复制并商业性使用欧特克公司享有著作权的计算机软件的行为侵害了欧特克公司的著作权，应当承担停止侵

徐州徐轮侵权被诉

害、赔偿损失的民事责任。《著作权法》第49条对损害赔偿计算方法以及顺位作出了规定。依次为以权利人的损失、以侵权人的违法所得,最后以法定赔偿的方式来确定赔偿数额。尽管在赔偿的计算方法上,以权利人的损失或侵权人的违法所得进行计算,能够更加充分地维护权利人的利益。但在权利人未对其损失或侵权人违法所得进行举证,或其举证不足以证明其损失或侵权人违法所得的情形下,法院也只能根据侵权行为的情节,在法律规定的限额内酌定损害赔偿数额。本案中,欧特克公司并未能提供证据证明涉案正版软件的具体利润,也无证据证明徐轮橡胶使用侵权软件的时间较长,欧特克公司的实际损失及徐轮橡胶因侵权获得的利润均无法查清,法院依职权适用法定赔偿,综合徐轮橡胶的企业规模、使用涉案软件的商业目的、主观故意状态、侵权软件数量(如在证据保全时,随机抽取了被告电脑中的20台,其中有6台安装了侵权软件),同时结合正版软件的市场销售价格、欧特克公司为制止侵权支出的合理费用等因素,酌情判定徐轮橡胶赔偿欧特克公司的赔偿数额。

实务中,计算机软件著作权侵权损害赔偿主要是通过法定赔偿的计算方法确定的。在适用法定赔偿时,法院在个案中考虑的因素不同。通常会考虑的因素有涉案软件知名度、市场价格、软件市场许可使用的情况以及被诉侵权行为的方式、持续时间、数量、经营规模、损害后果和原告为制止侵权的合理开支等。计算机软件著作权是典型的工业版权,其不仅具有著作权的属性,也具有工业产权的某些属性。其损害赔偿数额与该软件的类型、创作投入、软件的独创性程度有着较大的关系。不同类型的软件,创作者投入的开发时间、成本、所体现的市场价值以及被侵权的概率均有差异。法院适用法定赔偿时要尽可能细化和具体说明各种实际考虑的酌定因素,如软件开发的难易程度、开发成本、应用范围等因素,结合权利人所主张的损害赔偿计算方法,充分赔偿权利人所受到的损失。

四、有关建议

目前在我国,侵犯计算机软件著作权的行为常见的有利用零售渠道销售盗版软件、通过网络非法传播软件、硬盘预装盗版以及客户机服务器用户超过规定人数的侵权、故意避开或破坏著作权人为保护其软件著作权而采取的技术措施等多种形式。在举证证明被告实施侵权行为时，需要明确被告的具体侵权行为形态。"实质性相同＋接触＋排除合理解释"是普遍适用的侵权判断规则。"排除合理解释"的事由，通常是由被告来证明软件系其独立开发、被告软件有其他合法来源、表达方式有限抗辩等。对于明显的使用盗版的行为，在有初步线索的情况下，可以申请法院实施证据保全行为，固定被控侵权的证据。在可以确定被控侵权软件数量的基础上，尽可能使用原告损失或被告获利的方式计算赔偿数额。

方正钓鱼采证，高术被钓不服

——北大方正集团有限公司、北京红楼计算机科学技术研究所与北京高术天力科技有限公司、北京高术科技公司计算机软件著作权侵权纠纷案❶

> 北大方正诉高术，侵犯原告的字库。
>
> 一审二审和再审，不同法院存分歧。
>
> 陷阱取证是焦点，被告被钓心不服。
>
> 本案可以做标杆，判赔依据可延续。

一、基本情况

2001 年 9 月 7 日，原告北大方正集团有限公司（以下简称"北大方正公司"）、原告北京红楼计算机科学技术研究所（以下简称"红楼研究所"）因与被告北京高术天力科技有限公司（以下简称"高术天力公司"）、被告北京高术科技公司（以下简称"高术公司"）侵犯计算机软件著作权侵权纠纷案，向北京市第一中级人民法院提起诉讼，索赔 300 万元；一审法院经审理后判赔60 万元。

被告高术天力公司、被告高术公司不服一审判决，向北京市高级人民法院提起上诉，北京市高级人民法院改判赔偿 13 万元。

北大方正公司、红楼研究所不服二审判决，向最高人民法院申请再审，最高人民法院经提审后判决赔偿 60 万元。

---

❶ 一审：北京市第一中级人民法院（2001）一中知初字第 268 号民事判决书；二审：北京市高级人民法院（2002）高民终字第 194 号民事判决书、（2003）高民监字第 196 号驳回再审申请通知书；再审：最高人民法院（2006）民三提字第 1 号民事判决书。

二、案例要点

本案主要关注点在于：在司法实践中如果当事人收集被诉侵权证据时，采用所谓"陷阱取证"的方式，该证据是否应当被采信，抑或属于《最高人民法院关于民事诉讼证据若干问题的规定》第68条所规定的非法证据，应予排除。本案经过再审，针对原告所谓"陷阱取证"所取得的证据应否认定以及取证费用的支持问题，不同的法院作出了不同的认定，这说明"陷阱取证"的方式存在广泛争议。虽然最终最高人民法院认可了原告取证方式的合理性，但也并未对取证费用进行全额支持。因此，对取证方法合法与否，仍存在较大的分歧。本案对涉案相关证据是否应当采信进行了认定，并明确了相关的规则。

三、案例评析

（一）双方举证情况

1. 北大方正公司、红楼研究所提交的证据

（1）权利证据，用以明确权利类型及权利有效

● 方正正版软件1套（包括方正世纪RIPPSPNTv2.1，内含方正字库软件；方正文合软件v1.1版），用于证明两原告对本案所涉软件享有著作权。

● 方正世纪RIP软件及方正字库的鉴定书，用于证明两原告软件产品的技术性能。

● 北京市工商行政管理局海淀分局关于原北京大学计算机科学技术研究所更名为北京红楼计算机科学技术研究所的证明，用于证明第二原告的资格适格。

（2）侵权证据，用以证明存在侵权行为

● 国信公证处出具的证明被告销售激光照排机并安装盗版软件过程的公证书，用于证明两被告的侵权行为。

● 公证书所载5份现场记录：① 2001年7月6日的《现场记录（二）》记录，高术天力公司的员工陈述："我们这儿卖过不少台，兼容的，没问题，

跟正版的一模一样。你看，这个实际就是个兼容 RIP。"② 2001 年 7 月 20 日所作《现场记录（三）》记录，高术天力公司的员工陈述：同时期向"后浪公司"销售了一台激光照排机，用的软件是"兼容的"；向"宝蕾元"（北京宝蕾元科技发展有限责任公司，以下简称"宝蕾元公司"）进行过同样的销售。③ 2001 年 7 月 23 日所作《现场记录（四）》记录，北大方正公司的员工和公证员现场观看了高术天力公司的员工为后浪公司安装、调试激光照排机的情况。根据高术天力公司的员工陈述，该激光照排机安装的也是方正 RIP 软件，也是"兼容的"。其后，高术天力公司的员工向北大方正公司的员工提供了购买同样激光照排机的一份客户名单，其中记录了"宝蕾元制作中心"（即宝蕾元公司）、"彩虹印务"、"尚品"、"中堂（唐）彩印"（即后浪公司）、"路局印厂"等客户的名称、联系电话及联系人等。④ 2001 年 8 月 22 日所作《现场记录（五）》记录，高术天力公司又卖了一台与本案一样的激光照排机给"海乐思（音）"。并且，根据该记录的记载，高术天力公司、高术公司在北京、上海、广州、廊坊、山西、沈阳等地进行激光照排机的销售，"除了西藏、青海之外，哪儿都卖"，对软件"买正版的少，只是启动盘替换了，其他的都一样"。

（3）损害证据，用以证明侵权造成的损失及侵权人的获利情况

● 原告的信汇凭证和被告出具的收据，证明两原告支付了货款及两被告收取了货款。

● 国信公证处公证保全的被告盗版软件，证明两被告安装了盗版软件。

● 珠海臣功印务有限公司的证明，证明两被告在珠海亦安装过盗版软件。

● 被告高术公司的宣传资料，证明两被告与广东高术公司的关系。

● 北京天正华会计师事务所的审计报告，证明两被告销售激光照排机的数量。

● 原告自行撰写的索赔依据，证明两原告的索赔依据和计算方法。

● 方正正版软件的市场报价，证明方正 RIP 软件的市场报价为 10 万元、方正文合软件的市场报价为 3 万元。

● 原告调查取证所支付的相关费用票据，证明两原告为本案调查取证所

支付的费用。

2. 高术天力公司、高术公司提交的证据

（1）不构成侵权的证据

• 高术天力公司 2001 年 7 月 20 日与用户签订的电子出版系统订货合同（合同号 CB20011019），证明该合同的合同价款及被告是应原告工作人员的要求，向其销售了不含 RIP 软件的激光照排机。

• 日本网屏（香港）有限公司于 2000 年 4 月与高术公司签订的销售代理协议，证明其销售的激光照排机均带有正版 RIP 软件。

（2）关于赔偿数额的证据

• 高术天力公司于 2001 年 10 月 23 日购买方正系统软件的发票，证明方正 RIP 软件的市场价格为 24 000 元。

（二）法院对证据的认定情况

一审法院认为，北大方正公司和红楼研究所为了获得高术天力公司和高术公司侵权的证据，投入较为可观的成本，其中包括购买激光照排机、租赁房屋等，采取的是"陷阱取证"的方式，但该方式并未被法律所禁止，故北大方正公司和红楼研究所采取的上述取证方式法院予以认可。

二审法院认为，本案中上诉人与被上诉人原为合作关系，上诉人为被上诉人代理销售激光照排机，合作破裂后，上诉人与被上诉人均从事代理销售涉案品牌激光照排机在国内的销售业务；被上诉人在未取得其他能够证明上诉人侵犯其软件著作权证据的情况下，派其员工在外租用民房，化名购买上诉人代理销售的激光照排机，并主动提出购买盗版方正软件的要求，由此可看出，被上诉人购买激光照排机是假，欲获取上诉人销售盗版方正软件的证据是真。就本案而言，被上诉人的此种取证方式并非获取上诉人侵权证据的唯一方式，此种取证方式有违公平原则，一旦被广泛使用，将对正常的市场秩序造成破坏，故对该取证方式不予认可。

再审法院认为，根据《民事诉讼法》第 67 条❶的规定，经过法定程序公证证明的法律事实，除有相反证据足以推翻的外，人民法院应当作为认定事实的根据。高术天力公司安装盗版方正软件是本案公证证明的事实，因高术公司、高术天力公司无相反证据足以推翻，对于该事实的真实性应予认定。以何种方式获取的公证证明的事实，涉及取证方式本身是否违法，如果采取的取证方式本身违法，即使其为公证方式所证明，所获取的证据亦不能作为认定案件事实的依据。因为，如果非法证据因其为公证所证明而取得合法性，那就既不符合公证机关需审查公证事项合法性的公证规则，也不利于制止违法取证行为和保护他人合法权益。二审法院在否定北大方正公司取证方式合法性的同时，又以该方式获取的法律事实经过公证证明而作为认定案件事实的依据，是不妥当的。

在民事诉讼中，尽管法律对于违法行为作出了较多的明文规定，但由于社会关系的广泛性和利益关系的复杂性，除另有明文规定外，法律对于违法行为不采取穷尽式的列举规定，而存在较多的空间根据利益衡量、价值取向来解决，故对于法律没有明文禁止的行为，主要根据该行为实质上的正当性进行判断。就本案而言，北大方正公司通过公证取证方式，不仅取得了高术天力公司现场安装盗版方正软件的证据，而且获取了其向其他客户销售盗版软件，实施同类侵权行为的证据和证据线索，其目的并无不正当性，其行为并未损害社会公共利益和他人合法权益。加之计算机软件著作权侵权行为具有隐蔽性较强、取证难度大等特点，采取该取证方式，有利于解决此类案件取证难问题，起到威慑和遏制侵权行为的作用，也符合依法加强知识产权保护的法律精神。此外，北大方正公司采取的取证方式亦未侵犯高术公司、高术天力公司的合法权益。北大方正公司、红楼研究所申请再审的理由正当，应予支持。据此，最高人民法院认为本案涉及的取证方式合法有效，对其获取证据所证明的事实应作为定案根据。

---

❶　此处指本案审理时适用的、1991 年 4 月 9 日公布并施行的《民事诉讼法》条文。该条内容经微调后归入 2012 年 8 月 31 日公布、2013 年 1 月 1 日起施行的《民事诉讼法》第 69 条。

（三）评析

本案涉及所谓"陷阱取证"的取证方式的合法性问题。首先，应当明确的是，由于知识产权侵权的无形性、隐蔽性、易复制等特点，知识产权侵权取证一直是非常困难的。在这个前提下，运用民事"陷阱取证"的方式取证就具有一定的合理性、合法性。然而，任何权利都是有边界的，在运用民事"陷阱取证"时，应当要遵守合法性、必要性，当"陷阱取证"的方式侵害了他人合法权益或者违反了法律禁止性规定的时候，该取证方式才是违法的。本案中，最高人民法院认可了原告取证方式的合理性和合法性。首先，从取证目的而言，北大方正公司通过公证取证方式，不仅取得了高术天力公司现场安装盗版方正软件的证据，而且获取了其向其他客户销售盗版软件，实施同类侵权行为的证据和证据线索，其目的并无不正当性，其行为并未损害社会公共利益和他人合法权益。其次，从客观上看，计算机软件著作权侵权行为具有隐蔽性较强、取证难度大等特点，采取民事"陷阱取证"的方式，有利于解决此类案件取证难问题，起到威慑和遏制侵权行为的作用，也符合依法加强知识产权保护的法律精神。最后，从合法性而言，北大方正公司采取的取证方式既未侵犯高术公司、高术天力公司的合法权益，也未违反法律禁止性规定。然而，关于赔偿问题，法院并未全额支持原告的诉讼请求，究其原因，是因为原告并没有提供原告损失或被告获利的证据，因此，法院只能按照一套正版软件的价格（13 万元），以 5 倍的惩罚性方式，酌情确定了 60 万元的赔偿。

四、有关建议

涉及软件著作权侵权这样侵权手段比较隐蔽、被控侵权产品易复制易删除的案件的取证，在一些情况下采取"陷阱取证"方式是可以的。然而，在确定赔偿数额时更多的要从原告损失或被告获利的证据入手，可以申请法院对被告财务账册进行查封扣押，搜集被告对外宣传其销售额证据等方式，被告员工与原告委托代理人之间的对话记录由于没有相应的证据支持，难以予以采信。但是，该对话记录对于法院酌定赔偿数额还是起到了一定的作用，基于被告员工的口头表述，法官形成内心确信，最终以正版价格的 5 倍方式确定的赔偿数额。

五、小贴士

本案确立了"陷阱取证"取证方式的合法性和行为边界，即不能违反法律的禁止性规定，这有益于破解知识产权维权取证难问题。

微软养鱼今收网，赛轮侵权无处藏

——微软公司与赛轮股份有限公司计算机软件著作权纠纷案❶

放水养鱼好多年，微软视窗今维权。
赛轮股份被盯上，原告索赔五十万。
主动申请证保全，被告侵权无异议。
轻车熟路搞取证，我国企业应借鉴。

一、基本情况

2013 年 7 月 31 日，原告微软公司因与被告赛轮股份有限公司（以下简称"赛轮公司"）侵害计算机软件著作权纠纷案，向山东省青岛市中级人民法院提起诉讼，索赔 50 万元；该院经审理后判赔 15 万元。

二、案例要点

本案主要关注点在于：原告主动申请法院采取证据保全措施，迫使被告一定程度上自认存在侵权行为。在提交被告获利证据时，在没有直接证据的情况下，提交间接证据予以证明，促使法院在确定赔偿时予以参考。

三、案例评析

（一）双方举证情况

微软公司提供的证据如下：

（1）权利证据

- 原告开发完成的 Microsoft Office 软件各个版本的著作权注册证书，证书

---

❶ 一审：青岛市中级人民法院（2013）青知民初字第 82 号民事判决书。

载明计算机软件著作权人均为微软公司，作品首次发表地均为美国，首次发表的时间根据不同软件的发表时间各自载明。登记的计算机软件版本为具备完整使用功能的最高版本，包含了根据需求提供的仅具备部分使用功能的对应低端版本（如专业版或企业版等软件版本），而 Word、Excel 等文档均是使用 Office 办公软件只做编辑生成的专属文档形式，OUTLOOK 则是 Office 办公软件中的邮件收发工具。

（2）被告对侵权产品获利证据

● （2010）沪东证经字第 2273 号、第 2274 号公证书，拟证明赛轮公司侵权使用的中文微软 2003 软件，市场销售价格为每套 3200 元人民币。

● （2011）沪东正经字第 1901 号公证书，拟证明赛轮公司侵权使用的中文微软 2007 软件市场销售价格为每套 3980 元人民币。

● （2011）京长安内经证字第 2549 号公证书，拟证明赛轮公司侵权使用的中文 Microsoft Enterprise 2007 软件市场售价为每套 4041 元人民币，Microsoft Office Standard 2007 软件市场销售价格为每套 2550 元人民币。

● （2011）京方圆内经证字第 01657 号公证书、吉时利（北京）测量仪器有限公司与北京信诺时代科技发展有限公司《软件使用许可购买合同》，拟证明赛轮公司侵权使用的中文 Microsoft Office Standard 2010 软件市场销售价格为每套 4400 元人民币。

（3）其他证据

● "上海增值税普通发票"发票联，拟证明微软公司为制止侵权而支出 7 万元律师费。

（二）法院对证据的认定情况

（1）著作权权利证据

原告作为美国企业法人，开发完成了 Microsoft Office 系列计算机软件，并在美国首次发表。并且原告在美国版权局办理了著作权登记注册证书，其权利合法有效。原告提交了 Microsoft Office 软件各个版本的版权注册证书，该证据足以证明原告是 Microsoft Office 软件作品的著作权人。被告对此也没有异议。

（2）侵权著作权证据

原告提交了一系列证据用于证明被告的侵权行为，这些证据组成了完整的证据链。首先是多份公证书，用于证明 Microsoft Office 软件的不同版本的市场销售价格；其次是通过申请证据保全，由法院封存了被告的台式电脑 2 台，迫使被告承认该 2 台台式电脑中的 Microsoft Office 软件非正版，即未经合法授权；再次通过被告的招聘信息及公司人数、商业模式及服务内容，可知被告工作中需要大量使用原告的 Microsoft Office 软件，但被告仅购买了 20 套 Office 2010 简体中文标准版软件。由上述证据组成的证据链，证明被告存在侵权行为。

被告对于原告提供的第一组公证书证据认可真实性，但不认可关联性；对于封存的台式电脑，被告承认其使用的软件未经合法授权；对于第三组证据，被告认为与本案无关联性。同时被告提交了证据证明其通过正规合法途径购买了 20 套 Office 2010 软件，而所购买的电脑大部分是笔记本电脑，笔记本中预装了 Windows 的相关正版软件，并且被告单独购买过原告的特许、开放式许可协议。

对于原告和被告所提交的多组证据，经质证后，法院认为，被告的企业规模和上市公司性质，以及其工作内容，决定了其必须要运用计算机设备，必须使用相关的计算机软件，而基于软件的兼容性要求，企业一般只会选择一种办公软件应用，而被告确实购买过 20 套 Office 2010 简体中文标准版的软件，而被告自认其被封存的电脑中存在使用未经授权的涉案软件的情况，通过上述证据组成的证据链，使法院确信被告存在未经许可或者超过许可范围使用原告享有著作权的软件的行为，即被告侵犯了原告的著作权，应该承担民事责任。

但是由于软件产品的利润不好确定，并且本案中原告也没有提交确实的证据证明被告使用未经许可的软件的数量，在侵权数量和产品单价都无法确定的情况下，法院采用法定赔偿。在综合考虑了被告的经营规模、经营时间、侵权软件数量、被告的侵权主观恶意、软件参考价格以及原告的合理支出的情况下，判令被告赔偿数额为 15 万元人民币，赔偿率为 30%。

（三）评析

微软公司是全球最著名的软件提供商之一，本案实际上是其在中国大陆地区维权的一个典型案例。在证据提交方面，本案主要涉及两方面的内容。

（1）充分利用申请法院进行证据保全的权利

根据《最高人民法院关于民事证据若干问题的规定》第17条的规定，在当事人及其诉讼代理人确因客观原因不能自行收集证据的情况下，当事人及其诉讼代理人可以申请人民法院调查收集证据。本案中，原告在取得证据线索的基础上，通过申请法院证据保全，查封了被告的2台计算机，迫使被告对其侵权行为进行了一定程度的自认。在法院确定赔偿数额时，实际上被告的自认也对法官的内心确认起到了一定的影响。

（2）在没有直接证据的前提下，提交证明被告获利的间接证据

证据是案件事实查明的载体。根据《最高人民法院关于民事证据若干问题的规定》第2条的规定，当事人对自己提出的诉讼请求所依据的事实或者反驳对方诉讼请求所依据的事实有责任提供证据加以证明。没有证据或者证据不足以证明当事人的事实主张的，由负有举证责任的当事人承担不利后果。根据上述规定，当事人对自己提出的主张有提供证据进行证明的责任。计算机软件著作权侵权案件中确定赔偿数额最为直接的证据是盗版软件的数量。然而，由于取证方式的局限性，不可能将被告所有计算机都进行保全，并进行逐个检查。在难以提交直接证据的情况下，提交间接证据是非常必要的。本案中，原告提交了被告公司的招聘信息证据，以及对被告企业的规模、人数、商业模式以及工作内容的证明，确定了被告的工作需要大量使用办公软件，还提交了多份公证书，用于证明 Microsoft Office 软件的不同版本的市场销售价格，由上述证据组成证据链，证明被告存在侵权行为。同时，通过被告自行提交的购买20套软件的证据，证明了被告可能存在其他的涉嫌侵犯著作权的行为。

但是，由于软件产品的特殊性，其单件产品的利润率无法确定，而本案中原告也没有提供确实的证据证明被告的侵权数量，原告申请证据保全，法院也仅封存了被告的2台电脑，尽管被告承认该2台电脑中的软件未经授权，但是不能当然地推及被告的所有工作人员的全部工作电脑均使用未经授权的软件，

因此对于原告主张的被告涉嫌侵权的数量为 300 台电脑，法院没有接受。

四、有关建议

对于著作权人来说，如何调查取证成为打击侵权的重点工作。本案中原告所做的取证工作已相当完善，但对于侵权数量的调查，应当考虑是否还能有更多的证据形式或取证方式：第一，是否可以通过提供担保的形式，扩大证据保全的范围和数量；第二，是否可以通过在公开环节调取涉嫌侵权方的业绩报告、工作报告等方式取得涉嫌侵权的数量信息，通过上述信息的调查取证，可以更精确地确定侵权数量；第三，是否可以由行业协会或中介机构出具行业通常的利润率等相关报告，为法官确定赔偿提供依据。这对于著作权利人获得更高的获赔率是有益处的，从而避免由于我国的法定赔偿额较低导致的著作权利人虽然赢了官司，但是输了利益的情况发生。

五、小贴士

原告通过市场销售价格、申请法院封存被告电脑、公证被告招聘信息及公司人数、商业模式及服务内容等证据材料，证明被告使用盗版 Microsoft Office 软件，其取证措施值得借鉴。

被告的企业规模和上市公司性质，被告存在未经许可或者超过许可范围使用原告享有著作权的行为，应承担民事责任。

被告搭车用名牌，格力二审胜诉裁

——珠海格力集团公司、珠海格力电器股份有限公司、珠海格力小家电有限公司与中山市尊威电器有限公司不正当竞争纠纷案❶

被告搭名牌便车，格力去法院诉讼。

小天禧标非名称，格力卫厨明显重。

实施侵权三年久，生产产品有多种。

一审判赔二十万，二审驳回维持终。

一、基本情况

原告珠海格力集团公司、原告珠海格力电器股份有限公司、原告珠海格力小家电有限公司诉被告中山市尊威电器有限公司不正当竞争纠纷案，由广东省中山市中级人民法院一审，原告索赔 50 万元，法院判赔 20 万元。

一审被告中山市尊威电器有限公司不服一审判决，向广东省高级人民法院提起上诉。广东省高级人民法院二审后驳回上诉，维持原判。

二、案例要点

作为普通许可使用合同的许可人和被许可人，在涉案注册商标专用权被侵害时，若经商标注册人明确授权，均有权提起诉讼。

被告生产的燃气灶及抽油烟机上，标注了"格力卫厨（香港）有限公司"，被告辩称其使用的包装上的"格力"二字，是企业名称的使用，是经过

---

❶ 一审：中山市中级人民法院（2008）中中法民三初字第 25 号民事判决书；二审：广东省高级人民法院（2008）粤高法民三终字第 351 号民事判决书。

了格力卫厨（香港）有限公司的许可使用。事实上，格力卫厨（香港）有限公司授权被告使用的是其注册的"小天禧"商标而非企业名称，且企业名称也不能许可使用。另外，被告生产的燃气灶以及包装盒上使用的"格力卫厨（香港）有限公司"字体明显比"小天禧"商标的字体大，也比其他文字内容的字体大。可见，作为同样生产家电的同业者，被告明知"格力"品牌的知名度，为规避法律，在自己生产的产品上突出标注"格力卫厨（香港）有限公司"，客观上会造成消费者对其中"格力"两个字的关注，易使相关消费者误以为格力卫厨（香港）有限公司为原告的关联企业，该产品系原告制造或授权制造。被告搭名牌便车、"傍名牌"的故意明显。被告的行为显然违背了《民法通则》以及《反不正当竞争法》第2条规定的"经营者在市场交易中，应当遵循自愿、平等、公平、诚实信用的原则"，违反了市场交易中公认的商业道德，构成了不正当竞争。

三、案例评析

（一）双方举证情况

珠海格力集团公司、珠海格力电器股份有限公司、珠海格力小家电有限公司提交的证据有：

（1）权利证据，用以明确权利

• 注册证号为第800542的"格力"商标，有效期限自1995年12月21日起至2005年12月20日止，经续展至2015年12月20日。

• 注册证号为第1215686号的"图形＋GREE＋格力"商标，有效期限自1998年10月14日起至2008年10月13日止，1999年1月5日被国家工商行政管理局商标局认定为驰名商标。

• 注册证号为第994210号的"格力"商标，有效期限自1997年4月28日起至2007年4月27日止，经续展至2017年4月27日。

• 上述注册商标的注册人均为珠海格力集团公司，核定使用商品类别均为第11类，有煤气灶、吸排油烟机等；2008年3月28日均转让给珠海格力电器股份有限公司。

● 2002 年 10 月 25 日，珠海格力集团公司与珠海格力小家电有限公司签订的《商标使用许可合同》，约定：珠海格力集团公司将注册证号分别为800542、800547、808503 的注册商标许可珠海格力小家电有限公司在电风扇、电暖器商品上使用，被许可使用商标的具体时限从 2002 年 10 月 28 日至 2005 年 10 月 28 日止。如需继续使用该商标，需在合同期限届满之 3 个月前提出续订合同的申请，续签合同后方可继续使用，原告格力小家电有限公司对侵犯该商标专有权的行为有调查、制止、举报和控诉的义务。2003 年 9 月 22 日，珠海格力集团公司签署《格力商标授权使用书》，授权珠海格力小家电有限公司使用"格力"商标，有效期从即日起至 2008 年 12 月 31 日。

（2）有关中山市尊威电器有限公司不正当竞争的行为的证据

● 载明"格力卫厨（香港）有限公司"的燃气灶实物及图片、包装盒实物及图片以及使用说明书，产品及包装盒上印制的"格力卫厨（香港）有限公司"字体比"小天禧"商标的字体大。

● 送货单：2007 年 12 月，案外人刘浩购买了燃气灶产品 50 件，印章是"中山市金羚燃具电器制造有限公司行政专用章"。

● 证据保全：中山市尊威电器有限公司的抽油烟机 1 台、纸箱 1 个及2005/2006 新产品推广目录一本。上面均载明："格力卫厨（香港）有限公司"。

● 证据保全：在被告处查点载明"格力卫厨（香港）有限公司"字样的产品数量为抽油烟机 47 台、玻璃面板 10 张。上述产品上载明的"格力卫厨（香港）有限公司"字体、包装盒上显示的有关信息与原告购买的燃气灶的相关内容是一致的。

（二）法院对证据的认定情况

法院查明，格力卫厨（香港）有限公司于 2001 年 11 月 7 日在香港注册成立。格力卫厨（香港）有限公司经国家工商行政管理总局商标局核准注册"小天禧"商标，注册有效期限自 2004 年 1 月 21 日至 2014 年 1 月 20 日止，核定使用商品为第 11 类的燃气灶、厨房用抽油烟机等。2004 年 12 月 24 日，格力卫厨（香港）有限公司将该注册商标许可给被告的前身中山市金羚燃具电器制造有限公司（2007 年 12 月 30 日变更）使用，许可使用期限为 2004 年 12 月 24 日至 2014 年 1 月 19 日。国家工商行政管理总局商标局于 2005 年 5 月 27 日发出《商标使用许可合同备案通知书》。庭审中，被告认可法院扣押的产品是由其生产而非格力卫厨（香港）有限公司生产。

法院认定，本案三原告或是"格力"商标的注册人，或是被许可使用人，或是受让人，其作为原告的主体资格符合法律规定。

"格力"是原告企业名称中的字号及注册商标，注册号为第 1215686 号的格力文字、图形与字母的组合的注册商标于 1999 年被国家工商行政管理总局商标局评为驰名商标。"格力"品牌在相关公众中获得了较高的知名度，"格力"产品具有较高市场声誉和较大的市场潜力，能够为生产商带来较大的利润。原告的权利受我国《民法通则》及《反不正当竞争法》的保护。被告生产的燃气灶及抽油烟机上，标注了"格力卫厨（香港）有限公司"，被告辩称其使用的包装上的"格力"二字，是企业名称的使用，是经过了格力卫厨（香港）有限公司的许可使用。事实上，格力卫厨（香港）有限公司授权被告使用的是其注册的"小天禧"商标而非企业名称，且企业名称也不能许可使用。另外，被告生产的燃气灶以及包装盒上使用的"格力卫厨（香港）有限公司"字体明显比"小天禧"商标的字体大，也比其他文字内容的字体大。可见，作为同样生产家电的同业者，被告明知"格力"品牌的知名度，为规避法律，采取在自己生产的产品上突出标注"格力卫厨（香港）有限公司"方式，客观上会造成消费者对其中"格力"两个字的关注，易使相关消费者误以为格力卫厨（香港）有限公司为原告的关联企业，该产品系原告制造或授权制造。被告搭名牌便车、"傍名牌"的故意明显。被告的行为显然违背了《民法通则》以及《反不正当竞争法》第 2 条规定的"经营者在市场交易中，应当遵循自愿、平等、公平、诚实信用的原则"，违反了市场交易中公认的商业道德，构成了不正当竞争。

现有证据显示，被告从 2005 年起就以"格力卫厨（香港）有限公司"之名对其产品进行推广宣传，即被告实施侵权行为时间有 3 年之久，生产的产品类别中至少有 2 种产品涉嫌实施不正当竞争行为；另考虑到"格力"品牌在市场上的影响，其 1999 年就获得了驰名商标称号，具备较高的知名度。综上，法院酌情判决被告赔偿原告经济损失 20 万元。

（三）评析

知识产权纠纷中裁判者通常面临两个问题：一个是侵权事实的认定，另一个是侵权损害赔偿数额的确定。知识产权内容的复杂性与无形性决定了侵权损害结果的多样性，其损害后果往往难以查证和计算，实践中，法定赔偿在知识产权侵权案件中被普遍采用。然而，适用法定赔偿并不意味着法官可以凭空推定赔偿的数额，法官必须依据案件的实际情况，综合考虑多种因素。司法判决中与侵权行为有关因素是侵权持续的时间、侵权行为的性质和情节、过错程度、侵权的范围、侵权的方式和规模等，与侵权后果有关的因素有被侵害权利的类型、被侵犯客体的商誉和知名度、侵权产品售价、产品销量、侵权产品的一般利润等。上述因素既是对法官酌定裁量权的限制，也是指引。本案中，原告在起诉时提交了证明被诉侵权行为的初步证据，如标有"格力卫厨（香港）有限公司"的燃气灶实物及图片、包装盒实物及图片以及使用说明书、燃气灶产品。一审法院依照原告提出证据保全的申请，依法扣押的产品包装盒上显示的有关信息与原告购买的燃气灶的相关内容一致。一审法院还当场清点了具体的数量。根据上述事实，结合被告以"格力卫厨（香港）有限公司"对其产品进行推广宣传的时间，以及"格力"品牌具备较高的知名度，法院酌情判决赔偿原告经济损失 20 万元。

本案被告抗辩其使用的包装上的"格力"是企业名称的使用，经过了格力卫厨（香港）有限公司的许可使用的理由不能成立。企业名称在企业申请登记时，由企业名称的登记主管机关核定。企业名称经核准登记注册后方可使用，在规定的范围内享有专用权。企业只准使用一个名称，在登记主管机关辖区内不得与已登记注册的同行业企业名称相同或者近似。确有特殊需要的，经省级以上登记主管机关核准，企业可以在规定的范围内使用一个从属名称。尽管《民法通则》规定了企业名称权可以依法转让，但企业名称权具有专属性，只能依法由核准登记的企业专用，其保护范围受行业和行政区划限制。因此，企业名称权转让受到严格限制，其不同于许可使用。国家工商行政管理总局

《关于对企业名称许可使用有关问题的答复》中规定，企业不得许可他人使用自己的企业名称，更不得许可他人使用第三方的企业名称或未经核准登记的企业名称。企业许可他人使用自己的企业名称从事经营活动的行为属于"出租自己的企业名称"。登记机关应依照《企业名称登记管理规定》第 26 条第（3）项规定对许可人予以处罚。企业许可他人使用未经核准登记的企业名称从事经营活动的行为属于《企业名称登记管理规定》第 26 条第（1）项规定禁止的行为，登记机关应依照上述规定对许可人和被许可人一并予以处罚。

四、有关建议

在发生注册商标专用权和专利权被侵害时，独占使用许可合同的被许可人可以向人民法院提起诉讼；排他使用许可合同的被许可人可以和权利人共同起诉，也可以在权利人不起诉的情况下，自行提起诉讼；普通使用许可合同的被许可人经权利人明确授权，可以提起诉讼。

不管是商标侵权还是不正当竞争案件，原告都应当提供足够的证据证明被告"搭便车""傍名牌"的故意。

五、小贴士

本案原告申请法院证据保全，依法扣押一批被告生产的侵权产品是法院酌定赔偿的关键证据。

二〇一四十大案，商标域名去哪儿

——北京趣拿信息技术有限公司与广州市去哪信息技术有限公司不正当竞
争纠纷案❶

> 二〇一四十大案，商标侵权去哪儿。
>
> 北京趣拿有商标，就是知名"去哪儿"。
>
> 广州去哪先申请，域名权利起纷争。
>
> 域名商标判不同，法院建议双方衡。

一、基本情况

2005 年 5 月 9 日，庄辰超注册了"qunar.com"域名并创建了"去哪儿"
网。北京趣拿信息技术有限公司（以下简称"北京趣拿公司"）于 2006 年 3
月 17 日成立后，"qunar.com"域名由庄辰超转让给该公司。经过多年使用，
"去哪儿""去哪儿网""qunar.com"等服务标识成为知名服务的特有名称。

广州市去哪信息技术有限公司（以下简称"广州去哪公司"）的前身成立
于 2003 年 12 月 10 日，后于 2009 年 5 月 26 日变更为现名，经营范围与北京趣
拿公司相近。2003 年 6 月 6 日，"quna.com"域名登记注册，后于 2009 年 5
月被转让给广州去哪公司。广州去哪公司随后注册了"123quna.com"
"mquna.com"域名，并使用"去哪""去哪儿""去哪网""quna.com"名义
对外宣传和经营。

---

❶ 一审：广州市中级人民法院（2011）穗中法民三初字第 217 号民事判决书；二审：广东省高
级人民法院（2013）粤高法民三终字第 565 号民事判决书；再审：最高人民法院（2014）民申字第
1414 号民事判决书。

北京趣拿公司以广州去哪公司上述行为构成不正当竞争为由，请求法院判令广州去哪公司停止不正当竞争行为并赔偿损失300万元等。本案历经一审、二审、再审，入选2014中国法院10大知识产权案件。

二、案例要点

本案的特殊之处在于，"qunar. com"作为取得在后的知名服务特有名称权要争夺在先的"quna. com"域名权。对于这种"反向域名争夺"，如果在市场竞争中处于强势地位的商标权等权利人可以依据其权利任意对抗注册在先的域名，则域名权将失去存在的基础，互联网的秩序也会紊乱。

域名"quna. com"注册在先，故广州去哪公司对此享有合法权益，使用该域名有正当理由，不构成不正当竞争行为。双方当事人均享有来源合法的域名权益，双方需要彼此容忍，互相尊重，长期共存。一方不能因为在经营过程中知名度提升，就剥夺另一方的生存空间；另一方也不能恶意攀附知名度较高一方的商誉，以谋取不正当的商业利益。

三、案例评析

（一）双方举证情况

1. 北京趣拿公司提供的证据

● 证据1：（2009）京长安内经证字第22248号公证书及翻译件，用以证明中国万网域名查询结果显示原告早在2005年5月9日就已经注册"qunar. com"域名。

● 证据2：原告营业执照复印件，用以证明原告于2006年3月17日工商登记成立，经营范围包括互联网信息服务业务等。

● 证据3：原告电信与信息服务业务经营许可证，用以证明原告网站www. qunar. com自2006年起就已获得电信与信息服务业务经营许可证。

● 证据4：（2011）粤穗广证内经字第115801号公证书附页第1~23页，用以证明原告已于2006年10月17日就"去哪儿""qunar. com"等标识申请商标注册。

● 证据 5：（2009）京长安内经证字第 22249 号公证书，用以证明自 2005 年以来，新浪、网易、腾讯等众多知名媒体对原告所经营的去哪儿网（qunar. com）进行了大量的报道，用以证明原告网站已成为一家处于国内领先地位的旅游搜索引擎，被公众广泛知晓并认可。

● 证据 6：（2009）京长安内经证字第 22250 号公证书，用以证明运用 iResearch 艾瑞咨询推出的网民连续用户行为研究系统 iUserTracker，以"家庭及办公"为分析数据库，"网站分析"（旅行网站排名）结果显示：原告网站 Qunar. com 广泛地被中国网民使用，多项指标在旅行网站中排名位于前列。

● 证据 7：iUserTracker 产品介绍，用以证明使用 iUserTracker 产品分析所得的结果具有有效性及权威性。

● 证据 8：2008 中国互联网网站媒介监测数据 IMI 指数报告（上半年），用以证明原告网站近年来一直处于在线旅游行业的领导者地位。

● 证据 9：中国网上旅行预订行业研究报告精华版（2008 ~ 2009），用以证明原告网站近年来一直处于在线旅游行业的领导者地位。

● 证据 10：2009 ~ 2010 网站媒介监测数据与发展趋向研究报告简版，用以证明原告网站近年来一直处于在线旅游行业的领导者地位。

● 证据 11：iResearch 2010 ~ 2011 年中国在线旅游行业发展报告，用以证明原告网站近年来一直处于在线旅游行业的领导者地位。

● 证据 12：（2011）粤穗广证内经字第 115801 号公证书附页第 24 ~ 39 页，用以证明原告网站在旅游预订网站类排名第一。

● 证据 13：（2011）粤穗广证内经字第 115801 号公证书附页第 40 ~ 60 页中央电视台报道，用以证明原告网站具有极高知名度。

● 证据 14：（2011）粤穗广证内经字第 29399 号公证书以及附页 1 ~ 186 页，艾凯数据研究中心在线旅行市场的分析报告中大量涉及"去哪儿网"，各种知名网站对"去哪儿网"进行大量报道，用以证明原告网站的知名度、原告网站获得众多奖项、内业排名位于前列。

● 证据 15：（2011）粤穗广证内经字第 50418 号公证书附页第 80 ~ 93 页，用以证明原告的去哪儿网的知名度。

（上述证据 1～15 均用以证明原告对于"qunar.com"和"去哪儿"享有知名服务特有的名称的在先权利。）

● 证据 16：（2009）京长安内经证字第 16112 号公证书及相关部分的翻译件，用以证明 Archive.org（互联网档案馆）查询结果显示，自 2004 年至 2008 年 2 月 12 日，被告网站域名 quna.com 的注册人为 eWorldWideWeb，Inc（出售域名是该机构提供的服务之一），且域名处于可购买状态。

● 证据 17：archive.org（互联网档案馆）介绍，用以证明 archive.org（互联网档案馆）能够完善地收录网页和历史资料，其收录、抓取并保存的全球网站的信息具可信性和权威性。

● 证据 18：eWorldWideWeb，Inc. 介绍，用以证明出售域名是 eWorldWideWeb，Inc. 提供的服务之一。

● 证据 19：（2009）京长安内经证字第 16014 号公证书及相关部分翻译件，用以证明 Domaintools.com（域名信息查询工具）查询域名 quna.com 结果显示，2009 年 8 月 20 日被告才获得 quna.com 域名，此前该域名曾多次易主。

● 证据 20：Domaintools.com（域名信息查询工具）介绍，用以证明使用 Domaintools.com（域名信息查询工具）查询域名所得的结果具有可信性和权威性。

（上述证据 16～20 用以证明被告对于 quna.com 域名不享有在先权利。）

● 证据 21：（2009）京长安内经证字第 11420 号公证书，用以证明包含 2009 年 quna.com 在工业和信息化部 ICP/IP 地址/域名信息备案管理系统公共查询结果及 www.quna.com 网站内容。

● 证据 22：（2011）粤穗广证内经字第 20294 号公证书，其中 qunar.com 在工业和信息化部 ICP/IP 地址/域名信息备案管理系统公共查询结果及 www.qunar.com 网站内容。

（上述证据 21～22 用以证明被告经营的"去哪网"（quna.com）是对原告经营的"去哪儿网"（qunar.com）的高度模仿。）

● 证据 23：（2011）京长安内经字第 4994 号公证书，被告的前身（龙游仙踪旅行社）于 2008 年与原告曾有有业务往来，"龙游仙踪网"在原告的

"去哪儿网"上展示其所销售的机票信息。

● 证据24：被告工商登记资料，证明被告于2009年6月12日更名为"广州市去哪信息技术有限公司"，并增加"网络信息技术开发、计算机软硬件的研究开发"的经营范围，用以证明被告恶意模仿原告网站，进行不正当竞争。

● 证据25：（2009）京长安内经证字第11421号公证书，用以证明原告网站qunar. com早已在公众中具有很高的认知度，被告网站quna. com是对原告网站qunar. com的恶意高度模仿。

（上述证据23~25用以证明被告恶意模仿原告网站，进行不正当竞争。）

● 证据26：（2011）粤穗广证内经字第29399号公证书附页第187~267页，用以证明互联网上有许多模仿原告网站的山寨网站，其中以被告的"去哪网"最为突出；被告在模仿原告网站之前已经存在欺骗消费者的情况，其所主办的龙游仙踪旅行网因欺骗消费者被投诉。

● 证据27：（2011）粤穗广证内经字第115801号公证书附页第61~91页，用以证明被告去哪网山寨模仿原告"去哪儿网"的情况，与其他知名网站遭遇山寨模仿的情况类似。

● 证据28：（2011）粤穗广证内经字第115801号公证书公证词及附页第92~112页，用以证明被告"去哪网"的网页源文件中包含"去哪儿"一词，意图使网络用户在搜索"去哪儿"时找到"去哪网"，吸引本属于原告网站的流量。

● 证据29：（2011）粤穗广证内经字第50418号公证书公证词及附页第1~79页，用以证明除了模仿原告网站qunar. com之外，被告还模仿了很多其他知名网站；被告网站不仅与原告网站高度近似，被告还在网上发布软文，增加了消费者混淆的机率。

（上述证据26~29用以证明被告恶意模仿原告网站，恶意竞争。）

● 证据30：（2009）京长安内经证字第22293号公证书，用以证明运用百度指数数量分析服务及运用Google搜索趋势服务，将qunar与quna作为关键词进行比较的结果显示：原告网站的用户关注度、搜索量指数、媒体关注度、媒体引用量等指标从 2005 年开始就已经很高，而被告网站从 2009 年开始才被略微关注。

- 证据 31：（2011）粤穗广证内经字第 50418 号公证书附页第 94 ～ 115 页，用以证明利用百度指数查询，原告"去哪儿网"上线时间远早于被告"去哪网"，但因被告网站的恶意模仿，使原告丧失大量市场份额。

- 证据 32：公证费、律师费发票，用以证明原告因制止被告不正当竞争行为所支出的合理费用。

（上述证据 30 ～ 32，用以证明原告因被告的不正当竞争行为所遭受的经济损失。）

- 证据 33：原告 2007 年度会计报表的审计报告。

- 证据 34：原告 2008 年度会计报表的审计报告。

- 证据 35：原告 2009 年度会计报表的审计报告。

- 证据 36：原告 2010 年度会计报表的审计报告。

（上述证据 33 ～ 36 用以证明原告的经营收入及其因被告的不正当竞争行为所遭受的经济损失。）

- 证据 37：原告与北京加加在线信息技术有限公司（JJOL. CN）的网络信息服务合同。

- 证据 38：原告与 Hao123 网址大全链接的合作协议。

- 证据 39：原告与北京世纪华美广告有限公司的合作协议。

- 证据 40：原告与北京世纪华美广告有限公司上海分公司的合作协议。

- 证据 41：原告与和美酒店管理（上海）有限公司关于"去哪儿"旅游搜索网络推广服务的协议。

- 证据 42：原告与淘宝（中国）软件有限公司关于"QUNAR. COM"搜索引擎技术服务的协议。

- 证据 43：原告与皇家加勒比游轮有限公司关于"QUNAR. COM"网络广告发布的协议。

（上述证据 37 ～ 43 用以证明原告在对外经济合作中广泛使用"QUNAR. COM"作为其代称或简称。）

- 证据 44：商标注册证 4 张，证号分别为 8694468、8694469、8694472、8694473 号，用以证明其对"去哪儿"及"qunar. com"标识享有商标权。

- 证据 45：国家工商行政管理总局商标局（2011）商标异字第 36859 号、第 36180 裁定书，驳回广州去哪公司对北京趣拿公司的商标异议，用以证明北京趣拿公司对第 5664706 号、第 5664707 号商标"去哪儿？+ QUNAR. COM + 骆驼图形"享有商标权，广州去哪公司具有不正当竞争的恶意。

- 证据 46：出租车发票、住宿发票、飞机票发票、法律服务费发票、律师费发票等，用以证明原告因制止被告不正当竞争行为所支出的合理费用。

2. 广州去哪公司提供的证据

- 证据 1：被告工商登记资料，用以证明被告企业名称"广州市去哪信息技术有限公司"经合法注册登记。

- 证据 2：被告域名注册登记信息，ICANN（互联网名称与数字地址分配公司）出具的顶级国际域名证书和中国万网域名查询结果证明"www. quna. com"域名的持有人为被告，被告享有该域名的合法权益。

- 证据 3：被告对原告申请注册商标提出异议的资料、6 份国家工商行政管理总局商标局商标异议申请受理通知书，用以证明原告就涉案名称申请 6 项注册商标（申请号为 200929830 ~ 200929835），但因被告域名的在先权利提出异议而不予核准的事实。

- 证据 4：亚洲域名争议解决中心北京秘书处行政专家组裁决（案件编号：CN100371），用以证明原告曾向亚洲域名争议解决中心要求转移涉案域名的投诉被驳回的事实。

- 证据 5：北京市第一中级人民法院（2010）一中民初字第 16657 号民事裁定书，用以证明生效判决认定被告对涉案域名享有在先的合法权益。

- 证据 6：两则网站新闻，用以证明被告在起诉前为了避嫌、防止客户混淆而提前更换了公司 LOGO，以达到与原告区分的事实。

- 证据 7：被告申请注册商标已经初审公告资料，被告提供的国家工商行政管理总局商标局商标异议答辩通知书，用以证明被告以"去哪？+ QUNA. COM"申请注册商标已经初审稿公告的事实，初步审定号为 7668884。

- 证据8：原告前后两任CEO就原告与携程网经营模式不同发言的网络新闻，原告认为其并不提供代理服务，不会与携程网产生竞争，但原告被工商部门裁定为对竞争对手对携程网构成不正当竞争，用以证明本案原告涉嫌对与携程网类似经营模式的被告构成不正当竞争。

- 证据9：原告CEO对公司业务服务的网络新闻，用以证明原告认为其不从事介入服务，只做好平台媒体的事实。

- 证据10：去哪网到底是不是山寨，有无资质的网络文章，用以证明被告拥有合法机票销售资质，其经营模式及盈利方式与原告不同且具有一定市场，并非山寨原告的事实。

- 证据11：关于原、被告不同经营模式的网络新闻，用以证明原告仅为信息中介，被告具备民航及机票销售资质的事实。

- 证据12：关于被告机票销售的网络新闻，用以证明被告进行机票销售直销的经营模式。

- 证据13：关于去哪域名的网络新闻，用以证明被告合法拥有涉案域名及经营模式不同的事实。

- 证据14：关于被告销售机票提供商的资料，用以证明被告的经营模式是通过其分公司、子公司直接销售机票，赚取机票代理费，类似携程网的经营模式。

- 证据15：关于原告CEO就原告网页来历接受采访的网络新闻，用以证明原告网页是模仿美国两个旅游网站，其网页并非原创的事实。

- 证据16：Kayak.com网页，用以证明原、被告均模仿该网站网页的事实。

- 证据17：北京市高级人民法院（2011）高民终字第1712号民事裁定书，用以证明被告拥有涉案域名的合法权益且不存在侵犯原告权益的情形。

- 证据18：ITAT认可证书，用以证明被告具备机票销售的合法资质。

- 证据19：（2011）粤穗广证内经字第122483号公证书，是对之前提交的部分证据（证据4、证据6、证据8~16）、携程网网页、艾瑞咨询公司网页、关于原告网页的新闻的公证。用以证明原告的服务遭到诸多消费者的严重质疑的事实。

● 证据 20：关于被告销售机票、旅行社提供商的资料，用以证明被告的经营模式与原告的经营模式有根本不同。

（二）法院对证据的认定情况

2005 年 5 月 9 日，庄辰超注册了"qunar. com"域名并创建了"去哪儿"网。北京趣拿公司于 2006 年 3 月 17 日成立后，"qunar. com"域名由庄辰超转让给该公司。经过多年使用，"去哪儿""去哪儿网""qunar. com"等服务标识成为知名服务的特有名称。

广州去哪公司的前身成立于 2003 年 12 月 10 日，后于 2009 年 5 月 26 日变更为现名，经营范围与北京趣拿公司相近。2003 年 6 月 6 日，"quna. com"域名登记注册，后于 2009 年 5 月被转让给广州去哪公司。广州去哪公司随后注册了"123quna. com""mquna. com"域名，并使用"去哪""去哪儿""去哪网""quna. com"名义对外宣传和经营。

广州市中级人民法院一审认为，北京趣拿公司、广州去哪公司均提供旅游网络服务，构成竞争关系。北京趣拿公司使用的商业标记"去哪儿""去哪儿网""qunar. com"属于知名服务特有的名称。广州去哪公司的行为构成对北京趣拿公司知名服务特有的名称的侵害，广州去哪公司在其企业字号中使用"去哪"字样的行为构成不正当竞争。广州去哪公司使用"quna. com"等域名的行为构成对北京趣拿公司域名权益的侵害。据此判决：广州去哪公司停止使用"去哪"作为其企业字号；广州去哪公司停止使用"去哪""去哪儿""去哪网""quna. com"作为其服务标记；广州去哪公司停止使用"quna. com""123quna. com""mquna. com"域名，并限期将上述域名移转给北京趣拿公司；广州去哪公司赔偿北京趣拿公司经济损失人民币 35 万元。

广州去哪公司不服一审判决提出上诉。广东省高级人民法院二审认为，广州去哪公司使用"去哪"企业字号和"去哪"标识等构成不正当竞争行为。广州去哪公司对域名"quna. com"享有合法权益，使用该域名有正当理由，根据《最高人民法院关于审理涉及计算机网络域名民事纠纷案件适用法律若干问题的解释》第 4 条规定，不构成不正当竞争，广州去哪公司随后注册

"123quna. com""mquna. com"域名也应当允许注册和使用。双方均享有来源合法的域名权益，需要彼此容忍、互相尊重、长期共存，一方不能因为在经营过程中知名度提升，就剥夺另一方的生存空间；另一方也不能恶意攀附知名度较高一方的商誉，以谋取不正当的商业利益。据此，广州去哪公司虽然有权继续使用"quna. com"等域名，但是也有义务在与域名相关的搜索链接及网站上加注区别性标识，以使消费者将上述域名与北京趣拿公司"去哪儿""去哪儿网""qunar. com"等知名服务特有名称相区分。二审法院维持了一审判决关于广州去哪公司停止使用"去哪"企业字号及"去哪"等标识的判项；撤销了广州去哪公司停止使用"quna. com"等域名并限期将上述域名移转给北京趣拿公司的判项，并把赔偿数额相应调整为25万元。

北京趣拿公司不服二审判决，向最高人民法院申请再审。最高人民法院认为，《最高人民法院关于审理涉及计算机网络域名民事纠纷案件适用法律若干问题的解释》第4条规定之目的在于保护在先权利，被告注册域名的行为被认定为侵权或者不正当竞争的前提是被告的域名晚于原告的域名注册。本案中，"qunar. com"域名的注册时间较"quna. com"域名的注册时间晚了近2年，广州去哪公司受让并使用域名"quna. com"的行为不符合上述司法解释规定中应当被认定为侵权或不正当竞争的条件。"quna. com"域名的在先注册具有正当性，广州去哪公司合法受让该在先注册的域名本身并无过错，有权继续使用该域名。"123quna. com""mquna. com"为广州去哪公司登记注册并使用的域名，相较北京趣拿公司"qunar. com"域名而言，"123quna. com""mquna. com"域名与广州去哪公司使用的"quna. com"域名更为近似，而广州去哪公司对"quna. com"享有来源合法的域名权益，其随后注册和使用"123quna. com""mquna. com"域名的行为具有正当理由，有权继续使用上述域名。由于广州去哪公司域名"quna. com"与北京趣拿公司域名"qunar. com"仅相差一个字母"r"，二者构成近似，在实际使用中可能会产生混淆，而北京趣拿公司使用的"去哪儿""去哪儿网""qunar. com"已构成知名服务的特有名称，因此，广州去哪公司在使用"quna. com""123quna. com""mquna. com"域名时，不得恶意攀附北京趣拿公司的商誉以谋取不正当的商业利益，其有义务在与域名相关的搜索链接及网站上加注区别性标识，以使消费者将上述域名与北京趣拿公司"去哪儿""去哪儿网""qunar.com"等知名服务特有名称相区分。与此同时，北京趣拿公司对广州去哪公司使用"quna.com""123quna.com""mquna.com"域名的行为也应给予合理容忍和尊重。

本案中，由于广州去哪公司在 2009 年 7 月 3 日受让域名"quna.com"的，在 2009 年 5 月开始使用"去哪"商号。因此本案需要考察在此之前，北京趣拿公司的"去哪儿""去哪儿网""qunar"是否形成知名服务的特有名称，故北京趣拿公司提供的 2009 年及 2010 年的宣传报道、获奖情况与本案无关，法院并未采信。根据北京趣拿公司提供 2005 年至 2009 年的宣传报道、合作协议、获奖情况，可以证明其提供的旅游搜索引擎服务从 2005 年开始，通过大范围网络宣传、传播以及一定时间的使用，"去哪儿""去哪儿网""qunar"在该行业内为相关公众知悉，与北京趣拿公司形成对应关系，成为知名服务的特有名称。在此情况下，广州去哪公司使用"去哪儿""去哪儿网""去哪""去哪网""quna.com"等字样，以及使用"去哪"商号，具有攀附北京趣拿公司知名服务特有名称的意图，客观上导致消费者混淆，因此，构成不正当竞争。

虽然在北京趣拿公司的相关名称成为知名服务的特有名称的情况下，广州去哪公司受让"quna.com"域名，并经营与北京趣拿公司构成竞争关系的旅游网络搜索服务，但域名转让并不违反法律规定，而且"quna.com"域名较北京趣拿公司的相关域名早注册，因此，难以推定广州去哪公司受让该域名侵害北京趣拿公司对"qunar.com"域名享有的权益。

广州去哪公司是在 2009 年 7 月 3 日就开始经营其网站 www.quna.com，而北京趣拿提供的证据为 2011 年 3 月 1 日其网站页面，故其提供的现有证据不能证明在广州去哪公司开始经营网站前，北京趣拿公司就已经开始使用上述版式设计。北京趣拿公司主张广州去哪公司侵犯其知名服务的特有装潢的主张不能成立。

（三）评析

本案区分了域名近似与商标近似判断标准的不同，以及权利冲突处理原则。广州去哪公司使用了在先注册的域名"quna. com"，北京趣拿公司经营的"去哪网"属于知名服务的特有名称，并注册了域名"qunar. com"。两个域名仅相差一个字母"r"，构成相近似的域名，但法院认为二者可以长期共存，依据在于：一是域名具有全球唯一性，由于域名有长度限制，全球域名注册的最大容量不超过43亿个，如果规定近似域名不得注册，从经济学角度是没有效益的。二是域名由计算机系统识别，计算机对非常相似的域名也可以精确地区分开来，绝不会出现混淆情况。电子技术手段和感觉感官在精确性上的巨大差异是造成域名近似与商标近似判断标准不同的主要原因。

不正当竞争行为的构成要件有三：一是不正当竞争行为是具有竞争关系的经营主体的竞争行为；二是不正当竞争行为违反诚实信用原则；三是不正当竞争行为侵犯经营者、消费者的合法权益并损害社会公共利益。本案中，北京趣拿公司主张广州去哪公司仿冒其知名服务的特有名称。因此，北京趣拿公司应当首先证明广州去哪公司是与其具有竞争关系的经营者，为此，北京趣拿公司提供的营业执照、电信与信息服务经营许可证可以证明该企业的经营范围与服务类型。由此，可以认定广州去哪公司与北京趣拿公司均为从事旅游搜索业务的经营主体。其次，北京趣拿公司还应当证明其主张的广州去哪公司的仿冒行为，为此，北京趣拿公司提供的两份公证书记载了广州去哪公司在"quna. com"网站上对相关名称的使用情况。此外，广州去哪公司的相关行为是否违反诚实信用原则，取决于北京趣拿公司的相关服务是否属于知名服务的特有名称，对此北京趣拿公司也负有举证责任。北京趣拿公司在此方面提交了大量证据，不仅能够证明其相关名称构成知名服务的特有名称，而且也能够证明广州去哪公司的使用行为在后，从而具有"搭便车"的意图。

关于赔偿数额，北京趣拿公司虽然提供了其近4年的主营收入，以及百度指数用来证明其实际损失以及广州去哪公司的盈利。但北京趣拿公司的主营收入持续上涨，而百度指数的变化只能反映出 qunar 和 quna 的关注度都呈现上升趋势，因此，现有证据不能形成完整证据链证明由于广州去哪公司的不正当竞争行为给北京趣拿公司带来的损失，也不足以证明广州去哪公司因此获得的收益。所以法院最终采用法定赔偿的方法确定赔偿数额。关于合理支出，北京趣拿公司提供了公证费、律师费以及出租车发票、酒店发票、飞机票等证据为证实其为本案诉讼支出的费用。其中出租车发票等相关票据不能体现与本案的关联性，因此，该部分费用是否为案件支出或者支出是否合理受到质疑，法院根据案件情况酌情确定广州去哪公司赔偿北京趣拿公司的合理支出费用。

四、有关建议

基于互联网经济的特有规则，互联网企业证明由于其他企业的不正当竞争行为带来的经济损失较之传统企业更具难度。因此，互联网企业在提起不正当竞争纠纷诉讼的过程中，应当更加重视搜集赔偿数额的相关证据。可以尝试建立互联网用户量与其经济收入之间的关系以及用户访问量与不正当竞争行为之间的因果关系。如果确实不能提供因侵权带来的损失以及被告因侵权的获利的，也不能丝毫不提供任何帮助法院作出赔偿数额认定的辅助性证据。法官在缺乏证据的情况下，即便想加大知识产权保护力度，也无从衡量。相反，原告方应当尽可能地提供相关证据，帮助法院了解原告的生产规模、经济效益的变化趋势，被告的侵权持续时间、影响范围以及被告侵权的恶意程度，例如，被告是否多次侵权，被告有无其他"搭便车"的行为等。这些证据虽然不能证明实际损失，但可以帮助法官在采取法定赔偿的过程中，确定更为合理赔偿数额。

五、小贴士

本案虽然法院以法定赔偿方式酌定赔偿，但原被告提交的相关证据亦可圈可点，充分维护了各自的权益，如委托专业咨询机构开展网民用户使用情况分析，提交相关行业资料论证网站知名度，委托专业网页保存机构、域名管理及服务机构掌握域名来源情况，运用百度指数等大数据分析侵权损失，利用域名争议解决中心的权威裁决证明域名合法性等，值得借鉴学习。

互联网界第一案，3Q大战刀枪见

——北京奇虎科技有限公司、奇智软件（北京）有限公司与腾讯科技（深圳）有限公司、深圳市腾讯计算机系统有限公司不正当竞争纠纷案❶

> 互联网界第一案，涉及不当竞争权。
> 腾讯推出产品来，奇虎出牌来挡箭。
> 史称为三Q大战，原告索赔超一亿。
> 高院判决奇虎败，道歉赔付五百万。

一、基本情况

"3Q大战"始于2010年2月，腾讯推出"QQ医生"安全产品，此后奇虎360推出"扣扣保镖"对QQ软件进行去广告拦截等修改。2010年11月3日晚，腾讯提出在装有360安全软件的电脑上停止运行QQ，要求用户"二选一"，停止兼容360安全软件。后经工业和信息化部介入协调，两家企业的软件恢复兼容。

腾讯科技（深圳）有限公司（以下简称"腾讯公司"）、深圳市腾讯计算机系统有限公司（以下简称"腾讯计算机公司"）认为北京奇虎科技有限公司（以下简称"奇虎公司"）、奇智软件（北京）有限公司（以下简称"奇智公司"）前述行为不仅破坏了其合法的经营模式，导致其产品和服务的完整性和安全性遭到严重破坏，其公司商业信誉和商品声誉亦遭到严重损害，以奇虎公司和奇智公司的行为违反了公认的商业道德，构成不正当竞争等为由，诉至广

---

❶ 一审：广东省高级人民法院（2011）粤高法民三初字第1号民事判决书；二审：最高人民法院（2013）民三终字第5号民事判决书。

东省高级人民法院，索赔 1.25 亿元。

广东省高级人民法院审理后认为奇虎公司和奇智公司的行为构成不正当竞争，判决：奇虎公司、奇智公司连带赔偿腾讯公司、腾讯计算机公司经济损失及合理维权费用共计 500 万元；奇虎公司、奇智公司连续 15 日在其网站（www.360.cn、www.360.com）首页显著位置，在新浪网（www.sina.com）、搜狐网（www.sohu.com）和网易网（www.163.com）网站首页显著位置，连续 7 日在《法制日报》和《中国知识产权报》第一版显著位置就其不正当竞争行为向腾讯公司、腾讯计算机公司赔礼道歉，消除影响。

奇虎公司和奇智公司不服一审判决，上诉至最高人民法院，最高人民法院驳回上诉，维持原判。

二、案例要点

本案被业界称为中国"互联网反不正当竞争第一案"，原告和被告均为著名的大公司，索赔金额很高。最高人民法院在二审判决书中指出：

经营者在市场交易中，应当遵循自愿、平等、公平、诚实信用的原则，遵守公认的商业道德。上述规定同样适用于互联网市场领域。认定行为是否构成不正当竞争，关键在于该行为是否违反了诚实信用原则和互联网行业公认的商业道德，并损害了他人的合法权益。

判定某一行为是否构成商业诋毁，其判定标准是该行为是否属于捏造、散布虚伪事实，对竞争对手的商业信誉或者商品声誉造成了损害。正当的市场竞争是竞争者通过必要的付出而进行的诚实竞争。竞争自由和创新自由必须以不侵犯他人合法权益为边界，互联网的健康发展需要有序的市场环境和明确的市场竞争规则作为保障。

竞争自由和创新自由必须以不侵犯他人合法权益为边界，互联网的健康发展需要有序的市场环境和明确的市场竞争规则作为保障。

三、案例评析

（一）双方举证情况

在一审期间，原告和被告提供了如下证据。

1. 关于是否存在不正当竞争行为的证据

（1）原告提供的证据

• 北京市方圆公证处出具的（2012）京方圆内经证字第 07640 号公证书，证明原告在 QQ 软件平台上设置相应的广告、新闻资讯和业务产品的进入渠道，其他网络服务提供商如 MSN、阿里旺旺、百度 Hi 等均采用相同的产品模式和盈利模式。

• 广东省深圳市深圳公证处（2012）深证字第 96021 号公证书，证明被告产品 360 安全浏览器在提供免费服务的平台上设置了相应的广告、新闻资讯、业务产品的进入渠道，实现商业获利。

• 北京市方圆公证处（2010）京方圆内经证字第 32021 号公证书，证明被告具有不正当竞争行为。

• 北京市方圆公证处（2010）京方圆内经证字第 32036 号公证书，证明被告具有不正当竞争行为。

• 北京市方圆公证处（2010）京方圆内经证字第 25697 号公证书，证明被告具有不正当竞争行为。

• 北京市方圆公证处（2010）京方圆内经证字第 26820 号公证书，证明被告具有不正当竞争行为。

• 北京市方圆公证处（2010）京方圆内经证字第 26705 号公证书，载明：360 安全中心发布消息称，刚刚推出 72 小时的"扣扣保镖"软件下载量突破千万，平均每秒钟就有 40 个独立下载安装量，创下了互联网新软件发布的下载记录。

• 北京市方圆公证处（2010）京方圆内经证字第 32064 号公证书，证明"360 公布权威机构对扣扣保镖的测试报告"中的相关报道。附件为中国信息安全测评中心对被告奇虎公司委托对"扣扣保镖 1.0beta（1005）"进行测评而出具的测试报告。

- 北京市方圆公证处（2010）京方圆内经证字第 32035 号公证书，载明"瑞星发布研究报告：扣扣保镖为何激怒腾讯"一文的相关内容。

- 北京市方圆公证处（2010）京方圆内经证字第 27640 号公证书，载明 QQ 软件《许可协议》的相关规定。

- 广东省深圳市盐田公证处（2012）深盐证字第 1431 号公证书，载明中国社会科学院法学研究所的"360 隐私保护器、扣扣保镖法律问题研究课题组"的相关内容。

- 广东省深圳市盐田公证处（2012）深盐证字第 1926 号公证书，记载：网络用户目前仍可以在其他网站（下载吧）下载使用"扣扣保镖"。

- 北京市方圆公证处（2012）京方圆内经证字第 25082 号公证书记载：网络用户目前仍可以在其他网站（1001 下载乐园）下载使用"扣扣保镖"。

（2）被告提供的证据

被告认为其行为正当，提供了如下证据：

- 上海艾瑞市场咨询有限公司出具的《中国即时通讯研究报告 2003 年简版》，其中记载：53% 的用户不接受即时通信软件中的广告，40% 的用户则接受。

- 北京市方正公证处（2012）京方正内经证字第 09908 号公证书，记载：同时运行"扣扣保镖"和"QQ2010"软件的情况下查看"QQ2010"软件的内存使用情况。

- 北京市方正公证处（2012）京方正内经证字第 09872 号公证书，记载 MSNlite 的相关内容。

- 北京市方正公证处（2012）京方正内经证字第 09874 号公证书，记载 MSNshell 的相关内容。

- 北京市方正公证处（2012）京方正内经证字第 09871 号公证书，记载 ADBlock 的相关内容。

- 北京市方正公证处（2012）京方正内经证字第 09870 号公证书，记载：sougou 浏览器的功能具有"页面广告过滤"。

• 北京市方正公证处（2012）京方正内经证字第 09868 号公证书，记载："Windows 优化大师是一款功能强大的系统工具，它提供了全面有效且简便安全的系统检测、系统优化、系统清理、系统维护四大功能模块及数个附加的工具软件"。

2. 关于不正当竞争行为造成的损害的证据

（1）原告提供的证据

• 北京市方圆公证处（2011）京方圆内经证字第 12301 号公证书，记载网易科技关于 360 与腾讯 "3Q 大战" 的专题分析报告。报告评估腾讯公司因用户卸载导致的损失为 59.6 亿港元。腾讯公司 11 月 4 日的股价逆势下跌已经损失港股市值 106.3 亿港元；另该报告在 "相关说明" 中还特别强调了 "目前，暂无法估算此事件对于腾讯品牌价值的减损"。

• 北京名牌资产评估有限公司京名评报（2011）第 056 号《腾讯科技（深圳）有限公司和深圳市腾讯计算机系统有限公司共有的 "QQ" 品牌受损害价值评估报告书》。该报告书称，"QQ" 品牌受损害价值 = 受损害前品牌价值 − 受损害后品牌价值 = 147.56 亿元 − 138.39 亿元 = 9.17 亿元。

• 深圳市银通联资产评估有限公司深银专咨报字［2012］第 0114 号《资产损失咨询报告书》：本次资产评估结论为 "'扣扣保镖' 在 2010 年 10 月 29 日至 2011 年 8 月 4 日期间对腾讯公司造成的损失在评估基准日的评估值为 14 272 515 500 元"。

• 2011 年 11 月 16 日，广东省深圳市深圳公证处出具发票 1 张，注明收到原告腾讯计算机公司交纳的公证费用，金额 4000 元；北京市方圆公证处就原告腾讯计算机公司委托公证事项出具的 11 项《公证费结算单》，共计 22 195 元。

• 2009 年 4 月 24 日，国家工商行政管理总局商标局出具商标驰字［2009］第 14 号《关于认定 "QQ" 商标为驰名商标的批复》，认定原告腾讯公司使用在商标注册用商品和服务国际分类第 38 类信息传送、计算机终端通信、提供与全球计算机网络的电讯联接服务上的 "QQ" 注册商标为驰名商标。原告腾讯公司于 2011 年 9 月 6 日获得由世界知识产权组织和国家工商行政管理总局联合颁发的第四届 "商标创新奖"。

（2）被告提供的证据

被告认为原告的利益没有受到损害，提供的证据为：

- 原告腾讯网登载的 2010 年腾讯控股有限公司年报，其中，截至 2009 年 12 月 31 日，无形资产账面净值为 26 871.3 万元，其中商誉账面净值为 6223.4 万元。在 2010 年年度《综合财务报表附注》的"无形资产"中称："就附注 43 业务合并所产生的商誉而言，于 2010 年使用价值计算法采用的主要假设如下：毛利率 60%，增长率 3%，贴现率 17%。基于管理层所作的评估，于 2010 年 12 月 31 日毋须作任何商誉减损值。"截至 2011 年 9 月 30 日止 3 个月及 9 个月腾讯控股有限公司业绩公布，显示 2011 年 9 月 29 日收入总额为 749 615.7 万元。

（二）法院对证据的认定情况

1. 一审法院的认定情况

（1）被告"扣扣保镖"破坏原告 QQ 软件及其服务的安全性、完整性，使原告丧失增值业务的交易机会及广告收入，从而构成不正当竞争

本案中，被告针对原告的 QQ 软件专门开发了"扣扣保镖"。在安装了 QQ 软件的电脑上安装运行"扣扣保镖"后，该软件就会自动对 QQ 进行体检，进而宣布 QQ 存在严重的健康问题。同时，"扣扣保镖"使用 Hook 技术挂钩 LoadlibraryW 函数、Coloadlibrary 函数或 SetWindowsPos 等函数，阻止 QQ. exe 进程加载特定插件、扫描模块以及弹出窗口，从而屏蔽 QQ 软件使用的插件，清理 QQ 软件产生的临时、缓存文件及其他相关文件，过滤 QQ 软件的信息窗口，等等。另外，被告还向网络用户宣称，QQ 软件存在扫描用户隐私的行为，如果网络用户点击"查看 QQ 扫描了哪些文件"的链接后即可调用"360 隐私保护器"。"扣扣保镖"针对 QQ 软件进行所谓"体检"后给出的结论，配合奇虎公司在互联网上发布的关于 QQ 软件正在扫描用户隐私等不实宣称，必然会使不具备网络专业知识的网络用户陷入惶惑和恐慌，产生对 QQ 软件的不信任感；再加上用户希望既要免费使用 QQ 软件提供的即时通信服务，又无需受广告和推销产品插件打扰的心态，必然会使用"扣扣保镖"提供的上述功能，删除 QQ 的功能插件，屏蔽 QQ 发布的广告、游戏，停止使用 QQ 提供的各种

功能和服务，修改 QQ 提供给用户的安全中心功能和安全扫描功能。上述行为的后果将使原告损失广告收入、游戏收入和增值服务交易机会，给原告造成严重的经济损失；同时还将使原告的软件运行产生障碍，用户体验产生改变，给原告的企业和品牌声誉造成损害。被告针对原告 QQ 软件专门开发的"扣扣保镖"破坏了原告合法运行的 QQ 软件及其服务的安全性、完整性，使原告丧失合法增值业务的交易机会及广告、游戏等收入，偏离了安全软件的技术目的和经营目的，主观上具有恶意，构成不正当竞争。

（2）被告在经营"扣扣保镖"软件及其服务时，存在捏造、散布虚伪事实，从而构成商业诋毁

本案中，在安装了 QQ 软件的电脑上运行"扣扣保镖"后，该软件自动对 QQ 进行"体检"，然后显示"体检得分 4 分，QQ 存在严重的健康问题""共检查了 40 项，其中 31 项有问题，建议立即修复！重新体检""在 QQ 的运行过程中，会扫描您电脑里的文件（腾讯称之为安全扫描），为避免您的隐私泄露，您可禁止 QQ 扫描您的文件"等用语，另外还有"阻止 QQ 扫描我的文件""一键修复"等按键设置。原告据此主张被告的行为构成商业诋毁。

被告抗辩主张该等行为不构成商业诋毁，主要理由是：给 QQ 打分不是对 QQ 的整体评价，只是对 QQ 软件运行状态的反映与评价；"扣扣保镖"对 QQ 也曾经给予了 100 分的满分评价；原告对自己的产品的安全状况也有评分，也显示用户得分低，由此不能得出打低分就是贬损他人产品的行为。

一审法院认为，首先，无论是整体评价还是就特定问题作评价（如被告所说只是对软件运行状态作评价），只要在对产品进行评价时陈述虚假或者引人误解的事实的，就有可能构成商业诋毁。在"给 QQ 体检"中，被告结合给 QQ 打低分的行为，还宣称 QQ 会扫描用户电脑里的文件，为避免隐私泄露，用户可禁止 QQ 扫描自己的文件；将"QQ 扫描我的文件"列为危险项目，提示用户"阻止"。被告称自己的真实意思仅仅是"不排除腾讯扫描用户隐私"的可能性。被告将 QQ 扫描和用户隐私泄露联系在一起，足以使 QQ 用户产生联想，误解 QQ 在利用安全扫描功能窥看并收集、泄露用户隐私。另外，扣扣保镖还以特别醒目的方式提示用户 QQ 存在严重的健康问题；将"QQ 安全中

心"列为危险项目，提示用户"升级"，这些宣称及警示语会给 QQ 用户造成一种强烈的直观感受，如"我的 QQ 很不健康"、QQ 提供的安全中心功能"危险"等。被告上述暗示和明示的说法缺乏事实依据，属于捏造和虚构。其后果会直接导致用户对 QQ 产品信任度下降，对 QQ 安全性产生担忧和恐慌，对 QQ 产品和服务产生怀疑和负面评价。其次，本案证据显示，只有在用户使用了被告给用户设置的"一键修复"功能后，用户的 QQ 软件才能取得 100 分。如一旦用户成功使用"一键修复"功能，原告借助 QQ 平台搭建的增值服务和广告业务功能就将被禁用、阻止或者清除。也就是说，只有当 QQ 特定的功能插件、自带的安全防护功能、广告、资讯弹窗被一律禁用、阻止和清除后，QQ 才能得满分。QQ 所得 100 分是用户使用了"扣扣保镖"进行"一键修复"的结果。给 QQ 打 100 分，其实质不是为了肯定 QQ 的产品和服务，而是为了鼓励和诱导用户使用"扣扣保镖"的"一键修复"功能去破坏 QQ 的产品和服务。被告针对原告的经营，故意捏造、散布虚伪事实，损害原告的商业信誉和商品声誉，构成商业诋毁。

（3）被告的"扣扣保镖"通过篡改 QQ 的功能界面从而取代原告 QQ 软件的部分功能以推销自己的产品，构成不正当竞争

本案证据证明，在"扣扣保镖"对 QQ 进行体检后，用户只要点击"保QQ 安全"功能键，"升级 QQ 安全中心"功能显示"已开启"，并显示"点击QQ 主面板中的安全中心时打开扣扣保镖"；用户点击"杀 QQ 木马"功能键后，页面显示"点击安装 360 安全卫士"以及"如果您不安装 360 安全卫士，将无法使用木马查杀功能"。可见，被告以"升级 QQ 安全中心"为名，通过"一键修复"和"保 QQ 安全"功能限制 QQ 安全中心功能，篡改 QQ 功能界面，用被告自己的"扣扣保镖"运行界面取而代之。同时，被告一方面通过安全恐吓和"一键修复""隐私保护"功能阻止 QQ 用于查杀木马的安全扫描功能，另一方面又在"给 QQ 体检""隐私保护"中强烈推荐用户安装使用360 安全卫士的木马查杀功能。由此可见，被告以保护用户利益为名，推出"扣扣保镖"软件，诋毁原告 QQ 软件的性能，鼓励和诱导用户删除 QQ 软件中的增值业务插件、屏蔽原告的客户广告，其主要目的是将自己的产品和服务

嵌入原告的 QQ 软件界面，依附 QQ 庞大的用户资源推销自己的产品，拓展 360 软件及服务的用户。被告在给原告造成了严重经济损失的同时推销自己的产品，增加自己的交易机会，违反了诚实信用和公平竞争原则，构成不正当竞争。

（4）赔偿经济损失的具体数额

一审法院认为，虽然原告为了证明被告的侵权行为对其造成巨大的经济损失，向法院提供了相关证据来支持其主张。但从原告提供的证据来看：①网易科技关于 360 与腾讯"3Q 大战"的专题分析报告，所提供的信息和数据对认定原告损失仅仅具有参考功能，而无法据此作出具体数额的认定。②关于《腾讯科技（深圳）有限公司和深圳市腾讯计算机系统有限公司共有的"QQ"品牌受损害价值评估报告书》，该报告所提供的信息和数据对认定原告损失亦仅仅具有参考功能，而无法据此作出具体数额的认定。③关于深银专咨报字〔2012〕第 0114 号《资产损失咨询报告书》，该评估咨询报告的截止评估基准日为 2011 年 8 月 4 日，根据本案已经查明的事实，该基准日缺乏充分的事实依据。此外，该评估咨询报告所引用的 2010 年 11 月 10 日还有 500 万用户无法兼容的数据来源于原告自己的报道，缺乏其他证据予以佐证。因此，一审法院认为原告计算损失所依据的原始数据、计算方法和计算逻辑均缺乏足够的依据，难以据此直接认定原告经济损失的具体数额。

一审法院认为，现有证据均难以直接作为认定原告经济损失的具体数额的依据，故综合考虑以下因素确定被告应当赔偿原告经济损失的数额：①本案中，被告实施的侵权行为给原告造成的损失包括以下项目：腾讯业务收入，包括广告收入、社区增值业务收入和游戏业务收入；QQ.com 网站的流量减少；QQ 新产品推广渠道受阻；原告的品牌和企业声誉因商业诋毁而受损。②互联网环境下侵权行为的迅速扩大及蔓延。③原告商标和公司声誉的市场价值。④被告具有明显的侵权主观恶意。⑤原告为维权所支付的合理费用。综上，仅从"扣扣保镖"推出市场后 72 小时内即有 1000 万以上用户下载这一事实来看，一审法院确信该 1000 万用户运行"扣扣保镖"屏蔽原告的广告、游戏以及插件给原告造成的损失已经超出 50 万元。一审法院从优势证据的规则出发，虽然无法确定原告所遭遇的经济损失的具体数额，但可以确定该数额已经远远超过 50 万元法定赔偿限额的情形下，酌情确定两被告应连带赔偿两原告经济损失及合理维权费用共计 500 万元。

2. 二审法院的认定情况

在二审期间，上诉人（原审被告）提交了 2 组共 6 份证据。

第一组证据为证据 1 ~ 3，以证明腾讯 QQ 在即时通信市场的市场份额和垄断地位；由于腾讯 QQ 的市场垄断地位，奇虎公司基于市场的主流产品腾讯 QQ 平台独立开发"扣扣保镖"软件，是互联网行业的惯常做法。无论从用户、市场还是从盈利状况看，腾讯公司没有因"扣扣保镖"遭受经济损失。其中：

证据 1 为 David Stallibrass（Charles River Associates 特别顾问）撰写的《关于 360 和腾讯反垄断诉讼案件的经济分析报告》。在该报告第 5.4 段论述了腾讯公司在相关市场的市场份额非常高。

证据 2 为艾瑞咨询公司出具的《中国即时通讯年度检测报告简版 2010 ~ 2011 年》。该报告第 29 页论述了即时通信用户规模增长，QQ 同时在线用户过亿；第 36 页论述了即时通信市场的市场份额：从总有效运行时间看，QQ 占 87.6% 的份额；第 39 页 3.1.2 论述了 QQ 用户使用情况，即 QQ 并未受到"3Q 大战"的影响，每个季度用户数均有稳定增长的表现，年末已有 6.5 亿用户。

证据 3 为艾瑞咨询公司出具的《中国即时通讯行业发展报告简版 2009 ~ 2010 年》。该报告第 54 页的报告摘要论述了腾讯公司在市场上处于绝对领先位置，占市场份额 76.2%；第 58 页 3.1 论述了中国即时通讯市场份额现状：图表显示腾讯公司占市场份额 76.2%。

关于第一组证据（证据 1 ~ 3），二审法院认为，上诉人提交此组证据的目的是证明 QQ 软件在即时通信市场具有垄断地位，认为由于 QQ 软件的市场垄断地位，奇智公司基于市场的主流产品 QQ 软件开发"扣扣保镖"软件，是互联网行业的惯常做法。无论从用户、市场还是从盈利状况看，被上诉人没有因"扣扣保镖"遭受经济损失。二审法院认为，由于本案系不正当竞争纠纷，QQ

软件是否具有市场支配地位与上诉人之行为是否符合互联网商业惯例并无直接联系，且上诉人相关证据中统计的 QQ 用户数量的多少与被上诉人是否因"扣扣保镖"对 QQ 软件的相关干预受到损失之间并无直接联系，因此不认可该组证据与本案的关联性。

第二组证据为证据 4～6，以证明国内外主流的浏览器均免费提供拦截和屏蔽各种广告的第三方软件，包括腾讯参股的金山软件和搜狗浏览器；屏蔽广告和插件的相关软件的广泛使用是互联网自由、分享精神的体现，不违反互联网行业的商业道德；用户对是否浏览广告、接受增值服务等享有选择权。其中：

证据 4 为（2013）京方圆内经证字第 18572 号公证书，以证明除 IE 浏览器外，几家主流的浏览器（chrome、猎豹、搜狗和 360）均有删除拦截广告的扩展程序，其不仅有专门针对某个具体网站的删除工具（如百度），还有针对所有互联网广告的删除工具；实际操作 chrome 浏览器并下载安装"屏蔽百度搜索广告"扩展前后对比，删除广告效果非常明显；猎豹浏览器系金山公司所开发，腾讯公司为金山公司主要股东之一。

证据 5 为（2012）京方正内经证字第 11705 号公证书，以证明金山公司开发的手机毒霸可以删除拦截所有安卓系统手机中的广告，删除开关在用户手中；有关用户和金山网络 CEO 傅盛的对话，可以证明无论网络用户还是手机用户，均认为目前广告植入已经影响用户使用，均非常厌恶反复弹出和无法消除的恶意广告。

证据 6 为（2013）京方圆内经证字第 23119 号公证书，以证明搜狗浏览器应用中心首页有删除拦截广告的扩展程序，且下载排名第一；删除拦截广告的扩展程序容易下载使用，且广告拦截效果明显；2013 年 9 月中旬，腾讯公司参股搜狗。

关于第二组证据（证据 4～6），二审法院认为，该组证据仅能证明互联网行业存在屏蔽广告的相关软件，并不能证明屏蔽他人广告、对他人互联网产品进行干预符合商业惯例，因此不认可该组证据与本案的关联性。

在二审期间，被上诉人（原审原告）提交了 9 份新证据：

证据 1 为（2010）京方圆内经证字第 32061 号公证书，以证明上诉人借助 360 安全卫士捆绑推广"扣扣保镖"软件，其从事涉案不正当竞争行为的主观恶意非常明显。

证据 2 为（2010）京方圆内经证字第 32022 号公证书，以证明上诉人借助 360 安全卫士捆绑推广"扣扣保镖"软件，其从事涉案不正当竞争行为的主观恶意非常明显。

关于证据 1、证据 2，二审法院认为，在没有相关证据支持的情况下，前述证据仅能证明相关网友曾有此陈述，但并不能证明该陈述内容的真实性，因此不认可该证据内容的真实性及与本案的关联性。

证据 3 为（2013）京方正内经证字第 13811 号公证书，以证明被上诉人 QQ 品牌价值在国内民营品牌中首屈一指，因上诉人商业诋毁行为给被上诉人造成的品牌商誉损失很大。

二审法院认为，该证据难以直接证明被上诉人品牌的价值，但不可否认，该证据在一定程度上证明了 QQ 品牌具有较高的市场价值，将其作为认定被上诉人品牌价值的参考因素之一。

证据 4 为（2013）京方正内经证字第 13812 号公证书，以证明上诉人"扣扣保镖"的侵权影响，并不会因上诉人召回该软件而立即停止，其他网站仍提供"扣扣保镖"的网络下载的现实情况证明，用户依然可以通过网络下载获取"扣扣保镖"软件。涉案侵权损害赔偿额的认定必须充分考虑"扣扣保镖"侵权的持续时间及侵权影响的不易消除等因素。

二审法院认为，由于上诉人认可该证据的合法性、关联性和真实性，因此对该证据予以认定。至于其证明目的，将结合案件事实及上诉人行为性质之认定综合予以认定。

证据 5 为（2013）京方正内经证字第 13813 号公证书，以证明在已有生效判决判令上诉人停止发行，使用"360 隐私保护器"的情况下，仍有大量网站提供"360 隐私保护器"的下载。由此可见，网络环境下，软件的侵权影响一旦发生，就很难消除，损害结果也将长时间持续。涉案侵权损害赔偿额的认定必须充分考虑"扣扣保镖"侵权的持续时间及侵权影响的不易消除等因素。

二审法院认为，由于该证据涉及 360 隐私保护器，与本案不具有关联性。

证据 6 为（2013）京方正内经证字第 13814 号公证书。证据内容为：2012年 9 月 6 日，艾瑞网发布名为《360 出杀手锏：百度搜狗如何应对》的文章。以证明上诉人经常利用其国内安全软件最大厂商的身份，以保护用户安全为名，通过 360 安全卫士对用户进行恐吓、诱导，打压竞争对手产品。

证据 7 为（2013）京方正内经证字第 13815 号公证书。证据内容为：2011年 3 月 16 日，和讯科技发布名为《奇虎 360 申请在美上市将与腾讯百度激烈竞争》的文章，以证明上诉人一方面自己采用"免费服务 + 广告及增值服务"的商业模式，另一方面又提供"扣扣保镖"诱导用户屏蔽 QQ 软件的广告及增值服务，其行为严重违反公平竞争原则，具有明显的不正当竞争主观恶意。另外，此份证据也充分说明，上诉人通过"3Q 大战"为企业上市造势，故意以不正当手段提高知名度。

证据 8 为（2013）京方正内经证字第 13840 号公证书，以证明上诉人经常利用其国内安全软件最大厂商的身份，以保护用户安全为名，通过 360 安全卫士对用户进行恐吓、诱导，打压竞争对手产品。

二审法院认为，由于前述证据仅为相关网络评述，并无其他证据支持其相关评论内容的真实性，因此对该 3 份证据与本案的关联性、内容真实性均不予认可。

证据 9 为（2013）深证字第 158347 号公证书，证据内容为：2012 年 9 月18 日，《21 世纪经济报道》刊登《手机毒霸拦截展示广告遭非议》一文，以证明对非恶意广告的拦截是违反互联网行业公约和惯例的不正当竞争行为。

二审法院认为，因该证据仅能证明存在手机毒霸软件，但仅凭该证据并不能证明恶意广告的标准，故对该证据与本案的关联性不予认可。

基于以上证据，二审法院判决认定如下：

（1）关于上诉人专门针对 QQ 软件开发、经营的"扣扣保镖"是否破坏了 QQ 软件及其服务的安全性、完整性，该行为是否符合互联网行业商业惯例，是否违背了诚实信用原则和公认的商业道德而构成不正当竞争的问题

① 关于上诉人专门针对 QQ 软件开发、经营的"扣扣保镖"是否破坏了

QQ 软件及其服务的安全性、完整性的问题

二审法院认为，上诉人为达到其商业目的，诱导并提供工具积极帮助用户改变被上诉人 QQ 软件的运行方式，并同时引导用户安装其 360 安全卫士，替换 QQ 软件安全中心，破坏了 QQ 软件相关服务的安全性并对 QQ 软件整体具有很强的威胁性。一审法院关于上诉人并非给 QQ 用户提供技术中立的修改工具的认定，并无不当。

② 关于上诉人前述行为是否符合互联网行业商业惯例、是否违背诚实信用原则和公认的商业道德、是否使被上诉人丧失增值业务的交易机会和广告收入并构成不正当竞争的问题

上诉人专门针对 QQ 软件开发、经营"扣扣保镖"，以帮助、诱导等方式破坏 QQ 软件及其服务的安全性、完整性，减少了被上诉人的经济收益和增值服务交易机会，干扰了被上诉人的正当经营活动，损害了被上诉人的合法权益，违反了诚实信用原则和公认的商业道德，一审判决认定其构成不正当竞争行为并无不当。一审法院关于"通过使用破坏网络服务提供者合法商业模式、损害网络服务提供者合法权益的软件来达到既不浏览广告和相关插件，又可以免费享受即时通讯服务的行为，已超出了合法用户利益的范畴"的认定并无不当。上诉人以 QQ 软件具有侵害性为由主张其行为正当的上诉主张不能成立，不予支持。

③ 关于一审法院援用工业和信息化部《规范互联网信息服务市场秩序若干规定》（以下简称《若干规定》）和互联网协会《互联网终端软件服务行业自律公约》（以下简称《自律公约》）是否适当的问题

人民法院在判断其相关内容合法、公正和客观的基础上，将其作为认定互联网行业惯常行为标准和公认商业道德的参考依据，并无不当。上诉人以市场竞争为目的，未经被上诉人许可，针对被上诉人 QQ 软件，专门开发"扣扣保镖"，对 QQ 软件进行深度干预，干扰 QQ 软件的正常使用并引导用户安装其自己的相关产品，一审法院认定该行为违反了互联网相关行业的行业惯例和公认的商业道德并无不当。需要特别指出的是，一审法院在裁判本案时援引的是《民法通则》《反不正当竞争法》及最高人民法院相关司法解释，对于《自律

公约》的援用并不是将其作为法律规范性文件意义上的依据，实质上只是作为认定行业惯常行为标准和公认商业道德的事实依据。对于《若干规定》的援用，也仅是用于证明互联网经营行为标准和公认的商业道德。因此，一审法院对于《若干规定》及《自律公约》的援用并无不当，上诉人此上诉理由不能成立。

（2）关于上诉人在经营"扣扣保镖"软件及其服务时，是否存在贬损 QQ 软件及其服务的行为，从而构成商业诋毁的问题

① 关于《反不正当竞争法》第 14 条规定的"虚伪事实"是否包括片面陈述真实的事实而容易引人误解的情形

认定是否构成商业诋毁，其根本要件是相关经营者之行为是否以误导方式对竞争对手的商业信誉或者商品声誉造成了损害。就片面陈述真实的事实而贬损他人商誉的情形而言，如本案中上诉人宣称"在 QQ 的运行过程中，会扫描您电脑里的文件（腾讯称之为安全扫描），为避免您的隐私泄露，您可以禁止 QQ 扫描您的文件"，该宣称由于其片面性和不准确性，同虚假宣传一样容易引人误解，足以导致相关消费者对相关商品产生错误认识，进而影响消费者的决定，并对竞争对手的商品声誉或者商业信誉产生负面影响，损害竞争者的利益。换言之，即使某一事实是真实的，但由于对其进行了片面的引人误解的宣传，仍会对竞争者的商业信誉或者商品声誉造成损害，因此亦属于《反不正当竞争法》第 14 条予以规范的应有之义，一审法院对此进行认定并无不当。

② 关于上诉人是否存在捏造、散布虚伪事实之行为的问题

本案中，根据一审法院及二审法院查明的事实，上诉人在其"扣扣保镖"简介中称该工具"能自动阻止 QQ 聊天程序对电脑硬盘隐私文件的强制性查看"。安装运行"扣扣保镖"后，显示"体检得分 4 分，QQ 存在严重的健康问题"。上诉人认为"扣扣保镖"宣称的"QQ 扫描我的文件""QQ 存在健康问题""QQ 可能泄露用户隐私"等陈述内容是基本事实，其并没有片面陈述真实事实和捏造虚伪事实，其是依据业内通用的评价规则和标准对 QQ 软件的运行状况进行的整体和综合评价，因此其行为不构成商业诋毁。二审法院认为，判断上诉人是否存在捏造、散布虚伪事实之行为，其基本前提是看上诉人

宣传的内容是否符合客观实际，是否属于片面陈述真实的事实而容易引人误解的情况。

首先，关于"扣扣保镖"宣称其具有"自动阻止 QQ 聊天程序对电脑硬盘隐私文件的强制性查看功能"是否符合客观实际的问题。由于上诉人宣称"扣扣保镖"具有自动阻止 QQ 软件对电脑硬盘隐私文件的强制性查看功能，该表述实质上已经隐含了 QQ 软件会对用户硬盘隐私文件进行强制性查看的内容。但根据一审法院及二审法院查明的事实，上诉人并无证据证明 QQ 软件对用户硬盘隐私文件进行强制性查看。在没有相关证据支持的情况下，断言 QQ 软件对用户硬盘隐私文件进行强制性查看不符合客观实际，属于捏造、散布虚伪事实。

其次，关于 QQ 软件存在严重的健康问题是否属于客观评价的问题。上诉人称其对 QQ 软件的评价结果是客观的。二审法院认为，根据本案查明的事实，上诉人并未举证证明其对 QQ 软件进行评价时所采用的评价规则，亦未证明其系采用业内通用的评价规则和标准；此外，根据"扣扣保镖"的运行情况，其将"没有安装 360 安全卫士，电脑处于危险之中""升级 QQ 安全中心""阻止 QQ 扫描我的文件"列为危险项目，并提示"这些项目可能被病毒木马利用，请尽快修复"。虽然，上诉人在一审诉讼中称其真实意思是"不排除腾讯扫描用户隐私的可能性"，并在提示中亦使用了"这些项目可能被病毒木马利用，请尽快修复"等不确定性语言，但该提示和用语对于普通的 QQ 软件用户而言，具有较强的误导性，容易造成用户恐慌，担心 QQ 软件不安全，并有可能导致隐私泄露或者病毒木马入侵，从而对 QQ 软件及其服务产生负面影响和评价。

再次，本案事实亦显示，当用户安装"扣扣保镖"后，"扣扣保镖"即对 QQ 软件进行自动体检并显示"体检得分 4 分，QQ 存在严重的健康问题！"；但当用户按照"扣扣保镖"的提示进行相应操作后，则显示"上次体检得分为 100 分，QQ 很健康！"。二审法院认为，在上诉人不能证明其评价标准和规则的情况下，这种体检前后的评分变化，是因为上诉人以自己的标准对 QQ 软件进行评价而产生，难以认定其评价结果具有客观性。

综上，经营者对于他人的产品、服务或者其他经营活动并非不能评论或者批评，但评论或者批评必须有正当目的，必须客观、真实、公允和中立，不能误导公众和损人商誉。经营者为竞争目的对他人进行商业评论或者批评，尤其要善尽谨慎注意义务。上诉人无事实依据地宣称 QQ 软件会对用户电脑硬盘隐私文件强制性查看，并且以自己的标准对 QQ 软件进行评判并宣传 QQ 存在严重的健康问题，造成了用户对 QQ 软件及其服务的恐慌及负面评价，使相关消费者对 QQ 软件的安全性产生怀疑，影响了消费者的判断，并容易导致相关用户弃用 QQ 软件及其服务或者选用"扣扣保镖"保护其 QQ 软件。这种评论已超出正当商业评价、评论的范畴，突破了法律界限。据此，一审法院认定其行为构成商业诋毁并无不当。

（3）关于上诉人是否在经营"扣扣保镖"时将其产品和服务嵌入 QQ 软件界面，是否取代了被上诉人 QQ 软件的部分功能以推广自己的产品，从而构成不正当竞争的问题

正当的市场竞争是竞争者通过必要的付出而进行的诚实竞争。不付出劳动或者不正当地利用他人已经取得的市场成果，为自己谋取商业机会，从而获取竞争优势的行为，属于食人而肥的不正当竞争行为。本案中，根据现已查明的事实，上诉人相关行为的顺序为：首先在相关网站上宣传"扣扣保镖"保护隐私让 QQ 安全、快速好用，引导用户安装"扣扣保镖"；在用户安装运行"扣扣保镖"后，以红色警示用户 QQ 存在严重的健康问题，并将没有安装360 安全卫士，电脑处于危险之中列为危险项目；查杀 QQ 木马时，显示"如果您不安装 360 安全卫士，将无法使用木马查杀功能"，并以绿色功能键提供360 安全卫士的安装及下载服务；经过一键修复，"扣扣保镖"将 QQ 软件的安全沟通界面替换成"扣扣保镖"界面。二审法院认为，根据前述行为之具体表现，上诉人前述行为是一个有计划、有步骤的方案：即首先通过贬损 QQ软件来引导用户安装"扣扣保镖"；在用户安装和运行"扣扣保镖"过程中，通过有计划的行为引导、帮助用户安装上诉人的产品 360 安全卫士；并通过"扣扣保镖"的一键修复功能，将 QQ 软件的安全沟通界面替换成"扣扣保镖"界面。由此，二审法院认定上诉人在经营"扣扣保镖"时，将自己的产品和服务嵌入 QQ 软件界面，取代了被上诉人 QQ 软件的部分功能，其根本目的在于依附 QQ 软件强大用户群，通过对 QQ 软件及其服务进行贬损的手段来

推销、推广 360 安全卫士，从而增加上诉人的市场交易机会并获取市场竞争优势，此行为本质上属于不正当地利用他人市场成果，为自己谋取商业机会从而获取竞争优势的行为。因此，一审法院认定上诉人在给被上诉人造成经济损失的同时推销自己的产品，增加自己的交易机会，违反了诚实信用和公平竞争原则，构成不正当竞争并无不当。

（4）关于技术创新、自由竞争和不正当竞争的界限的问题

互联网的发展有赖于自由竞争和科技创新，互联网行业鼓励自由竞争和创新，但这并不等于互联网领域是一个可以为所欲为的法外空间。竞争自由和创新自由必须以不侵犯他人合法权益为边界，互联网的健康发展需要有序的市场环境和明确的市场竞争规则作为保障。是否属于互联网精神鼓励的自由竞争和创新，仍然需要以是否有利于建立平等公平的竞争秩序、是否符合消费者的一般利益和社会公共利益为标准来进行判断，而不是仅有某些技术上的进步即应认为属于自由竞争和创新。否则，任何人均可以技术进步为借口，对他人的技术产品或者服务进行任意干涉，就将导致借技术进步、创新之名，而行"丛林法则"之实。技术创新可以刺激竞争，竞争又可以促进技术创新。技术本身虽然是中立的，但技术也可以成为进行不正当竞争的工具。技术革新应当成为公平自由竞争的工具，而非干涉他人正当商业模式的借口。本案中，上诉人以技术创新为名，专门开发"扣扣保镖"对被上诉人 QQ 软件进行深度干预，法院难以认定其行为符合互联网自由和创新之精神，故对此上诉理由不予支持。

关于上诉人认为被上诉人行为涉及比较严重的捆绑和搭售，如果消费者没有选择权和反制手段，消费者利益和整个互联网市场必将受到严重损害的问题。二审法院认为，被上诉人行为是否构成捆绑和搭售，属于有关行政机关和司法机关依法认定的范畴，上诉人作为与被上诉人平等的民事主体，无权以自己的标准对被上诉人的行为作出评判并采取措施。上诉人作为市场经营主体，难以代表广大消费者的利益，无权以为广大消费者利益为名对被上诉人合法的经营模式等进行干预，因此这一上诉理由亦不能成立。

（5）关于一审法院确定的赔偿数额是否合理的问题

二审法院认为，根据被上诉人一审证据 32 即深银专咨报字〔2012〕第

0114 号《资产损失咨询报告书》所载，"扣扣保镖"在 2010 年 10 月 29 日至 2011 年 8 月 4 日期间对腾讯公司造成的损失在评估基准日的评估值为 142 725 240 元。"扣扣保镖"每日造成 QQ 客户端增值服务流量损失为 209 350 元，每日造成 QQ 广告损失 300 383 元，从 2010 年 10 月 29 日"扣扣保镖"发布至 2010 年 11 月 21 日回收"扣扣保镖"共计 24 天，这 24 天"扣扣保镖"给腾讯公司造成的损失为 12 233 592 元。此外，被上诉人一审证据 20 记载 360 官网宣布"扣扣保镖"推出 72 小时下载量超过千万，平均每秒钟就有 40 个独立下载安装量。这些证据至少足以表明，上诉人发布"扣扣保镖"的行为给被上诉人造成的损失已经明显超过了法定赔偿的最高限额，本案依法不适用法定赔偿额的计算方法，而应当综合案件的具体证据情况，在法定赔偿最高限额以上合理确定赔偿额。

本案中，一审法院在确定赔偿数额时，全面考虑了以下因素：

① 上诉人实施的侵权行为给被上诉人造成的损失包括业务收入、广告收入、社区增值业务收入和游戏收入，QQ. com 网站的流量减少，QQ 新产品推广渠道受阻，被上诉人品牌和企业声誉因商业诋毁而受损。

② 互联网环境下侵权行为迅速扩大及蔓延。

③ 被上诉人商标和公司声誉的市场价值。

④ 上诉人具有明显的侵权主观恶意。

⑤ 被上诉人为维权支出的合理费用等。

二审法院认为，一审法院在综合考虑上述因素并根据本案证据确定被上诉人遭受的经济损失数额已经远远超过法定赔偿限额的情形下，将本案赔偿数额确定为 500 万元并无不当。

（三）评析

本案为 2013 年最高人民法院公众开放日公开庭审案件，亦是最高人民法院审理的第一起涉及互联网领域不正当竞争的二审案件。本案涉诉双方均为互联网相关领域的重要企业，案件审理结果广受业界、学界等多方关注。通过该案的审理，最高人民法院澄清并确立了相关市场竞争规则，对相关互联网企业之间开展有序竞争、促进市场资源优化配置具有里程碑的意义。本案公开宣判后，相关新闻媒体网站纷纷深度报道，业界亦对本案判决高度赞誉。

在司法领域，对于反不正当竞争法具有意义的竞争关系，通常情况下是在狭义竞争关系与最广义竞争关系中确定适当尺度的结果。对于不同行业、不同商业模式，乃至于不同的不正当竞争行为，竞争关系的尺度可能都是不同的，对互联网行业领域竞争关系的认定必须考虑该行业商业模式的特性。如果争议一方的行为可以增强其在该领域的竞争优势，或者损害对方的竞争优势，从而影响双方在广告市场、资本市场的竞争优势和利益格局，则说明双方在网络服务的用户市场、广告市场等相关市场中具有竞争利益，存在竞争关系。

本案对互联网环境下的不正当竞争、商业诋毁的定义进行了有益的探索，提出竞争自由和创新自由必须以不侵犯他人合法权益为边界，互联网的健康发展需要有序的市场环境和明确的市场竞争规则作为保障。

四、有关建议

本案一审和二审中，诉讼双方都提交了大量的证据（包括公证书、测试报告、分析报告、网友评论等），其中很多证据因不具有关联性而未被法院采信。由于经济社会的复杂性，因侵权所受的损失或因侵权所获的利益很难通过直接的证据来准确证明。腾讯公司为证明其所受的经济损失，提供了很多证据，包括记载股市损失的公证书、品牌受损害价值评估报告书、资产损失咨询报告书等，虽然这些证据未被法院采信，但影响了法官的内心确认，使得法官综合考虑多种因素后确定了 500 万元的赔偿数额。这说明，原告如果想赢得诉讼胜利和获得较高的赔偿数额，必须想尽一切办法取得对自己有利的证据，公证保全、专家证人等手段都是有益的，但必须注意证据的关联性。

五、小贴士

对于互联网不正当竞争的维权获赔，聘请多家专业评估机构对资产、市场、股价、品牌等多方面减损情况进行评估，虽然评估额未必能获得法官采信，但有益于法官超出法定赔偿上限进行酌定判赔。

金龙秘密被侵犯，只因合同非独占

——金龙精密铜管集团股份有限公司诉江西耐乐铜业有限公司等侵害商业秘密纠纷案❶

> 金龙告龙阳耐乐，侵犯商业秘密案。
>
> 金龙龙阳有合同，技术转让非独占。
>
> 龙阳非法转耐乐，索赔损失三千万。
>
> 法院采用法定额，仅仅赔偿四十万。

一、基本情况

2006 年 2 月，金龙精密铜管集团股份有限公司（以下简称"金龙公司"）向新乡市中级人民法院诉称江西耐乐铜业有限公司（以下简称"耐乐公司"）和上海龙阳精密复合铜管有限公司（以下简称"龙阳公司"）侵害其商业秘密，索赔 3000 万元。耐乐公司提出管辖异议，但先后被新乡市中级人民法院和河南省高级人民法院裁定驳回，此后，耐乐公司向最高人民法院提起申诉。最高人民法院于 2008 年 10 月 9 日作出（2008）民提字第 5 号民事裁定，将该案指定由上海市第一中级人民法院审理。

2013 年 10 月，上海市第一中级人民法院作出一审判决，认定原告金龙公司主张的 67 个具体技术方案中的 19 项技术信息符合《反不正当竞争法》关于商业秘密的法定条件的规定，构成商业秘密；被告耐乐公司通过不正当手段获取并使用了原告技术秘密；综合考虑金龙公司涉案技术秘密在铜管生产工艺中

---

❶ 一审：上海市第一中级人民法院（2008）沪一中民五（知）初字第 390 号民事判决书；二审：上海市高级人民法院（2013）沪高民三（知）终字第 134 号民事判决书。

所占的比重以及其体现的商业价值，耐乐公司通过不正当手段获取、使用原告涉案技术秘密的时间、范围等因素，酌情确定耐乐公司赔偿金龙公司经济损失40万元。一审判决后，原、被告双方均不服一审判决，经上海市高级人民法院不公开审理，驳回各方上诉请求，维持一审判决。

二、案例要点

本案主要关注点有：如何认定商业秘密；如何认定权利人损失；如何认定商业秘密侵权案的赔偿数额。

三、案例评析

（一）双方举证情况

1. 金龙公司提供的证据

（1）权利证据

2001年2月，新乡无氧铜材总厂与龙阳公司签订《铜管制造技术转让合同》，新乡无氧铜材总厂将其持有的专有技术以人民币500万元（以下币种相同）价格转让给龙阳公司使用，仅限于被告龙阳公司在上海浦东的公司范围内使用该技术，使用年限为20年，年生产、销售铜管12 000吨，但该专有技术的所有权仍属新乡无氧铜材总厂所有，龙阳公司的受让是一种非独占、不能再转让的受让，仅享有使用权。双方还约定了严格保密事项，龙阳公司不得以任何方式泄露技术秘密和受控技术，双方对此还约定了违约金。合同生效后，新乡无氧铜材总厂陆续将相关技术资料移交给被告龙阳公司，并提供了相应新开发的后续技术，龙阳公司2001年6月、11月两次向新乡无氧铜材总厂支付"技术转让费"合计500万元。

2004年10月15日，金龙公司、龙阳公司及新乡无氧铜材总厂之间签订《技术转让合同补充协议》，该补充协议系针对前述《铜管制造技术转让合同》，因集团内部调整，考虑到后续技术的开发提供及服务而达成。补充协议约定：新乡无氧铜材总厂是原告的关联企业，两者技术共享，为进一步集中发挥集团技术优势做到技术共享，及时提供及时服务，原新乡无氧铜材总厂与被告龙阳公司签订的技术转让合同，其权利和义务转由原告享有和履行。整体技术的所有权归属原告所有，被告龙阳公司的受让系非独占不可再转让，仅享有有限的使用权。技术合同中约定龙阳公司的保密义务，同样适用于原告后续提供的技术服务。原告向被告龙阳公司提供的技术不再另行收费。……

2002年8月15日、2003年6月10日、2003年6月18日，龙阳公司分别与王盛、张正斌、毛成签订劳动合同，约定他们在龙阳公司分别担任副总经理、生产调度、工程师，合同到期日分别为2005年8月14日、2006年6月9日、2006年6月17日。龙阳公司还与他们分别签订了保密协议，约定对岗位涉及的龙阳公司的生产技术信息等进行保密，不得向龙阳公司内外不应掌握上述秘密的任何人员透露。未经龙阳公司许可不得以龙阳公司的商业秘密为背景对外提供技术支持、技术服务等，不得盗窃或采取其他不正当手段获取非本人职务范围内的秘密。2003年5月15日、2004年6月14日，龙阳公司分别与李道错、唐国柱签订劳动合同，合同期限均为3年，约定他们在龙阳公司的成型、品质办岗位工作。龙阳公司还与他们签订了保密条款，约定他们对龙阳公司的技术信息等商业秘密负有保密义务。王盛于2008年9月离开龙阳公司。2005年11月，龙阳公司以王盛违反竞业限制条款，耐乐公司无偿取得商业秘密等由，向上海市浦东新区劳动争议仲裁委员会提出申诉，提出王盛支付违约金3万元及返还车款4.8万元，解除劳动关系，赔偿因掌握商业秘密、违反竞业限制条款等造成的经济损失500万元等，耐乐公司承担70%的连带责任等请求。该仲裁委员会于2006年3月裁决龙阳公司与王盛于2005年9月14日解除劳动关系，王盛支付竞业限制违约金5万元等，对龙阳公司关于王盛赔偿因知悉商业秘密而造成其经济损失500万元及耐乐公司承担70%连带责任等请求未予支持。2005年10月，王盛、张正斌、毛成先后离开龙阳公司到耐乐公司工作，分别担任总经理、副总经理、总工程师职务。

（2）被告侵权获利证据

耐乐公司提供给鹰潭科技局的"省高新产业重大项目资金申请报告"显示，耐乐公司在王盛来之前，利润仅为99万元，每月产量50吨，王盛来到之后，2005年利润为602万元，2006年达1287万元，可以看出金龙公司的技术在耐乐公司起到提高产量和利润的作用。从 2005 年至今，按每年 1287 万元计算，至 2012 年已达 7000 余万元。

（3）人事关系变动证据

原告与被告耐乐公司同为铜管制造企业，具有竞争关系。被告龙阳公司根据《铜管制造技术转让合同》和《技术转让合同补充协议》，成为包括涉案技术秘密在内的铜管制造技术的许可使用方。张正斌、毛成等原系被告龙阳公司的员工，分别担任生产调度、工程师等职，有机会接触原告许可被告龙阳公司使用的技术秘密。张正斌、毛成从被告龙阳公司离职不久均到被告耐乐公司工作，并分别担任副总经理、总工程师。

（4）新乡市公安局于 2007 年 9 月至 11 月就张正斌、唐国柱、栗志强等人涉嫌侵犯商业秘密犯罪案侦查期间的讯问笔录，新乡市中级人民法院依职权调取的证据及被告耐乐公司生产现场的资料。

2. 耐乐公司提供的证据

《有色金属塑性加工学》《现代铜盘管生产技术》《有色金属加工》及《铜加工技术实用手册》，用以证明金龙公司指控耐乐公司实施的技术为公知技术。

（二）法院对证据的认定情况

（1）关于权利证据

对于原告是否涉案技术信息的权利人，根据原告提交的新乡无氧铜材总厂于 2001 年与龙阳公司之间签订的《铜管制造技术转让合同》，合同约定新乡无氧铜材总厂将其持有的专有技术以人民币 500 万元价格转让给龙阳公司使用，但该专有技术的所有权仍属新乡无氧铜材总厂所有，龙阳公司的受让是一种非独占、不能再转让的受让，仅享有使用权。双方还约定了严格保密事项，龙阳公司不得以任何方式泄露技术秘密和受控技术，双方对此还约定了违约金。可见，该合同名为技术转让合同，但其内容实质为技术许可使用合同，龙阳公司仅有使用权。根据金龙公司、龙阳公司及新乡无氧铜材总厂之间签订《技术转让合同补充协议》可知，新乡无氧铜材总厂是金龙公司的关联企业，其权利和义务转由金龙公司享有和履行，故涉案技术信息的权利人为金龙公司。

至于涉案的技术信息是否属于商业秘密，根据一审委托鉴定程序，上海市科技咨询服务中心出具（2009）鉴字第 23 号技术鉴定报告，载明原告金龙公司主张保护的铜管生产工艺中共有 18 个具体技术方案不属于公知技术，其余属于公知技术。之后，上海市科技咨询服务中心关于金龙公司技术秘密的认定是否有误以及鉴定结论中"无法比对""相似"等出具补充鉴定报告，增加认定原告金龙公司熔铸工序中的"二厂水平连铸作业指导书（JLZD – RZ – 201T）"属于非公知技术。

在鉴定报告中已经认定了原告涉案的 19 项技术信息为非公知技术，并且被告未能提供证据证明该涉案技术信息为公知技术并否定上述鉴定意见的证明力，因此两审法院综合对该鉴定意见证据予以认可。所述涉案技术信息能为金龙公司带来经济利益，具有实用性和一定的商业价值，并且原告在其企业内部以及关联企业内部均对涉案的技术信息采取了签订保密协议等保密措施。由此，两审法院均认定，涉案技术信息符合商业秘密的构成要件。

（2）关于被告侵权证据

上海市科技咨询服务中心出具（2009）鉴字第 23 号技术鉴定报告载明，根据被告耐乐公司提供的铜管生产工艺流程、技术听证及对被告耐乐公司生产现场勘查结果，与原告金龙公司非公知技术比对：①与原告金龙公司非公知技术中的"不同拉伸道次的压紧辊压力参数""673 种规格圆盘拉伸工艺卡组成的参数系列""海绵球与铜管内径比例参数""退火过程中规格与退火速度参数""外膜润滑油的选型及配比""盘拉外膜油的选型、冬季、夏季的配比、使用周期等参数"等 6 个技术方案相似；②被告耐乐公司的 5 个产品规格的成型工艺参数、1 张旋压环图纸、2 张螺纹芯头图纸与原告金龙公司的非公知技术"内螺纹工装模具参数系列"中相应的参数和图纸具有同一性；③与原告的其余非公知技术不相同或者无法判断相同与否。

之后，上海市科技咨询服务中心关于金龙公司技术秘密的认定是否有误以及鉴定结论中"无法比对""相似"等出具补充鉴定报告，鉴定结论为：将被告耐乐公司提供的铜管生产工艺及其现场勘查结果与金龙公司的 19 个非公知技术方案比对、分析如下：①被告耐乐公司的"熔铸作业指导书（NLPZ13 –

01）"与原告金龙公司熔铸工序中非公知技术"二厂水平连铸作业指导书（JLZD－RZ－201T）"基本相同；②被告耐乐公司内螺纹工装模具中的"螺纹芯头－交叉齿"等10张图纸与原告金龙公司非公知技术"内螺纹工装模具参数系列"相对应的13张图纸相同，所涉及的内螺纹工装模具11件和附件11件的关键技术参数相同；③被告耐乐公司的铜管生产工艺与原告金龙公司的"熔化炉砌砖图""粘带防乱卷诀窍""不同拉伸道次的压紧辊压力参数""673种规格圆盘拉伸工艺卡组成的参数系列""吹气管""海绵球与铜管内径比例参数""密封芯设计诀窍""退火过程中规格与退火速度参数比""内螺纹铜管内壁残留物降低诀窍""外膜润滑油的选型及配比""盘拉外膜油的选型、冬季、夏季的配比、使用周期"等11个非公知技术方案不相同；④因在熔铸工序中缺少被告耐乐公司的相关技术文件，故无法判断被告耐乐公司的生产工艺与原告金龙公司的"红柱石耐火材料配方""熔化炉感应器夯实工艺""熔化炉感应器组装工艺""保温炉感应器夯实组装工艺""石墨模具的装配工艺""熔化炉和保温炉起熔工艺"等6个非公知技术方案是否相同或者相似。

　　法院认定：鉴定结论认为"熔化炉和保温炉起熔工艺"是原告的非公知技术，被告耐乐公司提供的《铜、镍及其合金熔炼与铸造》一书并未提供详细的工艺过程并覆盖全部技术参数；鉴定结论认为"粘带防乱卷诀窍"是原告的非公知技术，被告耐乐公司提供的龙阳网站图片未体现该生产诀窍；鉴定结论认为"不同拉伸道次的压紧辊压力参数"是原告的非公知技术，被告耐乐公司提供的"84圆盘拉伸机操作、维护、使用说明书"中的技术参数与原告不同；鉴定结论认为"673种（实为279种）规格圆盘拉伸工艺卡组成的参数系列"是原告的非公知技术，被告耐乐公司提供的《有色金属塑性加工学》《现代铜盘管生产技术》《有色金属加工》及《铜加工技术实用手册》均没有覆盖或组合覆盖前述参数系列；鉴定结论认为"吹气管"是原告的非公知技术，被告耐乐公司提供的公证照片形成于2009年5月，故不能有效进行公知技术抗辩；鉴定结论认为"海绵球与铜管内径比例参数"是原告非公知技术，被告耐乐公司提供的《现代铜盘管生产技术》讲到用海绵球清洗铜管，但未反映海绵球与铜管内径的比例参数；鉴定结论认为"密封芯设计诀窍"是原告非公知技术，被告耐乐公司提供的第200510033956.2号实用新型专利未体现该设计诀窍；鉴定结论认为"退火过程中规格与退火速度参数比"是原告的非公知技术，被告耐乐公司提供的《铜加工技术实用手册》未体现前述技术信息中的参数比；鉴定结论认为"内螺纹工装模具参数系列"是原告的非公知技术，被告耐乐公司提供的《铜及铜合金管材生产许可证相关标准汇编》未完整体现前述参数系列，被告耐乐公司提供的案外人的图纸没有形成时间，原告对其真实性持有异议；另外被告耐乐公司对鉴定结论认为属于非公知技术的"熔化炉砌砖图""红柱石耐火材料配方""熔化炉感应器夯实工艺""熔化炉感应器组装工艺""保温炉感应器夯实组装工艺""石墨模具的装配工艺""二厂水平连铸作业指导书（JLZD－RZ－201T）""内螺纹铜管内壁残留物降低诀窍""外膜润滑油的选型及配比""盘拉外膜油的选型、冬季、夏季的配比、使用周期等参数"等10项技术信息未提供相应的反驳证据。因此，被告耐乐公司对原告上述技术信息的公知技术抗辩均不能成立。

对于被告是否构成侵权，首先原告提交了新乡市公安局的讯问笔录等证据。在该讯问笔录中，涉案的当事人自认其从原告公司或原告的关联公司取得了上述技术信息或图纸资料。而讯问笔录是公安机关在讯问过程中对有关当事人陈述的客观记录，在无相反证据的情况下，两审法院对该证据予以认可并采纳。

另有相关物证，包括张正斌移动硬盘、毛成电脑中存有含原告技术秘密的"熔铸作业指导书"等，表明张正斌、毛成等人复制了原告的技术秘密，且部分技术秘密载体的署名已改为被告；张正斌、毛成等人从原告公司或原告的关联公司离职后，就到被告公司担任技术高管；原告公司的原工人马连根在为被告公司的熔化炉打感应器、填充耐火材料过程中也使用了原告公司的技术秘密。上述证据已形成证据链，足以证明被告公司有获取和使用原告公司涉案商业秘密的行为，该行为已经侵犯了原告的商业秘密权利。

（3）关于赔偿数额证据

关于侵权赔偿额，两审法院认为：涉案商业秘密仅系原告的整体铜管生产工艺中的一部分，具体比重难以确定，且涉案商业秘密并未因本案侵权行为而向社会公开，因此不能按照原告主张的铜管生产工艺的研发投入费用确定本案赔偿数额。本案中，原告也没有提交有效证据证明其实际损失的具体金额，故无法以其实际损失计算本案的赔偿数额。同时，被告因侵权而获利的具体数额也无有效证据予以证明，而涉案商业秘密亦非被告全部的铜管生产工艺，因此法院同样无法以被告的侵权获利来确定本案的赔偿数额。因此，两审法院在综合考虑原告涉案技术秘密在铜管生产工艺中所占的比重以及其体现的商业价值，被告通过不正当手段获取、使用原告涉案技术秘密的期间、范围等因素，酌情确定被告赔偿原告经济损失 40 万元。另外，对于原告主张的律师费、调查费及相关费用等，由于原告既没有具体请求数额，也未提供相应证据，因此两审法院均没有支持。

（三）评析

对于商业秘密侵权案件，其难点在于：一是如何确定相关技术信息构成商业秘密；二是如何证明涉嫌侵权人侵犯了权利人的商业秘密。上述两点在诉讼过程中，都需要提供足够、有效的证据用于证明。本案中，原告提供了与关联公司的技术许可合同，既证明了相关技术信息的内容、数量，更加明确了所述相关技术信息的所有权归属，同时也证明了相关技术信息为原告带来了商业上的利益，可谓一举两得。同时原告还提交了与涉案的当事人签订了保密协议，证明了其对所述技术信息认定为秘密来保护的措施；同时通过公安机关的侦察、讯问，对涉案的当事人非法取得所述技术信息的行为进行了调查，由此确定了相关技术信息属于其商业秘密的事实。最终通过法院委托鉴定，鉴定意见对相关技术信息属于原告的非公知技术的事实也进行了确认（虽然数量没有原告主张的多）。以此为基础，原告主张被告非法获取其商业秘密并获得不正当的利益。对于被告的非法获利，原告也通过被告提交到鹰潭科技局的相关文件进行了举证，但遗憾的是最后没有获得认可，法院认为无论是在原告还是被告的整体工艺中，所述技术信息所起的作用都无法定量衡量，因此最终法院的判赔仍然是采用的法定赔偿，只有 40 万元，远远少于原告主张的 3000 万元。

该案例反映了我国知识产权及不正当竞争的保护力度薄弱的现象。具体到本案，首先是审理过程冗长，从最初的起诉到最后的二审判决作出，历时 8 年时间，这漫长的 8 年对于企业尤其是权利人来说是非常大的成本；其次是尽管最终确定了被告侵权的事实，但是赔偿额仅为 40 万元，与诉讼之前也即至少八九年以前权利人与关联企业签订的技术许可合同中约定的许可费 500 万元相比差距很大，与权利人主张的 3000 万元侵权赔偿额差距更大。一方面说明我国知识产权领域以及不正当竞争领域的赔偿方式及赔偿数量应当予以调整和改变，另一方面也对原告的举证能力提出了很高的要求。

四、有关建议

商业秘密官司不好打，取证难，赔偿额可能远不及损失。本案给权利人如下启示：

（1）对于商业秘密，应加强管理制度的建设，如采取保密技术措施、加强人员的保密意识和保密合同管理。

（2）一旦商业秘密被侵害，要通过多种手段（例如公安机关立案调查、向法院申请保全证据等）调查搜集证据，包括证明侵权行为成立的证据材料以及侵权行为给公司所带来的损害或侵权人所获得的利润等方面的材料。

（3）尽量减少因仲裁或诉讼而引发的信息披露可能带来的后果。就商业秘密的"不为公众所知"聘请专家鉴定时，应与要聘请的专家签订保密条款或相关协议，并要求被告及其代理人书面承诺不泄露或使用庭审中所了解到的商业秘密。

五、小贴士

本案索赔 3000 万元，判赔仅 40 万元，历时 8 年，并有专有技术转让价 500 万元作对比，原告的侵权损失、被告获利等证据提交的不够充分，是影响法官酌定判赔的重要因素。

后　记

近年来，我国知识产权案件数量剧增，总体来看，知识产权侵权纠纷案件中，知识产权权利人的胜诉率尚可，但获赔额偏低。广大司法一线人员及企业知识产权管理者均表示，企业应进一步提高知识产权维权应诉能力，更合理地运用诉讼手段维护自身合法权益。

《知识产权维权获赔技能提升案例指引集》一书的出版，旨在从法律制度本身，司法实践中举证责任分配，知识产权权利人维权能力、提交证据、应对策略等角度出发，探究发现问题，深入剖析知识产权维权诉讼判赔额较低的原因，从而进一步提高我国企业知识产权维权水平，加强企业知识产权的应诉能力。

本书由国家知识产权局保护协调司组织编写，由最高人民法院、专利保护协会等机构对案件进行反复筛选、完善补充，确定入选案例；邀请入选案件的主审法官、代理律师、权利人对案件进行回顾和评析，并根据实际情况对有价值的案例进行深度挖掘。

本书是一本汇集政府、法院、高校、企业、协会、法律实务界各专家学者的集体智慧结晶。在此，我们对相关领导的关心指导、对社会各界的大力支持表示由衷的感谢。

感谢国家知识产权局贺化副局长在百忙之中指导本书的编写工作，并为本书作序。

另外，还要感谢中国专利保护协会崔建军副秘书长、顾晓莉副秘书长，国家知识产权局专利局王靖梅处长，北京同立钧成知识产权代理有限公司马雯雯，陈龙老师等为本书的编写做出的贡献。

　　当然，由于受多方面条件的限制，书中难免会有纰漏和不尽如人意的地方，望广大读者积极提出宝贵意见，以便我们在以后的工作中不断改进和提高。

本书编委会

后

记